人才资源素质化开发论

郑 瑜 田万全 编著

江苏大学出版社
JIANGSU UNIVERSITY PRESS

镇 江

图书在版编目(CIP)数据

人才资源素质 化开发论/郑瑜,田万全编著. —镇江：江苏大学出版社,2014.3
ISBN 978-7-81130-699-6

Ⅰ.①人… Ⅱ.①郑… ②田… Ⅲ.①人才资源开发—文集 Ⅳ.①C961—53

中国版本图书馆 CIP 数据核字(2014)第 054760 号

人才资源素质化开发论

编　　著/郑　瑜　田万全
责任编辑/张　平
出版发行/江苏大学出版社
地　　址/江苏省镇江市梦溪园巷 30 号(邮编：212003)
电　　话/0511-84446464(传真)
网　　址/http://press.ujs.edu.cn
排　　版/镇江文苑制版印刷有限责任公司
印　　刷/句容市排印厂
经　　销/江苏省新华书店
开　　本/718 mm×1 000 mm　1/16
印　　张/21.5
字　　数/385 千字
版　　次/2014 年 3 月第 1 版　2014 年 3 月第 1 次印刷
书　　号/ISBN 978-7-81130-699-6
定　　价/48.00 元

如有印装质量问题请与本社营销部联系(电话:0511-84440882)

序

　　精心悦读《人才资源素质化开发论》文集，第一，让我们看到了基层学习型党员干部和专业技术人员探究"人才资源素质化开发"意义的概况；第二，让我们对"怎样改革创新'人才资源素质化开发的思路'有了新认知"；第三，作者的学风值得提倡。

一、探究"人才资源素质化开发"的意义

　　（一）以破解面临新难题为导向探究"人才资源素质化开发"

　　两位作者以破解国内人才资源开发所遇到的新难题为己任，洞悉"从来没有像今天这样，人类在最大限度地开发利用自身创新潜能中步入知识经济新时代的脚步越来越快，越来越大，并且牵动着世界各个国家及其政党率领本党本民族不甘落后地遵循人才资源开发规律、强党兴国"背景，剖析"以追求中华民族复兴为使命的中国共产党人，不仅需要与时俱进地作出'人才资源是第一资源'的科学新研判、实施'以人才资源素质化开发为前提条件的创新驱动战略'、坚定不移地走好'全面深化改革富民强国之路'，而且同时（1）要面对'一边是成千上万名大专院校毕业生就业困难，另一边又是众多企事业单位由于招不到素质理想的人才而兴业艰难'等新难题。以严谨科学的态度、给出切实的改革创新答案。面对'素质教育取代应试教育的人才资源开发体制改革，为什么未能像社会主义市场体制取代社会主义计划经济体制改革的力度之大收效显著'等疑问，作出释疑解惑的探究；（2）面对'党政公务员队伍内精神懈怠、能力不足、脱离群众、消极腐败'四种危险难消、'形式主义、官僚主义、享乐主义、奢靡之风'四种不良作风难医，探索开出新处方；（3）面对'公民自杀率和青少年犯罪率走高'社会新弊端，给出新医药；（4）如何消除《中国家长身上藏着十把刀》……"两位作者在众多人才资源开发新难题急需方方面面尽合力破解之际，站在人才资源开发前线探究多年，得到了许多创新答案，读来意味深长！

　　阅读《怎样创新构建中国特色人力人才资源高素质化开发观》一文，便

能从中获得"由'人力人才资源素质化开发网络合力制胜论'与'人力人才资源开发标准素质化''人力人才资源开发体制法治化''人力人才资源开发激励机制系统化'构成的中国特色人力人才资源素质化开发观",为消除上述众多疑问在宏观层面上找到参考答案。阅读《加大"党政领导人才资源科学开发思路创新"力度——消除"四种危险"的良方之一》《优化创新能力开发高素质执政骨干队伍建设制胜原理》等文,便能从中找到化解"党政公务员队伍内精神懈怠、能力不足、脱离群众、消极腐败"四种危险的一些参考方法。阅读《加强"感恩心理"教育党政公务员提升心理健康水平的必要举措》一文,便能从中得到纠正"形式主义、官僚主义、享乐主义、奢靡之风"四种不良作风的一些启发。阅读《人才资源素质化开发改革创新提升党建科学化水平的又一最佳着力点》一文,可以为今后如何科学设计人才资源开发体改创新优化党管人才思路预案提供参考。阅读《与孩子一起成长》《高素质子女家庭养育概论》等文,从中至少能够看得到钝化"中国家长身上藏着的十把刀"!阅读《党政人才资源开发当中卷面考试利弊及兴利除弊思路探究》《创新人力人才资源开发质量观和体制 迈出由人口人力资源大国到人力人才资源强国转化新步伐》等文,便能从中明白"一边是成千上万名大专院校毕业生就业困难,另一边又是众多企事业单位由于招不到素质理想人才而兴业艰难"难题不易破解的主要症结。阅读《怎样来圆幸福青年梦》《在语文学科教学中渗透生命教育》《关于高中生科学塑造体型美优化素质的探究》等文,便能从中感到坚持传统"教育质量观"招致"公民难以适应市场竞争""遏制青少年心理健康发育",势必酿成"公民自杀率和青少年犯罪率走高"的恶果。

概括起来便知:"党政人才资源能否素质化开发,不仅事关十八大提出的高素质执政骨干队伍建设任务如期达标,而且事关素质教育取代应试教育的人才资源开发体制改革能否成功"。要破解"一边是成千上万名大专院校毕业生就业困难,另一边又是众多企事业单位由于招不到素质理想人才而兴业艰难"新难题,一要党政人才资源素质化开发强劲导向力;二要学校发挥主体作用;三要子女家庭素质养育相匹配;四要企事业单位素质化招聘员工的举措相衔接……

（二）从优化提高党建科学化水平着力点的角度探究"人才资源素质化开发"

我们从中看到了"执政党怎样才能在从严、科学地抓党建中提高履行科学管好人才职能职责?从而全面、深入、有力地推进人才资源素质化开发"。建成善于、领导、服务、驾驭社会主义市场经济科学发展的党政公务员队伍、专业技术人才队伍、企业家队伍的一种解答——前35年内由于缺乏上述认知,造成了"党政公务员队伍内一些手握权力者搞腐败,许多普通公务员搞懈怠","专业技术人才队伍服务经济科学发展、社会事业科学壮大、教育卫生质量提升不力(问题奶粉、过度医疗、成千上万大中专院校由于素质不适合社会主义市场需要而待业闲置浪费)的新病态","企业家队伍内一些人在'重利轻义'病态价值观念主导下,为了攫取高额利润违法背德地过度开发稀缺资源、过度排污、酿出豆腐渣工程、雾霾气候、克扣工人工资等不法竞争新危害此伏彼起",直接或间接地降低着党建科学水平及党的科学执政能力提高。只有正如以上所述认知党建科学水平提高与人才资源素质化开发水平提升的正比关系——走"人才资源素质化开发思路",才能切实贯彻落实党的"以人为本"科学执政理念,遵循其内外在规律做好人才资源素质化开发;才是赢得提升执政党建科学化水平,切实增强党的科学执政能力的必由之路。

二、对怎样改革创新"人才资源素质化开发的思路"有了新认知

1. 改革创新确认"人才资源素质化开发质量观=(1)人才资源素质化质量标准体系+(2)人才资源素质化开发网络合力制胜论+(3)人才资源素质化开发法治化体制改革动力保障+(4)系统化激励机制创新保证+……N"为党在健全社会主义市场经济体制中领导和管理人才资源开发、人才队伍建设的理论主导地位。

2. 以"人才资源素质化开发质量标准体系——高素质=(1)人品优良情商高+(2)知识丰富智商高+(3)创新能力强业绩突出+……N。(1)人品优良情商高=①体质优良+②心理健康+③科学社会主义'四德'修养+④马列主义'五观'素养+⑤先进文化素养+⑥现代法治素养+⑦科学的理想导向力强劲+⑧现代化审美修养合乎民族风情+⑨崇尚高素质人才和善于培育高素质人才修养+⑩成就事业的专业知识素养+……N。(2)知识丰富智商高=①做人的知识既有广度又有深度+②处社会的知识既有广度又有深度+③完成学业的知识既有广度又有深度+④成就事业的知识既有广度又有深度;智力发达=①思维能力+②记忆能力+③理解能力+④想象能力+⑤判断能力在同龄人当中处于中上游;(3)创新能力强劲业绩突出=①学习和竞争能力在同龄人中最强并且业绩突出+②决策和管理能力在同龄人中最强并且业绩突出+③口头和书面表达能力在同龄人中最强并且业绩突出+④应变和抗挫能力在同龄人中最强并且业绩突出+⑤协

表1 人才资源素质化开发创新改革党建科学化水平提高又一最佳着力点一览表

人才资源素质化开发水平提升≈党制胜国内外市场竞争能力增强≈党建科学化水平提高

全面有深人 人才资源素质化开发观 理性认知到位		开发建设高素质党政公务员队伍		开发建设高素质专业技术人才队伍		开发建设高素质企业家队伍	
		现状	所需	现状	所需	现状	所需
标准素质化	成绩	有了人才资源属于人才资源第一资源的科学意识,实施了人才强国战略……	将"高素质"=(1)人品优良+(2)知识丰富智商高+(3)新能力强业绩突出+……N"予以确认。	数量增长较快,引才绩效明显!	服务于制胜国内外市场竞争的高素质专业技术人才大军!	企业家犹如雨后春笋般地成长了起来,成为中国特色。	高素质党政企业家赢得社会各界的系统激励!
	弱点	适应制胜于国内外市场竞争的高素质的"高素质""标准"未被确认,过时的在泛滥!		高素质化的质量缺位率很高。培养高素质的大专院校毕业生缺位置!		素质化规范缺位,高素质的激励不力,低素质者鞭策不足。	
网络合力制胜论	成绩	有了党政重视、家庭配合、工作网络素质化要求管理的意识和领导措施。	用"人才开发观"素质化主导"党政公务员队伍"建设。	知识丰富智商高,能力强业绩突出。	以"人才资源=质量标准化=网络+法治+系统合力制胜论改革激励机制化创新+……N"为主导"高素质专业技术人才队伍"建设!	在市场竞争中自发性状态立大着。	以"人才资源开发观=质量标准化=网络+法治+系统合力制胜论改革激励机制化创新+……N"为主导"高素质企业家队伍"建设!
	弱点	"人才开发观"质量=质量+网络+法治合力制胜论改革创新激励机制化创新+……N"未能得到确认。		人品优良情商高度优化缺位突出。		未能获得"网络合力制胜论"规范。	

人才资源素质开发水平提升～党制胜国内外市场竞争能力增强～党建科学水平提高

全面深观人才资源素质开发 有力人		开发建设高素质党政公务员队伍		开发建设高素质专业技术人才队伍		开发建设高素质企业家队伍	
		现状	所需	现状	所需	现状	所需
法制化机制改革与创新制度供给到位保障	成绩	迈开了采用"竞争手段"追求"高素质公务员队伍"建设的新步伐。	用"法制化机制(详见《人力人才资源高素质鉴定法制化机制＝人品优制度良程度民主集中评定＋知识丰富学校考试＋智力发达程度＋创新能力试鉴定＋强劲程度中介机构测定》为"党政公务员队伍",提供动力保障"。	在医疗、卫生、科研等系统建成了一支在数量上可观的专业技术人才队伍,为破解就医学、实施科教兴国战略奠定了一定的基础。	用"法制化体制(详见《人力人才资源高素质鉴定法制化机制＝人品优制度良程度民主集中评定＋知识丰富学校考试＋智力发达程度＋创新能力试鉴定＋强劲程度中介机构建设一支专业技术人才队伍提供动力保障"。	随着社会主义市场经济体制的建立健全,企业家队伍从无到有,从小到大地得以壮大,为我国社会主义市场经济发展发挥了支柱作用。	用"法制化体制(详见《人力人才资源高素质鉴定法制化机制＝人品优制度良程度民主集中评定＋知识丰富学校考试＋智力发达程度＋创新能力试鉴定＋强劲程度中介机构测定》体改为建设一支高素质企业家队伍提供动力保障"。
	弱点	由于"中立裁判"缺位,招致"不正当竞争"的搞腐败,给"没有竞争"权的大面积摘要"留出了巨大空间!		由于法治化体制改革造成了法治化岗位的缺位,特别是不当竞争的泛滥致使服务科学发展,社会和谐科学进步的生力军依然十分软弱。		由于法治化体制改革造成了企业家参与不齐,素质水平差不直接管理接低了领导市场经济发展,社会和谐进步的能力"。	

续表

表头：人才资源素质化开发水平提升≈党制胜国内外市场竞争能力增强≈党建科学水平提高

全面 合力 深入 人才资源素质化开发观		开发建设高素质党政公务员队伍		开发建设高素质专业技术人才队伍		开发建设高素质企业家队伍	
		现状	所需	现状	所需	现状	所需
体制改革与系统化机制创新 创新动力供给保障到位	成绩	创新建立的经济待遇与经济发展成效挂钩的激励机制，较大地调动了公务员重视经济发展的积极性。	创新建立"政治优待+经济优待=科学激励机制，赢得政治优待+经济优待=文化优待+经济优待=文化优待=科学激励机制（详见《政治优待+经济优待》激励机制）"益同获。	创新建立的经济待遇与经济发展成效挂钩的激励机制，较大地调动了专业技术人才重视经济发展的积极性。	创新建立"政治优待+经济优待=文化优待+经济优待=科学激励机制（详见《政治优待+经济优待》），赢得"政治优待+文化优待"激励效益同获。	创新建立的经济待遇与经济发展成效挂钩的激励机制，较大地调动了企业家重视经济利润最大化的积极性。	创新建立"政治优待+经济优待=文化优待+经济优待=科学激励机制（详见《政治优待+经济优待》），赢得"政治优待+文化优待"激励效益同获。
	弱点	政治、德治、文化协调激励机制缺位后，物欲横流，大搞学术腐败的失衡危害突现。		政治、德治、文化协调激励机制缺位后，物欲横流，大搞学术腐败的失衡危害突现。		政治、德治、文化协调激励机制忽视后，物欲横流，大搞学术腐败的失衡危害突现。	

调和整合能力在同龄人中最强并且业绩突出＋⑥钻研和发现能力在同龄人中最强并且业绩突出＋⑦总结和推广能力在同龄人中最强并且业绩突出＋⑧现代化审美修养合乎民族风格在同龄人中最强并且业绩突出＋⑨崇尚高素质人才和善于培育高素质人才的能力在同龄人中最强并且业绩突出＋⑩成就事业的专业能力与专业技艺素养在同龄人中最强＋……N"为准，规范党在健全社会主义市场经济体制中领导和管理人才资源开发、人才队伍建设。

3. 中国特色人才资源高素质开发网络系统合力制胜示意图如图 1 所示。

（1）在其主导下，在宏观层面上，第一，便于克服我国现行的以"人力人才资源开发缺乏网络合力制胜论"作规范，缺乏瞻前顾后统领力，却总是随着在任党政领导人的更替而变化"一会儿是'五条标准'，一会儿是'四化方针''四有新人'，一会儿是'三个代表'，一会儿是'权为民用、利为民谋、情为民系的素质合格者'，如今又是'信念坚定、为民服务、勤政务实、敢于担当、清正廉洁'……更多地呈现着人治的随意化频繁变动的色彩"，呈现着难以构成人文科学化的持久、恒定中强劲规范力，招致人口大国却是人力人才资源开发小国弱国的弊端难消，从而使我国在"人才资源开发网络系统合力制胜论"科学统领下由人口大国人力人才资源开发小国弱国向人口大国人力人才资源开发大国强国转变。第二，指导我国克服在人力人才资源开发这一系统工程中，不求由"已经研究理清的素质化标准 5 条纬线、5 方面各以第一第二责任人的身份尽心竭力负责的 5 条经线有机交织成的网络系统合力"，才能确保人力人才资源开发这一系统工程优质推进。以便克服在其系统工程质量出现了劣质病态之时，一味地片面责怪"教育部门推行素质化改革缓慢、推进素质教育不力"，却未能科学公正地追究"党政素质化领导管理力""家庭素质化养育力""岗位素质化管理与培育力"三方面履职尽责不力，特别是"家庭素质化养育力"和"岗位素质化管理与培育力"两方面分别在"人品优良""创新能力练就""业绩突出"三方面没有尽好第一责任，构成了"5 条纬线"与"5 条经线"合力网络的三大漏洞，从而造成我国人才资源开发力争由人口大国却是人才资源开发小国弱国向人口大国人才资源开发大国强国转变之余从其漏洞跑掉的严重损失。并且，使其弊病继续蔓延不至，依然无人过问与追究。

（2）在微观层面上，便于指导我们克服由于对"中国特色人力人才资源高素质开发网络系统合力＝党政高素质化领导管理力＋家庭高素质化养育力＋学校高素质化教育力＋岗位高素质化管理与培育力＋公民个人高素质化努力"认识不足而造成的下列失误：

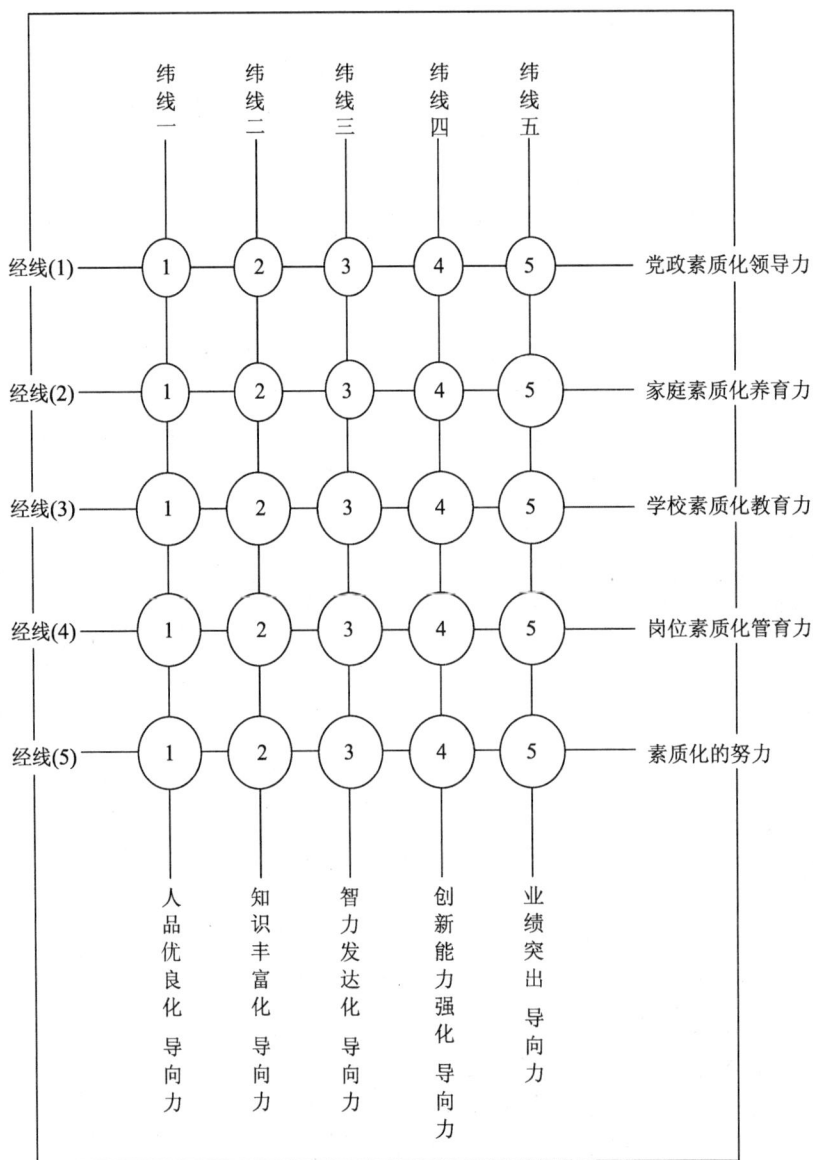

图1　中国特色人才资源高素质开发
网络系统合力制胜示意图

①能够重视"子女的家庭高素质养育分力"的家长太少,子女0~3岁这一心理发展高峰被错失的现象普遍存在。4~7岁期间以生活为教材养育学习能力、养成良好学习习惯的最佳期,在幼教中被错失的现象也比较普遍……

②能够正确认识到"工作岗位是培育公民实际工作能力、训练创新能力的最好课堂"的党政领导、企业家、事业单位经营者也实在太少。如新疆地区的党政方面,第一,由于缺乏"大专院校毕业生的工作经验与能力只能在工作岗位上练就"的科学意识。第二,在"工作岗位是大专院校毕业生的练就工作能力积累其经验的最佳课堂"科学意识支配下,与其根除要么天真地把大批的"大专院校毕业生"再送到对口援助省市的"大专院校"搞回炉性培训;要么幼稚地大把地花着国家的钱重复建设"一无优质的师资保证、二无实践装备的各类技能培训学校,只能搞重复应试化劳民伤财的培训"学校。倒不如,用其大量资金创新性地建立"大专院校毕业生到企事业单位见习练就实际工作技能、积累实际工作经验的机制"。即,以"实践论"为主导,让大专院校毕业待业生到企事业等缺人才支撑的单位,由在岗工作人员做指导见习两到三年,期间由党政方面向见习生发放生活费。先使接纳见习生的企事业等缺人才支撑的单位赢得不用承担发放生活费又得到缓解招工荒难题的双重之收益;后使国家获得"既避免大把花钱重复建设'一无量组质优的师资保证、二无实践装备的各类技能培训学校,只能搞重复应试化劳民伤财的培训浪费',又能够调动企事业单位内在岗工作人员充分释放工作经验潜能化解企事业单位内技能人才才缺乏的燃眉之急、破解传帮带见习生师资缺乏的困难";再使成千上万的大专院校毕业的待业生赢得提升素质的出路。既纠正了目前存在的单一依赖学校提升人才资源开发质量的幼稚病,又赢得了走出我国人才资源开发质量难以优化困局的制胜思路!

③能够重视"学校素质教育"的人不断增加。随着课程改革力度的加大,随着摆正传授知识、开发智力、练就能力的主次关系等难题的被解,在校学生有了"培养发展兴趣""练就能力"的时间保证。然而,学生在校"培养发展兴趣""练就能力"一缺设施、二缺导师的问题又突现了出来。设施缺乏的难题,国家拨钱购买一部分、社会机构捐赠一部分就可以化解;导师缺乏的问题,在全面采取"人才系统化激励"措施中,采取适宜地给予政治、经济、文化待遇的方法,并聘用各类离退休人才为兼职导师,就能迎刃而解。

(3)便于赢得图1所示情况。在纬线(1)与经线(一)(二)(三)(四)(五)的交点①②③④⑤上分别赢得"由老中青公民构成的人力人才资源人品优良率不断提升;由老中青公民构成的人力人才资源知识丰富率不断提升;

由老中青公民构成的人力人才资源智力发达率不断提升；由老中青公民构成的人力人才资源创新能力强劲率不断提升；由老中青公民构成的人力人才资源业绩突出率不断提升"的优良绩效。在纬线（2）与经线（一）（二）（三）（四）（五）的交点①②③④⑤上分别赢得"子女人品优良率不断提升；子女知识丰富率不断提升；子女智力发达率不断提升；子女创新能力强劲率不断提升；子女上学成绩提高率不断提升"的优良绩效。在纬线（3）与经线（一）（二）（三）（四）（五）的交点①②③④⑤上赢得由学生构成的人力人才资源知识丰富率不断提升；又使学生构成的人力人才资源智力发达率不断提升；由学生构成的人力人才资源创新能力强化率不断提升；由学生构成的人力人才资源业绩突出率不断提升"的优良绩效。在纬线（4）与经线（一）（二）（三）（四）（五）的交点①②③④⑤上分别赢得"由老中青职员构成的人力人才资源人品优良率不断提升；由老中青职员构成的人力人才资源知识丰富率不断提升；由老中青职员构成的人力人才资源智力发达率不断提升；由老中青职员构成的人力人才资源创新能力强劲率不断提升；由老中青职员构成的人力人才资源业绩突出率不断提升"的优良绩效。在纬线（5）与经线（一）（二）（三）（四）（五）的交点①②③④⑤上分别赢得"由各类大专院校毕业生构成的人力人才资源知识丰富率不断提升；由各类大专院校毕业生构成的人力人才资源智力发达率不断提升；由各类大专院校毕业生构成的人力人才资源创新能力强化率不断提升；由各类大专院校毕业生构成的人力人才资源业绩突出率不断提升"的优良绩效。

合起来，便可赢得我国人才资源高效优质开发的绩效。从而在宏观上赢得由人口大国却是人力人才资源开发小国弱国向人力人才资源开发强国大国转变的网络系统合力；在微观上消除我国人力人才资源开发现存的不重视网络系统合力制胜的各类病态，真正赢以人才资源素质化开发观为主导的新政绩！

4. 创新认可"人才资源高素质开发法治化体制改革"。依据"人才资源高素质开发体制＝人力人才资源高素质鉴定法治化机制＋人力人才资源素质化聘任配置机制"原理，创新建立并使用"人才资源高素质鉴定法治化机制"。

依据"人才资源高素质鉴定法治化机制＝人品优良程度民主集中评定＋知识丰富与智力发达程度学校所发毕业证鉴定＋创新能力强劲业绩突出程度中介机构测定"原理，创新建立下列"人才资源高素质鉴定法治化机制"（见表2）。

表2　人才资源高素质鉴定法治化机制一览表

		人品优良业绩 30分	知识丰富程度 15分	智力发达程度 15分	创新能力在岗练就程度 40分		
		①……⑨+业绩	① ② ③ ④	① ② ③ ④ ⑤	① ② ③ ④ ⑤ ⑥ ⑦ ⑧ ⑨		
测定主体		同事的民主性评定10+5 领导的集中性评定10+5	学校所发毕业证的法定性界定		中介机构依"标"中立性鉴定		
		优得30分、 良得27分、 中得21分	博士后30分、博士27分、 研究生24分、本科21分、 大专20分、中专18分		优40分、良36分、中28分		
		总分=人品等级所得分+知识和智力等级所得分+创新能力等级所得分。					
介定结论		优等占总分的100%	良等占总分的90%		中等占总分的70%		

		中介机构中立性鉴定人才创新能力的依据标准			
		优等(40分)	良等(30分)	中等(20分)	合分及定等
①	自学	观察、注意、理解、记忆、想象、判断能力在同龄人处于上游。能够在第一时间内学习掌握新政策、新法规的精神实质。	观察、注意、理解、记忆、想象、判断能力在同龄人处于中游。能够在要求的时段内的前期学习掌握新政策、新法规的精神实质。	观察、注意、理解、记忆、想象、判断能力在同龄人处于下游。能够在要求的时段末学习掌握新政策、新法规的精神实质。	
	竞争	参与竞争的战略正确、战术得当并且胜多于败。	参与竞争讲究战略与战术的匹配并且胜与败的次数相当。	参与竞争采用的战略与战术的匹配率低,败数多于胜数。	
②	决策	生活、学习、工作的目标选择追求先进性;编规划、做计划,选用技术或人员时能够自觉地实践"科学发展观"。	生活、学习、工作的目标选择甘居中游;编规划、做计划,选用技术或人员时能按实践"科学发展观"的要求着眼、着想、着手处理问题。	生活、学习、工作的目标选择随和与多数人;编规划或作计划,选用技术或人员时有时能按实践"科学发展观"的要求看待、思考、处理重大问题。	
	管理	既善于严格律己,又善于严格律人。	只善于严格律己,不善于严格律人。	不善于严格律己,只善于严格律人。	

中介机构中立性鉴定人才创新能力的依据标准				
		优等(40分)	良等(30分)	中等(20分)	合分及定等
③	口头表达	参加演讲比赛并在决赛中获过奖。	参加过演讲比赛并进入了决赛,但未能获奖。	仅参加过演讲比赛的预赛。	
	书面表达	面向全国或有著作出版,或有论文获得了国家级奖励。	有论文在省部级报刊上发表,并获得过地市级或省部级奖励。	有论文在地市级报刊上发表。	
④	应变	掌握着创新破解为人、学习、工作难题思路的主动权。	为了解决为人、学习、工作难题,能够适时改进自己的理念、思路及方式方法。	在上级的教育或要求下在解决为人、学习、工作难题方面不至于是绊脚石。	
	抗挫	在坚持原则时受挫、参与竞争被不当竞争行为击伤时,能够愈挫愈勇,赢得最终胜利。	在坚持原则中受挫、参与竞争被不当竞争行为击败时,能够屡挫不悔。	能够站在坚持原则受挫、参与竞争被不当竞争者遭败的人物的一边,理解同情之。	
⑤	协调	做决策、搞制订管理规章既能够兼顾老中青的需求与社会及自然之间的眼前与长远需要、又能够顾及局部收益与全局赢利,还能够考虑到人与社会及自然之间的和谐需要。	参与决策、执行管理规章能够既顾及局部收益与全局赢利,又能够不损老中青各方面的眼前与长远眼前与长远利益,能够为赢得人与社会及自然的和谐效益而努力。	是落实各项决策、执行各种管理规章的拥护者,不妨碍顾及局部收益与全局赢利,不损老中青各方面的眼前与长远眼前与长远利益的聪明人,是赢得人与社会及自然的和谐的支持力量之一。	
	整合	家庭成员关系、同学关系、同事关系、上下级关系、民族关系和谐的能手。	家庭成员关系、同学关系和谐的能手,同事关系、上下级关系、民族关系当中发生的矛盾未构成自己前进、成就事业的死结。	和谐家庭成员关系、同学关系、上下级关系、民族关系有方造成了妨碍自己前进、成就事业的死结性矛盾。	
⑥	钻研	具有钻研本地域或本行业的先进经验或落后教训的爱好,是科学成才、科学成就事业的明白人。	家庭成员关系、同学关系和谐的能手,同事关系、上下级关系、民族关系当中发生的矛盾未构成自己前进、成就事业的死结。	在组织上的要求下,能够钻研所在地或本行业的某些先进经验或落后教训,在科学进步、科学工作的主要方面是明白人。	
	发现	钻研为人、处世、做事,在本地域或本行业的先进经验或落后教训的过程中,能够及时发现带有规律性的原理或见解。	具有钻研本地区或本行业先进经验或落后教训的兴趣,在科学成才、科学成就事业的重点和难点上是明白人。	具有钻研地区或本行业先进经验或落后教训的兴趣,在科学成才、科学成就事业的部分重点和难点上是明白人。	

续表

中介机构中立性鉴定人才创新能力的依据标准			
优等(40分)	良等(30分)	中等(20分)	合分及定等
⑦ 总结	在总结为人、处世、做事,或者本地域或本行业的先进经验或落后教训的过程中,能够及时总结出新规律。	在总结为人、处世、做事,或者本地域或本行业的先进经验或落后教训的过程中,有时能够及时总结一些新规律。	在总结为人、处世、做事,或者本地域或本行业的先进经验或落后教训的过程中,偶然能够总结出点滴有规律性的见解。	
⑦ 推广	能够把事先所做的决策、事中的钻研成果、发现的问题,事后总结的经验或教训适时地推介到应有的层面上,形成应有的影响力、发挥积极作用、赢得应有效益。	有时能够把事先所做的决策、事中钻研的成果、发现的问题,事后总结的经验或教训的主要部分,推介到应有的层面上,形成部分影响力、发挥部分积极作用、赢得一些效益。	有时能把事先所做的决策、事中的钻研成果、发现的问题,事后总结的经验或教训的一些内容,推介到特定的范围里,形成一些影响力、发挥一些积极作用、赢得一些效益。	
⑧ 崇尚高素质人才	在岗期间能够没有遗漏地把同事中间与己同或高出自己素质水平的人才推举给组织;从来不妒贤嫉能。	在岗期间能够把大多数与己同或高出自己素质水平的人才推举给组织。偶尔有妒贤嫉能的心态出现。	在岗期间有把与己同或高出自己素质水平的人才推举给组织的善举。有时将妒贤嫉能的心态体现到了行动上。	
⑧ 培育高素质人才	在家在单位全天候地时间内都能够用高素质标准要求和管理家人或同事;能够义务性地宣讲高素质人才培育观。	在家在单位大多时间内能够用高素质标准要求和管理家人或同事;有时能够义务性地宣讲高素质人才培育观。	在家全天候地能够用高素质标准要求和管理家人,在单位大多数时间内不能用高素质标准要求自己管理家人或同事。	
⑨ 专业能力	运用专业知识成就事业的主观心理条件在同龄人中达到了较高层次。	运用专业知识成就事业的主观心理条件在同龄人中达到了中等层次。	运用专业知识成就事业的主观心理条件在同龄人中达到了较低层次。	
⑨ 专业技艺	运用专业能力创新性破解工作难题的主观心理条件在同龄人中达到了较高层次。	运用专业能力创新性破解工作难题的主观心理条件在同龄人中达到了中等层次。	运用专业能力创新性破解工作难题的主观心理条件在同龄人中达到了较低层次。	

　　采用民主与集中方式,依据"人品优良"标准、"聘用所签合同约定业绩"指标打出分数评出等级,使其结论占素质总分的30%;"知识丰富与智力发达"程度依据学校所发文凭确定,使其结论占素质总分的30%;"创新能力强劲业绩突出"程度由中介机构出面中立性测定,使其结论占素质总分的40%。

三方面共计100分,依据得分差距得出素质的不同等级。如此定量定性的界定人力人才素质水平,既便于革除现行的"德"的水平高低全由所在单位群众与领导评说的人治化机制的弊端,又便于克服"才"的水平单由学校所发文凭确定,在工作岗位上积累的"经验"、练就的"能力"及"创新能力"不被重视机制的弊端,全面根除其旧"标准"、老"鉴定机制"漏洞百出的弊病。同时,还能够克服鉴定人才素质等级时,党政领导人既当"运动员"又做"裁判员"不可能保证执法公正性的弊病;能够药到病除地根治"人力人才资源开发"依然采用旧"标准"、老"机制"招致人力人才资源开发质量屡屡走低,最直接最严重地妨碍"各级党组织科学执政能力建设质量水平提升"的失误。

例如,使下一级党政领导或管理人才的"人品优良"程度,既由所在单位的群众初评、领导审查评定:素质等级为高时群众与领导分别给15分,合计30分;素质等级为中时由群众与领导分别给10分,合计20分;素质等级为低时由群众与领导分别给8分,合计16分。这样,可以预防或克服:群众评定及党政领导人审查评定管理人才的人品等级,要么酿出极端民主化,"以'选票多少'为主导的机制"定优劣,致使"面对坏人坏事不批评,面对好人好事不表扬的老好人"成为香饽饽,被聘用后误事;要么招致党政领导人专断化,"以'领导研究'为主导"定优劣,让"长于拉帮结派、只为帮结派小团体谋私利益的帮派人物"香起来,被聘用后严重危害着党和人民的根本利益;要么干群联手排挤或压抑"那些人品优良——原则性强、专业知识丰富、工作智力发达、有创新能力的真正人才",使其难以被聘、获得重用,给现代化事业造成难以弥补的严重损失。

人才的"知识丰富"与"智力发达"程度以学校考试颁发的毕业证为准。其知识丰富程度达到博士后的水平时,给15分;智力发达程度达到博士后的水平时,给15分的权重;合计30分。其知识丰富程度达到博士的水平时,给13分;智力发达程度达到博士的水平时,给13分,合计26分。其知识丰富程度达到大学毕业水平时,给10分;智力发达程度达到大学毕业水平时,给10分,合计20分。其知识丰富程度达到大中专毕业水平时,给8分;智力发达程度达到大中专毕业水平时,给8分,合计16分。其知识丰富程度达到中学毕业水平时,给6分;智力发达程度达到中学毕业水平时,给6分,合计12分。其知识丰富程度达到小学毕业水平时,给5分;智力发达程度达到小学毕业水平时,给5分,合计10分。这样一来,一方面,既不抹杀各类学校所发毕业证的含金量,又杜绝"逢进必考、每晋依考"造成的重复组织考试的人力财力浪费;另一方面,既能够消除各级党政组织在人力人才资源开发中照搬"仅仅适合学院专业人力人才资源开发配置管理的逢进必考、每晋依考"的模式,蛮横抹杀和否定各类学校所发毕业证的含金量,误导各级学生在校要么无心积极学习"书本知识"、要么不能认真对待"学校组织的各类考试",给各类学校提高教育教学质量无意中造成的难以估量的危难,又能促使公民走出在岗时完全把心思与精力投入到读书迎考追求晋升,却不用心"研读破解工作难题的无字之书"之不良境界。

如表 2 所示,引入由"专家"组成的中介机构中立性地出面,依据"事先拟定的统一标准"评定人力人才资源的"创新能力强劲业绩突出"等级。给高水平者打 40 分;给中等水平者打 30 分;给低水平者打 20 分。第一,强化"创新能力及业绩"开发导向力;第二,克服现行的只凭学校所发毕业证等级论"工作能力及业绩"及"创新能力及业绩"高低造成的以偏概全的失误;第三,既能够消除单位内同事及领导自我鉴定"工作能力及业绩"及"创新能力及业绩"水平,在同事及领导的"工作能力及业绩"及"创新能力及业绩"竞争开发中采用"自我鉴定"法,不但造成同事及领导人"既做'运动员'又当'裁判员',违背公正性原则"的重大失误,而且可以堵住由其失误给部分党政领导人在人力人才资源开发,特别是"工作能力及业绩"及"创新能力及业绩"鉴定"中大搞"权钱交易、权权交易、权亲交易、权色交易"腐败打开的通道。

依据"人力人才资源素质化聘任优配机制 = 高素质上 + 中素质让 + 低素质下"原理,在企事业单位及党政机关,创建依据"鉴定素质所得等级,签订'合同'、聘任'职员'的竞争机制,使素质等级不同的人力人才资源以待遇有别地得到聘任,并创建出'高素质上、中素质让、低素质下'淘汰机制"。在其机制驱使下使全体公民立足工作岗位时:第一,能够自发性地释放奋发工作和学习潜能;第二,能够"心怀'依据聘任合同、履职尽责优胜劣汰'之敬畏、目有'高素质'戒尺,既不敢违法乱纪以权谋私搞腐败;又不能消极怠工混工资"。从而弱化党政公务员中存在的"精神懈怠、能力不足、脱离群众、消极腐败"四种危险,以及由其派生的"形式主义、官僚主义、享乐主义、奢靡之风"。

5. 创新确认"人才资源高素质开发系统激励机制"。依据"人才资源高素质开发系统激励机制 = 素质等级不同的人才以待遇有别地得以聘用机制 + 系统化激励机制""系统化激励机制 = 政治优待 + 经济优待 + 文化优待 + ……N"原理,创新建立"政治优待 + 经济优待 + 文化优待 = 系统激励机制",如表 3 所示:

表3　人才资源高素质开发系统激励机制一览表

	责任或义务									待遇与权利								
	优等素质者			良等素质者			中等素质者			优等素质者			良等素质者			中等素质者		
	政治建设责任	经济建设责任	文化建设责任	政治建设责任	经济建设责任	文化建设责任	政治建设责任	经济建设责任	文化建设责任	政治待遇	经济待遇	文化待遇	政治待遇	经济待遇	文化待遇	政治待遇	经济待遇	文化待遇
领导管理人才	①（详见注）	②（详见注）	③（详见注）	④（详见注）	⑤（详见注）	⑥（详见注）	⑦（详见注）	⑧（详见注）	⑨（详见注）	①②（详见注）	③（详见注）	④（详见注）	⑤（详见注）	⑥（详见注）	⑦（详见注）	⑧（详见注）	⑨（详见注）	⑩（详见注）
专业技术人才	①（详见注）	②（详见注）	③（详见注）	④（详见注）	⑤（详见注）	⑥（详见注）	⑦（详见注）	⑧（详见注）	⑨（详见注）	①②（详见注）	③（详见注）	④（详见注）	⑤（详见注）	⑥（详见注）	⑦（详见注）	⑧（详见注）	⑨（详见注）	⑩（详见注）
企业家人才	①（详见注）	②（详见注）	③（详见注）	④（详见注）	⑤（详见注）	⑥（详见注）	⑦（详见注）	⑧（详见注）	⑨（详见注）	①②（详见注）	③（详见注）	④（详见注）	⑤（详见注）	⑥（详见注）	⑦（详见注）	⑧（详见注）	⑨（详见注）	⑩（详见注）

注：

优等素质的领导管理人才应有的基本责任或义务政策包括：

① 在完成政治建设任务中，能够立足岗位主动地发挥事先的科学决策；发挥事中钻研与发现问题、事后总结经验或教训，及时推广经验、吸取教训的领导管理职责作用，并有创新建树。

② 在完成经济建设任务中，能够立足岗位主动地发挥事先的科学决策，发挥事中钻研与发现问题、事后总结经验或教训，及时推广经验、吸取教训的领导管理职责作用，并有创新建树。

③ 在完成文化建设任务中，能够立足岗位主动地发挥事先的科学决策，发挥事中钻研与发现问题、事后总结经验或教训，及时推广经验、吸取教训的领导管理职责作用，并有创新建树。

良等素质的领导管理人才应有的基本责任或义务政策包括：

④ 在完成政治建设任务中，能够按履行岗位职责新要求发挥事先的科学决策，发挥事中钻研与发现问题、事后总结经验或教训，及时推广经验、吸取教训的领导管理的主要职责作用。

⑤ 在完成经济建设任务中，能够按履行岗位职责新要求发挥事先的科学决策，发挥事中钻研与发现问题、事后总结经验或教训，及时推广经验、吸取教训的领导管理的主要职责作用。

⑥ 在完成文化建设任务中，能够按履行岗位职责新要求发挥事先的科学决策，发挥事中钻研与发现问题、事后总结经验或教训，及时推广经验、吸取教训的领导管理的主要职责作用。

中等素质的领导或管理人才应有的基本责任或义务政策包括：

⑦ 在完成政治建设任务中,能够发挥岗位要求的事先的科学决策,发挥事中钻研与发现问题、事后总结经验或教训,及时推广经验、吸取教训的领导管理职责的部分主要职责作用。

⑧ 在完成经济建设任务中,能够发挥岗位要求的事先的科学决策,发挥事中钻研与发现问题、事后总结经验或教训,及时推广经验、吸取教训的领导管理职责的部分主要职责作用。

⑨ 在完成文化建设任务中,能够发挥岗位要求的事先的学决策,发挥事中钻研与现问题、事后总结经验或教训,及时推广经验、吸取教训的领导管理职责的部分职责作用。

优等素质的领导或管理人才应有的基本待遇或权益政策包括:

① 所在地人大的法定委员(为其创新本领提供更多参与科学执政行政决策机会的法定席位)。

② 职位晋升限定年限被素质下一等者减少一个任职界度,在同类人才的在岗素质提升中具有主导或讲课收费权利。

③ 相同岗职位上工资高三个档次。

④ 参加社会文化活动凭证免票。

良等素质的领导管理人才应有的基本待遇或权益政策包括:

⑤ 所在地的法定人大委员。

⑥ 职位晋升限定年限被素质下一等者减少一个任职界度,相同岗职位上职工资高两个档次务。

⑦ 参加社会文化活动凭证免票。

中等素质的领导管理人才应有的基本待遇或权益政策包括:

⑧ 职位晋升限定年限被素质下一等者减少一个任职界度。

⑨ 相同岗职位上工资高一个档次。

⑩ 参加社会文化活动凭证免票。

优等素质的专业技术人才应负的基本责任或义务政策包括:

① 在完成本领域的政治建设任务中,能够立足岗位主动地发挥事先的科学决策,发挥事中钻研与发现问题、事后总结经验或教训,及时推广经验、吸取教训的领导管理职责作用,并有创新建树。

② 在完成岗位业务核心技术创新建设任务中,能够立足岗位主动地发挥事先的科学决策,发挥事中钻研与发现问题、事后总结经验或教训,及时推广经验、吸取教训的领导管理职责作用,并有创新建树。

③ 在完成本领域的文化建设任务中,能够立足岗位主动地发挥事先的科学决策,发挥事中的钻研与发现问题、事后总结经验或教训,及时推广经验、吸取教训的领导管理职责作用,并有创新建树。

良等素质的专业技术人才应负的基本责任或义务政策包括:

④ 在完成本领域的政治建设任务中,能够按履行岗位职责新要求发挥事先的科学决策,发挥事中钻研与发现问题、事后总结经验或教训,及时推广经验、吸取教训的领导管理的主要职责作用。

⑤ 在完成岗位业务核心技术创新岗位业务核心技术创新建设任务中,能够按履行岗位职责新要求发挥事先的科学决策,发挥事中钻研与发现问题、事后总结经验或教训,及时推广经验、吸取教训的领导管理的主要职责作用。

⑥ 在完成本领域的文化建设任务中,能够按履行岗位职责新要求发挥事先的科学决策,发挥事中

钻研与发现问题、事后总结经验或教训，及时推广经验、吸取教训的领导管理的主要职责作用。

中等素质的专业技术人才应负的基本责任或义务政策包括：

⑦ 在完成本领域的政治建设任务中，能够发挥岗位要求的事先的科学决策，发挥事中的钻研与发现问题、事后总结经验或教训，及时推广经验、吸取教训的领导管理职责的部分主要职责作用。

⑧ 在完成岗位业务核心技术创新建设任务中，能够发挥岗位要求的事先的科学决策，发挥事中钻研与发现问题、事后总结经验或教训，及时推广经验、吸取教训的领导管理职责的部分主要职责作用。

⑨ 在完成本领域的文化建任务中，能够发挥岗位要求的事先的学决策，发挥事中的钻研与现问题、事后总结经验或教训，及时推广经验、吸取教训的领导管理职责的部分职责作用。

优等素质的专业技术人才应有的基本待遇与权益政策包括：

① 所在地人大的法定委员（为其创新本领提供更多参与科学执政行政决策机会的法定席位）。

② 职位晋升限定年限被素质下一等者减少一个任职界度，在同类人才的在岗素质提升中具有主导或讲课收费权利。

③ 相同岗职位上工资高三个档次。

④ 参加社会文化活动凭证免票。

良等素质的专业技术人才应有的基本待遇与权益政策包括：

⑤ 所在地的法定政协委员。

⑥ 职位晋升限定年限被素质下一等者减少一个任职界度，相岗职位上职工资高两个档次务。

⑦ 参加社会文化活动凭证免票。

中等素质的专业技术人才应有的基本待遇与权益政策包括：

⑧ 职位晋升限定年限被素质下一等者减少一个任职界度。

⑨ 相岗职位上工资高一个档次。

⑩ 参加社会文化活动凭证免票。

优等素质的企业家人才应负的基本责任或义务政策包括：

① 在完成本领域的政治建设任务中，能够立足岗位主动地发挥事先的科学决策，发挥事中钻研与发现问题、事后总结经验或教训，及时推广经验、吸取教训的领导管理职责作用，并有创新建树。

② 在完成企业经济和社会效益最大化任务的进程中，能够立足岗位主动地发挥事先的科学决策，发挥事中钻研与发现问题、事后总结经验或教训，及时推广经验、吸取教训的领导管理职责作用，并有创新建树。

③ 在完成本领域的文化建设任务中，能够立足岗位主动地发挥事先的科学决策，发挥事中钻研与发现问题、事后总结经验或教训，及时推广经验、吸取教训的领导管理职责作用，并有创新建树。

良等素质的企业家人才应负的基本责任或义务政策包括：

④ 在完成本领域的政治建设任务中，能够按履行岗位职责新要求发挥事先的科学决策，发挥事中钻研与发现问题、事后总结经验或教训，及时推广经验、吸取教训的领导管理的主要职责作用。

⑤ 在完成企业经济和社会效益最大化任务的进程中，能够按履行岗位职责新要求发挥事先的科学决策，发挥事中钻研与发现问题、事后总结经验或教训，及时推广经验、吸取教训的领导管理的主要

职责作用。

⑥ 在完成本领域的文化建设任务中，能够按履行岗位职责新要求发挥事先的科学决策，发挥事中钻研与发现问题、事后总结经验或教训，及时推广经验、吸取教训的领导管理的主要职责作用。

中等素质的企业家人才应负的基本责任或义务政策包括：

⑦ 在完成本领域的政治建设任务中，能够发挥岗位要求的事先的科学决策，发挥事中钻研与发现问题、事后总结经验或教训，及时推广经验、吸取教训的领导管理职责的部分主要职责作用。

⑧ 在完成企业经济和社会效益最大化任务的进程，能够发挥岗位要求的事先的科学决策，发挥事中钻研与发现问题、事后总结经验或教训，及时推广经验、吸取教训的领导管理职责的部分主要职责作用。

⑨ 在完成本领域的文化建任务中，能够发挥岗位要求的事先的学决策，发挥事中钻研与现问题、事后总结经验或教训，及时推广经验、吸取教训的领导管理职责的部分职责作用。

优等素质的企业家人才应有的基本待遇与权益政策包括：

① 所在地政协的法定委员（为其创新本领提供更多参政议政的法定席位）。

② 在职位晋升限定年限被素质下一等者减少一个任职界度，同类人才的在岗素质提升中具有主导或讲课收费权利。

③ 相岗职位上工资高三个档。

④ 参加社会文化活动凭证免票。

良等素质的企业家人才应有的基本待遇与权益政策包括：

⑤ 所在地的法定政协委员。

⑥ 职位晋升限定年限被素质下一等者减少一个任职界度；相岗职位上职工资高两个档次务。

⑦ 参加社会文化活动凭证免票。

中等素质的企业家人才应有的基本待遇与权益政策包括：

⑧ 职位晋升限定年限被素质下一等者减少一个任职界度。

⑨ 相岗职位上工资高一个档。

⑩ 参加社会文化活动凭证免票。

形成系统激励合力，让高素质人才终生在我国的政治、经济、文化、社会、生态的现代化建设中，充分发挥贡献个人"人品优良情商高、知识丰富智力发达、创新能力强劲业绩突出"的积极示范作用，并获得倍受全社会敬重的令素质中下者羡慕不已的政治、经济、文化优待机制。

三、不拘成规，勇于创新，求真务实的良好学风

两名作者所备"不拘于人类从前'以孔子为代表形成的理想社会教育观'，'以柏拉图等为代表形成的人文主义教育观'，'以美国杜威及苏联凯洛夫为代表形成的科学主义教育观'成规、勇于敢于探究创新、善于求真务实的良好学风"更值得提倡。他俩将一丝不苟、锲而不舍的科教风格光大到"人才

资源素质化开发"课题探究中。例如,在大胆地指出了固守各种传统教育观在"党政人才资源开发中出现的各种负面效应"之后,跨出了"无休止地怨爹骂娘、片面性泛滥地一味责怪学校教育质量不高及等悲观"的误区,以统帅全局务必居高临下的视野及胸怀,从制胜于国内外市场竞争所需着眼,创新提出了"第四种教育观——中国特色人才资源素质化开发观"的同时,还探究界定了"执政骨干高素质 = (1)情商高 + (2)人品优良 + (3)知识丰富智商高 + (4)人文及社科创新能力强劲业绩好 + ……N;(1)情商高 = ①信念坚定 + ②为民服务 + ③勤政务实 + ④敢于担当 + ⑤清正廉洁;(2)人品优良 = ①体质优良程度在同龄人中高 + ②心理健康程度在同龄人中处于最高 + ③科学社会主义'四德'修养水平在同龄人中处于最高 + ④马列主义'五观'素养水平在同龄人中处于最高 + ⑤先进文化素养水平在同龄人中处于最高 + ⑥现代法治素养水平在同龄人中处于最高 + ⑦现代化审美和塑美能力在同龄人中处于最高 + ⑧科学的理想导向力在同龄人中最强劲 + ⑨成就事业的专业知识素养水平在同龄人中处于最高 + ⑩崇尚高素质人才和善于培育高素质人才修养水平在同龄人中处于最高";(3)知识丰富智商高 = ①争做高素质人才的知识水平及智商高度与所任职位相匹配 + ②适应社会主义市场体制健全的知识水平及智商高度与所任职位相匹配 + ③争做学习型资政党人的知识水平及智商高度与所任职位相匹配 + ④履职尽责的知识水平及智商高度与所任职位相匹配;(4)人文及社科创新能力强劲业绩好 = ①学习和竞争能力在同龄人中强劲业绩突出 + ②决策和管理能力在同龄人中强、收效好 + ③口头和书面表达能力在同龄人中强、绩效高 + ④应变和抗挫能力在同龄人中强、成效好 + ⑤协调和整合能力在同龄人中强、结果好 + ⑥钻研和发现能力在同龄人中强、成绩突出 + ⑦总结和推广能力在同龄人中强、绩效显著 + ⑧崇尚高素质人才和善于培育高素质人才的能力在同龄人中强、收效好 + ⑨专业能力与专业技艺在同龄人中强、绩效突出 + ⑩绩效达标率高 + ……N"。同时总结出"①人力人才资源素质化开发网络系统合力制胜论 + ②力人才资源开发标准素质化 + ③人力人才资源开发体制法治化 + ④人力人才资源开发激励机制系统化 = 中国特色人才资源素质化开发观"。优选了"工作学习化,学习工作化"方法,努力研读"破解工作难题之书,解答工作难题";勾画了"全面深化改革,务必将教育改革深化到人才资源素质化开发"新蓝图,将"中国共产党人时时刻刻、事事处处乐于善于与时俱进创新的独特光彩品格"尽展眼前,耐人寻味、发人深省地将化解"践行'以人为本'科学执政新理念的一揽子新难题的借鉴思路"呈给我们读者。从中可以折射出:郑瑜老师32年从教,在辛勤耕耘中收获了"喀什地区地委、行署命名的'有突出贡献'专业技术拔尖人才""特级教师""全国基础教育科学研究工作先进个人""全国教育科学研究优秀教师""自治区第十批有突出贡献优秀专家"等称号的不凡人生价值;田万全同志退休不褪色,继 2003 年出版了《论人才资源开发》文集、荣获新疆维吾尔自治区人民政府优秀社科成果奖后,又有了今天与人合作探究的新成果,展现出党员干部及专业技术人员为党履行管好人才职能职责探究不息的共产党员风采!

魏永清

2014 年 1 月于新疆喀什地区叶城县委组织部

目 录

绪 论

党政人才资源素质开发论

中小学生素质教育论

子女家庭素质养育论

绪　论

怎样创新构建中国特色人力人才资源高素质化开发观
——对于怎样抓住人力人才资源开发转型制胜要点的套路探究

　　在中国特色社会主义理论中,前辈们洞察到经济与社会势必要从主要依赖自然资源向主要依赖人类创新能力资源转变的规律,高瞻远瞩地已经把人力人才资源科学界定为第一资源。如今,在领袖将经济科学发展与社会和谐进步由主要依赖自然资源开发向主要依赖人类创新本能开发转型的规律揭示出来之时,"中国特色人力人才创新能力高素质化开发观 = 人力人才资源科学开发标准素质化 + 人力人才资源高素质开发体制法治化 + 人力人才资源开发激励机制系统化 + 人力人才资源高素质开发网络合力制胜论 + ······N"理所应当面世。由其统领破解"一边是人口大国,另一边是人力人才资源科学化开发小国弱国;一边是中小学生源萎缩并校费劲,另一边却是中小学学生出国留学和深港跨境走读有增无减;一边是成千上万名大专院校毕业生以缺乏实际工作经验与能力为理由被拒于就业门外,在浪费、甚至是在埋没'第一资源',另一边却是企事业单位由于招工揽才艰难而兴业举步维艰;一边是具有创新个性及见解的人,要么被'文凭档次不高'之标准排斥,要么被'选票不多'之标准否定,要么被'考试分数没有上线'之标准定为次品,要么被'年龄过线'之标准打入冷宫,另一边却在执政行政领导岗位上要么被'面对好人好事不表扬、遇到坏人坏事不批评的缺德少才型老好人'占着位置在误事,要么被'见利忘义、给钱便是娘的无德型腐败分子'占着位置在坏事"一系列突出难题。1989 年政治风波后,邓小平曾语重心长自责道,"最大的失误是没有把教育工作抓好!"如今,公民当中出现了"见利忘义、唯利是图的价值观念偏颇倾向,追求'黄赌毒、封建迷信、宗教狂热'颓废文化病态";党政领导干部当中一部分人搞"权钱交易、权色交易、权权交易、权亲交易"腐败;普通党员干部中间也程度不同地存在着"精神懈怠、能力不足、脱离群众、腐化堕落"的四种危险,各级党政干部当中也出现了由其派生的"形式主义、官僚主义、享乐主义、奢靡之风"四种不良作风;有些企事业单位违背"工作岗位才是青年人练就实际工作能力和积累经验的主要课堂之科学原理",将大批的大专院校毕业生以"缺乏实际工作经验和能力"的不成理由的理由拒之就业大门之外,久而久之必然累积成愤懑情绪······这些病态一旦合起来发生变故,难道我们就不应该自责"没有与时俱进地确定出人力人才资源的创新能力素质化开发观,未能开发出能够支撑中华民族复兴与现代化建设所需的优质人力人才资源"吗?

一、人力人才资源科学开发高素质标准论

由"传统型人力人才资源开发模式"向"现代化人力人才资源高素质开发模式 = ①人力人才资源开发标准高素质 + ②人力人才资源开发体制法治化 + ③人力人才资源开发激励机制系统化 + ④人力人才资源开发系统合力制胜论 + ……N"转型,从长远来看,就是为当代中国经济科学发展和社会和谐进步提供"以人为本"保障"人和"制胜要件;着眼于目前来说,是化解世界金融危机冲击下我国经济下行派生的危害社会和谐的压力,赢得活力的治本之举。

单就"人才资源开发标准高素质"而论,先说是"人才队伍建设"。在社会主义市场体制下,"人才队伍建设 = 企业家人才队伍建设 + 专业技术人才队伍建设 + 党政领导管理人才队伍建设"。其中,虽然"企业家人才队伍建设的质量标准"主要是随着制胜于市场竞争的要求而自发性地认定的,"专业技术人才队伍建设的标准"主要也是随着各项事业制胜于科学技术进步竞争的要求在自发性提高中认定的,只有"党政领导管理人才队伍建设的标准"是在任最高长官"因势而谋、应势而动、顺势而为地确认,以我党执政以来形成的标准来看,先后有过毛泽东的'接班人五条标准'、邓小平的'四化方针'、江泽民的'三个代表'、胡锦涛的'权为民所用、利为民所谋、情为民所系的素质合格者'、习近平的'信念坚定、为民服务、勤政务实、敢于担当、清正廉洁'等彰显着时代特质的标准",但从"开发人类创新本能"的角度来看,务必从"企业家人才队伍建设、专业技术人才队伍建设、党政领导管理人才队伍建设"中抽象概括出"注重'创新能力'开发"的共性标准,由其"标准主导着中国人力人才资源开发这一最为复杂庞大的系统工程赢得必胜"。第一,给中国特色社会主义事业提供制胜的优质人力人才支撑;第二,在圆中华民族伟大复兴梦的历程中迈开万事起头难的"赢得科学导向力的第一步"。

而要从"企业家人才队伍建设、专业技术人才队伍建设、党政领导管理人才队伍建设"中抽象概括出"注重'创新能力'开发"的共性标准来,还要从比较中国特色人力人才资源传统与现代开发思路的得失出发,理清各种思路,特别是各种标准的利弊详见表1、表2:

表1 中国特色人力人才资源传统与现代开发思路对比一览表

人力人才资源开发思路 = 人力人才资源开发质量标准 + 人力人才资源开发体制 + 人力人才资源开发激励机制				
		传统人力人才资源开发思路	现代人力人才资源开发思路	
			已具备	日后具备
质量标准	宏观层面	三纲五常 / 德才兼备	①接班人"五条"标准;②"四化"标准;③三个代表;④权为民用、利为民谋、情为民系的素质合格者;⑤信念坚定、为民服务、勤政务实、敢于担当、清正廉洁的好干部。	高素质 = 人品优良 + 知识丰富 + 智力发达 + 创新能力强劲 + ……N
	微观层面	三纲:父为子纲,夫为妻纲,君为臣纲;五常:仁、义、礼、智、信。 / 德 = 温 + 良 + 恭 + 俭 + 让水平在当下水平最高;才 = 学识 + 胆量 + 本领在当下水平最高。		人品优良 = ①体质优良 + ②心理健康 + ③科学社会主义"四德"修养 + ④马列主义"五观"素养 + ⑤先进文化素养 + ⑥现代法治素养 + ⑦科学的理想导向强劲 + ⑧成就事业的专业知识素养 + ⑨崇尚高素质人才和善于培育高素质人才修养 + ⑩现代素养;知识丰富 = ①做人的知识既有广度又有深度 + ②处社会的知识既有广度又有深度 + ③完成学业的知识既有广度又有深度 + ④成就事业的知识既有广度又有深度;智力发达 = ①思维能力 + ②记忆能力 + ③理解能力 + ④想象能力 + ⑤判断能力,在同龄人当中处于中上游;创新能力强劲 = ①学习和竞争能力 + ②决策和管理能力 + ③口头和书面表达能力④应变和抗挫能力 + ⑤协调和整合能力 + ⑥钻研和发现能力 + ⑦总结和推广能力 + ⑧崇尚高素质人才和善于培育高素质人才的能力 + ⑨专业能力与专业技艺 + ⑩现代审美能力,在同龄人中处于中上水平(详见《党政人才素质内涵外延界定》一文)。
			①德、智、体、美、劳;②有理想、有道德、有文化、有纪律。	
开发体制		举孝廉,行科举,君主提拔及调配	①民主推荐,领导决定;②依据票数多少;③依据文凭等级;④依据年龄;⑤依据考试分数。	法治化体制 = 人品优良民主集中制鉴定 + 知识丰富智力发达文凭档次既定 + 创新能力专家中介鉴定 + ……N"(详见本文)
激励机制		分出九品、依品发薪	既以分出级别发放不同工资,又以评优给予荣誉奖励或发给奖金予以激励。	系统化激励机制 = 依据行政级别发放数额有别的工资激励 + 政治荣誉激励 + 经济待遇丰厚激励 + 文化活动中优待激励。
结论	小结论	从维护"不主张竞争、有利于执政者平天下"所需出发,不注重"创新能力"开发,则会酿出落后挨打的痛苦历史教训!	未能与时俱进地创新质量标准,沿用时过境迁的传统粗疏的开发质量标准,必然招致劣质的人力人才资源开发苦果,既误事又误人。	从参与世界市场竞争、赢得中华民族复兴必不可少的竞争活力要靠创新能力,不至于再度人为地轻视"创新能力"开发,招致继续落后挨打的恶果的角度着眼,务必走好"人力人才资源高素质开发思路"!
	大结论	"人力人才资源开发思路与时俱进是条颠扑不破的真理",因而,"从加速中华民族复兴进程以及适应社会主义市场体制全推进现代化建设的需要出发,作为今后思路势在必行"!		

表 2 人力人才资源的高素质内涵外延界定一览表

		人力人才资源的高素质外延内涵
高素质的外延	人品优良	①体质优良程度＋②心理健康程度＋③科学社会主义"四德"修养水平＋④马列主义"五观"素养水平＋⑤先进文化素养水平＋⑥现代法治素养水平＋⑦科学的理想导向力强劲＋⑧成就事业的专业知识素养水平＋⑨崇尚高素质人才和善于培育高素质人才修养水平＋⑩现代化审美素养,在同龄人中居于中上游。
	知识丰富	①做人的知识既有广度又有深度＋②处世的知识既有广度又有深度＋③完成学业的知识既有广度又有深度＋④成就事业的知识既有广度又有深度,在同龄人中居于中上游。
	智力发达	①思维能力＋②记忆能力＋③理解能力＋④想象能力＋⑤判断能力,在同龄人当中处于中上游。
	能力强劲	①学习和竞争能力＋②决策和管理能力＋③口头和书面表达能力＋④应变和抗挫能力＋⑤协调和整合能力＋⑥钻研和发现能力＋⑦总结和推广能力＋⑧崇尚高素质人才和善于培育高素质人才的能力＋⑨专业能力与专业技艺＋⑩审美和塑美能力,在同龄人中处于中上水平。
高素质的内涵	人品优良	①体质优良程度＝生理健康、体力充沛;②心理健康程度＝有爱心、上进心、责任心、事业心、同情心、感恩心、自尊心……;③科学社会主义"四德"修养水平＝科学社会主义的社会公德、职业道德、家庭美德、个人品德修养水平;④马列主义"五观"素养水平＝马列主义的国家观、民族观、历史观、文化观、宗教观素养水平;⑤先进文化素养水平＝先进的物质文明与精神文明化合力素养水平;⑥现代法治素养水平＝依法为人处世办事的素养水平;⑦科学的理想导向力强劲＝科学理想产生的为人、处世、求学、做事的正确导向力强盛不衰;⑧成就事业的专业知识素养＝最低具备中专专业知识素养;⑨崇尚高素质人才和善于培育高素质人才修养水平＝不但自己争做高素质人才而且推崇高素质人才＋⑩现代化审美与塑美素养,这些品质和格调在同龄人当中处于中上游。
	知识丰富	①做人的知识既有广度又有深度＝全面深入地掌握"高素质人才的内涵外延";②处世的知识既有广度又有深度＝全面深入地掌握"人文与社会科学知识";③完成学业的专业知识既有广度又有深度＝掌握为什么学习、学什么、怎么学的知识;④成就事业的专业知识既有广度又有深度＝拥有中专以上的专业知识,都在同龄人中居于中上游。
	智力发达	①思维能力＝思考各类问题全面、深刻、先进、敏捷的心理条件;②记忆能力＝对信息全面、透彻、迅速记住并在运用时能够准确提取出来的心理条件;③理解能力＝学习活动中能够跟上作者、授课人或实践进程掌握新知识的心理条件;④想象能力＝学习活动中能够由表及里、由此及彼的心理条件;⑤判断能力＝在人品支配下,运用所掌握的知识辨别是非、择优弃劣的心理条件,都在同龄人当中处于中上游。
	创新能力	①学习和竞争能力＝能够完成信息任务、赢得竞争胜利的主观心理条件;②决策和管理能力＝选定做人、处世、求学、做事正确的方式方法,能够将精力投向实现理想的主观心理条件;③口头和书面表达能力＝能够将意图准确、简要表述出来的主观心理条件;④抗挫和应变能力＝不被挫折所困、与时俱进的主观心理条件;⑤协调和整合能力＝能够说服各方、形成达标合力的心理条件;⑥钻研和发现能力＝能够在实践中透过表面现象看到本质的主观心理条件;⑦总结和推广能力＝能够将实践中赢得成就的体验概括提炼出来、加以推广争取全面胜利的主观心理条件;⑧崇尚高素质人才和善于培育高素质人才的能力＝自己心悦诚服地向高素质人才学习力争成为高素质人才、尽心竭力将后代培养为高素质人才的心主观心理条件;⑨专业能力与专业技艺＝运用专业知识成就事业的主观心理条件达到最高层次的主观心理条件＋⑩现代化审美与塑造美的能力,都在同龄人中处于中上水平。

将表 2 内所确定的人才高素质的内涵外延确认为今后"中国特色人力人才创新能力素质化开发观"的质量标准:第一,等于今后在中国公民心目中竖起了"做人才"长久的、人文化的标准,激发公民自我规范的强劲素质化导向力;第二,为消除上述"一边是具有创新个性及见解的人,要么被'文凭档次不高'之标准排斥,要么被'选票不多'之标准否定,要么被'考试分数没有上线'之标准定为次品,要么被'年龄过线'之标准打入冷宫;另一边却在执政行政领导岗位上要么被'面对好人好事不表扬、遇到坏人坏事不批评的缺德少才型老好人'占着位置在误事、要么被'见利忘义、给钱便是娘的无德型腐败分子'占着位置在坏事"弊病,提供标准到位的良药;第三,将"创新能力"开发凸现出来,为中华民族今后科技创新促进经济发展、社会和谐进步并向"知识经济"时代转型,且在世界民族之林中立于不败之地提供了人本保证。

二、人力人才资源开发网络系统合力制胜论

依据"人力人才资源素质化开发的宏观责任合力 = 客观分力 + 主观分力,其中客观分力 = 高素质标准导向力 + 家庭素质养育力 + 学校素质教育力 + 工作单位素质选用、管理、培育力"原理,一有(见表 3、表 4):

表 3　高素质人力人才资源开发质量的责任体系表(一)

人力人才资源开发责任体系 = 高素质内涵外延界定责任 + 法治化开发体制建立健全责任 + 系统化激励机制建立健全责任		
执政与行政者为主导		确立责任主导
家庭素质养育		
承担责任主体	合成的主体	承担责任主体
学校素质教育		
用人单位素质化管理与培育		
公民主观努力为本体		认可责任本体

表 4　高素质人力人才资源开发质量的责任体系表(二)

所要开发的高素质 = 优化人品 + 丰富知识 + 开发智力 + 练就创新能力					
客观	素质化标准领导确认力	第一责任人	第一责任人	第一责任人	第一责任人
	家长素质养育分力	第一责任人	第二责任人	第二责任人	第二责任人
	老师素质教育分力	第二责任人	第一责任人	第一责任人	第二责任人
	工岗素质管育分力	第二责任人	第二责任人	第二责任人	第二责任人
主观	本人素质优化努力	第一责任人	第一责任人	第一责任人	第一责任人

二有(见图1)：

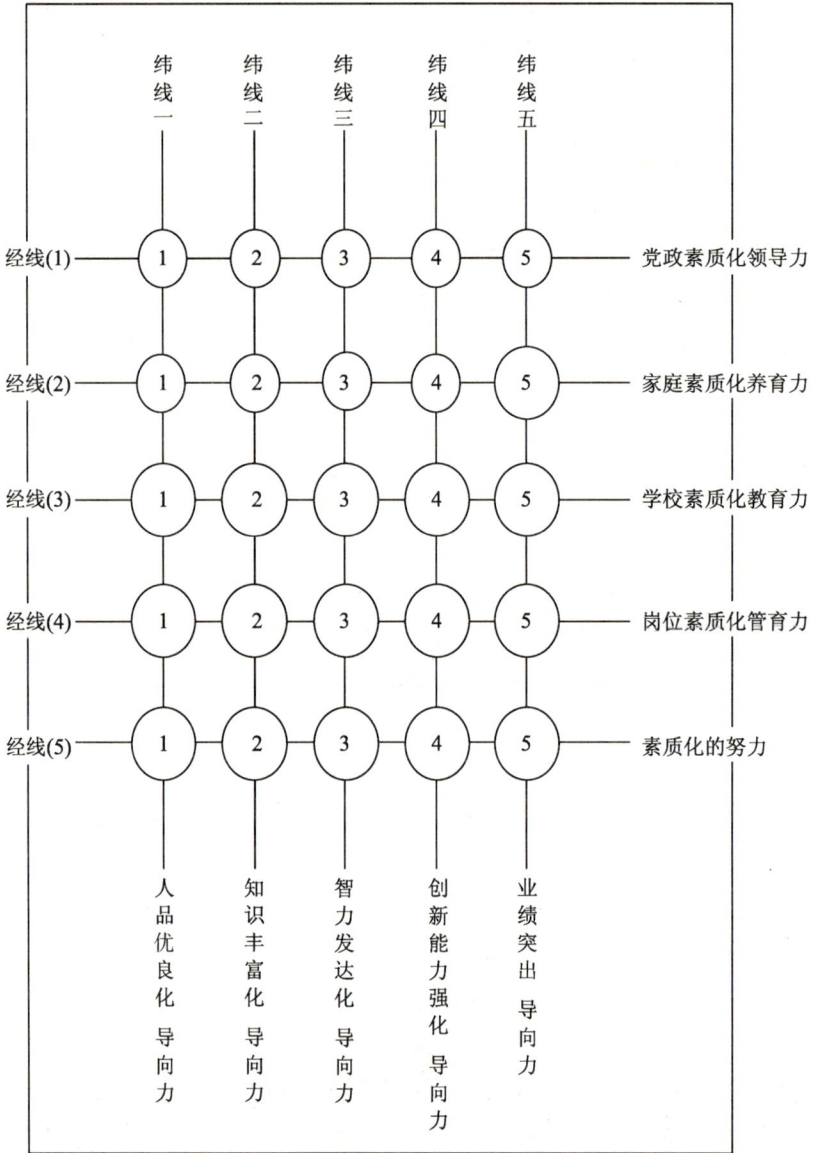

图1　中国特色人力人才资源高素质开发
网络系统合力制胜示意图

按照图 1 所示,可知:首先,在宏观上:第一,便于克服我国现行的"人力人才资源开发缺乏网络合力制胜论"之规范,缺乏高瞻远瞩的统领力,更多地呈现着人治化的随意化频繁变动色彩,呈现着难以构成人文科学化的持久、恒定中的良性强劲规范力。招致了虽属人口大国,却是人力人才资源开发小国弱国的弊病。急需建立我国"人力人才资源开发网络合力制胜论",科学统领我国由人口大国、人力人才资源开发小国弱国向人口大国、人力人才资源开发大国强国转变;第二,指导我国克服在人力人才资源开发这一系统工程中,不求由"已经研究理清的素质化标准五条纬线,五方面各以第一第二责任人的身份尽心竭力负责的五条经线有机交织成的网络系统合力"才能确保人力人才资源开发这一系统工程优质推进,以便克服在其系统工程质量出现劣质病态之时,不至于一味片面责怪"教育部门推行素质化改革缓慢、推进素质教育不力",却未能科学公正地追究"党政素质化领导管理力""家庭素质化养育力""岗位素质化管理与培育力"三方面履职尽责不力,特别是"家庭素质化养育力"和"岗位素质化管理与培育力"两方面分别在"人品优良""创新能力练就""业绩突出"三方面没有尽好第一责任,构成了"五条纬线"与"五条经线"合力网络的三大漏洞,从而造成我国人力人才资源开发,力争由人口大国、人力人才资源开发小国弱国向人口大国、人力人才资源开发大国强国转变之鱼便从其漏洞跑掉的严重失职病态,并且使其弊病继续蔓延不至,依然无人过问与追究。

其次,在微观上,便于指导我们克服由于对"中国特色人力人才资源高素质开发网络系统合力 = 党政高素质化领导管理力 + 家庭高素质化养育力 + 学校高素质化教育力 + 岗位高素质化管理与培育力 + 公民个人高素质化努力"认知不足而酿出的如下失误:

(1)能够重视"子女的家庭高素质养育分力"的家长太少,子女 0～3 岁这一心理发展高峰期被错失的现象普遍存在。4～7 岁以生活为教材形成学习能力、养成良好学习习惯的最佳期,在幼教中被错失的现象也比较普遍。

(2)能够正确认识到"工作岗位是培育公民实际工作能力、训练创新能力的最好课堂"的党政领导、企业家、事业单位经营者实在太少。如新疆地区的党政方面,第一,缺乏"大专院校毕业生的工作经验与能力只能在工作岗位上练就"的科学意识。第二,在"工作岗位是大专院校毕业生的练就工作能力积累其经验的最佳课堂"科学意识支配下,根除"要么天真地把大批的大专院校毕业生再送到对口援疆省市的大专院校搞回炉性培训;要么幼稚地大把花钱重复建设各类技能培训学校,由于一缺合格的师资;二缺应有的实践场所及设备。干着难以奏效的劳民伤财不见成效的人力人才资源开发"。若用其所花的大量资金创新性地建立"大专院校毕业生到新疆的企事业单位见习、练就实际工作技能、积累实际工作经验三年,其间由党政方面发给见习生活费、使所在企事业单位既赢得不用承担为其发放工资的负担、又得到免费见习劳动力而缓解招工荒难题之利,一举破解因多病叠加构成的复合性难题的机制"。

(3)随着能够重视"学校高素质教育力"的人不断增加课程改革力度的加大到位,摆正传授知识、开发智力、练就能力的主次关系的难题被解,便在校学生有了"培养发展兴趣""练就能力"的时间保证。然而,学生在校"培养发展兴趣""练就能力"一缺设施、二缺导师的问题突现了出来。设施缺乏的难题,国家拨钱购买一部分、社会机构捐赠一部分就可以化解;导师缺乏的问题,在全面采取"人才系统化激励"措施中,采取适宜地给予政治、经济、文化待遇的方法,聘用各类离退休人才为兼职导师,就能迎刃而解。

再次,便于赢得如图1所示情况。在纬线(1)与经线(一)(二)(三)(四)(五)的交点①②③④⑤上分别赢得:"由老中青公民构成的人力人才资源人品优良率不断提升;由老中青公民构成的人力人才资源知识丰富率不断提升;由老中青公民构成的人力人才资源智力发达标率不断提升;由老中青公民构成的人力人才资源创新能力强劲率不断提升;由老中青公民构成的人力人才资源业绩突出率不断提升"的优良绩效。在纬线(2)与经线(一)(二)(三)(四)(五)的交点①②③④⑤上分别赢得"子女人品优良率不断提升;子女知识丰富率不断提升;子女智力发达率不断提升;子女创新能力强劲率不断提升;子女上学成绩提高率不断提升"的优良绩效;在纬线(3)与经线(一)(二)(三)(四)(五)的交点①②③④⑤上赢得由学生构成的人力人才资源知识丰富率不断提升;由学生构成的人力人才资源智力发达率不断提升;由学生构成的人力人才资源创新能力强化率不断提升;由学生构成的人力人才资源业绩突出率不断提升"的优良绩效。在纬线(4)与经线(一)(二)(三)(四)(五)的交点①②③④⑤上分别赢得"由老中青职员构成的人力人才资源人品优良率不断提升;由老中青职员构成的人力人才资源知识丰富率不断提升;由老中青职员构成的人力人才资源智力发达率不断提升;由老中青职员构成的人力人才资源创新能力强劲率不断提升;由老中青职员构成的人力人才资源业绩突出率不断提升"的优良绩效。在纬线(5)与经线(一)(二)(三)(四)(五)的交点①②③④⑤上分别赢得"由各类大专院校毕业生构成的人力人才资源知识丰富率不断提升;由各类大专院校毕业生构成的人力人才资源智力发达率不断提升;由各类大专院校毕业生构成的人力人才资源创新能力强化率不断提升;由各类大专院校毕业生构成的人力人才资源业绩突出率不断提升"的优良绩效。

赢得①②③④⑤×5＝25个着眼着力要点构成的网络系统合力,便可赢得我国人力人才资源高效优质开发的绩效从而在宏观上赢得由人口大国、人力人才资源开发小国弱国向人力人才资源开发强国大国转变的制胜网络系统合力;在微观上消除我国人力人才资源开现存的不重视网络系统合力制胜的各类病态,真正赢得"人力人才资源素质化开发支撑中民族复兴的优良"政绩!

三、人力人才资源高素质开发体制法治论

"人力人才资源高素质开发体制＝人力人才资源高素质鉴定法治化机制＋人力人才资源素质化聘任配置机制"。

(一)创新建立并使用"人力人才资源高素质鉴定法治化机制"

依据"人力人才资源高素质鉴定法治化机制＝人品优良程度民主集中评定＋知识丰富与智力发达程度学校考试鉴定＋创新能力强劲程度中介机构测定"原理,创新建立下列"人力人才资源高素质鉴定法治化机制"(见表5):

表5　人力人才资源高素质鉴定法治化机制一览表

	人品优良业绩 30分		知识丰富程度 15分				智力发达程度 15分					创新能力在岗练就程度 40分								
	①……⑨＋业绩		①	②	③	④	①	②	③	④	⑤	①	②	③	④	⑤	⑥	⑦	⑧	⑨
测定主体及赋分评算权重标准	同事的民主性评定10＋5 领导的集中性评定10＋5		由学校所发毕业证的法定性界定									由中介机构依"标"中立性鉴定								
	优30分、良27分、中21分		博士后30分、博士27分、 研究生24分、本科21分、 大专20分、中专18分									优40分、良36分、中28分								
	总分＝人品等级所得分＋知识和智力等级所得分＋创新能力等级所得分。																			
界定结论	优等占总分的100%		良等占总分的90%									中等占总分的70%								

续表

中介机构中立性鉴定人才创新能力的标准及依据			
	优等(40分)	良等(30分)	中等(20分)	合分及定等
① 自学	观察、注意、理解、记忆、想象、判断能力在同龄人中处于上游。能够在第一时间内学习掌握新政策、新法规的精神实质。	观察、注意、理解、记忆、想象、判断能力在同龄人中处于中游。能够在要求的时段内的前期学习掌握新政策、新法规的精神实质。	观察、注意、理解、记忆、想象、判断能力在同龄人中处于下游。能够在要求的时段末学习掌握新政策、新法规的精神实质。	
① 竞争	参与竞争的战略正确、战术得当并且胜数多于败数。	参与竞争讲究战略与战术的匹配并且胜与败的次数相当。	参与竞争采用的战略与战术的匹配率低,败数多于胜数。	
② 决策	生活、学习、工作的目标选择追求先进性;编规划、做计划,选用技术或人员时能够自觉地实践"科学发展观"。	生活、学习、工作的目标选择追甘居中游;编规划、做计划,选用技术或人员时能按实践"科学发展观"的要求着想、着手处理问题。	生活、学习、工作的目标选择随和与多数人;编规划或作计划,选用技术或人员时有时能按实践"科学发展观"的要求看待、思考、处理重大问题。	
② 管理	既善于严格律己,又善于严格律人。	只善于严格律己,不善于严格律人。	不善于严格律己,只善于严格律人。	
③ 口头表达	参加演讲比赛并在决赛中获过奖。	参加过演讲比赛并进入了决赛,但未能获奖。	仅参加过演讲比赛的预赛。	
③ 书面表达	面向全国要么有著作出版,要么论文获得了国家级奖励。	有论文在省部级报刊上发表,并获得过地市级或省部级奖励。	有论文在地市级报刊上发表。	
④ 应变	掌握着创新破解为人、学习、工作难题思路的主动权。	为了解决为人、学习、工作难题,能够适时改进自己的理念、思路及方式方法。	在上级的教育或要求下在解决为人、学习、工作难题方面不至于是绊脚石。	
④ 抗挫	在坚持原则时受挫、参与竞争被不当竞争行为击伤时,能够愈挫愈勇,赢得最终胜利。	在坚持原则中受挫、参与竞争被不当竞争行为击败时,能够屡挫不悔。	能够站在坚持原则受挫、参与竞争被不当竞争者遭败的人物的一边,理解同情之。	
⑤ 协调	做决策、搞制订管理规章既能够兼顾老中青之人的需求与社会及自然之间的眼前与长远需要、又能够顾及局部收益与全局赢利,还能够考虑到人与社会及自然之间的和谐需要。	参与决策、执行管理规章能够既顾及局部收益与全局赢利,又能不损老中青各方面的眼前与长远眼前与长远利益,能够为赢得人与社会及自然的和谐效益而努力。	是落实各项决策、执行各种管理规章的拥护者,不妨碍顾及局部收益与全局赢利,不损老中青各方面的眼前与长远眼前与长远利益的聪明人,是赢得人与社会及自然的和谐的支持力量之一。	

中介机构中立性鉴定人才创新能力的标准及依据				
⑤	整合	家庭成员关系、同学关系、同事关系、上下级关系、民族关系和谐的能手。	家庭成员关系、同学关系和谐的能手，同事关系、上下级关系、民族关系当中发生的矛盾未构成自己前进、成就事业的死结。	和谐家庭成员关系、同学关系有方，和谐同事关系、上下级关系、民族关系有时造成了妨碍自己前进、成就事业的死结性矛盾。	
⑥	钻研	具有钻研本地域或本行业的先进经验或落后教训的爱好，是科学成才、科学成就事业的明白人。	家庭成员关系、同学关系和谐的能手，同事关系、上下级关系、民族关系当中发生的矛盾未构成自己前进、成就事业的死结。	在组织上的要求下，能够钻研所在地或本行业的某些先进经验或落后教训，在科学进步、科学工作的主要方面是明白人。	
	发现	钻研为人、处世、做事，者本地域或本行业的先进经验或落后教训的过程中，能够及时发现带有规律性的原理或见解。	具有钻研本地区或本行业先进经验或落后教训的兴趣，在科学成才、科学成就事业的重点和难点上是明白人。	具有钻研本地区或本行业先进经验或落后教训的兴趣，在科学成才、科学成就事业的部分重点和难点上是明白人。	
⑦	总结	钻研为人、处世、做事，或者本地域或本行业的先进经验或落后教训的过程中，能够及时总结出新规律。	钻研为人、处世、做事，或者本地域或本行业的先进经验或落后教训的过程中，有时能够及时总结一些新规律。	钻研为人、处世、做事，或者本地域或本行业的先进经验或落后教训的过程中，偶然能够总结出点滴有规律性的见解。	
	推广	能够把事先所做的决策、事中的钻研成果、发现的问题，事后总结的经验或教训适时地推介到应有的层面上，形成应有的影响力、发挥积极作用、赢得应有效益。	有时能够把事先所做的决策、事中钻研的成果、发现的问题，事后总结的经验或教训的主要部分，推介到应有的层面上，形成部分影响力、发挥部分积极作用、赢得一些效益。	有时能够把事先所做的决策、事中的钻研成果、发现的问题，事后总结的经验或教训的一些内容，推介到特定的范围里，形成一些影响力、发挥一些积极作用、赢得一些效益。	
⑧	崇尚高素质人才	在岗期间能够没有遗漏地把同事中间与己同或高出自己素质水平的人才推举给组织。从来不妒贤嫉能。	在岗期间能够把大多数与己同或高出自己素质水平的人才推举给组织。偶尔有妒贤嫉能的心态出现。	在岗期间有把与己同或高出自己素质水平的人才推举给组织的善举。有时将妒贤嫉能的心态体现到了行动上。	

续表

中介机构中立性鉴定人才创新能力的标准及依据			
⑧ 培育高素质人才	在家在单位全天候地时间内都能够用高素质标准要求和管理家人或同事;能够义务性地宣讲高素质人才培育观。	在家在单位大多时间内能够用高素质标准要求和管理家人或同事;有时能够义务性地宣讲高素质人才培育观。	在家全天候地能够用高素质标准要求和管理家人,在单位大多数时间内不能用高素质标准要求和管理家人或同事。	
⑨ 专业能力	运用专业知识成就事业的主观心理条件在同龄人中达到了最高层次。	运用专业知识成就事业的主观心理条件在同龄人中达到了中等层次。	运用专业知识成就事业的主观心理条件在同龄人中达到了较低层次。	
⑨ 专业技艺	运用专业能力创新性破解工作难题的主观心理条件在同龄人中达到了最高层次。	运用专业能力创新性破解工作难题的主观心理条件在同龄人中达到了中等层次。	运用专业能力创新性破解工作难题的主观心理条件在同龄人中达到了较低层次。	

采用民主与集中方式,依据"人品优良"标准和"聘用所签合同约定业绩"指标评出等级、打出分数,使其结论仅占素质总分的30%;"知识丰富与智力发达"程度依学校所颁毕业证赋分定等,使其结论仅占素质总分的30%;"创新能力强劲"程度由中介机构测定,使其结论仅占素质总分的40%。三方面共计100分,依据得分差距得出素质的不同等级。如此定量定性的界定人力人才素质开发的水平,既便于革除现行的"德"的水平高低全由所在单位群众与领导评说的人治化体制的弊端,又便于克服"才"的水平单由学校所颁毕业证等级定级,在工作岗位上积累的"经验"、练就的"能力"及"创新能力"不被重视工序的弱点,全面根除旧"标准"、老"鉴定机制"漏洞百出的弊病。同时,还能够克服鉴定人才素质等级时,党政领导人既当"运动员"又做"裁判员"不可能保证执法公正性的弊病;能够药到病除地根治"人力人才资源开发"依然采用旧"标准"、老"体制"招致人力人才资源开发质量屡屡走低,最直接最严重地妨碍"各级党组织科学执政能力建设质量水平提升"的失误。

例如,使下一级党政领导或管理人才的"人品优良"程度,由所在单位的群众初评定等、领导审查评定:素质等级为高时群众与领导分别给15分,合计30分;素质等级为中时群众与领导分别给10分,合计20分;素质等级为低时群众与领导分别给8分,合计16分。这样,可预防或克服:群众评定及党政领导人审查评定管理人才资源开发,要么酿出极端民主化,"以'选票多少'为主导体制"定优劣,致使"面对坏人坏事不批评,面对好人好事不表扬的老好人"成为香饽饽,被聘用后误事;要么招致党政领导人专断化,"以'领导研究'为主导"定优劣,让"长于拉帮结派、只为拉帮派小团体谋私利益的帮派人物"香起来,被聘用后严重危害着党和人民的根本利益;要么干群联手排挤或压抑"那些人品优良——原则性强、专业知识丰富、工作智力发达、有创新能力的真正人才",使其难以被聘获得重用,给现代化事业造成难以弥补的损失。

人力人才的"知识丰富"与"智力发达"程度以学校颁发的毕业证为准。其知识丰富程度达到博士后的水平时,给 15 分;智力发达程度达到博士后的水平时,给 15 分,合计 30 分。其知识丰富程度达到博士的水平时,给 13 分;智力发达程度达到博士的水平时,给 14 分,合计 27 分。其知识丰富程度达到研究生水平时,给 11 分;智力发达程度达到研究生程度时,给 13 分,合计 24分。其知识丰富程度达到大学毕业水平时,给 10 分;智力发达程度达到大学毕业水平时,给 11 分,合计 21 分。其知识丰富程度达到大专毕业水平时,给 10 分;智力发达程度达到大专毕业水平时,给 10 分,合计 20 分。其知识丰富程度达到中专毕业水平时,给 8 分;智力发达程度达到中专毕业水平时,给 10分,合计 18 分。其知识丰富程度达到小学毕业水平时,给 5 分;智力发达程度达到小学毕业水平时,给 5 分,合计 10 分。这样一方面,既不贬低各类学校所发毕业证的含金量,又杜绝"逢进必考、每晋依考"造成的重复组织考试的人力财力浪费;另一方面,既能够消除各级党政组织在人力人才资源开发中照搬"仅仅适合学院专业人力人才资源开发配置管理的逢进必考、每晋依考"的模式,蛮横贬低和否定各类学校所发毕业证的含金量,误导各级学生在校要么无心积极学习"书本知识",要么不能认真对待"学校组织的各类考试",给各类学校提高教育教学质量无意中造成的难以估量的管理危机,又能促使公民走出在岗时完全把心思与精力投入到读书迎考追求晋升,却不用心"研读破解工作难题的无字之书",偏颇地走争做"学院专业人才"的思路。

如表 5 所示,引入由"专家"组成的中介机构中立性地出面测定公民"全民的能力等级",依据"事先拟定的统一标准"评定人力人才资源的"创新能力强劲"等级。给高水平者打 40 分;给中等水平者打 30 分;给低水平者打 20分。第一,强化"创新能力"开发导向力;第二,克服现行的只凭学校所发毕业证等级论"工作能力"及"创新能力"高低,造成的以偏概全的失误;第三,既能够消除单位内同事及领导自我鉴定"工作能力"及"创新能力"水平,在同事及领导的"工作能力"及"创新能力"竞争开发中采用"自我鉴定"法,不但造成同事及领导人"既做'运动员'又当'裁判员',违背公正性原则"的重大失误,而且可以堵住由其失误给部分党政领导人在人力人才资源开发,特别是"工作能力"及"创新能力"鉴定中大搞"权钱交易、权权交易、权亲交易、权色交易"腐败打开的通道。

（二）"人力人才资源素质化聘任优配机制"原理的运用

依据"人力人才资源素质化聘任优配机制＝高素质上＋中素质让＋低素质下"原理，在企事业单位及党政机关，创建依据"鉴定素质所得等级，签订'合同'、聘任'职员'的竞争机制，使素质等级不同的人力人才以待遇有别地得到聘任，构成'高素质上、中素质让、低素质下'淘汰机制"。在其机制驱使下使全体公民立足工作岗位时：第一，能够自发性地释放奋发工作和学习潜能；第二，能够"心怀'依据聘任合同、履职尽责优胜劣汰'敬畏、目有'高素质'戒尺，既不敢违法乱纪以权谋私搞腐败；又不能消极怠工混工资"。从而弱化党政公务员中存在的"精神懈怠、能力不足、脱离群众、消极腐败"四种危险，以及由其派生的"形式主义、官僚主义、享乐主义、奢靡之风"。

四、人力人才资源高素质开发激励机制系统论

"人力人才资源高素质开发激励机制系统＝素质等级不同的人才以待遇有别地得以聘用机制＋系统化激励机制""系统化激励机制＝政治优待＋经济优待＋文化优待＋……N"。

创新建立"政治优待＋经济优待＋文化优待＝科学激励机制"，如表6所示。

表6 人力人才资源高素质科学激励机制一览表

	责任或义务									待遇与权利								
	优等素质者			良等素质者			中等素质者			优等素质者			良等素质者			中等素质者		
	政治建设责任	经济建设责任	文化建设责任	政治建设责任	经济建设责任	文化建设责任	政治建设责任	经济建设责任	文化建设责任	政治待遇	经济待遇	文化待遇	政治待遇	经济待遇	文化待遇	政治待遇	经济待遇	文化待遇
领导管理人才	①（详见注）	②（详见注）	③（详见注）	④（详见注）	⑤（详见注）	⑥（详见注）	⑦（详见注）	⑧（详见注）	⑨（详见注）	①②（详见注）	③（详见注）	④（详见注）	⑤（详见注）	⑥（详见注）	⑦（详见注）	⑧（详见注）	⑨（详见注）	⑩（详见注）
专业技术人才	①（详见注）	②（详见注）	③（详见注）	④（详见注）	⑤（详见注）	⑥（详见注）	⑦（详见注）	⑧（详见注）	⑨（详见注）	①②（详见注）	③（详见注）	④（详见注）	⑤（详见注）	⑥（详见注）	⑦（详见注）	⑧（详见注）	⑨（详见注）	⑩（详见注）

续表

	责任或义务									待遇与权利								
	优等素质者			良等素质者			中等素质者			优等素质者			良等素质者			中等素质者		
	政治建设责任	经济建设责任	文化建设责任	政治建设责任	经济建设责任	文化建设责任	政治建设责任	经济建设责任	文化建设责任	政治待遇	经济待遇	文化待遇	政治待遇	经济待遇	文化待遇	政治待遇	经济待遇	文化待遇
企业家人才	①（详见注）	②（详见注）	③（详见注）	④（详见注）	⑤（详见注）	⑥（详见注）	⑦（详见注）	⑧（详见注）	⑨（详见注）	①②（详见注）	③（详见注）	④（详见注）	⑤（详见注）	⑥（详见注）	⑦（详见注）	⑧（详见注）	⑨（详见注）	⑩（详见注）

注：

优等素质的人才应有的基本责任或义务政策包括：

① 在完成政治建设任务中，能够立足岗位主动地发挥事先的科学决策；发挥事中钻研与发现问题、事后总结经验或教训，及时推广经验、吸取教训的主导管理职责作用，并有创新建树。

② 在完成经济建设任务中，能够立足岗位主动地发挥事先的科学决策，事中钻研与发现问题、事后总结经验或教训，及时推广经验、吸取教训的主导管理职责作用，并有创新建树。

③ 在完成文化建设任务中，能够立足岗位主动地发挥事先的科学决策，发挥事中钻研与发现问题、事后总结经验或教训，及时推广经验、吸取教训的主导管理职责作用，并有创新建树。

良等素质的人才应有的基本责任或义务政策包括：

④ 在完成政治建设任务中，能够按履行岗位职责新要求发挥事先的科学决策，发挥事中钻研与发现问题、事后总结经验或教训，及时推广经验、吸取教训的主导管理的主要职责作用。

⑤ 在完成经济建设任务中，能够按履行岗位职责新要求发挥事先的科学决策，发挥事中钻研与发现问题、事后总结经验或教训，及时推广经验、吸取教训的主导管理的主要职责作用。

⑥ 在完成文化建设任务中，能够按履行岗位职责新要求发挥事先的科学决策，发挥事中钻研与发现问题、事后总结经验或教训，及时推广经验、吸取教训的主导管理的主要职责作用。

中等素质的人才应有的基本责任或义务政策包括：

⑦ 在完成政治建设任务中，能够发挥岗位要求的事先的科学决策，发挥事中钻研与发现问题、事后总结经验或教训，及时推广经验、吸取教训的主导管理职责的部分主要职责作用。

⑧ 在完成经济建设任务中，能够发挥岗位要求的事先的科学决策，发挥事中钻研与发现问题、事后总结经验或教训，及时推广经验、吸取教训的主导管理职责的部分主要职责作用。

⑨ 在完成文化建任务中，能够发挥岗位要求的事先的科学决策，发挥事中钻研与现问题、事后总结经验或教训，及时推广经验、吸取教训的主导管理职责的部分职责作用。

优等素质的人才应有的基本待遇或权益政策包括：

① 所在地人大的法定委员（为其创新本领提供更多参与科学执政行政决策机会的法定席位）。

② 职位晋升限定年限被素质下一等者减少一个任职界度，在同类人才的在岗素质提升中具有主导或讲课收费权利。

③ 相同岗职位上职工资高三个档次务。

④ 参加社会文化活动凭证免票。

良等素质的人才应有的基本待遇或权益政策包括：

⑤ 所在地的法定人大委员。

⑥ 职位晋升限定年限被素质下一等者减少一个任职界度，相同岗职位上职工资高两个档次务。

⑦ 参加社会文化活动凭证免票。

中等素质的人才应有的基本待遇或权益政策包括：

⑧ 职位晋升限定年限被素质下一等者减少一个任职界度。

⑨ 相同岗职位上职工资高一个档次务。

⑩ 参加社会文化活动凭证免票。

优等素质的专业技术人才应负的基本责任或义务政策包括：

① 在完成本领域的政治建设任务中，能够立足岗位主动地发挥事先的科学决策，发挥事中钻研与发现问题、事后总结经验或教训，及时推广经验、吸取教训的主导管理职责作用，并有创新建树。

② 在完成岗位业务核心技术创新建设任务中，能够立足岗位主动地发挥事先的科学决策，发挥事中钻研与发现问题、事后总结经验或教训，及时推广经验、吸取教训的主导管理职责作用，并有创新建树。

③ 在完成本领域的文化建设任务中，能够立足岗位主动地发挥事先的科学决策，发挥事中的钻研与发现问题、事后总结经验或教训，及时推广经验、吸取教训的主导管理职责作用，并有创新建树。

良等素质的专业技术人才应负的基本责任或义务政策包括：

④ 在完成本领域的政治建设任务中，能够按履行岗位职责新要求发挥事先的科学决策，发挥事中钻研与发现问题、事后总结经验或教训，及时推广经验、吸取教训的主导管理的主要职责作用。

⑤ 在完成岗位业务核心技术创新岗位业务核心技术创新建设任务中，能够按履行岗位职责新要求发挥事先的科学决策，发挥事中钻研与发现问题、事后总结经验或教训，及时推广经验、吸取教训的主导管理的主要职责作用。

⑥ 在完成本领域的文化建设任务中，能够按履行岗位职责新要求发挥事先的科学决策，发挥事中钻研与发现问题、事后总结经验或教训，及时推广经验、吸取教训的主导管理的主要职责作用。

中素质的专业技术人才应负的基本责任或义务政策包括：

⑦ 在完成本领域的政治建设任务中，能够发挥岗位要求的事先的科学决策，发挥事中的钻研与发现问题、事后总结经验或教训，及时推广经验、吸取教训的主导管理职责的部分主要职责作用。

⑧ 在完成岗位业务核心技术创新建设任务中，能够发挥岗位要求的事先的科学决策，发挥事中钻研与发现问题、事后总结经验或教训，及时推广经验、吸取教训的主导管理职责的部分主要职责作用。

⑨ 在完成本领域的文化建任务中，能够发挥岗位要求的事先的科学决策，发挥事中的钻研与现问题、事后总结经验或教训，及时推广经验、吸取教训的领导管理职责的部分职责作用。

优等素质的专业技术人才应有的基本待遇与权益政策包括：

① 所在地人大的法定委员（为其创新本领提供更多参与科学执政行政决策机会的法定席位）。

② 职位晋升限定年限被素质下一等者减少一个任职界度，在同类人才的在岗素质提升中具有主导或讲课收费权利。

③ 相同岗职位上职工资高三个档次务。

④ 参加社会文化活动凭证免票。

良等素质的专业技术人才应有的基本待遇与权益政策包括：

⑤ 所在地的法定政协委员。

⑥ 职位晋升限定年限被素质下一等者减少一个任职界度，相岗职位上职工资高两个档次务。

⑦ 参加社会文化活动凭证免票。

中等素质的专业技术人才应有的基本待遇与权益政策包括：

⑧ 职位晋升限定年限被素质下一等者减少一个任职界度。

⑨ 相岗职位上职工资高一个档次务。

⑩ 参加社会文化活动凭证免票。

优等素质的企业家人才应负的基本责任或义务政策包括：

① 在完成本领域的政治建设任务中，能够立足岗位主动地发挥事先的科学决策，发挥事中钻研与发现问题、事后总结经验或教训，及时推广经验、吸取教训的主导管理职责作用，并有创新建树。

② 在完成企业经济和社会效益最大化任务的进程中，能够立足岗位主动地发挥事先的科学决策，发挥事中钻研与发现问题、事后总结经验或教训，及时推广经验、吸取教训的主导管理职责作用，并有创新建树。

③ 在完成本领域的文化建设任务中，能够立足岗位主动地发挥事先的科学决策，发挥事中钻研与发现问题、事后总结经验或教训，及时推广经验、吸取教训的主导管理职责作用，并有创新建树。

良等素质的企业家人才应负的基本责任或义务政策包括：

④ 在完成本领域的政治建设任务中，能够按履行岗位职责新要求发挥事先的科学决策，发挥事中钻研与发现问题、事后总结经验或教训，及时推广经验、吸取教训的主导管理的主要职责作用。

⑤ 在完成企业经济和社会效益最大化任务的进程中，能够按履行岗位职责新要求发挥事先的科

学决策,发挥事中钻研与发现问题、事后总结经验或教训,及时推广经验、吸取教训的主导管理的主要职责作用。

⑥ 在完成本领域的文化建设任务中,能够按履行岗位职责新要求发挥事先的科学决策,发挥事中钻研与发现问题、事后总结经验或教训,及时推广经验、吸取教训的主导管理的主要职责作用。

中等素质的企业家人才应负的基本责任或义务政策包括:

⑦ 在完成本领域的政治建设任务中,能够发挥岗位要求的事先的科学决策,发挥事中钻研与发现问题、事后总结经验或教训,及时推广经验、吸取教训的主导管理职责的部分主要职责作用。

⑧ 在完成企业经济和社会效益最大化任务的进程,能够发挥岗位要求的事先的科学决策,发挥事中钻研与发现问题、事后总结经验或教训,及时推广经验、吸取教训的主导管理职责的部分主要职责作用。

⑨ 在完成本领域的文化建任务中,能够发挥岗位要求的事先的科学决策,发挥事中钻研与现问题、事后总结经验或教训,及时推广经验、吸取教训的主导管理职责的部分职责作用。

优等素质的企业家人才应有的基本待遇与权益政策包括:

① 所在地政协的法定委员(为其创新本领提供更多参政议政的法定席位)。

② 在职位晋升限定年限被素质下一等者减少一个任职界度,同类人才的在岗素质提升中具有主导或讲课收费权利。

③ 相岗职位上职工资高三个档次。

④ 参加社会文化活动凭证免票。

良等素质的企业家人才应有的基本待遇与权益政策包括:

⑤ 所在地的法定政协委员。

⑥ 职位晋升限定年限被素质下一等者减少一个任职界度;相岗职位上职工资高两个档次务。

⑦ 参加社会文化活动凭证免票。

中等素质的企业家人才应有的基本待遇与权益政策包括:

⑧ 职位晋升限定年限被素质下一等者减少一个任职界度。

⑨ 相岗职位上职工资高一个档次。

⑩ 参加社会文化活动凭证免票。

形成系统激励合力,让高素质人才终生在我国的政治、经济、文化的现代化建设中充分发挥贡献个人"人品优良、知识丰富、智力发达、创新能力强劲、业绩突出"的积极示范作用,并获得倍受全社会敬重的、令素质中下者羡慕不已的政治、经济、文化优待机制。

创新采用"由'人力人才资源素质化开发网络系统合力制胜论'与'人力人才资源开发标准素质化''人力人才资源开发体制法治化''人力人才资源开发激励机制系统化'构成的中国特色人力人才资源素质化开发观",从而在其主导和统领下,实现党政领导人力人才资源开发"从社会主义计划体制下形成的'行政性人事工作、执政性人才组织工作模式'向匹配与社会主义市场体制的'人力人才资源高素质开发模式'转型目标";子女家庭养育实现"从社会主义计划体制下形成的'只关注子女学业成绩型'向适应社会主义市场体制的'高素质开发型'转变目标"(详见《高素质子女家庭养育学概论》);学生学校教育实现"从社会主义计划体制下形成的'应试教育模式'向适应社会主义市场体制的'高素质教育模式'转型目标";职员岗位管理培育实现"从社会主义计划体制下形成的'能进不能出、能上不能下,素质高低一个样管理机制型'向适应社会主义市场体制的'高素质上，中素质让、低素质下，竞争优胜劣汰管理机制型'转变目标"；公民个人努力"从社会主义计划体制下形成的'素质高低各种待遇一个样，人人混工资型'向适应社会主义市场体制的'素质等级与各种待遇匹配，人人奋发学习和工作，争作工作学习化、学习工作化的优化素质型公民'转变目标"。综上所述，"赢得中国特色人力人才高素质化开发观的强劲规范网络系统合力。不仅能消除各级党政公务员中间存在'精神懈怠、能力不足、脱离群众、消极腐败'四种危险，以及由其派生的'形式主义、官僚主义、享乐主义、奢靡之风'，'达到两个百年目标'无疑；并且为圆中华民族复兴梦提供人本保障"。

（此文 2013 年 11 月发表于《教育文摘》，荣获"全国创新杯教科论文大赛一等奖"）

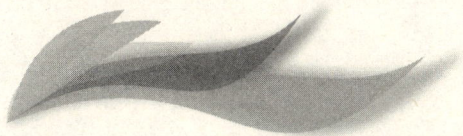

党政人才资源素质开发论

事得其人、人得其位成就科学执政党建伟业
——以人为本科学执政思路探索

党的科学执政使命即为了中华民族复兴,因而要:① 科学建党确保科学发展;② 在经济、政治、德治、法治、文治、外交⋯⋯领域里遵循"理论导向、行动引领、绩效点评"的政规。中华民族既是收益主体,又是制胜主力,那么,执政党怎样才能用好"以人为本"的科学执政理念、履行好党管人力人才资源开发的职能职责,在争取"事得其人、人得其位"良效中成就科学执政党建伟业呢? 笔者的探索结论如下:

一、为何"事得其人、人得其位"能成其业

不同类型人力人才资源开发对应不同类型的社会经济时代见表1:

表1　不同类型人力人才资源开发与不同类型社会经济时代对应表

		第一类	第二类	第三类
		古代型传统社会	现代型资本主义市场社会	当代型社会主义市场社会
采用的主导价值观		重义轻利	重利轻义	利义并重
匹配的人力人才资源开发	质量标准	德才兼备	唯才是举	素质论 素质＝人品＋知识＋智力＋能力＋⋯⋯N
	体制	人治化地评定优劣	考试定优劣	"人品"的优劣由同事与领导评定;"知识"的丰富、"智力"的发达水平都由学校独立性地考试鉴定;"能力"的强弱或"创新能力"的强劲程度由专家组成的中介机构出面中立性地测定的法治化体制
	激励机制	是否被"重用"的激励机制	"优胜劣汰"的竞争激励机制	"事得其人、人得其位、成事无疑"的激励机制

续表

	第一类	第二类	第三类
	古代型 传统社会	现代型资本主义 市场社会	当代型社会主义 市场社会
采用的主导价值观	重义轻利	重利轻义	利义并重
形成的人际关系	驾驭被驾驭	弱肉强食	高素质者从事创造性的脑力劳动、低素质者从事重复性的体力劳动,两方面相辅成
构成的经济时代	自然经济时代、农业经济时代、工业经济时代、市场经济时代、知识经济时代		

由于思路的创新缺失,因而我国的人力人才资源开发还在过时的第"一""二"类病态中徘徊,未能进入"完善'当代社会主义市场社会'、采用'利义并重'主导价值观、稳处'市场经济'时代、迎接'知识经济'时代"所匹配的第"三"类人力人才资源开发的良性状态。由此暴露出人力人才资源开发中,争取"事得其人、人得其位、成事无疑"政绩不够理想的众多缺陷。

例如,革命年代里,党内人才资源开发质量出现了失误,博古与李德掌握了党对军队的领导权,导致第五次反围剿失败。在新中国成立的60多年里,党中央的领导人才资源开发质量水平走低的时候,"林彪集团""四人帮"曾制造形成十年浩劫;基层党组织的领导与管理人才资源开发质量水平走低的时候,先后有北京市委副书记兼市长王宝生、云南省委副书记兼省长李嘉廷、杭州市原副市长许迈永、新疆喀什地区人大委员兼巴楚县委书记刘喀生……搞"权权交易、权钱交易、权亲交易、权色交易"腐败,污毁过执政党的形象,削弱过执政党的地位。

党中央的领导人才资源开发质量水平走高的时候:(1)赢得了邓小平复出,开创了中国特色社会主义现代化建设的新局面,取得了"新生型执政党"建的新政绩。(2)赢得了江泽民为总书记的新一届党中央的诞生,创建了以"三个代表"思想指导"成长型执政党"建的新政绩。(3)赢得了以胡锦涛为总书记的新一届党中央的诞生,创建了"科学发展观",开辟了"成熟型执政党"建的新境界。基层党组织的领导与管理人才资源开发质量水平走高的时候,先后有山东的援藏干部孔繁森、新疆克尔克孜自治州吴登云、江苏华西村吴仁宝的涌现。然而,赢得"人力人才资源开发质量水平走高收益最大化、人力人才资源开发质量水平走低失误最小化"的科学执政良效,任重道远。

然而,依旧用"德才兼备"的旧标准和"群众推荐""领导研究"的老工艺搞各级党政领导人才资源开发,让单位的群众与党政领导人既做竞争的"运动员"又当"裁判员"的串位角色,实际上等于使单位的群众和党政领导人:第一,获得了"搞'权权交易、权钱交易、权亲交易、权色交易'腐败"的特权;第二,有了搞不正当竞争的渠道;第三,客观地强化着人治化泛滥的机制。这样便致使"基层各级党政领导班子的成员内'老好人'所占比例高达三分之一左右,在误事;'帮派人物'所占比例高达三分之一左右,在坏事;将比例不足三分之一的'高素质人才',挤压得难以发挥科学领导作用。用"执政者首先自正,自身不正执政必然落空"的科学理论来衡量上述状况,可以清晰地看到:争取"执政之事得其正人君子、正人君子得其执政之位,成就基层科学执政党建伟业"的人力人才资源开发良效,既十分艰难,又必须化解的难题具有特殊紧迫性。

二、争取"事得其人,人得其位,成事无疑"政绩的思路
——人力人才资源素质化开发

"人力人才资源素质化开发=人力人才资源开发质量标准素质化+人力人才资源开发体制法治化+人力人才资源开发激励机制系统化"。

人力素质=人品+知识+智力+能力+……N;其中的人品=①体质+②心理+③科学社会主义"三德"修养+④马列主义"三观"+⑤民族先进文化素养+⑥现代法治观念+⑦科学的理想导向力+⑧崇尚高素质人才的修养+……N;知识=①做人的知识+②处社会的知识+③完成学业的知识+④成就事业的知识+……N;智力=①思维能力+②记忆能力+③理解能力+④想象能力+⑤判断能力+……N;能力=①自学和竞争能力+②决策和管理能力+③口头和书面表达能力+④应变和抗挫能力+⑤协调和整合能力+⑥钻研和发现能力+⑦总结和推广能力+⑧尚才和育才能力+……N。人才高素质=人品优良+知识丰富+智力发达+创新能力强劲+……N。其中,人品优良=①体质优良+②心理健康+③科学社会主义"三德"修养好+④马列主义"三观"素养好+⑤民族先进文化素养高+⑥现代法治观念强+⑦科学的理想导向力强劲+⑧崇尚高素质人才的修养深厚+⑨审美修养健康+⑩专业修养优良+……N;知识丰富=①做人育人的知识既有广度又有深度+②处社会的知识既有广度又有深度+③完成学业的知识既有广度又有深度+④成就事业的知识既有广度又有深度+……N;智力发达=

①思维能力在同龄人当中最强 + ②记忆能力在同龄人当中最强 + ③理解能力在同龄人当中最强 + ④想象能力在同龄人当中最强 + ⑤判断能力在同龄人当中最强 + ……N；创新能力强劲 = ①自学和竞争能力在同龄人当中最强 + ②决策和管理能力在同龄人当中最强 + ③口头和书面表达能力在同龄人当中最强 + ④应变和抗挫能力在同龄人当中最强 + ⑤协调和整合能力在同龄人当中最强 + ⑥钻研和发现能力在同龄人当中最强 + ⑦总结和推广能力在同龄人当中最强 + ⑧崇尚高素质人才的能力在同龄人当中最强 + ⑨审美修养能力在同龄人当中最强 + ⑩专业技能技艺在同龄人当中最强 + ……N。对人力人才资源做出人力与人才的质量属性定义。第一，可以弥补《国家中长期人才发展规划纲要（2010—2020 年）》当中，只对人才所做的"使'具有一定的专业知识或专业技能，进行创新性劳动并对社会做出贡献的人，是人力资源中能力和素质较高的劳动者，人才是经济社会发展的第一资源'的特色人群"的功能性描述定义。这一定义未能在宏观层面上给出提高我国人力人才资源开发质量水平的确定性标准，因而留出了乱设片面标准、降低质量的漏洞。第二，明确了人力人才资源开发的由点到面的质量标准体系，既便于为主客观方面由点到面地提供强健的导向力，又便于主客观方面由点到面地形成开发合力，为争取人力人才资源开发的"事得其人、人得其位、成事无疑"良效赢得必要的各种系统合力。

这样，从健全社会主义市场体制、建设和谐社会、稳处"市场经济"时代、迎接"知识经济"时代到来的需要出发，创新性地采用"利义并重"的主导价值观，匹配地、创新性地采用"素质论"的人力人才资源开发质量观：可使执政党依据其标准由点到面地在客观上赢得领导合力；使公民依据其标准由点到面地赢得主观努力合力；客观领导与主观努力联手赢得人力人才资源开发素质化开发的质量标准导向力。如此，可从源头上克服新中国成立至今客观领导与主观努力人力人才资源开发质量标准与时俱进创新缺失的弱点。然而，在争取"事得其人、人得其位"良效中，存在着如下问题：（1）"以'文凭档次高低'为主导标准"搞人才资源开发，压抑和埋没过不少人品优良、实用知识丰富、工作智力发达、有创新能力的人才，失误性地重用了一批只有高档次文凭、人品并不优良、工作智力也欠发达、创新能力更为缺乏的贻误科学改革和发展的冒牌人才；（2）"以'选票多少'为主导标准"搞人才资源开发，压抑或排挤了不少人品优良、实用知识丰富、工作智力发达、有创新能力的真人才，失误性地重用了一批只长于拉帮结派、严重危害过改革和发展的帮派人物；（3）"以'年龄界线'为主导标准"搞人才资源开发，压抑或排挤了不少人品优良、各类实用知识丰富、工作智力发达、有创新能力的中老年人才,并失误性地重用了一批只是年轻精力充沛,但经验不足、能力不强、弱化科学执政行政能力的年轻人。这样,便致使基层党政组织由于"创新能力"缺乏,而难以创新性地领导和管理好建立健全社会主义市场体制的业务,如此恶性循环。这类年轻人执政领导和管理人力人才资源开发,要么"以'考试成绩高低'为主导标准"搞人才资源开发,压抑或排挤了人品优良、各类实用知识丰富、工作智力发达、有创新能力而只是对答卷考试不感兴趣或厌烦的实用型人才;要么"以'实际工作经验与能力缺乏'为主导标准"搞人力人才资源开发,把成千上万的大中专毕业生以实际工作经验与能力不强为理由,排挤在由于缺乏人力人才而难兴业的单位门外,从而构成人力人才资源开发质量低劣——人口压力越来越大的困扰。

三、争取"事得其人,人得其位,成就科学执政党建伟业"应该采取的其他措施

（一）赢得"宏观责任合力"

如何赢得"宏观责任合力",如表 2 所示:

表 2　宏观责任合力一览表

开发高素质 = 优化人品 + 丰富知识 + 开发智力 + 练就创新能力					
客观	素质标准领导确认力	第一责任人	第一责任人	第一责任人	第一责任人
	家长素质养育分力	第一责任人	第二责任人	第二责任人	第二责任人
	老师素质教育分力	第二责任人	第一责任人	第一责任人	第二责任人
	工岗素质管育分力	第二责任人	第二责任人	第二责任人	第一责任人
主观	本人素质优化努力	第一责任人	第一责任人	第一责任人	第一责任人

由于"人力人才资源素质化开发的宏观责任合力 = 客观分力 + 主观分力,其中'客观分力 = 素质标准导向力 + 家庭素质养育力 + 学校素质教育力 + 工作单位素质选用、管理、培育力"的责任划分不清,因而一提及人力人才资源开发质量不高、素质水平与生产科学发展实际需要差距较大,其他方面,特别是党政方面就屡屡以旁观者的姿态只会追究学校教育方面履行职能责任不力的责任,从来没有反省自己在"岗位素质管理培育"方面没有尽好应该承担的素质化领导和管理责任的过失。以"党政领导和管理人才队伍"建

设为例,随着社会主义市场体制的日益健全,各级党政领导班子成员新老交替的法治化机制确立,上层党政领导班子成员"四化"水平的提升为加强科学领导能力建设提供了保证,令人振奋。而在基层党政领导班子的建设中也搞"年轻化",一方面,会致使"经验丰富的中老年党政领导人才"的比例接近于零;另一方面,如果各级党政机构"直接领导和管理经济实体和社会事务"的职能职责减少,"谋划间接调控经济实体和社会事务"的职能职责增多,不让执政行政经验丰富的中老年人才主导把关,而只让清一色的缺乏实际执政行政经验的青年人组成的党政领导和管理人才队伍履行"谋划"职能职责,势必误事殃民。近些年,国家和有些地方编制的"中长期国民经济发展规划纲要""中长期人才发展规划纲要"中错误百出,就是例证。再以"企事业单位的人才队伍"建设为例。这些年来过度地强调"年轻化",生产与经营中拥有技能的中老年人才不是被冷落,就是被赶到角落里浪费他们的丰富经验和技能,造成工作岗位上大量丧失中老年技能人才传带和培养青年技能人才的科学机制的断裂,导致企事业单位工作岗位上技能人才断层性的匮乏,直接妨碍了企事业单位的生产与经营。党政机关的年轻领导人在破解"企事业单位工作岗位上技能人才匮乏"的难题时,又由于缺乏"企事业单位的工作岗位"就是培养技能人才的最好课堂的经验,要么大把地花钱重建"培训中心"搞脱离实际的理论培训;要么大量浪费钱财地把"大专院校毕业生"再送回"大专院校"搞回炉培训,这些都是脱离实际、劳民伤财的执政行政行为在泛滥。

（二）赢得"微观责任合力"

由于"人力人才资源素质化开发的微观责任合力 = 子女的家庭素质养育分力 + 学生的学校素质教育分力 + 青年职员的岗位素质化管理与培育分力",因此针对各个分力优劣现状不同,应该采取的措施主要有:

（1）现在重视"子女的家庭素质养育分力"的家长太少,子女 0 ~ 3 岁这一心理发展高峰被错失的现象普遍存在的;4 ~ 7 岁以生活为教材形成学习能力、养成良好学习习惯的最佳时期,在没有幼儿园可上的地方被错失的现象也是普遍存在的。

（2）现在能够重视"青工在岗位素质化管理与培育分力"的党政领导、企业家、事业单位经营者实在太少。"工作岗位就是培训大专院校毕业生成为素质合格人才的主要课堂"的科学领导管理能力;既天真又幼稚地把大批的"大专院校毕业生"再送到对口援疆省市的"大专院校"搞回炉性培训。实际是脱离实际的瞎折腾。因此,在基层"年轻化""只提拔重用年轻人"的过程中,"中年人才"在岗传帮带地培育年轻员工成为人才的积极性被严重挫伤了。应在全社会形成"尊老"的良好道德风气,重新健全激励中老年人才立足于岗传授经验、培训青年员工的机制。以便在化解"党政机关以及企事业单位一线工作岗位上技能型人才匮乏"难题方面,赢得切合实际的科学方式方法。

(3)现在重视"学生的学校素质教育分力"作用的人增加了一些。随着课程改革力度的到位,随着摆正传授知识、开发智力、练就能力的主次关系的难题被解,学生有了"培养发展兴趣""练就能力"的时间保证。然而,学生在校"培养发展兴趣""练就能力"一缺设施、二缺导师的问题又突现了出来,设施缺乏的难题国家拨钱购买一部分、社会机构捐赠一部分就可以化解;导师缺乏的问题,在全面采取"人才系统化激励"措施中,以适宜地给予政治、经济、文化待遇的方法,聘用各类离退休老年人才为兼职导师,就能迎刃而解。

这样,以"以人为本"的科学执政理念为导向,优化破解"党管人力人才资源开发"难题的思路,可使我国的人力人才资源开发如表1所示,进入第"三"类优质类型。在行政层面上,赢得将人口压力劣势转化为人才辈出优势的绩效;在执政层面上,增强各级党组织科学领导和管理人力人才资源素质化开发的能力,赢得"事得其人、人得其位,成就科学执政党建伟业"的政绩。

（此文2011年9月发表于《人文社科论坛》）

采用哪些战术才能实现人才强国

采用哪些战术才能更好地人才强国,确保《2011—2020 年人才资源开发规划纲要》落实到位,切实加大推进由人口大国向人才资源开发强国转化的力度。研究发现:采用"由'标准素质化、责任具体化、人品优劣民主评价化、知识丰富与智力发达水平学校考试鉴定、能力评估中介化、激励方法系统化'等战术"赢得系统战术合力,形成以法治化为主导的人才资源开发新工艺是又一种必然选择。

在中央和国家将战术决策权放给抓落实的基层以后,基层的战术决策意识和能力到位率还与全面落实每个战略决策的需要存在不小差距。因此,人才强国等战略的落实到位率在不同地区或领域内就存在着程度不同的差距,就国内来看,东南沿海地区优于西北地区。概括米看,由于人才资源开发的标准、工艺、激励等方面的与时俱进地战术创新缺位,因而导致在宏观上一会儿用"德才兼备"的标准,一会儿又用"革命化、知识化、专业化、年轻化"的标准,使得形成的导向力与现代化建设需要匹配不够密切;在微观上,则是一会儿用"德、智、体全面发展"的标准,一会儿又用"德、智、体、美、劳全面发展"的标准去规范人才资源开发。在实践中以偏概全,一会儿"以'家庭成分高低'为主导"搞人才资源开发,压抑和埋没过不少人品优良、知识丰富、智力发达、创新能力的人才,错误地重用了一批人品欠佳、知识贫乏、智力平平、能力不强的人,贻误了社会主义建设的人;一会儿"以'文凭档次高低'为主导"搞人才资源开发,压抑和埋没了不少人品优良、实用知识丰富、工作智力发达、有创新能力的人才,错误地重用了一批只有高等级文凭、人品并不优良、工作智力欠发达、创新能力更是缺乏的人,贻误了科学改革和发展的人;一会儿"以'选票多少'为主导"搞人才资源开发,压抑或排挤了不少人品优良、实用知识丰富、工作智力发达、有创新能力的真人才,错误地重用了一批只长于拉帮结派、严重地危害过改革和发展的帮派人物;一会儿"以'年龄界线'为主导"搞人才资源开发,压抑或排挤着不少人品优良、各类实用知识丰富、工作智力发达、有创新能力的中老年人才,并错误地重用了一批只是年轻精力充沛，但经验不足能力不强，弱化科学执政行政能力的人；一会儿各方面乱用考试方法确认人才素质优劣方法，造成了"以'考试成绩高低'为主导"搞人才资源开发，压抑或排挤了不少人品优良、各类实用知识丰富、工作智力发达、有创新能力，只是对答卷考试不感兴趣或厌烦的实用型人才。如今，又要"以'能力强弱'为主导"搞人才资源开发，把成千上万的大中专毕业生以不拥有实际工作能力为借口排挤在由于缺乏人才而难兴业的单位门外……

概括起来，降低人才资源开发质量的结果——先是在领导管理人才队伍里只有三分之一左右素质优良、称职想干事的；另三分之一左右的是面对好人好事不表扬、碰见坏人坏事既不批评阻止又不揭发的老好人；最后三分之一左右是以权谋私搞腐败的。领导和管理人才队伍里后两个三分之一左右联手以多数派自居，利用依然幼稚地采用不科学的"少数服从多数的决策原则"的空隙，首先将素质优良、称职的领导或管理人才挤压得难以施展成事；然后不但将"认真"二字否决，还将"批评与自我批评这种自明、自立、自强的武器"遗弃。于是，基层中担负着抓战略落实的部分领导班子中，无心又无能做出相应战术决策的势力占了上风。基层便在战术决策大量缺位或错位的情景下，使得党和国家的许多英明战略决策在这些地区的某些领域内在轰轰烈烈地高喊着照抄照宣照办战略决策原文抓"落实"的过程中"落空"了；在明白人的心中留下了"基层又在高喊加强执政行政能力建设"的口号，但还是由于战术决策能力的缺位，从而使得基层的执政行政能力在与日俱弱着。所以，各类腐败屡惩不止，各种责任事故时有发生，弄虚作假习以为常，威胁和谐团结的暴乱在边疆地区此伏彼起……在专业技术人才队伍里那些一心干好专业技术工作的人，由于不肯与领导管理者当中的老好人及搞腐败的人物同流合污，得不到他们的赞赏和认可；就是干出了业绩也得不到应有的肯定，该升职称的升不上。而拉关系或与领导管理者当中的老好人及搞腐败的人物同流合污赢得了赞赏和认可的，要么相安无事，要么还能够及时晋升职称受到宠信呢……在企业家人才队伍里，特别是在国有企业的企业家人才队伍中，不给主管他们的领导管理者当中的老好人及搞腐败的人物非法好处，要么很快地被赶下岗，要么即使留在了岗上也无法干事，所以到今天为止国有中小企业能够生存下来的几乎没有了……

如上所述，多年内多次片面地以某一种元素为主导标准搞人才资源开发，累积压抑或埋没了不少的"人品优良、知识丰富、智力发达、有创新能力的人才"。这不仅在宏观上将我国误导在"人口大国却是人才资源开发弱国"的泥潭里一时无力自拔,而且在微观上,由于人才资源开发的科学领导管理创新能力的缺位,从而使得被压抑的众多人才在日常的"先进与落后、科学与迷信、团结与分裂、追求科学发展与固守落后的众多矛盾"冲突中,即使不改初衷地依然站在积极支持追求现代科学进步发展、反对固守落后,崇尚科学文明、淡化封建迷信或宗教狂热,维护团结统一和谐、反对分裂动乱的立场上,在岗尽职尽责,却在屡屡得不到主流社会的认可后而陷入精神倍受煎熬的苦海中。当保护或安慰他们的"政治优待""文化优待"措施依然缺位,其精神煎熬达到了承受不了的限度时,这些被压抑的人才要么像屈原那样以自杀的方式表示反抗,要么像宋江那样结帮构成对抗势力,要么像陶渊明那样隐居,要么酿出由西部向东部或由东部向外国流失不止的种种悲剧。此外,还存在一边是朝气勃发、知识丰富、上进心特强的成千上万的大中专毕业生无业可就,另一边却又是不少的行业由于缺乏人才而濒临倒闭的残局。

所以,从对症医治上述病态的需要出发:第一,在人才资源开发系统工程的施工中,只有采用"标准'素质化'战术",即将"素质"的涵义再引申为"人的全面发展结果 = 人品 + 知识 + 智力 + 能力 + ……N",人品 = ①体质 + ②心理 + ③科学社会主义"三德"修养 + ④马列主义"三观" + ⑤民族先进文化素养 + ⑥现代法治观念 + ⑦科学的理想导向力 + ……N;知识丰富 = ①做人的知识 + ②处社会的知识 + ③完成学业的知识 + ④成就事业的知识 + ……N;智力 = ①思维能力 + ②记忆能力 + ③理解能力 + ④想象能力 + ⑤判断能力 + ……N;创新能力 = ①自学和竞争能力 + ②决策和管理能力 + ③口头和书面表达能力 + ④应变和抗挫能力 + ⑤协调和整合能力 + ⑥钻研和发现能力 + ⑦总结和推广能力 + ……N;高素质 = 人品优良 + 知识丰富 + 智力发达 + 创新能力 + ……N,即人品优良 = ①体质优良 + ②心理健康 + ③科学社会主义"三德"修养好 + ④马列主义"三观"素养好 + ⑤民族先进文化素养高 + ⑥现代法治观念强 + ⑦科学的理想导向力强劲 + ……N;知识丰富 = ①做人的知识既有广度又有深度 + ②处社会的知识既有广度又有深度 + ③完成学业的知识既有广度又有深度 + ④成就事业的知识既有广度又有深度 + ……N;智力发达 = ①思维能力在同龄人当中最强 + ②记忆能力在同龄人当中最强 + ③理解能力在同龄人当中最强 + ④想象能力在同龄人当中最强 + ⑤判断能力在同龄人当中最强 + ……N;创新能力 = ①自学和竞争能力在同龄人当中最强 + ②决策和管理能力在同龄人当中最强 + ③口头和书面表达能力在同龄人当中最强 + ④应变和抗挫能力在同龄人当中最强 + ⑤协调和整合能力在同龄人当中最强 + ⑥钻研和发现能力在同龄人当中最强 + ⑦总结和推广能力在同龄人当中最强 + ……N。赢得了人才资源开发的科学导向力，才能从源头上克服或预防新中国成立至今在人才资源开发中出现的各种失误。

第二，对症施治地在人才资源开发系统工程的施工中，将高素质人才资源开发的责任具体化，如表1所示：

表1　人才资源高素质开发的责任具体化一览表

开发高素质 = 优化人品 + 丰富知识 + 开发智力 + 练就创新能力				
客观	素质标准导向分力	第一责任人	第一责任人	第一责任人	第一责任人
	家长素质养育分力	第一责任人	第二责任人	第二责任人	第二责任人
	老师素质教育分力	第二责任人	第一责任人	第一责任人	第二责任人
	工岗素质管育分力	第二责任人	第二责任人	第二责任人	第一责任人
主观	本人素质优化努力	第一责任人	第一责任人	第一责任人	第一责任人

只有增设"责任'具体化'工序"，采用其战术，才能赢得认识到位的网络合力，使各个责任主体的努力形成网络合力。就目前来说，这便于形成破解国内不少行业既缺乏"素质"合格的员工业绩难佳，又以袖手旁观的态度不肯尽管理培育员工形成工作能力和经验的"第一责任"，却挑剔大中专毕业生缺乏"工作能力和经验"，将其生拒于培育素质合格人才的工作岗位之外这一僵局的方法。从而将大学毕业生迎进门，承担为其提供练就"工作能力和专业创新能力"、积累"工作经验"岗位平台的责任（课堂、考场及会场是产生素质合格员工的间接性前段工序，工作实践岗位才是产生素质合格员工的直接性终端工序），从而化解掉由于缺乏"素质"合格的员工或人才业绩难佳而焦急的难题。从长远来看，可赢得各种认识到位的网络合力，使各个责任主体的努力之间构成网络合力。在这一合力作用下，可保障我国从"人口大国却是人才资源开发弱国"的泥潭里能够自拔。

第三，如表2所示：

表2 人力人才资源高素质鉴定法治化机制一览表

	人品优良程度 （30分）						知识丰富程度 （15分）			智力发达程度 （15分）				创新能力在岗练就程度 （40分）						
	①	②	③	④	⑤	⑥	⑦	①	②	①	②	③	④	⑤	①	②	③	④	⑤	⑥	⑦

界定主体	同事的民主性评定(15分)； 领导的集中性认定(15分)。	学校所发毕业证的法定性界定	中介依"标"中立性鉴定
	优得30分、良得27分、 中得21分	博士30分、博士27分、研究生24分、 本科21分、大专20分、中专18分	优40分、良36分、中28分
	总分 = 人品等级所得分 + 知识和智力等级所得分 + 创新能力等级所得分		

界定结论	优等占总分的100%	良等占总分的90%	中等占总分的70%

中介机构中立性鉴定人才创新能力的依据标准					
		优等(40分)	良等(30分)	中等(20分)	合计给分及结论
①	自学	观察、注意、理解、记忆、想象、判断能力在同龄人中处于上游。能够在第一时间内学习掌握新政策、新法规的精神实质。	观察、注意、理解、记忆、想象、判断能力在同龄人中处于中游。能够在要求的时段内的前期学习掌握新政策、新法规的精神实质。	观察、注意、理解、记忆、想象、判断能力在同龄人中处于下游。能够在要求的时段末学习掌握新政策、新法规的精神实质。	
	竞争	参与竞争的战略正确、战术得当并且胜多与败。	参与竞争讲究战略与战术的匹配并且胜与败的次数相当。	参与竞争采用的战略与战术的匹配率低,败数多于胜数。	
②	决策	生活、学习、工作的目标选择追求先进性；编规划、作计划,选用技术或人员时能够自觉地实践"科学发展观"。	生活、学习、工作的目标选择追甘居中游；编规划、作计划,选用技术或人员时能按实践"科学发展观"的要求着眼、着想、着手处理问题。	生活、学习、工作的目标选择随和与多数人；编规划或作计划,选用技术或人员时有时能按实践"科学发展观"的要求看待、思考、处理重大问题。	
	管理	既善于严格律己,又善于严格律人。	只善于严格律己,不善于严格律人。	不善于严格律己,只善于严格律人。	
③	口头表达	参加演讲比赛并在决赛中获过奖,	参加过演讲比赛并进入了决赛,但未能获奖。	仅参加过演讲比赛的预赛。	
	书面表达	面向全国要么有著作出版,要么论文获得了国家级奖励。	有论文在省部级报刊上发表,并获得过地市级或省部级奖励。	有论文在地市级报刊上发表。	

		中介机构中立性鉴定人才创新能力的依据标准		
		优等(40分)	良等(30分)	中等(20分)	合计给分及结论
④	应变	掌握着创新破解为人、学习、工作难题思路的主动权。	为了解决为人、学习、工作难题,能够适时改进自己的理念、思路及方式方法。	在上级的教育或要求下在解决为人、学习、工作难题方面不至于是绊脚石。	
	抗挫	在坚持原则时受挫、参与竞争被不当竞争行为击伤时,能够愈挫愈勇,赢得最终胜利。	在坚持原则中受挫、参与竞争被不当竞争行为击败时,能够屡挫不悔。	能够站在坚持原则受挫、参与竞争被不当竞争者遭败的人物的一边,理解同情之。	
⑤	协调	做决策、搞制订管理规章既能够兼顾老中青之人的需求与社会及自然之间的眼前与长远需要、又能够顾及局部收益与全局赢利,还能够考虑到人与社会及自然之间的和谐需要。	参与决策、执行管理规章能够既顾及局部收益与全局赢利,又能够不损老中青各方面的眼前与长远眼前利益,能够为赢得人与社会及自然的和谐效益而努力。	是落实各项决策、执行各种管理规章的拥护者,不妨碍顾及局部收益与全局赢利,不损老中青各方面的眼前与长远眼前与长远利益的聪明人,是赢得人与社会及自然的和谐的支持力量之一。	
	整合	家庭成员关系、同学关系、同事关系、上下级关系、民族关系和谐的能手。	家庭成员关系、同学关系和谐的能手,同事关系、上下级关系、民族关系当中发生的矛盾未构成自己前进、成就事业的死结。	和谐家庭成员关系、同学关系有方,和谐同事关系、上下级关系、民族关系有时造成了妨碍自己前进、成就事业的死结性矛盾。	
⑥	钻研	具有钻研本地域或本行业的先进经验或落后教训的爱好,是科学成才、科学成就事业的明白人。	具有钻研本地区或本行业先进经验或落后教训的兴趣,在科学成才、科学成就事业的重点和难点上是明白人。	在组织上的要求下,能够钻研所在地或本行业的某些先进经验或落后教训,在科学进步、科学工作的主要方面是明白人。	
	发现	钻研为人、处世、做事,或者本地域或本行业的先进经验或落后教训的过程中,能够及时发现带有规律性的原理或见解。	钻研为人、处世、做事,或者本地域或本行业的先进经验或落后教训的过程中,有时能够发现一些带有规律性的见解。	钻研为人、处世、做事,或者本地域或本行业的先进经验或落后教训的过程中,偶然能够发现点滴带有规律性的见解。	

中介机构中立性鉴定人才创新能力的依据标准			
优等（40分）	良等（30分）	中等（20分）	合计给分及结论
⑦ 总结	钻研为人、处世、做事，或者本地域或本行业的先进经验或落后教训的过程中，能够及时总结出新规律。	钻研为人、处世、做事，或者本地域或本行业的先进经验或落后教训的过程中，有时能够及时总结一些新规律。	钻研为人、处世、做事，或者本地域或本行业的先进经验或落后教训的过程中，偶然能够总结出点滴有规律性的见解。	
推广	能够把事先所做的决策、事中的钻研成果、发现的问题，事后总结的经验或教训适时地推介到应有的层面上，形成应有的影响力、发挥积极作用、赢得应有效益。	有时能够把事先所做的决策、事中钻研的成果、发现的问题，事后总结的经验或教训的主要部分，推介到应有的层面上，形成部分影响力、发挥部分积极作用、赢得一些效益。	有时能够把事先所做的决策、事中钻研成果、发现的问题，事后总结的经验或教训的一些内容，推广到特定的范围里，形成一些影响力、发挥一些积极作用、赢得一些效益。	

对症施治地在人才资源开发系统工程的施工中，只有采用"人品优劣民主评价化、知识丰富与智力发达水平学校考试鉴定、能力评估中介化的战术"，才能药到病除地根治"人才资源开发领域里，要么极端民主化、要么领导专断研究决定化的机制泛滥，将参与推荐的群众和研究决策的领导置于既做'运动员'又当'裁判员'的串位角色，等于给竞争最为激烈的人才资源开发当中频发不正当竞争，滋生'买官卖官'腐败等毒瘤赋予了特权、留出了空间，将我国拖进了人口大国却是人才资源开发弱国泥潭的痼疾"。

在人才素质水平确认的工艺当中，应设立"人品优劣由民主（同事的民主性评定、领导的集中性认定）评定"的工序。采用这一战术，既兼顾了要民主的合理性——民是主导与主体的统一体，让其积极参与是主旨，又将其主导权力限制在只能发挥30%评定作用的范围内。这样，等于抑制了"从前采用的'同事的民主性评定；领导的集中性认定'就要全部说了算，等于给'同事的民主性评定；领导的集中性认定'赋予了运动员与裁判员兼职的特权、还等于为必然滋生'买官卖官'腐败酿就了气候、培育了土壤"，可以将民主机制的消极面最小化。

在人才素质水平确认的工艺当中，应设定由学校考试认定"知识丰富程度"和"智力发达程度"的工序。采用这一战术：第一，既强化了学校在人才资源开发当中应有功能作用,维护了自己投巨资办学校的权威性,又将其功能作用限制在 30% 的范围内,以扼制"以'文凭档次'为主导"开发人才资源的片面非科学行为。第二,否定并排除社会上盛行的各自为政,以及不规范、低质量甚至是助长弄虚作假地乱开考试渠道、污染考试科学神圣尊严性、重复认定公民的"知识丰富程度"和"智力发达程度"纯属多此一举的最大浪费。同时,还从不认可学校所发毕业证已经认定公民在校所修专业的"知识丰富程度"和"智力发达程度"结论的角度,一方面抹杀学校的功能作用并弱化学校管理学生的权威,另一方面误导学生藐视学校的教育教学管理。同时,还误导在岗年轻职工将主要心思投向应对考试晋升渠道方面,而不是把主要心思投入到钻研业务和创新工作思路或方式方法上。这实属与实施人才强国战略南辕北辙的误导行为。

在人才素质水平确认的工艺当中,设定"中介机构(分别由教授或院士级的人才组成专业化的'人才创新能力等级'鉴定中介机构,由其异地性出面鉴定各地领导管理类人才素质发展过程中能够形成创新能力的 14 种能力的已有水平)用素质化质量观为主导鉴定人才的创新能力等级"的工序。采用其战术,给准确界定领导管理人才与非领导管理人才以及用准领导管理人才,赢得了法治化工艺的规范力,并且将其功能作用提高到 40% 的范围。首先,企求可以在一定程度上医治过去确认领导管理人才只有群众推荐和领导研究决定的工序及战术,实质上是在领导管理人才资源开发当中让极端民主或领导集中专断机制一统天下,泛滥造成群众和领导在人才资源开发的激烈竞争中成为既当'运动员'又做'裁判员'的角色串位者。客观上造成了人才资源开发竞争难以公正、公平,也孵化着'买官卖官'腐败的痼疾。其次,希望能够发挥把在岗工作人员的主要心思与精力导向立足工作岗位修炼解决工作难题的各种能力,逐步积累形成创新本领,增强行业市场核心竞争力的健康导向作用;还有助于克服如今许多部门采用考试方法录用人员或提升工作人员待遇,将在岗工作人员的主要心思及精力误导到应付考试上,违背了录用人员或提升工作人员待遇是为了搞好工作的初衷的失误。

第四,在人才素质水平等级确认中,具体内容如表 3 所示:

表3 人力人才资源高素质开发科学激励机制一览表

	责任或义务									待遇与权利								
	优等素质者			良等素质者			中等素质者			优等素质者			良等素质者			中等素质者		
	政治建设责任	经济建设责任	文化建设责任	政治建设责任	经济建设责任	文化建设责任	政治建设责任	经济建设责任	文化建设责任	政治待遇	经济待遇	文化待遇	政治待遇	经济待遇	文化待遇	政治待遇	经济待遇	文化待遇
领导管理人才	①(详见注)	②(详见注)	③(详见注)	④(详见注)	⑤(详见注)	⑥(详见注)	⑦(详见注)	⑧(详见注)	⑨(详见注)	①②(详见注)	③(详见注)	④(详见注)	⑤(详见注)	⑥(详见注)	⑦(详见注)	⑧(详见注)	⑨(详见注)	⑩(详见注)
专业技术人才	①(详见注)	②(详见注)	③(详见注)	④(详见注)	⑤(详见注)	⑥(详见注)	⑦(详见注)	⑧(详见注)	⑨(详见注)	①②(详见注)	③(详见注)	④(详见注)	⑤(详见注)	⑥(详见注)	⑦(详见注)	⑧(详见注)	⑨(详见注)	⑩(详见注)
企业家人才	①(详见注)	②(详见注)	③(详见注)	④(详见注)	⑤(详见注)	⑥(详见注)	⑦(详见注)	⑧(详见注)	⑨(详见注)	①②(详见注)	③(详见注)	④(详见注)	⑤(详见注)	⑥(详见注)	⑦(详见注)	⑧(详见注)	⑨(详见注)	⑩(详见注)

注:

优等素质的领导管理人才应有的基本责任或义务政策包括:

① 在完成政治建设任务中,能够立足岗位主动地发挥事先的科学决策,发挥事中钻研与发现问题、事后总结经验或教训,及时推广经验、吸取教训的领导管理职责作用,并有创新建树。

② 在完成经济建设任务中,能够立足岗位主动地发挥事先的科学决策,发挥事中钻研与发现问题、事后总结经验或教训,及时推广经验、吸取教训的领导管理职责作用,并有创新建树。

③ 在完成文化建设任务中。能够立足岗位主动地发挥事先的科学决策,发挥事中钻研与发现问题、事后总结经验或教训,及时推广经验、吸取教训的领导管理职责作用,并有创新建树。

良等素质的领导管理人才应有的基本责任或义务政策包括:

④ 在完成政治建设任务中,能够按履行岗位职责新要求发挥事先的科学决策,发挥事中钻研与发现问题、事后总结经验或教训,及时推广经验、吸取教训的领导管理的主要职责作用。

⑤ 在完成经济建设任务中,能够按履行岗位职责新要求发挥事先的科学决策,发挥事中钻研与发现问题、事后总结经验或教训,及时推广经验、吸取教训的领导管理的主要职责作用。

⑥ 在完成文化建设任务中,能够按履行岗位职责新要求发挥事先的科学决策,发挥事中钻研与发现问题、事后总结经验或教训,及时推广经验、吸取教训的领导管理的主要职责作用。

中等素质的领导或管理人才应有的基本责任或义务政策包括:

⑦ 在完成政治建设任务中,能够发挥岗位要求的事先的科学决策,发挥事中钻研与发现问题、事后总结经验或教训,及时推广经验、吸取教训的领导管理职责的部分主要职责作用。

⑧ 在完成经济建设任务中,能够发挥岗位要求的事先的科学决策,发挥事中钻研与发现问题、事后总结经验或教训,及时推广经验、吸取教训的领导管理职责的部分主要职责作用。

⑨ 在完成文化建设任务中,能够发挥岗位要求的事先的科学决策,发挥事中钻研与现问题、事后总结经验或教训,及时推广经验、吸取教训的领导管理职责的部分职责作用。

优等素质的领导或管理人才应有的基本待遇或权益政策包括：

① 所在地人大的法定委员（为其创新本领提供更多参与科学执政行政决策机会的法定席位）。

② 职位晋升限定年限被素质下一等者减少一个任职界度,在同类人才的在岗素质提升中具有主导或讲课收费权利。

③ 经济优待高给相应在岗职位工资三个档次。

④ 参加社会文化活动凭证免票。

良等素质的领导管理人才应有的基本待遇或权益政策包括：

⑤ 所在地的法定人大委员。

⑥ 职位晋升限定年限被素质下一等者减少一个任职界度,相同岗职位上职工资高两个档次务。

⑦ 参加社会文化活动凭证免票。

中等素质的领导管理人才应有的基本待遇或权益政策包括：

⑧ 职位晋升限定年限被素质下一等者减少一个任职界度。

⑨ 经济优待高给相应在岗职位工资一个档次。

⑩ 参加社会文化活动凭证免票。

优等素质的专业技术人才应负的基本责任或义务政策包括：

① 在完成本领域的政治建设任务中,能够立足岗位主动地发挥事先的科学决策,发挥事中钻研与发现问题、事后总结经验或教训,及时推广经验、吸取教训的领导管理职责作用,并有创新建树。

② 在完成岗位业务核心技术创新建设任务中,能够立足岗位主动地发挥事先的科学决策,发挥事中钻研与发现问题、事后总结经验或教训,及时推广经验、吸取教训的领导管理职责作用,并有创新建树。

③ 在完成本领域的文化建设任务中,能够立足岗位主动地发挥事先的科学决策,发挥事中钻研与发现问题、事后总结经验或教训,及时推广经验、吸取教训的领导管理职责作用,并有创新建树。

良等素质的专业技术人才应负的基本责任或义务政策包括：

④ 在完成本领域的政治建设任务中,能够按履行岗位职责新要求发挥事先的科学决策,发挥事中钻研与发现问题、事后总结经验或教训,及时推广经验、吸取教训的领导管理的主要职责作用。

⑤ 在完成岗位业务核心技术创新岗位业务核心技术创新建设任务中,能够按履行岗位职责新要求发挥事先的科学决策,发挥事中钻研与发现问题、事后总结经验或教训,及时推广经验、吸取教训的领导管理的主要职责作用。

⑥ 在完成本领域的文化建设任务中,能够按履行岗位职责新要求发挥事先的科学决策,发挥事中钻研与发现问题、事后总结经验或教训,及时推广经验、吸取教训的领导管理的主要职责作用。

中素质的专业技术人才应负的基本责任或义务政策包括：

⑦ 在完成本领域的政治建设任务中,能够发挥岗位要求的事先的科学决策,发挥事中钻研与发现问题、事后总结经验或教训,及时推广经验、吸取教训的领导管理职责的部分主要职责作用。

⑧ 在完成岗位业务核心技术创新建设任务中,能够发挥岗位要求的事先的科学决策,发挥事中钻研与发现问题、事后总结经验或教训,及时推广经验、吸取教训的领导管理职责的部分主要职责作用。

⑨ 在完成本领域的文化建任务中,能够发挥岗位要求的事先的科学决策,发挥事中钻研与现问题、事后总结经验或教训,及时推广经验、吸取教训的领导管理职责的部分职责作用。

优等素质的专业技术人才应有的基本待遇与权益政策包括：

① 所在地人大的法定委员（为其创新本领提供更多参与科学执政行政决策机会的法定席位）。

② 职位晋升限定年限被素质下一等者减少一个任职界度,在同类人才的在岗素质提升中具有主导或讲课收费权利。

③ 经济优待高给相应在岗职位工资三个档次。

④ 参加社会文化活动凭证免票。

良等素质的专业技术人才应有的基本待遇与权益政策包括：

⑤ 所在地的法定政协委员。

⑥ 职位晋升限定年限被素质下一等者减少一个任职界度,相岗职位上职工资高两个档次务。

⑦ 参加社会文化活动凭证免票。

中等素质的专业技术人才应有的基本待遇与权益政策包括：

⑧ 职位晋升限定年限被素质下一等者减少一个任职界度。

⑨ 经济优待高给相应在岗职位工资一个档次。

⑩ 参加社会文化活动凭证免票。

优等素质的企业家人才应负的基本责任或义务政策包括:

① 在完成本领域的政治建设任务中,能够立足岗位主动地发挥事先的科学决策,发挥事中钻研与发现问题、事后总结经验或教训,及时推广经验、吸取教训的领导管理职责作用,并有创新建树。

② 在完成企业经济和社会效益最大化任务的进程中,能够立足岗位主动地发挥事先的科学决策,发挥事中钻研与发现问题、事后总结经验或教训,及时推广经验、吸取教训的领导管理职责作用,并有创新建树。

③ 在完成本领域的文化建设任务中,能够立足岗位主动地发挥事先的科学决策,发挥事中钻研与发现问题、事后总结经验或教训,及时推广经验、吸取教训的领导管理职责作用,并有创新建树。

良等素质的企业家人才应负的基本责任或义务政策包括:

④ 在完成本领域的政治建设任务中,能够按履行岗位职责新要求发挥事先的科学决策,发挥事中钻研与发现问题、事后总结经验或教训,及时推广经验、吸取教训的领导管理的主要职责作用。

⑤ 在完成企业经济和社会效益最大化任务的进程中,能够按履行岗位职责新要求发挥事先的科学决策,发挥事中钻研与发现问题、事后总结经验或教训,及时推广经验、吸取教训的领导管理的主要职责作用。

⑥ 在完成本领域的文化建设任务中,能够按履行岗位职责新要求发挥事先的科学决策,发挥事中的钻研与发现问题、事后总结经验或教训,及时推广经验、吸取教训的领导管理的主要职责作用。

中等素质的企业家人才应负的基本责任或义务政策包括:

⑦ 在完成本领域的政治建设任务中,能够发挥岗位要求的事先的科学决策,发挥事中钻研与发现问题、事后总结经验或教训,及时推广经验、吸取教训的领导管理职责的部分主要职责作用。

⑧ 在完成企业经济和社会效益最大化任务的进程,能够发挥岗位要求的事先的科学决策,发挥事中钻研与发现问题、事后总结经验或教训,及时推广经验、吸取教训的领导管理职责的部分主要职责作用。

⑨ 在完成本领域的文化建任务中,能够发挥岗位要求的事先的科学决策,发挥事中钻研与现问题、事后总结经验或教训,及时推广经验、吸取教训的领导管理职责的部分职责作用。

优等素质的企业家人才应有的基本待遇与权益政策包括:

① 所在地政协的法定委员(为其创新本领提供更多参政议政的法定席位)。

② 在职位晋升限定年限被素质下一等者减少一个任职界度,同类人才的在岗素质提升中具有主导或讲课收费权利。

③ 经济优待高给相应在岗职位工资三个档次。

④ 参加社会文化活动凭证免票。

良等素质的企业家人才应有的基本待遇与权益政策包括:

⑤ 所在地的法定政协委员。

⑥ 职位晋升限定年限被素质下一等者减少一个任职界度;相岗职位上职工资高两个档次务。

⑦ 参加社会文化活动凭证免票。

中等素质的企业家人才应有的基本待遇与权益政策包括:

⑧ 职位晋升限定年限被素质下一等者减少一个任职界度。

⑨ 经济优待高给相应在岗职位工资一个档次。

⑩ 参加社会文化活动凭证免票。

只有设定合同制聘任工序,采用"激励'系统化——高素质人才采用合同聘任制'战术",才能开辟出领导和管理队伍里优胜劣汰的法治新渠道,破解"党政领导管理人才队伍能进不能出、能上不能下"的难题,强化身处领导管理岗位上的人才的危机感,从而切实增强激励力度,调动起身处领导管理岗位上的人才奋发优化素质的进取心。例如,采用签订合同的方法聘用领导管理、专业技术、企业家人才,将激励的内容由过去的只给增加经济待遇,先扩展到政治待遇、文化待遇,再扩充到聘期以满"素质"如果不优了就会被解聘的层面。既可赢得政治、经济、文化待遇系统化地优惠合力，又可赢得在岗只有不断地优化自身素质才能不被淘汰的最大激励作用力。将签订与履行合同"责任或义务"、享受"待遇或权益"的方式方法强化下来，不仅能够为人才实现人生价值最大化拓宽途径，而且能够为提高我国的人才资源科学开发质量与效益赢得更强劲的系统激励合力。

只有这样从微观层面上分别解答好"标准素质化、所有责任主体齐心化、人品优劣民主评定化、专业知识丰富和智力发达程度学校认定化、能力强弱中介公正评估化、合同制聘任法治化"人才强县强业战术是什么、为什么、做什么、怎么做的众多具体问题，才能赢得人才资源开发"标准'素质化'、工艺（即由人品优劣确认民主与集中结合工序＋知识丰富与智力发达程度学校考试认定工序＋各种能力强弱水平中介鉴定工序＋聘任和激励合同工序构成的新工艺）'法治化'的网络合力"，开发建设出高素质的领导管理人才队伍、高素质的专业技术人才队伍、高素质的企业家人才队伍，在强地兴业的进程中能够发挥创新功能作用，才能与人才强国战略在宏观层面上追求的目标之间构成合力，确保《2011—2020年人才资源开发纲要》落实到位。如此，便可使我们中国共产党人，不仅在加强人才资源开发系统工程的施工科学领导管理能力的进程中，赢得理想的绩效——切实地实施好人才强国战略，将人口大国的压力转化为人才资源开发强国的优势，而且可在创新思路破解古今中外的执政者大多数是由于在选用领导管理人才中屡屡失误（由于缺乏"以人才为第一资本而强国"的科学理政战略指导思想和相应的战术保证，导致领导和管理人才资源开发的质量与日俱降）而招致政息人亡难题的进程中，增强人才资源开发的科学领导和管理本领。

（此文2011年1月发表于《人文社科论坛》）

注重"科学创新能力" 开发赢得建成创新型国家的制胜动力

贯彻落实"科学发展观",建成创新型国家,追求中华民族复兴。

运用"人文社会'杠杆'原理"推理判断,只有以"全面解决'公民物质精神需求力落后生产力'之间这一主要矛盾"为着力支点,以"充分开发'科学创新能力'为动力臂",以"构成落后生产力的各种因素"为阻力臂,才能达其目标。因此,可得出"注重'科学创新能力'开发,赢得建成创新型国家的制胜动力"的观点。

一、以史为鉴知得失

中国共产党人领导中国人民先后"取得了'闹革命求解放,政治上站了起来;搞改革图发展,经济上富了起来'的辉煌政绩"。总结其经验,展望日后"光大其经验,兴创新追现代,科技上务必强起来;来圆中华民族复兴梦的壮丽景象",不难得出历代中国共产党人开发运用"科学创新能力"构成"社科杠杆巨力"推进中华民族复兴进程的政绩经验,见表1:

表1 历代中国共产党人开发运用"科学创新能力"
构成"社科杠杆巨力"推进中华民族复兴进程政绩经验一览表

	所构社科"杠杆"巨力			取得的政绩
	动力臂	阻力臂	着力点	
以毛泽东为代表的第一代	注重开发"人力人才内部当时特含闹革命求解放的生力"。	"三座大山"压抑人力人才内部当时特含闹革命求解放之力。	破解"三座大山"压迫与反压迫求"解放"之矛盾。	取得了毛泽东思想之精神财富。
				创建了"新中国"。
				使中华民族"站了起来"。

续表

		所构社科"杠杆"巨力			取得的政绩	
		动力臂	阻力臂	着力点		
以邓小平为代表的第二代	注重使用人力人才资源开发工艺、人文社会科学领导管理技能、自然科学技术创新能力构成的科学创新能力	注重解放"人力人才内部当时特含搞改革求温饱的生产力"。	抑制人力人才内部当时特含求温饱生产力体制机制之力。	破解"温饱""难保"之矛盾。	取得了"邓论"之精神财富。 建成了"温饱型国家"。 使中华民族赢得了"温饱"。	推进着中华民族复兴进程
以江泽民为代表的第三代		注重开发"人力人才内部当时特含深化搞改革开放求富裕之生力"。	以"姓社""姓资"妨碍人力人才内部当时特含深化搞改革开放求富裕之力。	破解"小富即安与全面小康"之矛盾。	取得了"三个代表"精神财富。 总体建成了"小康社会"。 使中华民族"富了起来。"	
以胡锦涛为代表的第四代		注重开发"人力人才内部当时特含科学求富强能力的生力"。	妨碍人力人才内部当时特含科学发展求富强之力。	破解"病态非科学发展求富裕"之矛盾。	取得了科学发展观之精神财富。 跃居世界第二大经济体,推进了"全面小康建设"。 推进了中国在求"富强"的历程。	
以习近平为代表的新一代		更加注重"人力人才资源内当时特含科学创新潜能开发之力"。	妨碍"人力人才资源内当时特含科学创新潜能开发之力"。	破解"不利于追求'两个百年'目标"实现的人力人才资源开发矛盾。	充实扩大"中国特色社会主义人力人才资源素质化开发理论"之精神财富。 必然为实现"两个百年目标",达"富强"赢得制胜力。 势必加大推进中华民族复兴进程的力度!	
……N		……N	……N	……N	……N	

我们要从表1内清楚地看到：中国共产党前几代及新一代领导集体与中国历史上其他朝代的统治集团不同，其"与时俱进地'以充分开发人力人才资源内当时所特含创新潜力'为动力臂、'以埋没压抑人力人才资源内当时特含创新潜力'为阻力臂、以'破解开发与埋没人力人才资源内当时特含创新潜力之矛盾'为着力点，在策略层面上上赢得了'不断深入破解公民物质精神需求力落后生产力'之间这一主要矛盾、持续推进中华民族复兴进程的社科杠杆巨力"，并且找到了打破"之前中国历朝历代先兴后衰周期律"的最佳思路。

我们还要从表1中清醒地明白：第一，至今仍沿用仅仅适应以"中庸"理念为主导的传统人力人才资源开发标准——"德、智、体、美、劳全面发展的人力资源开发标准""德才兼备（又红又专）的人才资源标准""有理想、有道德、有文化、有纪律的人力资源开发标准""革命化、专业化、知识化、年轻化的党政人才资源开发标准"；第二，仍沿用仅仅适用于"闹革命"或"计划体制"时期的传统人力人才资源开发体制——"民主推荐、领导研究决定""文凭够格、考试成绩入围"；第三，仍沿用传统的激励机制——群众提名推荐、领导研究通过晋级加薪。这与我们正在完善的"社会主义市场经济体制"所需的强劲竞争力，在竞争中看优劣，在创新中赢得奖赏，在宏观层面存在着不相吻合弊端；在微观层面上，更是造成了"一边是成千上万的大学毕业生在待业，另一边又是众多企事业单位由于缺乏创新型人力人才充实而濒临倒闭的人力、劣质的突出社会病；基层党政机关内由于缺乏创新型人力人才充实或立足的气候，而要么活力不足'四种危险'滋生、要么'权权交易、权钱交易、权亲交易、权色交易'腐败屡惩不绝的党政领导人才资源开发劣质明显弊病"。

究其病根不难发现：第一，由于迟迟不肯确认"人品优良、知识丰富、智力发达、创新能力强劲、业绩突出的人力人才资源开发质量标准；便在人力人才资源开发的中，先后"或用'家庭阶级出身'，或用'文凭档次'，或用'选票多少'，或用'年龄界线'的片面质量标准"，因而使我国在人力人才资源开发中出现了要么背离科学性、要么抑制科学创新能力培育及释放的严重危害。

第二，由于迟迟不肯采纳"人品优良与否由民主评议家领导研究＋知识丰富与智力发达程度由学校文凭档次证明＋创新能力强劲度由中立的专家委员会鉴定＋业绩是否突出依据岗位履职效能证明＝法治化人力人才资源开发体制"的创新建议，因而在人力人才资源开发中，先错误地批判否定过马寅初的"新人口论",造成了人力资源开发陷入"低质量高数量"的病态,后酿出了"反右扩大化"和"文化大革命"那样严重地打击挫伤"人力人才资源开发体制创新积极性"和"经济社会发展领导管理科学创新积极性"的严重失误。由此,招致新的"大民主推荐"和"领导人研究确认"的新型人治化人力人才资源开发体制泛滥,一边严重地打击挫伤了具有"人力人才资源开发标准、体制、机制科学创新能力、经济发展和社会进步领导管理技能科学创新能力、自然科学技术创新能力的真人才";另一边开发重用了"由于缺乏'人力人才资源开发标准、体制、机制科学创新能力、经济发展和社会进步领导管理技能科学创新能力、自然科学技术创新能力,只会跟着新型人治风向跑的'三类人'、'四人帮'等假人才",使其在执政行政的舞台上祸国殃民长达20多年,不仅妨碍了中华民族复兴的进程,并且险些毁掉了闹革命求解放的胜利成果,以及社会主义建设事业。

第三,即使进入党和国家实施改革开放政策新时期之后,在人力人才资源开发中,还是由于"与时俱进的科学创新能力"支撑不力,因而仅以恢复"有利于专业技术人才队伍建设的高考制度"为自豪。例如,由于中下层的人力人才资源开发科学领导管理者缺乏、"科学创新能力"支撑不力,所以,至今还未能将"知识就力量"的旧意识转型优化为"科学知识只能在具有创新意识和个性的公民中间才能够转化成智慧、智慧仅能在具有创新意识和个性的公民中间才能转化为科学创新能力、只有科学创新能力才能让中国人民增强科学发展的生产力"的新意识。于是,还在坚持采用"以'应试分数高低'为主导的人力人才资源开发质量观"来搞人力人才资源开发。不问学校教学不能没有考试,而社会上选人用人以考试为主导方式弊大于利的状况,社会上选人用人仍坚持"逢进必考"原则。在公民心目中误导出"高考分"等于"有了能力"或"高考分"考出了"掌握了知识的高水平"就等于"掌握了'第一生产力'的片面认识",将"应试教育"这一不科学的人力人才资源开发方式方法"僵化"了起来,并同时还在强化"分分是命根,考考成法宝"这一过时、落后的人力人才资源老套路。

第四,由于久久未能从"闹革命中形成的党政领导人力人才资源开发质量标准、体制、机制"等旧意识中解放出来,因而便将"闹革命中形成的党政领导人力人才资源开发质量标准、体制、机制"沿用至今。在"现代化建设所需的'人力人才资源开发标准、体制、机制急需科学创新,经济发展和社会进步的领导管理技能急需科学创新,自然科学技术急需创新'等创新意识形成方面裹脚不前",形成了"在健全社会主义市场竞争机制的新形势下,沿用群众投票和领导人研究确认的党政领导人才资源开发体制,其中,在选拔竞争中由于中立裁判的缺位,屡屡让竭泽而渔型的人治化民主泛滥成灾"。例如,在"着力满足个人物质文化需要"的理念支配下,大多数时候"群众投票和领导人研究确认基层党政领导人选"都是被"权亲交易、权权交易、权色交易、权钱交易"左右,不是把"老好人"选举到了党政领导岗位上在误事,就是把"帮派人物"选举到了党政领导岗位在坏事。即使在平时的工作监督考核中,也只能"被你好我好他也好的和稀泥中,先将'批评和自我批评'的自强武器丢弃,后在放纵'只要当执政行政的权利、不尽执政行政责任'言行盛行中"毁事。

第五,依然坚持采用"以'选票多少'为主导的质量标准观"和"群众投票和领导人研究确认的体制"搞人力人才资源开发,使中下层的人力人才资源开发质量意识和行为呈现出:(1)只重视"群众赞成不赞成、领导同意不同意"等抑制科学创新能力释放的片面性,给新型的人治化人力人才资源开发失误留出了通道;(2)既间接性地妨碍对"至少包括了人力人才资源开发质量标准、体制、机制科学创新能力、经济发展和社会进步的领导管理技能科学创新能力、自然科学技术创新能力在内的科学创新能力"的开发,又直接压抑能够决定国家强盛和民族复兴的科学创新潜能的最大化释放。例如,在我国的西部,正是由于其程度的巨大,而把具有"至少包括了人力人才资源开发质量标准、体制、机制科学创新能力、经济发展和社会进步的领导管理技能科学创新能力、自然科学技术创新能力在内的科学创新能力的人才挤得'东流外跑'不止",便在创新型党政领导人才匮乏、科学领导与管理极为不利的病态中,陷入了徒有各类自然资源丰富、市场需求空间巨大的优越条件,却陷于落后之中迟迟不能跨越进步的危机中。又例如,由于在中下层的人力人才资源开发领导管理方面缺乏"科学创新能力"的支撑,因而未能创新性地运用竞争手段建立"优胜劣汰"机制,却机械"用'自然科学领域里创新成果多出于年轻人之手'的现象,类比'经济社会发展领导管理科学领域'或'党政领导人力人才资源开发开发领域'内缺乏创新生机活力的现象,牵强附会地推行了以'年龄界线'为主导的党政领导人力人才资源开发质量观"。在国有中小企业改革中,一大批具有经营管理经验的党政老干部被选下台,启用了大批缺乏经营管理经验的年轻人,使中小国有企业纷纷倒闭,造成了"国有资产大量流失、职工大量下岗需要再就业"的历史性重大损失。即使在中下层的党政机构内,也由于领导和管理者缺乏"至少包括了人力人才资源开发质量标准、体制、机制科学创新能力、经济发展和社会进步的领导管理技能科学创新能力、自然科学技术创新能力在内的科学创新能力"的强劲支撑,一边酿出了"许多需要开拓创新的事情无人来做,许多具有开拓创新能力的中老年人才被排挤出做其事情的岗位"而丧失了和谐的病态;另一边使人力人才资源开发、经济社会发展的领导管理科学创新能力不相匹配,在落实党和国家上层做出的各项战略决策时,常常难以做出"做什么,怎么做"的匹配性战术决策。从而,使许多普通党员干部在"做什么,怎么做"的领导管理缺位或错位的状态下,要么以战略决策缺乏操作性为借口而消极等待观望,要么以违法乱纪(例如党政干部中出现的腐败现象)违背道德伦理(例如群众中出现的诚信缺失父母不慈子女不孝等现象)的行为误求快富。即使在事业单位内,也由于缺乏"至少包括了人力人才资源开发质量标准、体制、机制科学创新能力、经济发展和社会进步的领导管理技能科学创新能力、自然科学技术创新能力在内的科学创新能力"的强劲支撑,使得"一边是人才和人力闲置外流不止,另一边却是由于缺乏人才和理想的人力而产业或事业衰败,造成企事业单位接连倒闭,工人纷纷下岗失业"丧失和谐的症状至今未能消除。

第六,由于多年来延用"要么以'文凭档次'为主导、要么以'选票多少'为主导、要么以'年龄界线'为主导的人力人才资源开发质量标准"主导人力人才资源开发,忽视"至少包括了人力人才资源开发质量标准、体制、机制科学创新能力、经济发展和社会进步的领导管理技能科学创新能力、自然科学技术创新能力在内的科学创新能力"开发,结果造成了当要把引进的"自然科学技术"转化为生产力的时候,竟连个"熟练技工"难以招到的窘境。

第七,由于迟迟不肯确认和采用"政治优待 + 经济优遇 + 文化优待 = 系统化人力人才资源开发的激励机制",因而形成了一边是具有创新经验和本领的中老年人才要么在等待退休中松懈了下来,要么退休后被冷落在一旁大量浪费;另一边却是由于各行各业缺乏创新技能人才兴业举步维艰的局面。

如今,基层执政的党组织已经是在微观层面上向"从前历朝历代的统治者,先兴正是由于赢得了充分开发人力人才资源内当时所特含创新潜力",而后衰又正是"埋没压抑人力人才资源内当时所特含创新潜力"的方向滑行。

二、注重"创新能力"开发的思路

从"建设'创新型国家'"的需要出发,要以"科学的发展观"为统领。

(一)确认"素质论——科学的人力人才资源开发质量观"(表1)

表1 素质论——科学的人力人才资源开发质量观一览表

在高素质人才的定义里"高素质 = 人品优良 + 知识丰富 + 智力发达 + 创新能力 + ⋯⋯N"吗?					
深度＼广度		横向左右道边			
纵向到顶到底	宏观层面	人品优良	知识丰富	智力发达	创新能力	⋯⋯N
	中观层面	①体质优良;②心理健康;③科学社会主义"四德"修养好;④马列主义"五观"素养好;⑤民族先进文化素养高;⑥现代法治观念强;⑦科学的理想导向力强劲;⑧具备崇尚高素质人才和善于培育高素质人才的修养;⑨具备专业能力与专业技艺素养;⋯⋯N。	①做人的知识既有广度又有深度;②处社会的知识既有广度又有深;③完成学业的知识既有广度又有深度;④成就事业的知识既有广度又有深度;⋯⋯N。	①思维能力在同龄人当中最强;②记忆能力在同龄人当中最强;③理解能力在同龄人当中最强;④想象能力在同龄人当中最强;⑤判断能力在同龄人当中最强。	①学习和竞争能力在同龄人当中最强;②决策和管理能力在同龄人当中最强;③口头和书面表达能力在同龄人当中最强;④应变和抗挫能力在同龄人当中最强;⑤协调和整合能力在同龄人当中最强;⑥钻研和发现能力在同龄人当中最强;⑦总结和推广能力在同龄人当中最强;⑧崇尚高素质人才和善于培育高素质人才的能力在同龄人当中最强;⑨专业能力与专业技艺在同龄人中最强;⋯⋯N。	

在高素质人才的定义里"高素质 = 人品优良 + 知识丰富 + 智力发达 + 创新能力 + ……N"吗？					
深度＼广度		横向左右道边			
纵向到顶到底	微观层面	体质优良 = 生理健康、精力充沛；心理健康 = ①上进心强 + ②有爱心 + ③有事业心 + ④有责任心 + ⑤有同情心 + ⑥爱美之心 + ⑦荣辱之心 + ⑧有孝心 + ⑨有合群之心 + ……N；四德 = 家庭美德 + 职业道德 + 社会公德 + 美德；五观 = 唯物主义世界观 + 马列主义人生观 + 科学价值观 + 国家观 + 民族观……心理健康水平决定着"情商"的高低。国外的专家研究中得出了情商在成才成事中发挥着 80% 的制胜作用；我们认为"情商"的高低在人成才成事中可以发挥告达 30% 左右的作用。	做人的知识——适应社会主义市场竞争的现代化人力人才素质化开发、法治化开发体制、系统化激励机制知识；适应走传统中庸之道的德才兼备开发标准、民主推荐、领导认可的人治化开发知识。我们认为"知识丰富"度的高低在人成才成事中只可以发挥告达 15% 左右的作用。	智商是智力商数的简称，计算方法：智商 = 智龄÷实龄×100. 在团体中，智商在 100 的是中等，在 100 以下为落后，超过 100 为优异。国外的专家研究中得出了智商在成才成事中仅发挥着 20% 的作用。我们认为"智力发达"度的高低在人成才成事中也只能发挥告达 15% 左右的作用。	学习能力 = 注意力 + 观察力 + 思维力 + 记忆力 + 理解力 + 想象力 + 判断力；竞争能力 = 聚精会神的心态 + 全力以赴的心态 + ……N。我们认为"创新能力"的强弱在人成才成事中可以发挥告达 40% 左右的制胜作用。	
所谓"高素质人才"，即全面发展水平在同龄人达到高层次的人，特别是"创新能力"在同龄人中居于上游的人！					

如表 1 所述,应将"创新能力"的开发纳入议事日程。

(二)确认"人品优良与否由民主评议家领导研究 + 知识丰富与智力发达程度由学校文凭档次证明 + 创新能力强劲度由中立的专家委员会鉴定 + 业绩是否突出依据岗位履职效能证明 = 法治化人力人才资源开发体制"

我们在新中国成立初期,曾采用"以'家庭阶级出身'为主导标准的质量观"和"既粗疏又简陋的'在群众运动中发现、组织调配、同事投票表决鉴定、领导研究决定任用'的体制"搞人力资源开发。先是酿出了"反右扩大化",打击压抑了一大批富有创新积极性的人才,扶持重用了一批由于缺乏科学文化知识素养、只会跟着权势风向跑的低能者,把社会主义建设搞成了在"斗私批修"中虽然摆脱了"饥寒交迫",却是"温饱"问题久久难以解决的极"左"歧途;后又酿出了在"文化大革命"中打倒了一大批具有科学管理和生产经营技能且敢说敢管,因此使那些不打算用智慧和汗水换富裕、只想靠"平调"维持平均主义的"社会主义""混饭吃"的人深为不满,招来被其愤起打倒的厄运。启用了祸国殃民的"三类人""四人帮"。即使在改革开放图富强的新时期里,也采用了"以'学历高低'为主导标准的质量观"和"人力开发科学性保证不高、法治化规范不力、市场竞争化又跟不上的'学校教育(学校教育推崇的是追求'高学历'的'应试教育',而不是以开发'科学创新能力'为主导的'素质教育',科学性保证太低)、用人单位招聘或招录(多以小团体的眼前利益为主导选任用人,科学的规范和导向性也很低)、依据群众投赞成票的多少和领导研究(结果是在'着力满足个人物质文化需要'的价值趋向作用下,多被'权亲交易、权权交易、权色交易、权钱交易'的观念所左右,却不像在大敌当前的战争年代里那样,群众投赞成票和领导研究都能以'杀敌制胜'的唯一价值观念主导投票和研究的施权行为,因而要么把'老好人'选上了领导岗位误事;要么把'帮派人物'选上了领导岗位坏事;即使监督考核也只能是'你好我好'的自欺欺人;科学准确性也太低可怜)确定是否任用或续用'的体制"搞人力开发。另外,也是先误用过一批热衷于搞"西化"的极端改革开放分子,险些毁掉了改革开放图富强的大好局面。后来,又由于对社会主义市场体制下竞争权与裁判权只能分开来独立行使的社会管理技能和人力开发技艺的科学性缺乏足够的认识,未能与时俱进地树立在社会主义市场体制下,执政党主要应该通过领导"立法"来落实"党管干部"和"党管人力开发"的执政行政理念,依然运用闹革命求解放和计划体制下形成的执政行政思想理念指导市场体制下的党建和人力开发行为,因而不科学地把带领群众参与竞争和裁判竞争行为的两项大权力同时交给了中下层党政领导人。这就等于给许多诸如程维高、李嘉廷、王怀忠、马德之类在人力开发竞争中搞腐败发放了许可证,开出了通道。一方面导致《党政领导干部选拔任用条例》等法律形同虚设;另一方面形成了一边是花大力气惩治腐败分子,另一边又维护着滋生腐败行为的机制的局面。再加上又缺乏"正向精力最大化、人品优良化、创新能力最强化,各在人的成才成事当中大约发挥25%,35%,40%的定量定性"的人力开发质量观作规范,因而中下层的党政领导和群众难以在"投票"和"研究"选用人才中有据可依的行使权力;难以有效地堵住"腐败分子"走进党政人才队伍、专业技术人才队伍、企业经营管理人才队伍中搞腐败的通道,从源头上无力维护党和人民的根本利益。结果,使反腐败只能像"割韭菜,割了一茬又生一茬"。病急乱投医,后采用"以'群众投赞成票多少'为主导标准的质量观"和"科学性保证不高的人力人才资源开发'体制"搞人力开发,结果自然还是未能杜绝腐败分子登上党政领导岗位的路子。即使在国有企事业单位的人力人才资源开发中,也由于"以'文凭档次高低'为主导标准、或以'群众选票多少'为主导标准、或以'年龄大小'为主导标准"搞经营管理人才资源开发,结果不是把高学历低能力的书呆子或老好人选拔配置到经营管理岗位上误事,便是把长于搞庸俗人际关系的能手选配到经营管理岗位上坏事,或者把年轻精力旺盛却经验不足的年轻人选配到经营管理岗位上败事。相反,却把"能为企事业单位的生存、发展、壮大具有'科学创新能力'的真人才"以文凭等级不够、赞成选票数量不足、年龄过了界限等不切合实际的理由为借口,要么冷落闲置在边缘,要么排挤出局。因此,屡屡招致"一边是真人才要么被闲置直至排挤浪费或流失不止,另一边却是许多企事业单位由于缺乏真人才抓经营管理在衰败",这样与搞改革图富强背道而驰的悲剧。

（三）人力人才资源开发"体制法治化的思路"

人力人才资源开发"体制法治化的思路"具体如表2所示:

表2　人力人才资源高素质鉴定法治化机制一览表

人品优良程度（30分）							知识丰富程度（15分）				智力发达程度（15分）					创新能力在岗练就程度（40分）						
①	②	③	④	⑤	⑥	⑦	①	②	③		①	②	③	④	⑤	①	②	③	④	⑤	⑥	⑦
界定主体	同事的民主性评定(15分);领导的集中性认定(15分)						学校所发毕业证的法定性界定									中介依"标"中立性鉴定						
	优得30分、良得27分、中得21分						博士后30分、博士27分、研究生24分、本科21分、大专20分、中专18分									优40分、良36分、中28分						
	总分 = 人品等级所得分 + 知识和智力等级所得分 + 创新能力等级所得分。																					

续表

	人品优良程度 （30分）							知识丰富程度 （15分）			智力发达程度 （15分）					创新能力在岗练就程度 （40分）						
	①	②	③	④	⑤	⑥	⑦	①	②	③	①	②	③	④	⑤	①	②	③	④	⑤	⑥	⑦
界定结论	优等占总分的100%							良等占总分的90%								中等占总分的70%						

中介机构中立性鉴定人才创新能力的依据标准					
		优等（40分）	良等（30分）	中等（20分）	合计给分及结论
①	自学	观察、注意、理解、记忆、想象、判断能力在同龄人中处于上游。能够在第一时间内学习掌握新政策、新法规的精神实质。	观察、注意、理解、记忆、想象、判断能力在同龄人中处于中游。能够在要求的时段内学习掌握新政策、新法规的精神实质。	观察、注意、理解、记忆、想象能力在同龄人中处于下游。能够在要求的时段末学习掌握新政策、新法规的精神实质。	
	竞争	参与竞争的战略正确、战术得当并且胜多及败。	参与竞争讲究战略与战术的匹配并且胜与败的次数相当。	参与竞争采用的战略与战术的匹配率低，败数多于胜数。	
②	决策	生活、学习、工作的目标选择追求先进性；编规划、作计划，选用技术或人员时能够自觉地实践"科学发展观"。	生活、学习、工作的目标选择追甘居中游；编规划、作计划，选用技术或人员时能按实践"科学发展观"的要求着眼、着想、着手处理问题。	生活、学习、工作的目标选择随和与多数人；编规划或作计划，选用技术或人员时有可能按实践"科学发展观"的要求看待、思考、处理重大问题。	
	管理	既善于严格律己，又善于严格律人。	只善于严格律己，不善于严格律人。	不善于严格律己，只善于严格律人。	
③	口头表达	参加演讲比赛并在决赛中获过奖，	参加过演讲比赛并进入了决赛，但未能获奖。	仅参加过演讲比赛的预赛。	
	书面表达	面向全国要么有著作出版，要么论文获得了国家级奖励。	有论文在省部级报刊上发表，并获得过地市级或省部级奖励。	有论文在地市级报刊上发表。	
④	应变	掌握着创新破解为人、学习、工作难题思路的主动权。	为了解决为人、学习、工作难题，能够适时改进自己的理念、思路及方式方法。	在上级的教育或要求下在解决为人、学习、工作难题方面不至于是绊脚石。	
	抗挫	在坚持原则时受挫、参与竞争被不当竞争行为击伤时，能够愈挫愈勇，赢得最终胜利。	在坚持原则中受挫、参与竞争被不当竞争行为击败时，能够屡挫不悔。	能够站在坚持原则受挫、参与竞争被不当竞争者遭败的人物的一边，理解同情之。	

中介机构中立性鉴定人才创新能力的依据标准			
	优等(40分)	良等(30分)	中等(20分)	合计给分及结论
⑤ 协调	做决策、搞制订管理规章既能够兼顾老中青之人的需求与社会及自然之间的眼前与长远需要、又能够顾及局部收益与全局赢利，还能够考虑到人与社会及自然之间的和谐需要。	参与决策、执行管理规章能够既顾及局部收益与全局赢利，又能够不损老中青各方面的眼前与长远前与长远利益，能够为赢得人与社会及自然的和谐效益而努力。	是落实各项决策、执行各种管理规章的拥护者，不妨碍顾及局部收益与全局赢利，不损老中青各方面的眼前与长远眼前与长远利益的聪明人，是赢得人与社会及自然的和谐的支持力量之一。	
整合	家庭成员关系、同学关系、同事关系、上下级关系、民族关系和谐的能手。	家庭成员关系、同学关系和谐的能手，同事关系、上下级关系、民族关系当中发生的矛盾未构成自己前进、成就事业的死结。	和谐家庭成员关系、同学关系有方，和谐同事关系、上下级关系、民族关系有时造成了妨碍自己前进、成就事业的死结性矛盾。	
⑥ 钻研	具有钻研本地域或本行业的先进经验或落后教训的爱好，是科学成才、科学成就事业的明白人。	具有钻研本地区或本行业先进经验或落后教训的兴趣，在科学成才、科学成就事业的重点和难点上是明白人。	在组织上的要求下，能够钻研所在地或本行业的某些先进经验或落后教训，在科学进步、科学工作的主要方面是明白人。	
发现	钻研为人、处世、做事，或者本地域或本行业的先进经验或落后教训的过程中，能够及时发现带有规律性的原理或见解。	钻研为人、处世、做事，或者本地域或本行业的先进经验或落后教训的过程中，有时能够发现一些带有规律性的见解。	钻研为人、处世、做事，或者本地域或本行业的先进经验或落后教训的过程中，偶然能够发现点滴带有规律性的见解。	
总结	钻研为人、处世、做事，或者本地域或本行业的先进经验或落后教训的过程中，能够及时总结出新规律。	钻研为人、处世、做事，或者本地域或本行业的先进经验或落后教训的过程中，有时能够及时总结一些新规律。	钻研为人、处世、做事，或者本地域或本行业的先进经验或落后教训的过程中，偶然能够总结出点滴有规律性的见解。	
⑦ 推广	能够把事先所做的决策、事中的钻研成果、发现的问题，事后总结的经验或教训适时地推介到应有的层面上，形成应有的影响力、发挥积极作用、赢得应有效益。	有时能够把事先所做的决策、事中钻研的成果、发现的问题，事后总结的经验或教训的主要部分，推介到应有的层面上，形成部分影响力、发挥部分积极作用、赢得一些效益。	有时能够把事先所做的决策、事中的钻研成果、发现的问题，事后总结的经验或教训的一些内容，推介到特定的范围里，形成一些影响力、发挥一些积极作用、赢得一些效益。	

续表

中介机构中立性鉴定人才创新能力的依据标准			
	优等(40分)	良等(30分)	中等(20分)	合计给分及结论
⑧ 崇尚	既没有妒贤嫉能的病态心理，又能够设身处地维护高素质人才的声誉。	设身处地维护高素质人才的声誉的意识强于妒贤嫉能的病态心理。	设身处地维护高素质人才的声誉的意识略大于妒贤嫉能的病态心理。	
培育	在具体、新型、社会工作岗位上都有培养高素质人才的强烈意识及能力。	在具体、新型、社会工作岗位上都有培养高素质人才的较强意识及能力。	在具体、新型、社会工作岗位上都有培养高素质人才的意识及能力。	
⑨ 鉴别	能够自如地运用高素质标准律己度人。	能够比较自如地运用高素质标准律己度人。	能够勉强地运用高素质标准律己度人。	
推举	能够严格依据高素质标准向招聘方推荐人选。	能够依据高素质标准向招聘方推荐人选。	能够勉强地依据高素质标准向招聘方推荐人选。	

采用"人品优劣"民主与集中评定，使其结论仅占素质总分的30%；"知识丰富与智力发达"程度学校考试鉴定，使其结论仅占素质总分的30%；"创新能力强劲"程度中介机构测定，使其结论仅占素质总分的40%。三方面共计100分，依据得分差距得出素质的不同等级。这样定量定性的界定人力人才素质开发的水平，既便于革除现行的"德"的水平高低全由所在单位群众与领导评说的人治化工序的弊端，又便于克服"才"的水平单由学校考试鉴定，在工作岗位上积累的"经验"、练就的"能力"及"创新能力"不被重视工序的弱点，全面根除其旧"标准"、老"体制"漏洞百出的弊病。能够药到病除地根治"人力人才资源开发"依然采用旧"标准"、老"体制"招致人力人才资源开发质量屡屡走低，最直接最严重地妨碍"各级党组织科学执政能力建设质量水平提升"的失误。

例如，使下一级党政领导或管理人才的"人品优良＝①体质优良＋②心理健康＋③科学社会主义'三德'修养好＋④马列主义'五观'素养好＋⑤先进文化素养高＋⑥现代法治观念强＋⑦科学理想导向力强劲＋⑧培育和推举高素质人才的修养深厚＋⑨专业知识与技能修养深厚＋……N"程度，既由所在单位的群众评定，又使其结论仅占素质满分的15%；既由其所在单位的领导评定，又使其结论仅占素质满分的15%；民主与集中评定结论加起来仅占素质满分的30%。这样就能克服与预防党政领导或管理人才资源开发：一方面，不是极端民主化，"以'选票多少'为主导机制"定优劣，致使"面对坏人坏事不批评、面对好人好事不表扬的老好人"成为香饽饽,走上领导管理岗位大量耽误党和人民的大事,就是党政领导个人专断化,"以'领导研究'为主导机制"定优劣,致使"长于拉帮结派、只为拉帮结派小团体谋私利益的帮派人物"成了香饽饽,使其走上领导管理岗位危害党和人民的根本利益;另一方面,屡屡排挤或压抑着不少"人品优良"的人难以走上党政领导管理岗位。

党政领导人才的知识丰富与智力发达程度以学校考试颁发的毕业证为准。其中,知识丰富程度达到博士后水平时,也仅占 15 分;智力发达程度达到博士后的水平时,也仅占 15 分。这两方面合成考评结论,共占素质优劣结论总分中的 30 分。如此,首先,能够杜绝"逢进必考"造成的重复考试人力财力浪费;其次,能够克服各级党政组织在人才资源开发当中主导滥开考试的众多弊端。第一,不承认各类学校考试鉴定学生毕业证的含金量,不承认学校开发学生智力的权威,就是否定了各类学校考试的功能作用。这就误导着学生在学校里不肯认真对待在校的所有考试,给各类学校提高教育教学质量造成了难以估量的危害。第二,误导在岗党政领导人将心思与精力投入到阅读已经形成了定论的"有字之书"、迎接考试以求晋升方面,而减少了将精力投入到研读破解工作难题的"无字之书"方面,即误导着工作人员难以聚精会神地搞好工作。

党政领导人才的"创新能力强劲"程度,由专家组成的中介机构出面,中立性地依据标准鉴定。达到最高水平的结论,占素质优劣结论总分的 40%;达到中高水平的结论,占素质优劣结论总分的 30%;达到高水平的结论,占素质优劣结论总分的 20%。这样一来:第一,形成了"创新能力"开发的强劲导向力;第二,引进了"中介机构中立性地评定'创新能力强劲'程度"的工序。与过去只由学校考试鉴定了在校学习形成的"才学"水平高低,而漏掉了在工作岗位上练就的"能力"及"创新能力"评定的工序相比:一是避免了片面性;二是预防自我鉴定"能力"及"创新能力"练就结果、屡屡失真的弊端,为有效"提升各级党组织科学执政能力建设质量"提供了法治的工序保证。

(四)优化"创新能力尽兴发挥激励机制"

"创新能力尽兴发挥激励机制 = ①领导管理人才届时聘任激励 + ②政治优待激励 + ③经济优待激励 + ④文化优待激励 + ……N"。

应对领导和管理人才采用每当聘任届满,依据素质评价工艺评定的结论,实行优胜劣汰的法治化再聘或解聘管理措施,开辟出新的激励渠道。破解"党政领导管理人才队伍能进不能出、能上不能下"的难题,强化身处领导管理岗位上的人才的危机感,从而切实增强激励力度,调动起身处领导管理岗位上的人才奋发优化素质的进取心。

对所有高素质人才采用"政治优待激励 + 经济优待激励 + 文化优待激励"的管理措施,如表3所示:

表3　人力人才资源高素质开发科学激励机制一览表

	责任或义务									待遇与权利								
	优等素质者			良等素质者			中等素质者			优等素质者			良等素质者			中等素质者		
	政治建设责任	经济建设责任	文化建设责任	政治建设责任	经济建设责任	文化建设责任	政治建设责任	经济建设责任	文化建设责任	政治待遇	经济待遇	文化待遇	政治待遇	经济待遇	文化待遇	政治待遇	经济待遇	文化待遇
领导管理人才	①(详见注)	②(详见注)	③(详见注)	④(详见注)	⑤(详见注)	⑥(详见注)	⑦(详见注)	⑧(详见注)	⑨(详见注)	①②(详见注)	③(详见注)	④(详见注)	⑤(详见注)	⑥(详见注)	⑦(详见注)	⑧(详见注)	⑨(详见注)	⑩(详见注)
专业技术人才	①(详见注)	②(详见注)	③(详见注)	④(详见注)	⑤(详见注)	⑥(详见注)	⑦(详见注)	⑧(详见注)	⑨(详见注)	①②(详见注)	③(详见注)	④(详见注)	⑤(详见注)	⑥(详见注)	⑦(详见注)	⑧(详见注)	⑨(详见注)	⑩(详见注)
企业家人才	①(详见注)	②(详见注)	③(详见注)	④(详见注)	⑤(详见注)	⑥(详见注)	⑦(详见注)	⑧(详见注)	⑨(详见注)	①②(详见注)	③(详见注)	④(详见注)	⑤(详见注)	⑥(详见注)	⑦(详见注)	⑧(详见注)	⑨(详见注)	⑩(详见注)

注:

优等素质的领导管理人才应有的基本责任或义务的政策包括:

① 在完成政治建设任务中,能够立足岗位主动地发挥事先的科学决策,发挥事中钻研与发现问题、事后总结经验或教训,及时推广经验、吸取教训的领导管理职责作用,并有创新建树。

② 在完成经济建设任务中,能够立足岗位主动地发挥事先的科学决策,发挥事中的钻研与发现问题、事后总结经验或教训,及时推广经验、吸取教训的领导管理职责作用,并有创新建树。

③ 在完成文化建设任务中,能够立足岗位主动地发挥事先的科学决策,发挥事中钻研与发现问题、事后总结经验或教训,及时推广经验、吸取教训的领导管理职责作用,并有创新建树。

良等素质的领导管理人才应有的基本责任或义务的政策包括:

④ 在完成政治建设任务中,能够按履行岗位职责新要求发挥事先的科学决策,发挥事中钻研与发现问题、事后总结经验或教训,及时推广经验、吸取教训的领导管理的主要职责作用。

⑤ 在完成经济建设任务中,能够按履行岗位职责新要求发挥事先的科学决策,发挥事中钻研与发现问题、事后总结经验或教训,及时推广经验、吸取教训的领导管理的主要职责作用。

⑥ 在完成文化建设任务中,能够按履行岗位职责新要求发挥事先的科学决策,发挥事中钻研与发现问题、事后总结经验或教训,及时推广经验、吸取教训的领导管理的主要职责作用。

中等素质的领导或管理人才应有的基本责任或义务政策包括:

⑦ 在完成政治建设任务中,能够发挥岗位要求的事先的科学决策,发挥事中钻研与发现问题、事后总结经验或教训,及时推广经验、吸取教训的领导管理职责的部分主要职责作用。

⑧ 在完成经济建设任务中,能够发挥岗位要求的事先的科学决策,发挥事中钻研与发现问题、事后总结经验或教训,及时推广经验、吸取教训的领导管理职责的部分主要职责作用。

⑨ 在完成文化建任务中,能够发挥岗位要求的事先的科学决策,发挥事中钻研与现问题、事后总结经验或教训,及时推广经验、吸取教训的领导管理职责的部分职责作用。

优等素质的领导或管理人才应有的基本待遇或权益政策包括:

① 所在地人大的法定委员(为其创新本领提供更多参与科学执政行政决策机会的法定席位)。

② 职位晋升限定年限被素质下一等者减少一个任职界度,在同类人才的在岗素质提升中具有主导或讲课收费权利。

③ 经济优待高给相应在岗职位工资三个档次。

④ 参加社会文化活动凭证免票。

良等素质的领导管理人才应有的基本待遇或权益政策包括:

⑤ 所在地的法定人大委员。

⑥ 职位晋升限定年限被素质下一等者减少一个任职界度,相同岗职位上工资高两个档次。

⑦ 参加社会文化活动凭证免票。

中等素质的领导管理人才应有的基本待遇或权益政策包括:

⑧ 职位晋升限定年限被素质下一等者减少一个任职界度。

⑨ 经济优待高给相应在岗职位工资一个档次。

⑩ 参加社会文化活动凭证免票。

优等素质的专业技术人才应负的基本责任或义务政策包括:

① 在完成本领域的政治建设任务中,能够立足岗位主动地发挥事先的科学决策,发挥事中的钻研与发现问题、事后总结经验或教训,及时推广经验、吸取教训的领导管理职责作用,并有创新建树。

② 在完成岗位业务核心技术创新建设任务中,能够立足岗位主动地发挥事先的科学决策,发挥事中钻研与发现问题、事后总结经验或教训,及时推广经验、吸取教训的领导管理职责作用,并有创新建树。

③ 在完成本领域的文化建设任务中,能够立足岗位主动地发挥事先的科学决策,发挥事中钻研与发现问题、事后总结经验或教训,及时推广经验、吸取教训的领导管理职责作用,并有创新建树。

良等素质的专业技术人才应负的基本责任或义务政策包括:

④ 在完成本领域的政治建设任务中,能够按履行岗位职责新要求发挥事先的科学决策,发挥事中钻研与发现问题、事后总结经验或教训,及时推广经验、吸取教训的领导管理的主要职责作用。

⑤ 在完成岗位业务核心技术创新岗位业务核心技术创新建设任务中,能够按履行岗位职责新要求发挥事先的科学决策,发挥事中的钻研与发现问题、事后总结经验或教训,及时推广经验、吸取教训的领导管理的主要职责作用。

⑥ 在完成本领域的文化建设任务中,能够按履行岗位职责新要求发挥事先的科学决策,发挥事中钻研与发现问题、事后总结经验或教训,及时推广经验、吸取教训的领导管理的主要职责作用。

中素质的专业技术人才应负的基本责任或义务政策包括:

⑦ 在完成本领域的政治建设任务中,能够发挥岗位要求的事先的科学决策,发挥事中钻研与发现问题、事后总结经验或教训,及时推广经验、吸取教训的领导管理职责的部分主要职责作用。

⑧ 在完成岗位业务核心技术创新建设任务中,能够发挥岗位要求的事先的科学决策,发挥事中钻研与发现问题、事后总结经验或教训,及时推广经验、吸取教训的领导管理职责的部分主要职责作用。

⑨ 在完成本领域的文化建任务中,能够发挥岗位要求的事先的科学决策,发挥事中的钻研与现问题、事后总结经验或教训,及时推广经验、吸取教训的领导管理职责的部分职责作用。

优等素质的专业技术人才应有的基本待遇与权益政策包括:

① 所在地人大的法定委员(为其创新本领提供更多参与科学执政行政决策机会的法定席位)。

② 职位晋升限定年限被素质下一等者减少一个任职界度,在同类人才的在岗素质提升中具有主导或讲课收费权利。

③ 经济优待高给相应在岗职位工资三个档次。

④ 参加社会文化活动凭证免票。

良等素质的专业技术人才应有的基本待遇与权益政策包括:

⑤ 所在地的法定政协委员。

⑥ 职位晋升限定年限被素质下一等者减少一个任职界度,相同岗职位上职工资高两个档次。

⑦ 参加社会文化活动凭证免票。

中等素质的专业技术人才应有的基本待遇与权益政策包括：

⑧ 职位晋升限定年限被素质下一等者减少一个任职界度。

⑨ 经济优待高给相应在岗职位工资一个档次。

⑩ 参加社会文化活动凭证免票。

优等素质的企业家人才应负的基本责任或义务政策包括：

① 在完成本领域的政治建设任务中，能够立足岗位主动地发挥事先的科学决策，发挥事中的钻研与发现问题、事后总结经验或教训，及时推广经验、吸取教训的领导管理职责作用，并有创新建树。

② 在完成企业经济和社会效益最大化任务的进程中，能够立足岗位主动地发挥事先的科学决策，发挥事中钻研与发现问题、事后总结经验或教训，及时推广经验、吸取教训的领导管理职责作用，并有创新建树。

③ 在完成本领域的文化建设任务中，能够立足岗位主动地发挥事先的科学决策，事中的钻研与发现问题、事后总结经验或教训，及时推广经验、吸取教训的领导管理职责作用，并有创新建树。

良等素质的企业家人才应负的基本责任或义务政策包括：

④ 在完成本领域的政治建设任务中，能够按履行岗位职责新要求发挥事先的科学决策，发挥事中钻研与发现问题、事后总结经验或教训，及时推广经验、吸取教训的领导管理的主要职责作用。

⑤ 在完成企业经济和社会效益最大化任务的进程中，能够按履行岗位职责新要求发挥事先的科学决策，发挥事中的钻研与发现问题、事后总结经验或教训，及时推广经验、吸取教训的领导管理的主要职责作用。

⑥ 在完成本领域的文化建设任务中，能够按履行岗位职责新要求发挥事先的科学决策，发挥事中钻研与发现问题、事后总结经验或教训，及时推广经验、吸取教训的领导管理的主要职责作用。

中等素质的企业家人才应负的基本责任或义务政策包括：

⑦ 在完成本领域的政治建设任务中，能够发挥岗位要求的事先的科学决策，发挥事中钻研与发现问题、事后总结经验或教训，及时推广经验、吸取教训的领导管理职责的部分主要职责作用。

⑧ 在完成企业经济和社会效益最大化任务的进程中，能够发挥岗位要求的事先的科学决策，发挥事中钻研与发现问题、事后总结经验或教训，及时推广经验、吸取教训的领导管理职责的部分主要职责作用。

⑨ 在完成本领域的文化建任务中，能够发挥岗位要求的事先的科学决策，发挥事中钻研与现问题、事后总结经验或教训，及时推广经验、吸取教训的领导管理职责的部分职责作用。

优等素质的企业家人才应有的基本待遇与权益政策包括：

① 所在地政协的法定委员（为其创新本领提供更多参政议政的法定席位）。

② 在职位晋升限定年限被素质下一等者减少一个任职界度，同类人才的在岗素质提升中具有主导或讲课收费权利。

③ 经济优待高给相应在岗职位工资三个档次。

④ 参加社会文化活动凭证免票。

良等素质的企业家人才应有的基本待遇与权益政策包括：

⑤ 所在地的法定政协委员。

⑥ 职位晋升限定年限被素质下一等者减少一个任职界度，相同岗职位上职工资高两个档次。

⑦ 参加社会文化活动凭证免票。

中等素质的企业家人才应有的基本待遇与权益政策包括：

⑧ 职位晋升限定年限被素质下一等者减少一个任职界度。

⑨ 经济优待高给相应在岗职位工资一个档次。

⑩ 参加社会文化活动凭证免票。

这样，依据聘任时签订合同，将激励的内容由过去的只增加经济待遇，先扩展到政治待遇、文化待遇，再扩充到聘期已满，其"素质"如果不优了，就会予以解聘的层面。如此，既赢得了政治、经济、文化待遇系统化地优惠激励合力，又赢得了在岗只有不断地优化自身素质才有不被淘汰的最大激励作用力。不仅能够为高素质人才为建设创新型国家充分贡献其创新能力拓宽途径,而且可采用签订与履行合同"责任或义务"、享受"待遇或权益"的方式方法强化下来,从而为提高我国的创新能力赢得更加强劲的系统激励合力。

三、优化创新能力开发合力网络,赢得创新能力开发制胜系统合力

面对"人力人才资源素质化开发系统工程优质竣工——创新能力既得以充分开发,又能够尽兴发挥创新功能作用,其中能否优化'创新能力开发网络,赢得制胜的系统合力'又是一个关键"之现状,从优化"由'人力人才资源素质化开发领导委员会的科学领导力、素质化标准导向力、家庭素质养育力、学校素质教育力、工作岗位素质管理培育力、公民个人努力'七条经线与'人品优良、知识丰富、智力发达、创新能力……N'多条纬线织成的高素质人力人才资源开发网络,突出'创新能力'开发的急需"审视。

目前,由于存在着"家庭素质养育应尽人品优良的第一责任缺位率过高的漏洞""工作岗位素质化管理培育应尽创新能力强劲第一责任缺位率过高的漏洞",因而致使补好创新能力开发合力网络内的两大漏洞成为赢得制胜系统合力的关键所在。

(1)加大人力人才资源科学开发改革领导管理力度。例如,将"组织部、人事部、教育部、劳动和社会保障部、计生委"整合改组为"国家人力人才资源科学开发委员会"。加强我国人力人才资源科学开发领导和管理力量,在强力推进"人力人才资源开发质量标准素质化、体制法治化、激励机制系统化的进程中,便成了赢得注重'科学创新能力'最佳绩效的难题之一"。

(2)立法机构加快"中华人民共和国人力人才资源科学开发法系 = ①《中华人民共和国人力人才资源开发质量标准素质化法》+ ②《中华人民共和国人力人才资源开发体制法治化法》+ ③《中华人民共和国人力人才资源开发激励机制系统化法》+ ……N"的制定、颁布、实施进程。将"人力人才资源开发的素质化质量标准、法治化体制、系统化激励机制"法定下来,为我国的人力人才资源开发既有实体法可依,又有程序法可循提供立法保障;进一步强化法治措施的进程中保证人力人才资源开发水平的提高,特别是"创新能力 = ①学习和竞争能力在同龄人当中最强 + ②决策和管理能力在同龄人当中最强 + ③口头和书面表达能力在同龄人当中最强 + ④应变和抗挫能力在同龄人当中最强 + ⑤协调和整合能力在同龄人当中最强 + ⑥钻研和发现

能力在同龄人当中最强＋⑦总结和推广能力在同龄人当中最强＋⑧崇尚高素质人才和善于培育高素质人才的能力在同龄人当中最强＋⑨专业能力与专业技艺在同龄人中强＋……N"开发水平的提高。

逐一形成共识，从民间探索人力人才资源开发质量标准创新和体制机制创新、激励机制创新所取得的，经验中得出启发，应编制好创新能力开发合力网络，赢得破解其众多难题的系统合力。在"注重'创新能力'开发"中，首先，切实增强"人力人才资源开发思路创新实力＝①增强人力人才资源开发质量标准创新能力＋②增强人力人才资源开发体制机制创新＋③增强人力人才资源开发激励机制创新＋……N"；其次，切实增强"党政领导管理创新实力＝①增强中国特色社会主义理论旗帜导向实力优化强化创新能力＋②增强经济科学发展与和谐全面小康社会建设策略创新能力＋③增强经济科学发展与和谐全面小康社会建成政策制定创新能力＋……N"；再次，继续切实增强"自然科学技术创新能力"把潜藏于13亿人中间的科学创新能力充分开发出来，为建成创新型国家赢得制胜的动力。

（此文2013年8月发表于《人文社科论坛》）

参考文献：

① 《怎样启动西部人力资源开发工程》，《中国公务员》，2000年第9期。

② 《论人才资源开发》，光明日报社，2003年。

③ 《企业如何通过股份制改造增强市场竞争能力》，《改革与发展》，2002年7月。

④ 《强化思维训练　提高学生语文能力》，《中国教育科学纵横》，2005年第1期。

⑤ 《加快人才资源开发的科学化进程是提升现代化建设核心竞争力的关键举措》，《改革与发展》，2003年7月。

⑥ 《尚贤任能　厉兵之策强国之本》，《人文科学》，2003年8月。

⑦ 《高素质人才资源开发新疆跨越式发展的制胜要件之一》，《人文社科论坛》，2011年4月。

⑧ 《采用哪些战术才能人才强国》，《人文社科论坛》，2011年1月。

⑨ 《创新人力人才资源开发质量观和工艺迈出由人口人力资源大国到人类人才资源强国转化新步伐》，《人文社科论坛》，2010年12月。

创新人力人才资源开发质量观和体制
迈出由人口人力资源大国到人力人才资源强国转化新步伐

创新性地建立"素质＝人品＋知识＋智力＋能力＋……N"中国特色人力资源开发质量观,跨出传统的"德才兼备"人才及"德、智、体"人力资源开发质量观念统领的旧境界,越入适应健全社会主义市场体制的人力资源开发质量理念统领的新境界,不仅是我们实施《国家中长期教育改革和发展规划纲要(2010—2020 年)》的需要,而且是我们落实《国家中长期人才资源开发规划纲要(2010—2020 年)》的迫切要求。

我国古代形成的"德才兼备"人力人才资源开发质量观,从维护统治的需要出发,将"德、才"列为人力人才资源开发的主导元素来追求,并将"德的内涵外延"界定在"君为臣纲、父为子纲、父为妻纲"、"仁义礼智信"的"三纲""五常"之内。虽然我国步入了古代文明国度之列,取得过"四大发明"等成就,但是由于清末统治者置民族的健康生存、依靠创造能力而发展强大的要素于不顾,致使中华民族一度蒙上了"东亚病夫"或"无力'抗击凭着创新成为列强入侵'的弱者"的耻辱……直到中国共产党诞生才带领着中华民族推翻了半封建半殖民地的腐朽统治,建立了新中国。新中国确立了"德、智、体"全面发展的人力人才资源开发质量观,半个多世纪后,中华健儿已经用亚运会、奥运会上夺金得银的行动成绩将"东亚病夫"的耻辱历史翻了过来;用"两弹一星"的自然科学技术创新成果,让"无力'抗击入侵列强'弱者"的耻辱历史一去不复返。然而,在与时俱进建立健全社会主义市场体制、加入"WTO"步入世界市场经济竞争领域之后,由于我们的人力人才资源开发质量观中忽视了"能力"或"创新能力"开发,从而导致公民的创新意识和创新能力不强,难以满足及时创新开发出新的品牌产品,赢得占有市场份额主动优势的需要。从中可警悟到"急需由人口人力资源大国到人力人才资源强国转化"的紧迫性。

　　然而，仅仅在"德、智、体"全面发展的人力人才资源开发质量观内加入"美劳"元素，构成"德、智、体、美、劳"全面发展的人力人才资源开发质量观，由其导向"使我国的社会主义市场体制下的人力人才资源开发"从"应试教育""以考分定优劣""以选票多少定好坏""以年龄界线取舍"等片面、机械、教条的迷惑阵中解脱出来，还是不能治本的。

　　再加上现行的人力人才资源开发工艺中，只有"群众推荐、领导研究决定"的工序，因而人为地将群众和领导推上了"既做'运动员'，又当'裁判员'的角色中位"，天然地丧失了力人才资源开发竞争中的公平、公正性。"由于缺乏'中立的素质鉴定机构'出面相对公正、公平地鉴定出公民素质在不同阶段内的等级，没有确保人力人才资源开发质量保障，给人力人才资源开发中的"权权交易、权钱交易、权亲交易、权色交易"腐败行为层出不穷留出了间隙……将我国陷入人力资源大国人才资源开发弱国的困境里难以自拔。

　　例如，使我国的人力人才资源开发冲不出下列"迷魂阵"——①要么"以文凭档次高低为主导标准搞人才资源开发，埋没了不少经验丰富的实用型人才"；②要么"以选票多少为主导标准搞人才资源开发，压抑了责任心强敢说敢管而失掉了一些选票的不少人才"；③要么"以年龄为界限搞人才资源开发，埋没了能力强劲、经验丰富的中老年人才"；④要么"以考试分数为主导标准搞人才资源开发，挫伤了在实践中积累经验、练就创新能力者的上进心"；⑤要么"以大学毕业生没有实际工作能力与经验为理由，将大学要毕业生拒于工作岗位之外，妨碍人才资源素质化开发进程"。再以基层党的领导人才资源开发为例。在旧的"德才兼备"质量观的支配作用下，一会儿以文凭等级高低为主导标准搞领导人才资源开发，让虽然有大中专文凭但人品欠优、能力不强的一大批人走上了基层党组织的领导岗位，弱化了党的执政地位；一会儿以考试分数高低为主导标准搞领导人才资源开发，让虽然考试分数高人品差、能力不强的一大批人走上了基层党组织的领导岗位，拿着共产党发给的工资却不干事；一会儿以选票多少为主导标准搞领导人才资源开发，使不少帮派人物走上了基层党组织的领导岗位，在拉帮结派中把本地或本系统内的是非界线搞得乱七八糟，让不少的老人走上了基层党组织的领导岗位，在误事；一会儿以年龄界线为主导标准搞领导人才资源开发，让虽然年龄合乎界线、年轻、精力充沛但人品欠佳、能力不强、经验不足的一大批人走上了基层党组织的领导岗位，耽误发展和改革的进度。为数不多而能够适应社会主义市场体制和竞争机制，且自发地磨炼成为"人品优良、知识丰富、智力发达、有创新能力"的高素质人才，却屡屡遭受排挤，要么对加入党组织丧失了兴趣,要么即使加入了党组织也被排挤得到不了领导岗位,等等。

所以,要从适应健全社会主义市场体制和竞争机制的需要出发,创新性地建立"素质＝人品＋知识＋智力＋能力＋……N"的人力资源开发质量观、"高素质＝人品优良＋知识丰富＋智力发达＋创新能力＋……N"(其中的人品优良＝①体质优良＋②心理健康＋③科学社会主义"四德"修养好＋④马列主义"五观"素养好＋⑤民族先进文化素养高＋⑥现代法治观念强＋⑦科学的理想导向力强劲＋⑧审美修养健康＋⑨崇尚高素质人才素养深厚＋⑩培育高素质人才意识浓＋……N;知识丰富＝①做人的知识既有广度又有深度＋②处社会的知识既有广度又有深度＋③完成学业的知识既有广度又有深度＋④成就事业的知识既有广度又有深度＋……N;智力发达＝①思维能力在同龄人当中最强＋②记忆能力在同龄人当中最强＋③理解能力在同龄人当中最强＋④想象能力在同龄人当中最强＋⑤判断能力在同龄人当中最强＋……N;人文和社科创新能力＝①学习和竞争能力在同龄人当中最强＋②决策和管理能力在同龄人当中最强＋③口头和书面表达能力在同龄人当中最强＋④应变和抗挫能力在同龄人当中最强＋⑤协调和整合能力在同龄人当中最强＋⑥钻研和发现能力在同龄人当中最强＋⑦总结和推广能力在同龄人当中最强＋⑧健康的审美修养能力在同龄人当中最强＋⑨崇尚高素质人才能力在同龄人当中最强＋⑩培育高素质人才技艺在同龄人当中最高＋……N)的人才资源开发质量观的源头开始,从创新素质化的人力人才资源开发新工艺——公民用"素质化"的人力人才资源开发质量观做出主观努力、家庭用"素质化"的人力人才资源开发质量观主导子女养育、学校用"素质化"的人力人才资源开发质量观主导学生教育、人力人才素质水平鉴定用"素质化"的人力人才资源开发质量观评定公民的素质等级、工作单位选人用人也用"素质化"的人力人才资源开发质量观为主导,构成由人力资源大国人才资源开发弱国向人力人才资源开发强国转变的系统合力,如表 1 所示:

表 1　高素质人力人才资源开发责任科学划分一览表

开发高素质人才 ＝ 优化人品 ＋ 丰富知识 ＋ 开发智力 ＋ 练就创新能力					
客观	素质标准导向分力	第一责任人	第一责任人	第一责任人	第一责任人
	家长素质养育分力	第一责任人	第二责任人	第二责任人	第二责任人
	老师素质教育分力	第二责任人	第一责任人	第一责任人	第二责任人
	工岗素质管育分力	第二责任人	第二责任人	第二责任人	第一责任人
主观	本人素质优化努力	第一责任人	第一责任人	第一责任人	第一责任人

这样,才能科学地明确素质化人力高素质人才资源开发质量优化的责任,使得认识系统合力到位、各个责任主体努力的系统合力到位,从而确保高素质人力人才资源开发的方方面面。

另外,应在现行的人力人才资源开发工艺中,创新增加"中立的公民素质鉴定"工序,优化我国的人力人才资源开发工艺。即由中立的公民素质等级鉴定机构出面,在人力人才资源开发当中以中立裁判角色依据其差别将公民在不同阶段内的素质等级鉴定出来,为公民就学、就业、岗位晋升选拔提供素质等级依据。

概论之,创新人力人才资源开发质量观和工艺:应在新的人力人才资源开发质量观的导向规范下,形成"由'社会就业选用人力人才标准素质化的统领力、升学筛选机制素质化导向分力、学生主体素质优化努力分力、家庭素质化养育分力、学校素质化教育分力、工作岗位素质化管理培育分力'构成开发人力人才素质化开发的系统合力",主导我们在实践中完善《国家中长期教育改革和发展规划纲要(2010—2020 年)》和《国家中长期人才资源开发规划纲要(2010—2020 年)》,在我国由人口人力资源大国向人力人才资源强国转化的历程上迈开坚实的创新步伐。

(此文 2010 年 12 月发表于《人文社科论坛》)

加大"党政领导人才资源科学开发思路创新"力度

——消除"四种危险"的良方之一

在"党政领导人才资源科学开发思路创新 = 党政领导人才资源科学开发质量标准创新 + 党政领导人才资源科学开发工艺创新 + 党政领导人才资源科学开发激励机制创新"和"力度 = 广度 + 深度"的框架内,回顾我国实施改革开放政策 30 多年来,前半期里党政领导人才资源开发革新从极"左"的标准、体制、激励困境中跨了出来,越入了标准、体制、激励朝着适合当时国情实际改革进步成就的同时,也让我们不敢回避后半期里由于党政领导人才资源开发的标准、体制、激励科学创新力度与时俱进不力,造成的"党政领导和管理人才队伍内四种危险"迸发的境况。普通公民由实施改革开放政策前的争做"政治人物"改变成了争做"经济人物"之后,患起了"端起(党给的)碗来吃肉,放下碗来骂娘(党)"的怪病。不难发现:"加大'党政领导人才资源科学开发思路创新'力度,认可并走"党政领导人才资源科学开发思路 = ①'高素质'的质量标准 + ②'法治化'的体制 + ③'系统化'的激励机制 + ……N",是弱化直至消除"精神懈怠、能力不足、脱离实际及群众、腐败四种危险发生"良方之一的新见解。

一、改革开放前半期人才资源开发的成就

我国实施改革开放政策 30 余年来,前半期里党政领导人才资源开发革新,从解决"主要矛盾"的角度着眼着力,以"利义并重"的价值观为向导,力度适宜地创新人力资源开发标准、工艺和激励机制,取得了显著成就。

(一)人力资源开发取得的成就

1. 人力资源开发的质量标准改革取得的成就

(1)宏观上改掉了人多好办事意识,采取了极生政策。

(2)微观上改掉了"以家庭成分定优劣"片面性泛滥的标准,确立了"四有新人"标准。

2. 人力资源开发的工艺改革取得的成就

革除了"只重视在政治活动中锻炼"的单一性工艺,确立了"家庭养育、学校教育、岗位培育相配合"的合力性工艺。

3. 人力资源开发的激励机制改革取得的成就

从"无计划的数量型开发"改进为"有计划型开放",并且给予奖励。

(二)人才资源开发取得的成就

从采用改革开放的方法解决"主要矛盾"的角度着眼,以"利义并重"的价值观为向导,搞人才资源开发取得的成就有:

1. 人才资源开发的质量标准改革取得的成就

改掉了"政治表现定优劣"的极左标准,恢复了"德才兼备"论的标准,确立了"四化"原则。

2. 人才资源开发的工艺改革取得的成就

恢复了高考制度,大力发展学校教育,加大了"才"的开发力度,强化了"才"的开发工序,但未能革除对"德"的人治开发工序弊端。

3. 人才资源开发的激励机制改革取得的成就

以发放"知识分子"书报补贴、"优先提拔重用知识分子"等方法,建立了"尊重知识、尊重人才"的激励机制。

(三)人力人才资源开发的经验与教训

这一时期人力人才资源开发中的主要成功经验为:(1)优化并增强了人力人才资源开发标准的适时性导向作用力;(2)为解决主要矛盾提供智力支持做出了新努力;(3)抑制了人力无控开发的劣势,为解决"主要矛盾"初步提供了人才支撑。

这一时期人力人才资源开发中的主要缺陷教训为:(1)由于对"十几亿中国人既是实施改革开放政策的收益主体,又是实施改革开放政策的成败主力军"的认识和把握能力不足,陷入了"关注'十几亿中国人是实施改革开放政策的收益主体'这一面用心着力大,而对'十几亿中国人还是实施改革开放政策成败主力军'这一面的关注力过小,呈现着作规划、确定方针、制定政策,对事对物讲最多,特别是讲 GDP 讲到了一票否决的强度,而对人力人才资源怎样科学开发、讲公民素质优化之少,少到了连素质的内涵外延还没有理清的程度"之误区。(2)由于对"任何体制都有其积极效应和消极效应的两面性,人力人才资源开发的结果——公民全面发展的素质优良,其积极效应就会最大化;否则其消极效应就会最大化"科学执政规律的认识和把握能力缺位,陷入了"抓'经济体制改革'用心着力多,抓'人力人才资源开发体制改革'

用心及着力少"的误区。（3）由于对"经济、政治、文治、德治、法治、科治都是治国理政合力体系当中的分力之一，谁也少不了谁的科学执政规律"的认识和把握不力，陷入了"从'讲政治'，误入'以阶级斗争为纲'的迷途，将公民导向了争做'政治人物'的失和怪圈里跨出，又越入了'讲经济'，走上了'以经济建设为中心'的迷途，将公民导向了争做'经济人物'的失和怪圈里苦苦挣扎"的误区，从而直接妨碍着"跨入'讲科学'，步入'科学建党、科学治国理政、科学开发人力人才资源'新境界"。（4）"人的自然属性≈七情六欲各元素之间相互制约平衡的集合体"（表1）。

表1　人的自然属性——七情六欲解说一览表

详解 三说	七　情	六　欲	功　能
佛教 之说	喜之情、怒之情、忧之情、惧之情、爱之情、憎之情、欲之情。	色之欲、貌之欲、姿之欲、细滑欲、人想欲、语言音声欲。	节制情欲，长生不老；放纵情欲，必受其害。
儒家 之说	喜之情、怒之情、哀之情、惧之情、爱之情、恶之情、欲之情。	安全生存欲、幸福发展欲、权力表现欲、才能施展欲、美欲、性欲。	情是人类社会发展之根，欲是人类社会发展之力；在相对正常的社会生产状态下七情六欲各占一定的比例就能保证心理健康。相反，如果进入某种情痴状态就属于失常的病态心理，往往会误事；或进入纵欲状态也属于失常的病态心理，还有可能会毁灭人类社会的。
中医 之说	喜之情、怒之情、忧之情、思之情、悲之情、恐之情、惊之情。	生之欲、死之欲、耳之欲、目之欲、口之欲、鼻之欲。	不论哪种情欲，过度都会导致内脏功能失常、气血不调而发疾病。

由于对其认识和把握不力，因而在人力人才资源开发中对其功能不够重视，特别是在公民管理中，显得人性化的科学性不足，制定的政策落实难度也就大。

"人的社会属性≈① 政治属性 + ② 经济属性 + ③ 文治属性 + ④ 德治属性 + ⑤ 科治属性 + ⑥ 法治属性 +……N 的集合体"，各种属性所占比例正常、相互之间制约平衡时，公民当中的人际关系就和谐。人的自然与社会属性在结合中，必然会出现有些人钟情于政治、有些人钟情于经济、有些人钟情于文治、有些人钟情于德治、有些人钟情于法治、有些人钟情于科治……由于对其规律认识和把握得不够，因此，在人力人才资源开发和公民管理过程中，未能自若地对待"有些人乐于接受政治、有些人乐于接受经济激励、有些人乐于接受文治、有些人乐于接受德治、有些人乐于接受法治、有些人乐于接受科治"的特殊性。于是,出现了钟情于政治或经济激励的人物执政时,人力人才资源开发中便热衷于争做"政治人物"或"经济人物"的情况。这无所谓对错或好坏,只是公民中的人际关系容易伤及平衡或危害和谐。如当年出现不择手段只要政治权力的"四人帮"时,公民连温饱都难得;现在出现"李嘉廷、许迈永、姜人杰、赖昌星要钱不要人品"之败类时,腐败又危及社会和谐了。在今后又会出现哪一种败类,妨碍和谐社会建设呢?

二、改革开放后半期人才资源开发存在的具体病态

我国实施改革开放政策 30 余年来,后半期里人力人才资源开发的创新,从适应健全社会主义市场体制、以"利义并重"的价值观为向导、全面彻底解决"主要矛盾"的角度来看,由创新人力资源开发标准、体制、激励机制的力度不大所致的具体病态具体有:

(一)人力资源开发存在的具体病态

(1)人力资源开发的质量标准创新缺位的具体病态

以参与"国际市场竞争"需要的眼光审视,务必要用"人品 + 知识 + 智力 + 能力 = 素质"的标准取代"四有新人"的标准,但没有到位。

对民间创新研究的创新建议有:人力资源开发的质量标准应该创新为"素质 = 人品 + 知识 + 智力 + 能力,人品 = ①体质 + ②心理 + ③科学社会主义'三德'修养 + ④马列主义'三观' + ⑤民族先进文化素养 + ⑥现代法治观念 + ⑦科学的理想导向力 + ⑧崇尚高素质人才的修养 + ……N;知识 = ①做人的知识 + ②处社会的知识 + ③完成学业的知识 + ④成就事业的知识 + ……N;智力 = ①思维能力 + ②记忆能力 + ③理解能力 + ④想象能力 + ⑤判断能力 + ……N;能力 = ①自学和竞争能力 + ②决策和管理能力 + ③口头和书面表达能力 + ④应变和抗挫能力 + ⑤协调和整合能力 + ⑥钻研和发现能力 + ⑦总结和推广能力 + ⑧尚贤和育才能力 + ……N"。这招致:一会儿"以'文凭档次高低'为主导标准"搞人才资源开发,压抑和埋没了不少人品优良、实用知识丰富、工作智力发达、有创新能力的人才,失误地重用了一批只有高档次文凭、人品并不优良、工作智力欠发达、创新能力更为缺乏,贻误科学改革和发展的冒牌人才;一会儿"以'选票多少'为主导标准"搞人才资源开发,压抑或排挤着不少人品优良、实用知识丰富、工作智力发达、有创新能力的真人

才,失误地重用了一批只长于拉帮结派、严重地危害过改革和发展的帮派人物;一会儿"以'年龄界线'为主导标准"搞人才资源开发,压抑或排挤着不少人品优良、各类实用知识丰富、工作智力发达、有创新能力的中老年人才,并失误性地重用着一批只是年轻精力充沛,而经验不足能力不强、弱化着科学执政行政能力的年轻人。这样,便致使基层党政组织由于"创新能力"的缺乏,难以创新性地领导和管理好建立健全社会主义市场体制的业务。继而恶性循环。这类年轻人执政领导和管理人力人才资源开发,要么"以'考试成绩高低'为主导标准"搞人才资源开发,酿成了压抑或排挤着不少人品优良、各类实用知识丰富、工作智力发达、有创新能力、只是对答卷考试不感兴趣或厌烦的实用型人才,要么"以'实际工作经验与能力缺乏'为主导标准"搞人力人才资源开发,把成千上万的大中专毕业生以实际工作经验与能力不强为理由,排挤在由于缺乏人力人才而难兴业的单位门外,造成了人力人才资源开发质量低劣——人口压力越来越大的困扰。

（2）人力资源开发的工艺创新缺位的具体病态

用"民主与集中评议公民的人品水平 + 学校考试鉴定公民的知识及智力开发水平 + 由专家组成的中介中立测定能力 = 法治化体制"取代"由公民既做'运动员'又做'裁判员'的人治化体制"缺位。对"党政领导人才资源开发体制法治化 = 人品优良程度民主集中评定 + 知识丰富与智力发达程度学校考试鉴定 + 能力强劲程度中介机构测定"的创新建议又不能采纳。

（3）人力资源开发的激励机制创新缺位的具体病态

用"政治优待 + 经济优待 + 文化优待 = 科学激励"的机制,取代"计划生育受奖,不计划生育受罚"的激励机制没有到位。

（二）人才资源开发思路创新深度不够的具体症状

（1）人才资源开发的质量标准创新缺位

用参与"国际市场竞争"、发展"知识经济"需要的眼光审视,只有"三个代表""以人为本"之类的宏观标准创新。在微观层面未能用"人品优良 + 知识丰富 + 智力发达 + 创新能力强劲 = 高素质"的现代质量标准取代"德才兼备"传统质量标准,创新的深度缺位。

民间创新研究的创新建议为:"人才资源科学开发观 = ①'高素质化'的质量标准 + ②'法治化'的工艺 + ③'系统化'的激励机制 + ……N"。高素质 = 人品优良 + 知识丰富 + 智力发达 + 创新能力强劲 + ……N;其中人品优良 = ①体质优良 + ②心理健康 + ③科学社会主义"三德"修养好 + ④马列主义"三观"素养好 + ⑤民族先进文化素养高 + ⑥现代法治观念强 + ⑦科学的

理想导向力强劲 + ⑧尚贤任能的修养深厚 + ……N;知识丰富 = ①做人育人的知识既有广度又有深度 + ②处社会的知识既有广度又有深度 + ③完成学业的知识既有广度又有深度 + ④成就事业的知识既有广度又有深度 + ……N;智力发达 = ①思维能力在同龄人当中最强 + ②记忆能力在同龄人当中最强 + ③理解能力在同龄人当中最强 + ④想象能力在同龄人当中最强 + ⑤判断能力在同龄人当中最强 + ……N;创新能力强劲 = ①自学和竞争能力在同龄人当中最强 + ②决策和管理能力在同龄人当中最强 + ③口头和书面表达能力在同龄人当中最强 + ④应变和抗挫能力在同龄人当中最强 + ⑤协调和整合能力在同龄人当中最强 + ⑥钻研和发现能力在同龄人当中最强 + ⑦总结和推广能力在同龄人当中最强 + ⑧尚贤任能的能力在同龄人当中最强 + ……N。对这一创新建议又不采纳。

这样,招致的恶果是:与时俱进地创新"开发"质量标准的意识与能力缺位,误导出"开发出来的人力人才"质量与科学发展的需要差距还在拉大。例如,一边是"大批量的大专院校毕业在待业",另一边是"部分企事业单位由于缺乏合格的人力人才兴业艰难";在"党政领导管理人才队伍中,精神懈怠、不思正面进取、不学习、不尽职责又不认可积极学习、积极尽职责的占了很大的比例;钻体制负面效应的空子,搞'权权交易、权钱交易、权亲交易、权色交易'腐败的大有人在,把具备高素质的党政领导和管理人才排挤的难成事业";在"专业技术人才队伍中,弄虚作假骗取名利的泛滥,搞'权力职称交易、钱财职称交易、亲属职称交易、职称姿色交易'腐败的是大有人在,把高素质的人才排挤得要么拿不到应得的职称、要么到不了可以成就事业的岗位";在"企业家人才队伍中,无视国法大搞不正当竞争的更是数不胜数"。

如此,便酿成了"与时俱进地创新'开发'质量标准的意识与能力缺位,使'开发'质量与科学发展的需要差距在拉大"的沉痛教训。

(2)人才资源开发的工艺创新缺位

采用民主与集中制评议人才素质的优劣,将群众与领导推上了既做"运动员"又做"裁判员"的人治化人才资源开发邪路,未能使"民主与集中方法评议人才苗子的人品优良水平 + 学校考试鉴定人才苗子的知识丰富及智力发达水平 + 中介中立测定人才苗子的创新能力强劲的程度 = 法治化人才资源开发工艺"登上舞台。

民间研究提出的创新建议为:"人力人才资源开发体制法治化 = 人品优良程度民主集中评定 + 知识丰富与智力发达程度学校考试鉴定 + 创新能力强劲程度中介机构测定",具体如表2所示:

表2 人力人才资源高素质鉴定法治化机制一览表

	人品优良程度（30分）						知识丰富程度（15分）				智力发达程度（15分）					创新能力在岗练就程度（40分）						
	①	②	③	④	⑤	⑥	⑦	①	②	③	①	②	③	④	⑤	①	②	③	④	⑤	⑥	⑦

界定主体	同事的民主性评定(15分)；领导的集中性认定(15分)	学校所发毕业证的法定性界定	中介依"标"中立性鉴定
	优得30分、良得27分、中得21分	博士后30分、博士27分、研究生24分、本科21分、大专20分、中专18分	优40分、良36分、中28分
	总分 = 人品优良等级所得分 + 知识和智力等级所得分 + 创新能力等级所得分。		

界定结论	优等占总分的100%	良等占总分的90%	中等占总分的70%

中介机构中立性鉴定人才创新能力的依据标准				
		优等（40分）	良等（30分）	中等（20分）	合计给分及结论

		优等（40分）	良等（30分）	中等（20分）	合计给分及结论
①	自学	观察、注意、理解、记忆、想象、判断能力在同龄人中处于上游。能够在第一时间内学习掌握新政策、新法规的精神实质。	观察、注意、理解、记忆、想象、判断能力在同龄人中处于中游。能够在要求的时段内的前期学习掌握新政策、新法规的精神实质。	观察、注意、理解、记忆、想象、判断能力在同龄人中处于下游。能够在要求的时段末学习掌握新政策、新法规的精神实质。	
	竞争	参与竞争的战略正确、战术得当并且胜多与败。	参与竞争讲究战略与战术的匹配并且胜与败的次数相当。	参与竞争采用的战略与战术的匹配率低，败数多于胜数。	
②	决策	生活、学习、工作的目标选择追求先进性；编规划、作计划，选用技术或人员时能够自觉地实践"科学发展观"。	生活、学习、工作的目标选择追求居中游；编规划、作计划，选用技术或人员时能按实践"科学发展观"的要求着眼、着想、着手处理问题。	生活、学习、工作的目标选择随和与多数人；编规划或作计划，选用技术或人员时有时能按实践"科学发展观"的要求看待、思考、处理重大问题。	
	管理	既善于严格律己，又善于严格律人。	只善于严格律己，不善于严格律人。	不善于严格律己，只善于严格律人。	
③	口头表达	参加演讲比赛并在决赛中获过奖	参加过演讲比赛并进入了决赛，但未能获奖。	仅参加过演讲比赛的预赛。	
	书面表达	面向全国要么有著作出版，要么论文获得国家级奖励。	有论文在省部级报刊上发表，并获得过地市级或省部级奖励。	有论文在地市级报刊上发表。	

中介机构中立性鉴定人才创新能力的依据标准			
	优等(40 分)	良等(30 分)	中等(20 分)	合计给分及结论
④ 应变	掌握着创新破解为人、学习、工作难题思路的主动权。	为了解决为人、学习、工作难题,能够适时改进自己的理念、思路及方式方法。	在上级的教育或要求下在解决为人、学习、工作难题方面不至于是绊脚石。	
④ 抗挫	在坚持原则时受挫、参与竞争被不当竞争行为击伤时,能够愈挫愈勇,赢得最终胜利。	在坚持原则中受挫、参与竞争被不当竞争行为击败时,能够屡挫不悔。	能够站在坚持原则受挫、参与竞争被不当竞争者遭败的人物的一边,理解同情之。	
⑤ 协调	做决策、搞制订管理规章既能够兼顾老中青之人的需求与社会及自然之间的眼前与长远需要、又能够顾及局部收益与全局赢利,还能够考虑到人与社会及自然之间的和谐需要。	参与决策、执行管理规章能够兼顾及局部收益与全局赢利,又能够不损老中青各方面的眼前与长远眼前与长远利益,能够为赢得人与社会及自然的和谐效益而努力。	是落实各项决策、执行各种管理规章的拥护者,不妨碍顾及局部收益与全局赢利,不损老中青各方面的眼前与长远眼前与长远利益的聪明人,是赢得人与社会及自然的和谐的支持力量之一。	
⑤ 整合	家庭成员关系、同学关系、同事关系、上下级关系、民族关系和谐的能手。	家庭成员关系、同学关系和谐的能手,同事关系、上下级关系、民族关系当中发生的矛盾未构成自己前进、成就事业的死结。	和谐家庭成员关系、同学关系有方,和谐同事关系、上下级关系、民族关系有时造成了妨碍自己前进、成就事业的死结性矛盾。	
⑥ 钻研	具有钻研本地域或本行业的先进经验或落后教训的爱好,是科学成才、科学成就事业的明白人。	具有钻研本地区或本行业先进经验或落后教训的兴趣,在科学成才、科学成就事业的重点和难点上是明白人。	在组织上的要求下,能够钻研所在地或本行业的某些先进经验或落后教训,在科学进步、科学工作的主要方面是明白人。	
⑥ 发现	钻研为人、处世、做事,或者本地域或本行业的先进经验或落后教训的过程中,能够及时发现带有规律性的原理或见解。	钻研为人、处世、做事,或者本地域或本行业的先进经验或落后教训的过程中,有时能够发现一些带有规律性的见解。	钻研为人、处世、做事,或者本地域或本行业的先进经验或落后教训的过程中,偶然能够发现点滴带有规律性的见解。	

续表

中介机构中立性鉴定人才创新能力的依据标准			
优等(40分)	良等(30分)	中等(20分)	合计给分及结论

| ⑦ | 总结 | 钻研为人、处世、做事,或者本地域或本行业的先进经验或落后教训的过程中,能够及时总结出新规律。 | 钻研为人、处世、做事,或者本地域或本行业的先进经验或落后教训的过程中,有时能够及时总结一些新规律。 | 钻研为人、处世、做事,或者本地域或本行业的先进经验或落后教训的过程中,偶然能够总结出点滴有规律性的见解。 | |
| | 推广 | 能够把事先所做的决策、事中的钻研成果、发现的问题、事后总结的经验或教训适时地推介到应有的层面上,形成应有的影响力,发挥积极作用,赢得应有效益。 | 有时能够把事先所做的决策、事中钻研的成果、发现的问题,事后总结的经验或教训的主要部分,推介到应有的层面上,形成部分影响力,发挥部分积极作用,赢得一些效益。 | 有时能够把事先所做的决策、事中的钻研成果、发现的问题,事后总结的经验或教训的一些内容,推介到特定的范围里,形成一些影响力,发挥一些积极作用,赢得一些效益。 | |

　　采用"人品优劣"民主与集中评定,使其结论仅占素质总分的30%;"知识丰富与智力发达"程度学校考试鉴定,使其结论仅占素质总分的30%;"创新能力强劲"程度由中介机构测定,使其结论仅占素质总分的40%。三方面共计100分,依据得分差距得出素质的不同等级。这样定量定性地界定人力人才素质开发的水平,既便于革除现行的"德"的水平高低全由所在单位群众与领导评说的人治化工序的弊端,又便于克服"才"的水平单由学校考试鉴定,在工作岗位上积累的"经验"、练就的"能力"及"创新能力"不被重视工序的弱点,全面根除其旧"标准"、老"体制"漏洞百出的弊病。能够药到病除地根治"人力人才资源开发"依然采用旧"标准"、老"体制"招致人力人才资源开发质量屡屡走低,最直接最严重地妨碍"各级党组织科学执政能力建设质量水平提升"的失误。

　　例如,使下一级党政领导或管理人才的"人品优良"程度由所在单位的群众评定,其结论仅占素质满分的15%;由其所在单位的领导评定,其结论仅占素质满分的15%。民主与集中评定结论,合起来仅占素质满分的30%。这样,就能克服与预防党政领导或管理人才资源开发,一方面,不是极端民主化,"以'选票多少'为主导工序"定优劣,致使"面对坏人坏事不批评,面对好人好事不表扬的老好人"成为香饽饽,走上领导管理岗位大量耽误党和人民的大事,就是党政领导个人专断化,"以'领导研究'为主导工序"定优劣,致使

"长于拉帮结派、只为拉帮结派小团体谋私利益的帮派人物"吃香起来,走上领导管理岗位危害党和人民的根本利益;另一方面,屡屡排挤或压抑"人品优良——原则性强、实用知识丰富、工作智力发达、有创新能力的真人才"难以走上党政领导管理岗位。

党政领导人才的"知识丰富"与"智力发达"程度以学校考试颁发的毕业证为准。其中,知识丰富程度达到博士后的水平,也仅占 15 分;智力发达程度达到博士后的水平,也仅占 15 分。这两方面合成考评结论共占素质优劣结论总分的 30 分。首先,能够杜绝"逢进必考"造成的重复考试人力财力浪费;其次,能够克服各级党政组织在人才资源开发当中主导着滥开考试的众多弊端。第一,等于不承认各类学校考试鉴定学生毕业证的含金量,不承认学校开发学生智力的权威,就是否定各类学校考试的功能作用。这就使得学生在学校里不肯认真对待在校的所有考试,给各类学校提高教育教学质量造成了难以估量的危害。第二,误导在岗党政领导人将心思与精力投入到阅读已经形成了定论的"有字之书"、迎接考试以求晋升方面,而减少了将精力投入到研读破解工作难题的"无字之书"方面,即误导工作人员难以聚精会神地搞好工作。

党政领导人才的"创新能力强劲"程度,由"专家"组成的中介机构出面,中立性地依据"标准"鉴定。其达到最高水平的结论,占素质优劣结论总分的 40%;达到中高水平的结论,占素质优劣结论总分的 30%;达到高水平的结论,占素质优劣结论总分的 20%。这样一来,第一,形成"创新能力"开发的强劲导向力;第二,引进"中介机构中立性地评定'创新能力强劲'程度"的工序,与过去只由学校考试鉴定在校学习形成的"才学"水平高低,而漏掉了在工作岗位上练就的"能力"及"创新能力"评定的工序相比,一是避免了片面性,二是预防自我鉴定"能力"及"创新能力"练就结果、屡屡失真的弊端。为有效"提升各级党组织科学执政能力建设质量",提供了法治工序的保证。

这样,便形成了与时俱进地创新优化"人才资源开发"体制的意识与能力缺位,给"人才资源开发"当中领导搞"权钱交易、权权交易、权亲交易、权色交易"腐败、群众搞不正当竞争,降低"人才资源开发"质量,招致"四种危险"留出了"一定的市场空间"的沉痛教训。

(3)人才资源开发的激励机制创新缺位

用"政治优待+经济优待+文化优待=科学激励"的机制,取代"只注重'经济优待'激励"的机制缺位。

民间研究提出的创新建议为:"人力人才资源开发激励机制系统化=领导管理人才届时依据素质档次聘任激励+(政治+经济+文化)优待激励"。

应对领导和管理人才采用每当聘任届满,依据素质评价工艺评定的结论,实行优胜劣汰的法治化再聘或解聘管理措施,开辟出新的激励渠道。破解"党政领导管理人才队伍能进不能出、能上不能下"的难题,强化身处领导管理岗位上的人才的危机感,从而切实增强激励力度,调动起身处领导管理岗位上的人才奋发优化素质的进取心。

对所有人才采用"政治优待 + 经济优待 + 文化优待"的激励措施,如表 3 所示:

表 3　人力人才资源高素质开发科学激励机制一览表

| | 责任或义务 | | | | | | | | | 待遇与权利 | | | | | | | | |
| | 优等素质者 | | | 良等素质者 | | | 中等素质者 | | | 优等素质者 | | | 良等素质者 | | | 中等素质者 | | |
	政治建设责任	经济建设责任	文化建设责任	政治建设责任	经济建设责任	文化建设责任	政治建设责任	经济建设责任	文化建设责任	政治待遇	经济待遇	文化待遇	政治待遇	经济待遇	文化待遇	政治待遇	经济待遇	文化待遇
领导管理人才	①(详见注)	②(详见注)	③(详见注)	④(详见注)	⑤(详见注)	⑥(详见注)	⑦(详见注)	⑧(详见注)	⑨(详见注)	①②(详见注)	③(详见注)	④(详见注)	⑤(详见注)	⑥(详见注)	⑦(详见注)	⑧(详见注)	⑨(详见注)	⑩(详见注)
专业技术人才	①(详见注)	②(详见注)	③(详见注)	④(详见注)	⑤(详见注)	⑥(详见注)	⑦(详见注)	⑧(详见注)	⑨(详见注)	①②(详见注)	③(详见注)	④(详见注)	⑤(详见注)	⑥(详见注)	⑦(详见注)	⑧(详见注)	⑨(详见注)	⑩(详见注)
企业家人才	①(详见注)	②(详见注)	③(详见注)	④(详见注)	⑤(详见注)	⑥(详见注)	⑦(详见注)	⑧(详见注)	⑨(详见注)	①②(详见注)	③(详见注)	④(详见注)	⑤(详见注)	⑥(详见注)	⑦(详见注)	⑧(详见注)	⑨(详见注)	⑩(详见注)

注:

优等素质的领导管理人才应有的基本责任或义务的政策包括:

① 在完成政治建设任务中,能够立足岗位主动地发挥事先的科学决策,发挥事中钻研与发现问题、事后总结经验或教训,及时推广经验、吸取教训的领导管理职责作用,并有创新建树。

② 在完成经济建设任务中,能够立足岗位主动地发挥事先的科学决策,发挥事中钻研与发现问题、事后总结经验或教训,及时推广经验、吸取教训的领导管理职责作用,并有创新建树。

③ 在完成文化建设任务中,能够立足岗位主动地发挥事先的科学决策,发挥事中钻研与发现问题、事后总结经验或教训,及时推广经验、吸取教训的领导管理职责作用,并有创新建树。

良等素质的领导管理人才应有的基本责任或义务的政策包括:

④ 在完成政治建设任务中,能够按履行岗位职责新要求发挥事先的科学决策,发挥事中钻研与发现问题、事后总结经验或教训,及时推广经验、吸取教训的领导管理的主要职责作用。

⑤ 在完成经济建设任务中,能够按履行岗位职责新要求发挥事先的科学决策,发挥事中钻研与发

现问题、事后总结经验或教训，及时推广经验、吸取教训的领导管理的主要职责作用。

⑥ 在完成文化建设任务中，能够按履行岗位职责新要求发挥事先的科学决策，发挥事中钻研与发现问题、事后总结经验或教训，及时推广经验、吸取教训的领导管理的主要职责作用。

中等素质的领导或管理人才应有的基本责任或义务政策包括：

⑦ 在完成政治建设任务中，能够发挥岗位要求的事先的科学决策，发挥事中钻研与发现问题、事后总结经验或教训，及时推广经验、吸取教训的领导管理职责的部分主要职责作用。

⑧ 在完成经济建设任务中，能够发挥岗位要求的事先的科学决策，发挥事中钻研与发现问题、事后总结经验或教训，及时推广经验、吸取教训的领导管理职责的部分主要职责作用。

⑨ 在完成文化建任务中，能够发挥岗位要求的事先的科学决策，发挥事中钻研与现问题、事后总结经验或教训，及时推广经验、吸取教训的领导管理职责的部分职责作用。

优等素质的领导或管理人才应有的基本待遇或权益政策包括：

① 所在地人大的法定委员（为其创新本领提供更多参与科学执政行政决策机会的法定席位）。

② 职位晋升限定年限被素质下一等者减少一个任职界度，在同类人才的在岗素质提升中具有主导或讲课收费权利。

③ 经济优待高给相应在岗职位工资三个档次。

④ 参加社会文化活动凭证免票。

良等素质的领导管理人才应有的基本待遇或权益政策包括：

⑤ 所在地的法定人大委员。

⑥ 职位晋升限定年限被素质下一等者减少一个任职界度；经济优待高给相应在岗职位工资两个档次。

⑦ 参加社会文化活动凭证免票。

中等素质的领导管理人才应有的基本待遇或权益政策包括：

⑧ 职位晋升限定年限被素质下一等者减少一个任职界度。

⑨ 经济优待高给相应在岗职位工资一个档次。

⑩ 参加社会文化活动凭证免票。

优等素质的专业技术人才应负的基本责任或义务政策包括：

① 在完成本领域的政治建设任务中，能够立足岗位主动地发挥事先的科学决策，发军事中钻研与发现问题、事后总结经验或教训，及时推广经验、吸取教训的领导管理职责作用，并有创新建树。

② 在完成岗位业务核心技术创新建设任务中，能够立足岗位主动地发挥事先的科学决策，发挥事中钻研与发现问题、事后总结经验或教训，及时推广经验、吸取教训的领导管理职责作用，并有创新建树。

③ 在完成本领域的文化建设任务中，能够立足岗位主动地发挥事先的科学决策，发挥事中钻研与发现问题、事后总结经验或教训，及时推广经验、吸取教训的领导管理职责作用，并有创新建树。

良等素质的专业技术人才应负的基本责任或义务政策包括：

④ 在完成本领域的政治建设任务中，能够按履行岗位职责新要求发挥事先的科学决策，发挥事中钻研与发现问题、事后总结经验或教训，及时推广经验、吸取教训的领导管理的主要职责作用。

⑤ 在完成岗位业务核心技术创新岗位业务核心技术创新建设任务中，能够按履行岗位职责新要求发挥事先的科学决策，发挥事中钻研与发现问题、事后总结经验或教训，及时推广经验、吸取教训的领导管理的主要职责作用。

⑥ 在完成本领域的文化建设任务中，能够按履行岗位职责新要求发挥事先的科学决策，发挥事中钻研与发现问题、事后总结经验或教训，及时推广经验、吸取教训的领导管理的主要职责作用。

中素质的专业技术人才应负的基本责任或义务政策包括：

⑦ 在完成本领域的政治建设任务中，能够发挥岗位要求的事先的科学决策，发挥事中钻研与发现问题、事后总结经验或教训，及时推广经验、吸取教训的领导管理职责的部分主要职责作用。

⑧ 在完成岗位业务核心技术创新建设任务中，能够发挥岗位要求的事先的科学决策，发挥事中钻研与发现问题、事后总结经验或教训，及时推广经验、吸取教训的领导管理职责的部分主要职责作用。

⑨ 在完成本领域的文化建任务中，能够发挥岗位要求的事先的科学决策，发挥事中钻研与现问题、事后总结经验或教训，及时推广经验、吸取教训的领导管理职责的部分职责作用。

优等素质的专业技术人才应有的基本待遇与权益政策包括：

① 所在地人大的法定委员（为其创新本领提供更多参与科学执政行政决策机会的法定席位）。

② 职位晋升限定年限被素质下一等者减少一个任职界度,在同类人才的在岗素质提升中具有主导或讲课收费权利。

③ 经济优待高给相应在岗职位工资三个档次。

④ 参加社会文化活动凭证免票。

良等素质的专业技术人才应有的基本待遇与权益政策包括:

⑤ 所在地的法定政协委员。

⑥ 职位晋升限定年限被素质下一等者减少一个任职界度,相同岗职位上职工资高两个档次。

⑦ 参加社会文化活动凭证免票。

中等素质的专业技术人才应有的基本待遇与权益政策包括:

⑧ 职位晋升限定年限被素质下一等者减少一个任职界度。

⑨ 经济优待高给相应在岗职位工资一个档次。

⑩ 参加社会文化活动凭证免票。

优等素质的企业家人才应负的基本责任或义务政策包括:

① 在完成本领域的政治建设任务中,能够立足岗位主动地发挥事先的科学决策,发挥事中钻研与发现问题、事后总结经验或教训,及时推广经验、吸取教训的领导管理职责作用,并有创新建树。

② 在完成企业经济和社会效益最大化任务的进程中,能够立足岗位主动地发挥事先的科学决策,发挥事中钻研与发现问题、事后总结经验或教训,及时推广经验、吸取教训的领导管理职责作用,并有创新建树。

③ 在完成本领域的文化建设任务中,能够立足岗位主动地发挥事先的科学决策,发挥事中钻研与发现问题、事后总结经验或教训,及时推广经验、吸取教训的领导管理职责作用,并有创新建树。

良等素质的企业家人才应负的基本责任或义务政策包括:

④ 在完成本领域的政治建设任务中,能够按履行岗位职责新要求发挥事先的科学决策,发挥事中钻研与发现问题、事后总结经验或教训,及时推广经验、吸取教训的领导管理的主要职责作用。

⑤ 在完成企业经济和社会效益最大化任务的进程中,能够按履行岗位职责新要求发挥事先的科学决策,发挥事中钻研与发现问题、事后总结经验或教训,及时推广经验、吸取教训的领导管理的主要职责作用。

⑥ 在完成本领域的文化建设任务中,能够按履行岗位职责新要求发挥事先的科学决策,发挥事中钻研与发现问题、事后总结经验或教训,及时推广经验、吸取教训的领导管理的主要职责作用。

中等素质的企业家人才应负的基本责任或义务政策包括:

⑦ 在完成本领域的政治建设任务中,能够发挥岗位要求的事先的科学决策,发挥事中钻研与发现问题、事后总结经验或教训,及时推广经验、吸取教训的领导管理职责的部分主要职责作用。

⑧ 在完成企业经济和社会效益最大化任务的进程,能够发挥岗位要求的事先的科学决策,发挥事中钻研与发现问题、事后总结经验或教训,及时推广经验、吸取教训的领导管理职责的部分主要职责作用。

⑨ 在完成本领域的文化建任务中,能够发挥岗位要求的事先的科学决策,发挥事中的钻研与现问题、事后总结经验或教训,及时推广经验、吸取教训的领导管理职责的部分职责作用。

优等素质的企业家人才应有的基本待遇与权益政策包括:

① 是所在地政协的法定委员(为其创新本领提供更多参政议政的法定席位)。

② 在职位晋升限定年限时比素质下一等者减少一个任职界度,在同类人才素质提升中具有主导建议或讲课收费权利。

③ 经济优待高给相应在岗职位工资三个档次。

④ 参加社会文化活动凭证免票。

良等素质的企业家人才应有的基本待遇与权益政策包括:

⑤ 所在地的法定政协委员。

⑥ 职位晋升限定年限被素质下一等者减少一个任职界度;相同岗职位上职工资高两个档次。

⑦ 参加社会文化活动凭证免票。

中等素质的企业家人才应有的基本待遇与权益政策包括:

⑧ 职位晋升限定年限被素质下一等者减少一个任职界度。

⑨ 经济优待高给相应在岗职位工资三个档次。

⑩ 参加社会文化活动凭证免票。

这样,依据聘任时签订的合同,将激励的内容"由过去的只给增加经济待遇,先扩展到政治待遇、文化待遇,再扩充到聘期以满'素质'如果不优了就会被解聘的层面。既赢得政治、经济、文化待遇系统化地优惠合力,又赢得在岗只有不断地优化自身素质才有不被淘汰的最大激励作用力。不仅能够为人才实现人生价值最大化拓宽途径;而且采用签订与履行合同'责任或义务'、享受'待遇或权益'的方式方法强化下来,从而为提高我国的人才资源科学开发质量与效益赢得更强劲的系统激励合力",但又不肯虚心采纳。

如此便成了"激励以科学改革开放和发展的方法彻底破解'主要矛盾'、用'以人为本'的执政观为向导的人力人才资源开发匹配不够得力"的教训。

我们从中应该看到:中国共产党人执政以来,为解决"主要矛盾",在治国理政中以马列主义为指导,从国情出发创新取得了毛泽东思想和中国特色社会主义理论体系,并在其主导下取得了辉煌成就。但在人力人才资源开发这一不同于治国理政的特定领域里,由于思路创新用心着力不多而陷入表4所示的境况:

表4　不同类型的人力人才资源开发思路匹配不同类型社会经济时代概况一览表

		第一类	第二类	第三类
		古代型 传统社会	现代型资本主义 市场社会	当代型社会主义 市场社会
采用的主导价值观		重义轻利	重利轻义	利义并重
匹配的人力人才资源开发	质量标准	德才兼备	唯才是举	素质论 (素质=人品+知识+智力+能力+……N)
	体制	人治化地评定优劣	考试定优劣	"人品"的优劣由同事与领导评定;"知识"的丰富、"智力"的发达水平都由学校独立性地考试鉴定;"能力"的强弱或"创新能力"的强劲程度由专家组成的中介机构出面中立性地测定的法治化体制
	激励机制	是否被"重用"的激励机制	"优胜劣汰"的竞争激励机制	"事得其人、人得其位、成事无疑"的激励机制

续表

	第一类	第二类	第三类
	古代型 传统社会	现代型资本主义 市场社会	当代型社会主义 市场社会
采用的主导价值观	重义轻利	重利轻义	利义并重
形成的人际关系	驾驭被驾驭	弱肉强食	高素质者从事创造性的脑力劳动、低素质者从事重复性的体力劳动,两方面相辅成
构成的经济时代	自然经济时代、农业经济时代、工业经济时代、市场经济时代、知识经济时代		

　　由于思路创新的缺失,我国的人力人才资源开发还在过时的第"一""二"类病态中徘徊,未能进入"完善'当代社会主义市场社会'、采用'利义并重'主导价值观、稳处'市场经济'时代、迎接'知识经济'时代"所匹配的第"三"类人力人才资源开发的良性状态。暴露出由于续走着"人才资源传统开发思路 =唯才是举开发思路 + 德才兼备开发思路",因而在人才资源开发中:首先,由于标准的漏洞太多、太大,如以德之偏概人品之全,特别是不对"心理健康水平"进行测定,致使基层出来的党政领导人才由于"爱心(热爱人生、热爱人民、热爱共产党、热爱祖国、热爱科学、热爱学习及劳动、热爱文明、爱岗敬业、热爱真善美)不强""事业心"不强、缺乏"责任感",在党政领导岗位上精神懈怠的病态在蔓延;由于在党政领导人才开发中,不对"世界观、人生观、价值观"进行考核,从而致使基层出来的党政领导人才的"中国特色社会主义理论筑就的'世界观、人生观、价值观'十分脆弱",屡屡禁不起金钱和美色的考验而滑入"权钱交易、权色交易"的腐败泥潭里无力自拔;由于在党政领导人才开发中,没有对"人文和社科创新能力 = ①自学和竞争能力在同龄人当中最强 + ②决策和管理能力在同龄人当中最强 + ③口头和书面表达能力在同龄人当中最强 + ④应变和抗挫能力在同龄人当中最强 + ⑤协调和整合能力在同龄人当中最强 + ⑥钻研和发现能力在同龄人当中最强 + ⑦总结和推广能力在同龄人当中最强 + ⑧尚贤和任能的能力在同龄人当中最强 + ⑧崇尚高素质人才的能力在同龄人当中最强 + ⑨审美修养能力在同龄人当中最强 + ⑩专业技能技艺在同龄人当中最强 + ……N"进行公正测定,从而致使基层开发出来的党政领导人才的"创新能力"与自己履行职能职责创新性做出"战术决策"的能力需要相差到了"误事"病态蔓延不止……更可悲的是在自己的创新能力缺位的病态中,不能诚恳地认可民间的强劲创新能力,不肯采纳诸如

"人才资源科学开发思路 ＝ ①'高素质化'的质量标准 ＋ ②'法治化'的工艺 ＋ ③'系统化'的激励机制 ＋ ……N"创新成果。从而致使我国的人力人才资源开发在"传统开发思路"内徘徊，人力人才资源开发的质量水平低劣，不但不为成就中国特色社会主义事业提供保障，而且在起着妨碍的负作用。其次，由于"'法治化'的体制"的缺位而采用"'人治化'的体制"，因而造成了"群众和领导在人才资源开发竞争中，既做'运动员'又当'裁判员'，形成了角色串位屡屡造成不正当竞争泛滥，招致要么让'老好人'走上领导岗位由于领导不足在'误事'；要么让'帮派人物'走上领导岗位由于搞腐败在'坏事'；挤得'高素质人才'在领导岗位上变成少数农业'成事'的恶果"。再次，由于"'系统化'的激励机制"的缺位，实施改革开放政策前将公民引导到争做"政治人"的路径，实施改革开放政策后将公民引导到争做"经济人"的路径，都未能激励公民以"高素质"为标准向着"全面发展"方向而努力的科学路径。在公民争取成才的进程中，要么招致政治犯罪增多妨和谐社会建设，要么招致经济犯罪增多妨和谐社会建设。人力人才资源开发未能全面深入地赢得"事得其人，人得其位，成事无疑"的政绩，而招致了诸如"四种危险"等缺陷发生。

三、党政领导人才资源科学开发消除"四种危险" 应该采取的其他措施

（一）赢得"宏观责任合力"（表 5）

表 5　人才资源高素质开发责任具体化一览表

	开发高素质 ＝	优化人品 ＋	丰富知识 ＋	开发智力 ＋	练就创新能力
客观	素质标准领导确认力	第一责任人	第一责任人	第一责任人	第一责任人
	家长素质养育分力	第一责任人	第二责任人	第二责任人	第二责任人
	老师素质教育分力	第二责任人	第一责任人	第一责任人	第二责任人
	工岗素质管育分力	第二责任人	第二责任人	第二责任人	第一责任人
主观	本人素质优化努力	第一责任人	第一责任人	第一责任人	第一责任人

由于"党政领导人才资源素质化开发的宏观责任合力 ＝ 客观分力 ＋ 主观分力，其中客观分力 ＝ 素质标准导向力 ＋ 家庭素质养育力 ＋ 学校素质教育力 ＋ 工作单位素质选用、管理、培育力"的责任划分不清，因而一提及人力人才资源开发质量不高、素质水平与生产科学发展实际需要差距较大，其他方面，特

别是党政方面屡屡以袖手旁观者的姿态只会追究学校教育方面履行职能责任不力的责任,而从来不反省自己在"岗位素质管理培育"方面没有尽好应该承担的素质化领导和管理责任的过失。以"党政领导和管理人才队伍"建设为例,随着社会主义市场体制的日益健全,各级党政领导班子成员新老交替的法治化机制确立,上层党政领导班子成员"四化"水平的提升为加强科学领导能力建设提供了保证,令人振奋。而基层党政领导班子的建设中也搞"年轻化",一方面,致使"经验丰富的中老年党政领导人才"的比例接近于零;另一方面,按照各级党政机构"直接领导和管理经济实体和社会事务"的职能职责减少,"谋划间接调控经济实体和社会事务"的职能职责增多;不让执政行政经验丰富的中老年人才主导把关,而只让清一色的缺乏实际执政行政经验的青年人组成的党政领导和管理人才队伍履行"谋划"职能职责,势必误事殃民。如近年内国家和有些地方编制的"中长期国民经济发展规划纲要""中长期人才发展规划纲要"中错误百出,就是例证。再以"企事业单位的人才队伍"建设为例。这些年来过度地强调"年轻化"。生产与经营中拥有技能的中老年人才不是被冷落,就是被赶到角落里浪费他们的丰富经验和技能。从而造成了工作岗位上大量丧失中老年技能人才传带和培养青年技能人才的科学机制,在企事业单位的工作岗位上酿出了技能人才断层性的匮乏,因而直接妨碍着企事业单位的生产与经营。党政机关的年轻领导人在帮助破解"企事业单位工作岗位上技能人才匮乏"的难题时,又是由于缺乏"企事业单位的工作岗位"就是培养技能人才的最好课堂的经验,要么大把地花钱重建"培训中心",搞脱离实际的理论培训;要么大量浪费钱财地"大专院校毕业生"再送回"大专院校"搞回炉培训,这种纯属脱离实际、劳民伤财的执政行政行为在泛滥。

(二) 赢得"微观责任合力"

党政领导人才资源素质化开发的微观责任合力 = 子女的家庭素质养育分力 + 学生的学校素质教育分力 + 青年职员的岗位素质化管理与培育分力。

因此,针对各个分力优劣现状不同,应该采取的措施主要有:

(1) 现在重视"子女的家庭素质养育分力"的家长太少,子女 0～3 岁这一心理发展高峰被错失的现象普遍存在,4～7 岁以生活为教材形成学习能力、养成良好学习习惯的最佳期,在没有幼儿园可上的地方被错失的现象也普遍存在。

(2) 现在能够重视"青工在岗位素质化管理与培育分力"的党政领导、企业家、事业单位经营者实在太少。像新疆的党政方面,由于第一缺乏"大专院校毕业生的工作经验与能力只能在工作岗位上练就"的科学意识;第二对"工作岗位就是培训大专院校毕业生成为素质合格人才的主要课堂"的科学领导管理能力,因而既天真又幼稚地把大批的"大专院校毕业生"再送到对口援疆省市的"大专院校"搞回炉性培训。实际是脱离实际的瞎折腾。因此,基层尽快改正在"年轻化""只提拔重用年轻人"的过程中,极大地挫伤了"中年人才"在岗传帮带地培育年轻员工成为人才的积极性的错误。在全社会酿就"尊老"的良好道德风气,重新健全激励中老年人才立足于岗传授经验、培训青年员工的机制。在化解"党政机关以及企事业单位一线工作岗位上技能型人才匮乏"难题方面,赢得切合实际的科学方式方法。

(3)现在重视"学生的学校素质教育分力"作用的人增加了。随着课程改革力度的到位,随着摆正传授知识、开发智力、练就能力的主次关系的难题被解,学生有了"培养发展兴趣""练就能力"的时间保证。然而学生在校"培养发展兴趣""练就能力"一缺设施、二缺导师的问题突现了出来,设施缺乏的难题国家拨钱购买一部分、社会机构捐赠一部分就可以化解;导师缺乏的问题,在全面采取"人才系统化激励"措施中,以适宜地给予政治、经济、文化待遇的方法,聘用各类离退休老年人才为兼职导师,就能迎刃而解。

这样,用"以人为本"的科学执政理念为导向,提升"党政领导人才资源科学开发"水平,化解诸如一边是"大批量的大专院校毕业在待业",另一边是"部分企事业单位由于缺乏合格的人力人才兴业艰难"、贪官都有"卖官"的腐败罪行、党政领导人才队伍里存在着"四种危险"优化破解"党管人力人才资源开发"创新难题,就不为其难了。

优化创新能力，开发高素质执政骨干队伍建设制胜原理
——高素质执政骨干队伍建设探究

实施创新驱动战略，需将新中国成立 60 多年来党建中的"党员领导干部队伍建设"工作与时俱进地创新转型升级为"高素质执政骨干队伍建设"工作。从光大其中的积极效应、最小化其中的"四种危险"以及派生的"四种不良作风"等消极效应的角度出发，探究"建设高素质执政骨干队伍"应该遵守哪些基本原理及规律呢？首先，"高素质 =（1）人品优良（即信念坚定、为民服务、勤政务实、敢于担当、清正廉洁）情商高 +（2）执政知识丰富智商高 +（3）创新能力强劲业绩突出 + ……N"。其中，"创新能力强劲 = ①学习和竞争能力在同代党员领导干部中最强 + ②决策和管理能力在同代党员领导干部中最强 + ③口头和书面表达能力在同代党员领导干部中最强 + ④应变和抗挫能力在同代党员领导干部中最强 + ⑤协调和整合能力在同代党员领导干部中最强 + ⑥钻研和发现能力在同代党员领导干部中最强 + ⑦总结和推广能力在同代党员领导干部中最强 + ⑧崇尚高素质人才和善于培育高素质人才的能力在同代党员领导干部最强 + ⑨执政专业能力与执政专业技艺在同代党员领导干部中最强 + ⑩执政业绩能够达到既定目标 + ……N"。其次，在"人品优良情商高、知识丰富智商高"已经有了多维度讨论之时，还出现了"优化创新能力开发是建成高素质执政骨干队伍另一条制胜原理"。

一、中国共产党执政 60 多年来建设高素质执政骨干队伍的"创新能力开发"状况

回顾解析中国共产党登上执政舞台 60 多年来建设"党员领导干部队伍建设"的得失经验教训：在宏观层面上，社会主义性质的中华人民共和国之所以能够在东欧社会主义阵营瓦解、苏联解体之时岿然屹立，其中成功的经验虽然很多，但"科学的创新保证着我们中国共产党人常胜"是其主要规律性经验之一（详见附一）。同时，在微观层面上，人文及社科创新能力开发的优劣是"党员领导干部队伍——执政骨干队伍建的一条制胜原理"。

（一）以毛泽东为代表的第一支幼年型高素质执政骨干队伍的建成（1949—1978）

（1）人文科学领域

在人文科学领域里，由于沉浸在革命胜利氛围内的革命党一时不可能迈开向执政党转变的与时俱进创新步伐，因而党在领导群众进行思想观念转变中，只能采用"斗私批修"的方法调节公民，特别是领导干部的物质文化欲望难以迅速满足的矛盾，收到了一定效果。例如，处理了党政干部中间冒出来的贪污分子刘青山、张子善，打消了党政领导人以权谋私的腐化苗头。然而，由于脱离了新中国成立之初急需破解"人民群众日益增长着地物质文化需求与落后的生产力之间的主要矛盾"的实际：首先，松懈了继承使用党在革命期间创新采用的人民及党内矛盾化解的"团结——批评——团结，赢得自我净化、自我完善、自我革新、自我提高、自强不息的法宝"的意识，错误地否定了马寅初及《新人口论》，直至"打击发表不同意见的同志、酿出了反右扩大化错误及伤害同志搞乱阵（政）营的恶果"；其次，片面实行"政治挂帅""以阶级斗争为纲""继续革命"治国理政方针，错误地发动了"文化大革命"，冲击了"人民代表大会新制度"，并打倒了刘少奇等一大批领导人，将林彪及"四人帮"等人选定为接班人。然而，这些也是我们今天在建设高素质执政骨干队伍中，优化创新能力开发的一份珍贵的负面精神营养！

（2）社会科学领域

在社会科学领域里，一方面被闹革命中形成的"高度重视精神财富力量，就能高效调动和组织群众赢得了革命胜利的经验"惯性力量所左右；另一方面受"东欧社会主义国家示范效应及苏联榜样"的影响，抑制了当年闹革命中特别善于从国情实际出发创新制定了国内革命战争'走以农村包围城市的革命道路'，抗日战争中创新确立'持久战战略'，战胜了国内外强敌的强劲创新能力之精神。"推行"一大二公的人民公社化，吃公共食堂"，搞"大跃进"，将社会主义新中国建设引上了"差一点葬送了革命胜利成果的曲折坎坷途径"，给我们后来人留下了值得为鉴"探路"负面精神财富！

（3）自然科学领域

在自然科学领域里，高度重视"创新潜能"开发，尽心竭力支持搞出了"两弹一星"，不仅化解了"核威胁"，而且使刚刚站起来的中国人民长了志气！

综合起来看，这一时期由于人文和社科领域内与时俱进的创新能力开发意识及能力缺位，因而党内民主不足并且集中失常，造成了党建从革命党建到执政党建的创新性转变步伐蹒跚不前，造成了只能建设一支保留着革命气质而科学执政意识及本领欠缺的多病年幼型执政骨干队伍。

（二）以邓小平为代表的第二支青年型高素质执政骨干队伍的建成（十一届三中全会后至十四大召开前）

（1）人文科学领域

在人文科学领域里，拨乱反正、平反冤假错案，纠正了"在人民及党内搞专政'伤害同志搞乱政（阵）营'的错误治国理政方针"，在纠正"幼年型执政党所犯幼稚病"中，迅速完成了由革命党建到改革党建创新转变的使命。在改革党的领导下，不仅恢复了"人代会""党代会"等民主政治制度，使党内民主政治生活朝着健康方向前进了一步，而且创新启动了"解放思想，更新观念"的民主大讨论，开拓创新性地树立起"中国特色社会主义理论"旗帜，开辟了建设社会主义新中国的改革开放新局面。实施"人才强国"和"科教兴国"战略，确立了"面向世界，面向现代化，面向未来"发展教育新思路，恢复了高考制度，大力发展国民教育，确立实施了合乎人力人才资源开发规律、争取民族复兴的理政新方略。然而，由于改正前一支执政队伍遗留下来的"继承沿用正确处理人民及党内矛盾的'团结——批评——团结'这一自我净化、自我完善、自我革新、自我提高、自强不息法宝"和"问需于民、问政于民、问计于民"的意识与能力不强的缺点不力，因而被锐气十足而科学性不足的青年型执政队伍弱点所左右，缺乏"预防敌对势力干扰的心理"。例如，在启动"解放思想，更新观念"大讨论之前，未能制定出招致"被敌对思想观念腐化"时的应对预案。于是，在敌对思想观念迅速腐化了思想最为活跃的特殊人群、酿出了诸如1989年政治风波后，也只能在教育万能的传统旧执政价值观念束缚下找到了自己"没有抓好教育"的病根。此外，第一，未能找到本支执政骨干队伍缺乏"事先没有制定如何才能使'解放思想，更新观念；转移工作重心，实施改革开放政策的积极效应最大化、消极效应最小化'的严谨执政科学态度和能力缺乏"。第二，没有找出本支执政队伍缺乏继承"中国共产党在闹革命中创新的强健思想政治工作经验"的意识与能力。例如，在着力解决"人民群众不断增长着的物质文化需求与落后生产力之间的主要矛盾"中，未能告诫人民群众，特别是执政骨干们"满足人民群众物质文化需求"绝不等于"放纵物质崇拜或金钱崇拜"，更不等于"满足人民群众物质文化需要，就不考虑通过遵纪守法渠道、采用诚实劳动及科技创新方式方法来满足健康的物质文化需求"。如此，便招来了"力气大的人便以暴力非法手段追求暴富、脑子好用的人便以坑蒙拐骗非法手段追求暴富、手握公权的某些人便以公权谋取公物却无人揭发制止直至以公权谋取民间的钱物色，公民还不敢揭发制止"及"黄赌毒、封建迷信及宗教狂热等不健康的文化需求死灰复燃泛滥,甚至连一部分党政干部也精神懈怠"起来等负面效应涌现。面对防备预案缺位、负面效应层出不穷的新难题,又因缺乏创新使用"思想教育＋心理调适"新模式破解其新难题的意识与本领,只将仅仅适宜于管理专业技术人员的"逢进必考、每晋依考"管理模式幼稚机械地搬来管理大批普通公民,期望以"逢进必考、每晋依考"管理模式将大量普通公民追求不良文化需求的注意力转移到读书应试求上进方面。结果,正对性弱且收效不大,反而使其负面效应累积不消,在部分党员领导干部以及党员队伍里,其负面效应构成了"精神懈怠、能力不足、脱离实际、消极腐败"的危险,以及由其危险派生的"形式主义、官僚主义、享乐主义、奢靡之风"泛滥的土壤及气候,从而大大降低了本支执政骨干队伍建设的素质水平。这众多弱点,也是我们今天在建设高素质执政骨干队伍中,优化创新能力开发难得的一类珍贵的负面精神营养!

（2）社会科学领域

在社会科学领域里,在痛定思痛中,改革党走"实事求是"思想路线。一方面,在宏观上,首先实事求是地从破解"人民群众不断增长着的物质文化需求与落后生产力之间的主要矛盾"所需出发,在"中国特色社会主义理论"旗帜引导下,将社会主义建设引上了坚持"一个中心两个基本点"的科学理政建国正道;其次,创设了运用"一国两制"新方式收复港澳主权策略。在微观上,尊重群众的首创精神,迅速肯定并在全国推广了安徽凤阳农民创新采用的土地承包经营制,迅速有效地破解了10多亿中国人求"温饱"、奔"小康"难题。全面开发了构成创新能力的20种基本能力,形成了强劲的创新能力。另一方面,由于对人文和社科领域内的创新能力如何从自发性释放的必然王国形态向科学开发的自由王国优良境界跨越,缺乏应有的意识和领导管理能力,因而对人文和社科领域内如何使改革开放的"积极效应最大化、消极效应最小化",缺乏科学严谨的谋划与管理的意识及能力。在全局上呈现出本支执政队伍对人文和社科领域内"创新能力"的科学认知缺位、科学开发不力,科学驾驭其开发的意识及能力缺乏。

（3）自然科学领域

在自然科学领域里,将引进运用的世界上的"现代信息技术"等众多自然科学创新成果归己所用,既经济又实惠地提高了我国的现代自然科学技术水平。

综合起来看,这一时期由于人文和社科领域内与时俱进的创新潜能在自发释放中,因而随着"人代会""党代会"等民主制度的恢复,党内民主不足集中失常的弊病消除；党建便赢得从革命党建到改革党建的转变，同时也为从改革党建到执政党建的创新性转变做了一定的准备，随之便建成了一支锐意改革进取且科学严谨依然不足的青年型执政骨干队伍。

（三）以江泽民为代表的第三支高素质执政骨干队伍的建成（十四大召开至十六大召开前）

（1）人文科学领域

在人文科学领域里，首先，巩固了前两支执政骨干队伍建设中开发出来的各种人文基本能力。其次，从推进解决执政党建科学性亟待加强的突出新问题出发，创新提出了"三个代表"党建新思想，拉开了从改革党建向执政党建转变的序幕，迈开了执政党领导社会主义市场经济体制改革创新潜能开发的新步伐，并且取得了新突破。以新疆喀什地区为例，喀什地县市乡镇各级党政领导人程度不同地跨入了《学做"三个代表"的喀什人——探究西部新星的报告》（详见附二）新境界。然而，由于克服前一支执政骨干队伍建设中所存缺点的方式方法针对性不强，因而依然未能解决继承使用本党在革命期间创新采用人民及党内矛盾化解的"团结——批评——团结"法宝的突出问题。并且，放弃了新中国第一支执政骨干队伍创新采用的"斗私批修"思想工作方法调节公民，特别是领导干部的物质文化不断增长与生产力水平不足矛盾之妙方。从而导致了深化改革、扩大开放的负面效应——在社会主义市场竞争中，部分党政领导人钻了自己既做"运动员"又当"裁判员"角色串位的特权，搞权钱交易腐败的新难题所困；致使"无序竞争"泛起。如自然资源开发利用"过度"而派生了大气、水源污染问题；在人力人才资源开发中，"不科学的竞争"使"应试教育"以先发优势压抑着"素质教育"畸形发展，产生了"一边是成千上万的大专院校毕业生就业无门，另一边是众多企事业由于大量缺乏素质合格毕业生补充而兴业举步维艰"的弊病。其众多弱点，也是我们今天建设高素质执政骨干队伍中、优化创新能力开发不能忽视的一份负面经验！

（2）社会科学领域

在社会科学领域里，执政党建有力地带动了深化改革扩大开放，经历了艰苦的努力实现了加入"WTO"的扩大开放目标，将经济体制改革推进了一大步，使年轻执政党领导社会主义市场经济的意识及能力在实践中初步得以增强。以新疆喀什地区为例，喀什地经济发展、社会和谐进步跨入了《学做"三个代表"的喀什人——探究西部新星的报告》当中所述的新境，这支执政骨干队伍启用"市场竞争杠杆"激发经济科学发展、社会和谐进步生机活力的意识及能力得以增强。

（3）自然科学领域

在自然科学领域里，从适应知识经济时代的需要着眼，进一步引进运用了世界上提升"电子信息技术"等创新成果，既经济又实惠地提高了我国的现代自然科学技术水平。

由于未能在问需于民、问政于民、问计于民中，制定"运用'市场竞争杠'激发经济发展动力、社会进步活力，使'市场竞争杠'的积极效应最大化、消极效应最小化预案"，因而部分党政干部既当"运动员"又做"裁判员"，出现了中立"执法裁判"缺位，众多法规形同虚设；法制尊严被既当"运动员"又做"裁判员"的部分党政领导任意践踏，且执政骨干及多数公民心目中也弱化了对"党纪"的敬畏，行为中也模糊了"国法"戒尺威严，导致"党政领导干部队伍内'四种危险'有增无减"。例如，少数党政领导干部在选人用人的激烈竞争中，利用自己既当"运动员"又做"裁判员"角色串位的特权"枉法谋私"，还屡屡逃脱法律制裁，因此本支执政骨干队伍建设的素质高度与人民群众的期望值还有一定差距。

（四）以胡锦涛为代表的第四支高素质执政骨干队伍的建成（十六大召开至十八大召开）

（1）人文科学领域

在人文科学领域里，首先，坚持巩固了前三支执政骨干队伍建设中开发的各种基本能力。其次，在开发创新能力中，创新性地提出并开展了学习践行"科学发展观"活动，在建设成熟执政党的历程中前进了一程，迈开了建设成年执政骨干队伍的新步伐。以新疆喀什地区叶城县为例，近几年内在基层党组织建设中，部分村党支部书记的"科学执政信念坚定，履职敢于担当情商高，执政尽责智商高，众多基本能力均衡发展，在同代人中达到高水平形成了强劲的创新能力"。乡村创新"从严治党"思路取得了成绩，如在依提木孔乡巴什亚尔其村村党员干部内部创新实施"双述双评"管理方法，即以月为时段，党员既要向群众述职、由群众评议，又要向党组织述职、由党组织评议；张榜公布群众评议与党组织评议得分。被评为"五星"级的党员干部，予以100元奖励；被评为"四星"级的党员干部，予以50元奖励；连续两个月被评为"三星"级的村干部扣发自治区所发的600元绩效补助，属于党员的还要取消其年底评优资格；连续两个月被评为"二星"级的党员干部，由乡党建办进行诫勉谈话，并扣发50%的绩效补助。这样，有效激发了村内党员发挥模范带头作用、村干部创新工作思路的积极性，赢得了"创新建立'科学议事决策、脱贫致富、矛盾纠纷调解、文化娱乐、信息化教育、便民利民服务'六个中心"，有效提升了全村实现完成"经济跨越式发展 + 社会和谐进步 = 长治久安"任务目标的组织战斗力,使本村党政组织连年越入了先进行列,党支部被县委多次评为先进。

在县委实施"农村信用工程"的进程中,乌吉热克乡党委认真贯彻《关于开展党员创业贷款工作的实施意见》和《叶城县党员创业贷款管理办法(试行)》文件精神。各村党支部带领村党员干部走"党员创业 + 农户致富"新路,帮助 114 名农民党员贷到了 556.5 万元创业启动资金,有效增强了村民实现"创业梦"的资本实力。以巴什喀其村二组党员、村委会第一副主任依提·库尔班为例,经过乡党委及村党支部的两级把关及农村信用合作社派出的信贷员实地考察评估后,他获得了 8 万元党员创业贷款。随后依提·库尔班一方面组织 3 名群众办起了乌吉热克乡白星农业合作社,新建了占地近 1250 平米的标准化养殖场,购进铡草机、粉碎机等饲革加工设备,新购 70 余只新品种羊,使所养牲畜存栏增至 150 只,预计今年养殖场可获利润 10 万元;另一方面还做起了核桃收购、贩卖生意,预计年收购核桃 30 多吨,获利可达 6 万元以上。在获创业贷款的 114 名农民党员中,另有 5 名党员购买了出租车,63 名党员搞起了家畜养殖,15 名党员经营起核桃购销等农产品生意,4 名党员购置了农机具,1 名党员新成立了建筑工程队,4 名党员跑起了运输,4 名党员做起了木材生意,3 名党员做起了活畜交易生意,1 名党员开设了药店,3 名党员从事起了粮食买卖,4 名党员开起了商店,为全乡加速农业现代化、迈开新型工业化和城镇化新步伐,开辟了村党员干部如何发挥先锋示范作用的新路径。

在依力克其乡铁木尔巴格村,党支部对待业青年创新实施了"十户网格管理"。即一是以十户为单位,由党支部组织该十户就业困难青年选举团小组长,并将村文化室划为待业青年团小组的活动场所,为其团小组开展文体活动解决了文体器材没有保障等具体困难,使待业青年在周四或周六的团日活动中拥有开展文体活动、发展兴趣爱好的途径。二是团小组征求本村 18 ~ 28 岁 217 名待业青年意见,有 149 人希望通过外出打工学到就业技能,68 人希望通过在本地打工学到就业技能。由村党支部向乡县劳务输出管理部门反映情况,分别为其提供适宜的参考出路。三是团小组了解到待业青年参加就业培训及务工意愿,摸清了在本村 18 ~ 28 岁 217 名就业困难青年中有不少人做着"成星梦"。乡党委在所辖 14 个行政村、两个汉族农场每半年开展一次"明星""能人"推举公榜活动——即将本乡内村场的技能明星、创业明星、文艺明星、体育明星推举公榜,并给予适度的奖励,好让待业青年拥有圆梦的更多榜样。

尽管如此,我们仍要从叶城县乡场村区科学执政骨干面临的突出矛盾中,更加清晰地看到"优化人文社科领域创新能力开发"的当务之急。矛盾有:叶城县地处西藏、和田、喀什三交界,少数民族占主体,经济社会和谐发展制约因素众多,反分裂斗争形势严峻,建设高素质执政骨干队伍,"创新解决'在社会主义市场竞争中,争取民族团结、经济社会和谐发展'要靠强劲创新能力,而在高素质执政骨干队伍建设中充分开发创新能力的科学认知以及科学领导管理到位难度很大。

（2）社会科学领域

在社会科学领域里,抗击"非典"中创新建立了"疾病防控新机制";四川抗震救灾中创新建立了"援建新机制";消除发展差距创新建立了"援疆新机制";创新性提出并开展了学习践行"科学发展观";总结推广人才强国战略实施经验,创新建立了"从国家到省市重奖袁隆平、舒德干等突出科学家的新机制";应对世界金融危机创新建立了"实施创新驱动战略心机制"……迈开了建设成年型高素质执政骨干队伍的矫健新步伐。以新疆喀什地区叶城县为例,近几年的基层党组织建设中,部分村党支部书记的"科学执政信念坚定、履职敢于担当情商高、科学执政尽责智商高、众多基本能力均衡开发在同代人中达到了高水平、在形成了强劲的创新能力方面迈上了新台阶"。

（3）自然科学领域

在自然科学领域里,"卫星载人航天成功进入太空并安全返回地面技术"赶上了世界先进水平。

本支执政骨干队伍在执政中:第一,以温和的态度对待前几支执政队伍当中出现的突出弊病。例如,依然未能开发赢得继承我党闹革命中创新获得"正确处理人民及党内矛盾的'团结——批评——团结'妙法,自我净化、自我完善、自我革新、自我提高、自强不息的法宝",增强的问需于民、问政于民、问计于民意识程度让群众还难以满意。"宽软"的方式方法在局部缓解了在前三支队伍建设中存在的"四种危险""四种不良作风",但由于未能创新采用治本新举措,因而"陈良宇""薄熙来"之类大腐败案发。第二,没有确认民间所提的破解"大专院校毕业生就业难与企事业单位缺人兴业举步维艰之难题,执政者及企事业单位务必确立工作岗位才是培养具有工作能力及经验的员工的最佳课堂之科学理念;党政方面优转思路,将重复建设职业技能培训学校所浪费的大量资金拿来给大专院校毕业生到所学专业对口企事业单位见习发1～3年见习生活费"的妙招。第三,未能重视民间所提"人文社科领域内的创新能力是由众多基本能力均衡发展达到同龄人的最高水平时产生的人文社科领域内的'强劲创新能力＝①学习和竞争能力在同龄人当中最强＋

②决策和管理能力在同龄人当中最强＋③口头和书面表达能力在同龄人当中最强＋④应变和抗挫能力在同龄人当中最强＋⑤协调和整合能力在同龄人当中最强＋⑥钻研和发现能力在同龄人当中最强＋⑦总结和推广能力在同龄人当中最强＋⑧崇尚高素质人才和善于培育高素质人才的能力在同龄人当中最强＋⑨专业能力与专业技艺在同龄人中最强＋……N'，致使人文领域内的创新能力开发在认知、领导管理方面依然处于必然王国水平徘徊"。第四，开发"总结与推广能力"不足。例如，"未把素质等级鉴定权与高素质党员领导人才聘用权分设，给低素质者混入高素质执政骨干队伍敞开着通道"……呈现出走完"建设成年型高素质执政骨干队伍"任重道远使命的艰巨。

这里，我们用"人类及执政党的人文及社科创新能力都是由 20 多种基本能力均衡发展，达到同代人或同期执政党的最高水平时，才能形成。如果 20 多种基本能力当中有 1 种或几种基本能力未能达到最高水平时，就不可能形成创新能力"的原理，来衡量我党前四支执政骨干队伍建设中人类及执政党的人文及社科创新能力开发的水平。看到了前四支执政骨干队伍在其执政期间之所以存在着时强时弱开发人文及社科创新能力的欠佳状况，就在于对人文及社科创新能力开发的认知、开发、运用，还没有跨出自发性的必然王国境界，越入理性化的自由王国境界。此时此刻的探究能为日后建设高素质执政骨干队伍，能够为"人文及社科创新能力开发优化达到自由王国境界，找到所要排除的部分思维路障"之贡献。

其众多弱点，也是我们今天在建设高素质执政骨干队伍中优化创新能力开发的一份珍贵的负面精神营养！

二、优化创新能力开发需要消除的各类主要思维路障

回顾解析前四支执政骨干建设中人文社科创新能力自发释放的得失，我们发现了"建设高素质执政骨干队伍，优化'科学创新能力'开发是条制胜原理"，以及《科学的创新保证了我们中国共产党人常胜》规律，促使我们形成了要在日后高素质执政骨干队伍建设中高度重视"人文社科领域内的创新能力开发"的新理念。同时，还让我们认识到了要把人文社科创新能力自发释放转型升级为自主开发好、运用好人文社科创新能力，使人文社科创新能力的开发、运用进入自由王国新境界。对于提升中国共产党的科学执政水平是必不可少的举措之一。就建成高素质执政骨干队伍而言，需要我们首先提高对

"优化人文社科创新能力开发"的认知水平——消除认知缺位路障;其次,强化对"优化人文社科创新能力开发"的领导管理意识和本领——消除自发释放的时好得益、时坏失益的不良状态;再次,建章立制——消除软硬件配置不力的路障;最后,动员各类学校参与进来——消除系统合理缺失的路障。以便日后在高素质执政骨干队伍建设中争取更加理想的绩效,为实现"两个百年目标"赢得更加"强劲的人文社科创新能力"!

(1)毋庸讳言的是,由于在中国共产党的历史上出现过"反右扩大化"及"文化大革命"那样的失误,因而在普通党员干部的脑海里留下了"尽忠性地创新最易招来'误解'及'挨批'风险",引发了"下级不敢向上级讲自己的创新真知灼见,即使在上级征求意见时业只是脱离本级实际地敷衍着揣摩着上级领导人的意图讲几官话而已"等巨大负面效应。在基层党员干部脑海中依然还残留着创新破解所遇众多新难题思路会不会重赴"马寅初后尘"顾忌,并且依然阻妨碍着创新积极性。

(2)由于"人文社科领域内科学创新"所需法治保障尚不健全,因而必备的"人文社科领域内的科学创新成果的鉴赏、奖励机制"还不健全。例如,安徽凤阳农民的土地承包经营制创新尚未得到产权专利。前不久,面对如何破解建成全面小康社会当中的主要难题——农民建成全面小康之家,基层党员当中有人创新设计了《承包耕地所有权限时赋予农民体改预案》(详见附三);落实了"高素质执政骨干队伍建设"新号召,需要连贯性地创新确立其中得出的众多"新观念"。然而,却由于中立性裁判及其确认的缺位,便产生了:一方面由于标准不明,创新能力开发放了空挡;另一方面却是创新设定的标准被压抑搁浅费置的矛盾。正如人力资源素质化开发中,推进"素质教育改革",基层公民创新总结出来的务必遵循的"众多能力均衡发展在同龄人中达到最高水平形成的强劲创新能力。即,创新能力强劲 = ①学习和竞争能力在同龄人当中最强 + ②决策和管理能力在同龄人当中最强 + ③口头和书面表达能力在同龄人当中最强 + ④应变和抗挫能力在同龄人当中最强 + ⑤协调和整合能力在同龄人当中最强 + ⑥钻研和发现能力在同龄人当中最强 + ⑦总结和推广能力在同龄人当中最强 + ⑧崇尚高素质人才和善于培育高素质人才的能力在同龄人当中最强 + ⑨专业能力与专业技艺在同龄人中最强 + ……N"新观点,也由于缺乏中立裁判确认,便只能使众多家长和教师在子女家庭养育中和学生教育,无所适从地不得不依旧沿用"分分是命根,考考是法宝应试教育"方式管教子女或学生。最终,子女或学生拿到了大专院校毕业证,但市场主体选人用人时却以大专院校毕业生没有工作能力与实际工作经验为理由而拒绝给予就业资格,家长、教师只能抱以无奈。

三、优化创新能力开发除各类路障的对策建议

从"建设科学执政高素质骨干队伍"、落实党中央所做的实施"创新驱动战略"决策的多重急需出发,应采取如下对策:

第一,在强化中华人民共和国知识产权保护的进程中,在《专利法》内增设"人文社科科学创新见解确认奖励、采用专利"保护条款。在保护其权益的进程中,既法治地充分激发公民,特别是高素质执政干部提交"科学创新见解"的积极性,又法治地保障"创新驱动战略"的顺利实施。

第二,由教授级专业人士组建中介机构。一要对"人文社科领域内科学创新见解"科学性可行性鉴定确认,既赢得充分利用好人文社科类教授级专业人才服务于人文社科领域内,特别科学执政方面的科学创新契机,又为人文社科领域内,特别科学执政方面创新竞争引入中立裁判,提升其竞争的公正水平,以便预防类似"马寅初悲剧"再度重演;二要实施"创新能力等级法治化鉴定——由其中介机构依据事先设定的标准,鉴定'创新能力'在同代人中是否达到了高水平"(详见附四)。克服现行的"德才(即,才能或能力)民主集中式鉴定"中,"本质上是由人治化引发的腐败泛滥"的突出弊端。

第三,各类学校在实施素质教育改革中,配套性地将"创新能力强劲"内容纳入教育教学内容系列。促使人民和党的各类教育事业服务于"优化创新能力开发",使得教育培养出来的毕业生走上社会工作岗位,特别是步入执政骨干队伍之后不再缺乏"创新意识及其基础能力素养",为党和国家高效建设出一支又一支科学执政的高素质骨干队伍,提供量足质优的后备人才苗子。

这样,既有在岗党员领导干部全面深入的主观努力,又有社会法治化体制保障,加之社会中介机构公正执法裁判,教育培育的多方有机配合,便构成了"优化创新能力开发(开发 = 培养 + 运用 + 监管)"的严密网络系统合力。使全国,特别是新疆叶城县在"高素质科学执政骨干队伍建设"中,赢得充分获得"思想解放观念更新急需的强劲创新能力、建设高素质执政骨干队伍发急需的强劲创新能力、体制机制深化改革急需的强劲创新能力";由其三类创新能力支撑全国,特别是新疆叶城完成实现经济科学跨越发展、民生相应改善、社会和谐进步的长治久安良好局面之科学执政新绩效。同时,为日后与全国同步建成全面小康社会,为圆中华民族伟大复兴梦,做出"优化人文社科创新能力开发"的新贡献。

附一：

科学的创新保证着我们中国共产党人常胜
——改革开放政策实行 30 年的经验谈

改革开放政策施行了 30 年,使中华人民共和国在国际共产主义运动中遭受挫折,如东欧社会主义阵营瓦解、苏联解体之时,却能岿然屹立,使科学社会主义旗帜在中国的上空依然迎风飘扬。其中的成功经验虽然有许多,然而"科学的创新保证着我们中国共产党人常胜"是其规律经验之一。

一、改革开放使中国共产党人避免了执政地位丧失的悲剧

以创新为灵魂的改革开放政策实施 30 年内,使中国共产党人避免了同期内国际共产主义运动当中上演的东欧社会主义阵营瓦解、苏联解体等共产党人丧失执政地位的悲剧。

中国共产党人与东欧社会主义阵营及苏联的共产党人一样,在取得革命胜利成果、赢得了执政地位之后,面对着如何破解"人民群众日益增长着的物质文化需求与落后生产之间的矛盾"执政新难题的时候,由于不断创新的意识被一时的胜利冲弱了,解答"难题"的思路便被闹革命的思维惯性所左右,于是"以阶级斗争为纲"的理念便指导了执政行为,一度将我们误导到了诸如"反右'扩大化'、搞'文化大革命'的迷魂阵中",险些将刚刚诞生的社会主义新中国葬送在摇篮之中。是以邓小平为核心的第二代中国共产党人,在倍受"反右扩大化"和"文化大革命"的折磨中,奋起再次举起了"实事求是"的科学创新思想大旗,迈开了推行以科学创新为灵魂的改革开放政策的雄健步伐。

（一）创新使"思想文化体系"在改革开放中取得了"构建了与社会主义市场体制运行相匹配的'思想文化体系'基本框架"的新胜利

第二代中国共产党人实行改革开放 30 年,以"解放思想"为着力点,在强调坚持"四项基本原则"的思想理念主导下:(1) 改掉了"在无产阶级专政下继续革命的执政思想意识",又树立了"解决社会主义初级阶段'主要矛盾'的执政思想意识";(2) 既改掉了"用'政治''德治''文治'取代'法治'"的失

误,又树立了"法治"治理意识;(3) 实现了从"以阶级斗争为纲"到"以经济建设为中心"的执政思想意识创新转变,并与时俱进地用"科学发展观"完善以经济建设为中心的工作指导思想;(4) 不仅实现了从建设"革命党""专政党"到建设"做'三个代表'的'执政党'的思想改进",而且提出了"加强科学执政能力建设的新理念";(5) 树立了"尊重知识、尊重人才""器重高素质人才"的人才资源科学开发思想意识;(6) 在弘扬中华传统文化艺术创造精神、吸收现代先进文化艺术精华的进程中,不仅为满足群众日益增长的文化需求做出了有益的改革进步探索,而且在淡化"以'自守知足'为特质、维护自然经济体制运行的思想文化体系",改革"以'均而乐贫'为特质、维持计划经济体制运行的思想文化体系",不搬"以鼓励'自由竞争求富裕'为特质、支撑自由市场经济体制运行的思想文化体系",构建"以支持'依靠科技守法竞争求富强'为特质、维持社会主义市场经济体制的思想文化体系"的进程中,创建了由"邓小平理论、'三个代表'重要思想和科学发展观构成的中国特色社会主义现代化建设理论"。即构建了与社会主义市场体制运行相匹配的"思想文化体系"的基本框架,为推进其他体制改革提供了较强的思想导向力和文化软件支持力。

单以喀什人学做"'三个代表'迅速优化执政行政思想意识和能力"的实例来看:喀什人作为两千多年前由维吾尔、汉、塔吉克、柯尔克孜、回、乌孜别克、哈萨克、蒙古、锡伯、俄罗斯、塔塔尔、达翰尔等十几个民族成分构成的,主要生产、生活在环塔里木盆地东北从库尔勒经阿克苏、阿图什、西经喀什、南到和田的拱形经济带上的塔里木人的一部分。长期被塔里木盆壁造成的大围困、千里沙漠和戈壁分割造成的小围困;又由于长期只得偎依在地盘极为有限的绿洲里为人做事,所以在形成了"勤劳勇敢、艰苦奋斗、古朴淳厚、热情好客、向往自治"等优良品质的同时;还由于长期担忧绿洲超载是自己的生路变窄便养成了"视野和胸怀不够开放的致命弱点",又由于倍受窝里斗的痛苦折磨和不同宗教更替的战火灼伤、于是又形成了"在本民族成分内很注重团结互助、而对其他民族成分防备心理强的缺点"。塔里木人的"弱点和缺点"构成了在历史上长期妨碍过自身的发展兴旺以及经济和社会的发展繁荣的人造中围困。即使在新中国诞生之后的无产阶级专政之下,推行照抄照宣照搬的领导管理长达 20 多年,其中还有不少的人依然未能消除其"弱点和缺点"。所以在改革开放后的前 20 多年内,正是其"弱点和缺点"既束缚着自己又制约着前来的领导者。一方面不但使自己和前来的领导人的调查研究未能深入,而且还使自己和前来的领导人未能及时采纳其他人的调研发现成果。搞改革、谋发展、保稳定的视野依然在大、中、小三重围困下的传统思维天地里打转转、绕圈圈；另一方面还固守着计划体制下养成的照抄照宣照搬的为人处事习惯不放。使自己只能在弄清搞改革开放、谋发展奔小康、保社会政治稳定"是什么，为什么？"的宏观层面上兜圈子；却难以深入到"做什么，怎么做？"的微观层面内，富有开拓创新地破解脱贫致富奔小康的难题。只能取得自我前后对比略有进步和发展的成绩，而招来与高速发展地区相比差距越拉越大的落后苦果。即是如此还不能自醒、自警，反而以自己与"穷国"相邻、西出难以有所作为，处于"口袋底""死胡同"的区位和地缘"劣势"为借口。要么怨天尤人、叫苦求救；要么还以脱离当地的特定区情而照抄照宣照搬外地的经验为稳妥、老练、成熟美而自我安慰。结果不仅使喀什人的改革和发展的思路及行为方式要么脱离特定的区情、要么固守在老套路里，并且与世界经济全球化、区域经济一体化的潮流不能吻合；既缺乏科学性的保证，又不符合市场竞争抢先制胜的法则；屡屡招致失利。而且还抑制了新生的开拓创新者，一方面酿出了人才由于缺乏从事创造性劳动的舞台，总是流失不止；另一方面众多行业却由于缺乏人才而落后的残状。改革开放以来的前20多年过去之后，改革的进度、开放的程度、优势资源开发的力度、经济发展的速度都没有达到党和国家及当地进步群众的期望值。并被"三农"难题困扰的问题突现了出来，作为农牧区，在农牧民人口比重高达78%的状态下，20世纪末的2000年农牧民人均纯收入仅为1010元，同比低于全疆农牧民人均纯收入1618元的37%，同比低于全国农牧民人均纯收入2253元的50%。城镇企业改革由于科学保障含量太低，纷纷倒闭，职工下岗待业。改革发展落后成了威胁喀什社会稳定和谐的主要因素之一。正在喀什人陷入新的困惑之中，焦虑不堪的时候，"三个代表"重要思想的学习教育活动像雪中炭、及时雨，给喀什人补上了摆脱困惑的新能量。学教使喀什党政界新一届领导人和扩大干部群众找到了造成自己落后的主客观主要原因，激发了知落后而奋起的激情，各级党政领导人以学做"三个代表"为要点，按照新疆维吾尔自治区加快南疆经济发展现场会议的要求。以先后在喀什市举办城市发展论坛，在广州、在杭州、在北京举办喀什发展战略论坛，在农村举办村支书论坛等形式、发动各族干部立足岗位广泛深入地调查研究和讨论，推动思想观念转变，跳出了自然"弱点和缺点"及人造的中围困，找到了加快发展的新思路。喀什的新一届党政领导集体在学做'三个代表'的进程中优化了思想和工作作风、起用了一些具有开拓创新素养的优秀领导人才，增强了战术科学决策能力，采用了"招引""打造"等战术来落实"西部大开发""优势资源转换"等战略。在改变喀什工业落后的状态方面，先后取得了从内发达地区招来"雅戈尔"

"屯河"农产品加工等 869 家企业落户喀什,使喀什在走新型工业之路、谋求科学发展方面迈开了新步伐。

(二)创新使政治体制在改革中取得了"为其他体制改革能够提供比较科学的政治体制和领导保证"的新胜利

在其"思想文化体系"提供的思想导向力和文化软件支持力作用下,我们中国共产党人在政治体制改革中取得了"改掉了由热衷于'个人崇拜'失误泛滥、扩大到'以党代政'、用'政治取代法治'等的失误,以取消'终身制'和'打压人才等错误做法为着力点,恢复了由'党代会''人代会''民族区域自治'构成的中国特色社会主义民主政治制度,赢得了既实施'人才强国战略',又坚持'四项基本原则',并在建立'既有民主又有集中、既有批评又有团结、既有自由又有纪律、既有竞争又有互助的中国特色社会主义科学民主政治生活机制'方面迈开探索的步伐。采取打掉封闭枷锁推行开放政策的改革举措、赢得了加入'世贸组织',创造性地采用"一国两制"方法收回'香港、澳门'管辖主权等功绩",为其他体制改革提供比较科学的政治体制和领导保证。

以喀什地区"恢复'共产党领导下的民族区域自治行政制度和执政策略'实例"来看,在实行改革开放 30 年内通过全面深入地实施"共产党领导下的民族区域自治行政制度"使喀什从村、乡、县、到地区的行政和司法首长都从所在地的主体民族中间选举产生,使所在地的主体民族实现了梦寐追求的自主宿怨。随后在党的各级支部、总支、委员会的教育和培养下,一批批能够与陈腐的宗教信仰告别、走上坚信'中国特色社会主义理论'、拥护共产党的领导、维护祖国统一和民族团结和改革开放政策的地方维吾尔族骨干分子的喀什党政干部队伍,使维吾尔族干部在喀什的党政干部队伍里所占比例上升达到了 70% 以上;以维吾尔族任行政和司法长官的行政自治干部队伍形成的坚强实力。之后,一方面为中国共产党和中华人民共和国制定和颁布各项方针政策、法律的落实和实施,在喀什奠定了难得的'人和'基础;另一方面也为彻底地结束从前在喀什地区时不时地出现"各民族之间相互欺压争斗、不同宗教之间为了争夺阵地而征战、外国列强入侵"的种种悲惨史,提供了形成'平等、团结、互助'民族关系的自治制度保障。形成的民族团结、政局稳定、社会和谐、经济发展、文化繁荣的大好局面,倍受相邻国家其他民族羡慕。成功的政治体制完善为喀什科学有效地进行其他体制改革提供科学的政治引领保证。

（三）创新使经济体制在改革中取得了"为我国实现由'短缺经济时代'转入'过剩经济时代'，以及我国的经济发展经过前 30 年的努力越入世界经济发展排行榜的前列提供了动力保证"的新胜利

在上述思想文化体系、政治体制改革为经济体制改革提供了导向和领导管理保证的基础上，我们宏观上赢得了采用"渐进改革战略"的规范作用力；微观上在尊重群众意愿的前提下，在众多方面取得了采用正确的"改革战术决策"保障。例如，农村经济体制改革首先将土地所有权的经营和获利权分离出来，让承包土地的农民获得土地的经营和获利权，极大地调动了广大农民的生产经营积极性，在破解"温饱"难题中发挥了制胜性的作用；国有企业改革在采取了多种分划"所有权"的改革探索后，走"股份制"改革之路，增强了"市场竞争竞争力"，使企业走上了国内外市场求生存、图发展的自强之路。此外，随着人力资源开发引入市场竞争机制的改革不断深入、社会保障体制的社会化统筹改革措施的采用，既有竞争生机活力又有互助优越性的社会主义市场体制取代高度集权缺乏竞争生机活力的计划体制的改革，取得了阶段性的胜利，为我国实现由"短缺经济时代"转入"过剩经济时代"，以及我国的经济发展经过前 30 年的努力越入世界经济发展排行榜的前列提供了动力保证。

单以喀什的农村经济体制改革为例来看，我们喀什地区的农村经济体制改革和发展管理战线上的党政领导干部以邓小平理论的创新精神为指导，不急不躁、通过充分的调查研究，从灌溉农业的发展离不开规模化集约化的生产经营条件的实际需要出发，做出了"农民承包"与"党政实行必要的统一管理"相结合的"双层经营机制"改制和管理战术决策；在贯彻党和国家确定的"渐进改革战略"方面走出了既有继承又有改革的创新路子。既调动了农民承包生产经营的积极性、又在党政实施必要的统一管理中，为喀什地区的农业生产 30 年内持续丰收提供了科学体改和科学管理的有效保障。避免采用"一包了之"的方法改制使农业生产的组织化程度下降，妨碍灌溉农业发展的负面弊端。即在创新思路搞改革的进程中，使喀什地区的农村经济体制改革的为喀什农民早日实现脱贫致富奔小康的愿望提供了强劲的动力保障。

（四）创新是人才资源开发机制在改革中取得了"基本能为各项体制改革和各项事业的快速发展提供了人才保证"的新胜利

在思想文化体系改革对人才资源开发体制改革提供了思想导向和文化软件支持、政治体制改革对人力资源开发体制改革提供了一定的领导保证、

经济体制改革对人力资源开发体制改革提出了新要求的形势下，人才资源开
发体制改革经历了在拨乱反正平反冤假错案中让一大批受冤人才重见了天
日；在提倡"尊重知识、尊重人才"的人才资源开发原则的进程中，使知识分子
从臭老九的底层跃居到了领导阶层，大大调动了公民学习科学文化知识的积
极性，使社会主义新中国的人力资源开发水平跃上了新高度；终结了"以家庭
成分高低为主导标准"选人用人，排斥压抑部分公民积极性的人力人才资源
开发机制；又由"以选票多少为主导标准""以文凭档次高低为主导标准""以
年龄界线为主导标准"到"包含'人品魅力优良、知识丰富智力发达、能力强健
业绩突出'内容的素质论为主导标准"搞开发的进程。随着引入市场竞争机
制的改革不断深入，为各项体制改革和加速现代化建设进程基本上提供了人
才保证。

二、在科学创新的规律支配下成就改革开放伟业

（一）在科学创新的态度支配下完善"思想文化体系"改革开放之举，弱
化前 30 年内改革开放出现的负面效应，在科学创新的规律支配下成就"思想
文化体系"改革开放伟业

从进一步破解社会主义建设初级阶段内"主要矛盾"的需要出发，以"继
续解放思想"为着力点，明确以"中国特色社会主义现代化建设理论"为指导
在宏观上的重要性、在微观上以"广义科学发展观"完善执政行政指导思想的
必要性，完成树立"广义科学发展和科学改革观"、形成采用"文治、德治、政
治、法治"并重的国家科学治理观的执政行政思想意识，切实增强科学执政行
政能力建设的思想意识；明确用"三个代表"重要思想统领党建在宏观上的重
要性，在微观上需要形成运用"市场竞争规律"规范党员，特别是党员领导干
部在市场竞争中既做"运动员"又做"裁判员"不当行为的思想意识。强化"用
少数党员领导干部利用'裁判特权'搞'权钱交易'等不正当竞争及腐败、久而
久之势必瓦解党的执政地位的危险事实教育全党、树立放弃部分竞争'裁判
权'，使市场竞争的'裁判员'从竞争的'运动员'队伍里中立出来，科学地规范
党建、达到巩固党的执政地位"的科学思想意识；在倡导弘扬中华传统文化艺
术精华、不断吸收现代先进文化艺术营养的进程中，创建出与社会主义市场
体制运行相匹配"新文化艺术"；弱化改革前 30 年"思想文化体系改革中出现
的'黄赌毒、极端宗教及封建迷信污染公民思想意识和文化生活领域'的负面
效应"；引导群众在摒弃以"重义轻利"传统价值观为基础形成的"自守知足"

陈腐文化意识的同时,进一步认清西方以"重利轻义"价值观为基础形成的"自由竞争求富"文化意识的腐朽性,形成创新建立"利义并重"价值观为基础建成"依靠科技守法竞争求富强"的文化意识;树立与社会主义市场体制运行相匹配的"思想文化体系",即在"中国特色社会主义现代化建设理论"主导下,实现"发展和完善'中国特色社会主义现代化建设理论'的思想文化体系改革新目标";为满足群众日益增长的健康思想文化需求做出新贡献。为今后 30 年内进一步推行政治、经济体制改革提供了更加有力的思想导向和文化支撑保障,争取取得思想文化体制深化改革的新功绩。

(二)在科学创新的态度支配下完善"政治体制"改革开放之举,弱化前30 年内改革开放出现的负面效应,在科学创新的规律支配下成就"政治体制"改革开放伟业

在思想文化体系改革的科学性进一步增强、能为深化政治体制改革提供科学的导向力的基础上,从进一步破解社会主义初级阶段内的"主要矛盾"、争取深化政治体制改革新功绩的需要出发,用"广义科学发展观"统领政治体制改革,"迈开'政治体制改革新步伐',实现健全'既有民主又有集中、既有批评又有团结、既有自由又有纪律、既有竞争又有互助的中国特色社会主义科学民主政治生活机制'的新目标";进一步完善由"党代会""人代会""民族区域自治"构成的中国特色社会主义民主政治制度;在逐步弱化由于党员领导干部在竞争中既做竞争的"运动员"又做竞争的"裁判员",滋生了许多"不正当竞争和党政官员腐败屡惩不绝"的负面效应产生的不科学的政治机制中,使党建能够为社会主义市场竞争机制健康运行提供科学坚强的领导保证,为经济体制改革实现健全社会主义市场经济体制和推进"人力资源开发等其他体制改革阶段性目标——实现建立充分运用'竞争杠杆',有效开发创新潜在能力提供动力保证",赢得新的政治体制科学改革新功绩。

(三)在科学创新的态度支配下完善"经济体制"改革开放之举,弱化前30 年内改革开放出现的负面效应,在科学创新的规律支配下成就"经济体制"改革开放伟业

从进一步破解社会主义初级阶段内的"主要矛盾"的需要和争取深化改革的新功绩的多角度出发,在切实加强执政能力建设、促使基层党政干部有效提高"战术科学决策能力"的进程中,弱化前 30 年内城镇国有企业改制由于采用了"激进的'一卖了之'或'一送了之'的战术",不但招致了"国企改制中出现的'国有资产流失,造成了不少企业倒闭、不少职工失业'负面效应"之恶果,而且造成了"一方面是由于体制改革的广度和深度还没有到位,严重地

束缚着现代化建设的进程；另一方面又由于害怕在深化体制改革再次招致类似于搞'一包了之''一卖了之'改制出现过的恶果，便有谈改制色变的恐惧负面效应'以贯彻落实"科学发展观"的科学方法，消除部分地区只求经济发展和国民经济发展指标上名次，而招致空气、水源严重污染的负面效应。争取适时完成健全社会主义市场体制的历史任务，为我国加快现代化建设进程提供更强健的社会主义市场体制保障力。

（四）在科学创新的态度支配下完善"人才资源开发体制"改革开放之举，弱化前30年内改革开放出现的负面效应，在科学创新的规律支配下成就"人才资源开发体制"改革开放伟业

在充分看到创新是人才资源开发机制在改革中取得了"基本能为各项体制改革和各项事业的快速发展提供了人才保证"新胜利的同时，还应该清醒地看到：由于采用"以选票多少为主导标准""以文凭档次高低为主导标准""以年龄界线为主导标准""以考试分数高低为主导标准"搞人才资源开发的时段较长，而出现的"人才队伍的'创新能力和正当竞争能力与健全社会主义市场体制的需要差距较大'的负面效应"；由于"平者让，能者上；庸者下，强者上"的优胜劣汰竞争机制尚未健全，而造成的"一边是用人单位由于招不到'具有相应的工作能力或经验的高素质职员'而兴业艰难，另一边却是大学毕业生由于缺乏'相应的工作能力或经验'而难以就业的突出负面效应"。这两者构成了我国管理方面直到目前还没有能够破解的社会难题之一。从弱化以上众多负面效应、健全社会主义市场体制和争取深化人才资源开发体制改革新功绩的需要出发，进行"以'素质论'为质量标准，以'竞争'为主要手段的人力资源科学开发观"统领人才资源开发体制改革。创新建立"以'人品魅力'约占30%、'学识智力'约占30%、'能力业绩'约占40%为比重的人才素质是否优良的测评定量定性结构表，使人才素质测评有定量定性结构表为依据。克服搞人力资源开发，一会儿以选票多少为主导标准、一会儿以文凭档次高低为主导标准、一会儿以年龄界线为主导标准、一会儿以考试分数高低为主导标准，总是不重视'能力'及'创新能力'这一要点"，致使在我国的人才队伍里存在着"创新能力和正当竞争能力与健全社会主义市场体制及加速现代化建设的需要差距较大"的突出问题。在现代化建设中，又不得不重提"能力建设"的弊端。弱化改革前30年内人才资源开发当中出现的各种负面效应，为满足健全社会主义市场体制、争取深化人力资源开发体制改革新功绩，为实现加速现代化建设进程目标提供人才资源科学开发的优质服务保障。

以新疆维吾尔自治区为例。新疆维吾尔自治区相对落后于全国全面建设小康社会及现代化进程,且差距还在拉大的主要现实病根是"人才资源开发思路、社会管理技能科学化的进程、自然科学技术推广普的进度缓慢、与缩小落后差距的要求都不能相适应"。而"再以'人才资源开发技艺科学化的进程缓慢'的事实为例深入解析,就可以看到:之所以'人才资源开发思路科学化的进程缓慢',是由于'人才资源开发机制改革滞后牵制的结果';而'人才资源开发思路科学化缓慢后进'就酿成了新疆维吾尔自治区的'人才资源开发思路'还停留在计划体制时代的'群众投票表决推荐、党政领导研究决定'水平上在误人误事"。前些年,国有小企业三轮承包改制当中采用旧人才资源开发思路造成了广泛危害。国企员工以眼前利益为准绳投票推荐国企承包人(即推荐国企生产经营管理领导候选人),难以摆脱多以自己的眼前利益为准绳的片面性危害;党政主管研究决定国企承包人(即选定国企生产经营管理领导人),难以避免多以应急或维稳为着眼点的局限性危害。在其片面性和局限性的作用下,一方面,国有中小企业选拔的承包人(即选拔国企生产经营管理领导人),有的由于缺乏做"三个代表"的德行,把到手的生产经营管理权当成为个人或小团体谋取好处的特权滥用,使国有资产在大量流失中搞垮了一批国有中小企业;有的由于生产经营管理能力不足,生产经营管理决策屡屡缺位或错位,又搞垮了一批国有中小企业。最终,使得大多数国有中小企业倒闭了、职工失业了,给国有中小企业改制招来了"由于人才资源开发科学性不足而满盘皆输"的残局。另一方面,还使国有中小企业内的不少具有事业心和责任感、有领导管理知识和能力、敢说真话的高素质的人才,由于不善于搞不正当竞争而屡屡丧失用武机遇,要么愤慨地走上了自谋生存的创业之路,要么伤心地流向发达的地区,对新疆发展壮大中小企业、形成新疆加快发展离不开的中小企业这一市场主体造成了失掉了人才向心力的最大损失。并且,还引发了"一边是由于人才资源开发机制改革的广度和深度没有到位,严重地束缚着新疆维吾尔自治区人才资源开发思路改进的步伐,进而使新疆的中小企业发展丧失凝聚人才竞争力;另一边使新疆人又由于害怕再深化人才资源开发机制改革,又会招来类似于国有中小企业三轮承包改制中搞人才资源开发机制改革出现的要么让缺乏做'三个代表'德行的人走上了领导管理岗位、要么让能力不足的人走上了领导管理岗位,造成难以预测的巨大损失,而不敢积极谋划深化人才资源开发机制改革的恐惧心态"的恶劣负面效应。要全面消除上述负面效应,成就社会主义市场体制下的"人才资源开发体制改革"伟业,依然任重道远。

　　总而言之,因为我们共产党人是在实事求是的科学创新思想主导下形成了改革开放政策,又是在实事求是的科学创新方法策动下迈开了改革开放新步伐,还要在实事求是的科学创新态度支配下完善改革开放之举,并且要在实事求是的科学创新规律作用下成就改革开放伟业,所以,"只有'科学的创新',才能'使我们中国共产党人披荆斩棘赢得常胜'"。

附二：

学做"三个代表"的喀什人
——探究西部新星的报告

改革开放近30年来，在前20多年内由于客观上脱贫致富奔小康的门路不甚宽广，再加上主观上主要是跟在别人后面搞改革、谋发展、保稳定，因而古丝绸之路明珠——喀什的知"明"度日益减弱，只给世人留下了怨天尤人、叫苦求救的喀什人形象。然而，在新世纪的帷幕启动的历史瞬间里，喀什人奏响了以改旧貌和学做"三个代表"为主旋律的恢宏乐章！

在恢宏乐章之前，喀什人作为两千多年前由维吾尔、汉、塔吉克、柯尔克孜、回、乌孜别克、哈萨克、蒙古、锡伯、俄罗斯、塔塔尔、达斡尔等十几个民族成分构成，主要生产、生活在环塔里木盆地东北从库尔勒经阿克苏、阿图什、西经喀什、南到和田的拱形经济带上的塔里木人的一部分，长期被塔里木盆地大围困，被千里沙漠和戈壁分割造成小围困。又由于长期偎依在地盘极为有限的绿洲里，所以形成了"勤劳勇敢、艰苦奋斗、古朴淳厚、热情好客、向往自治"等优良品质。但改革开放后的前20多年内，一方面搞改革、谋发展、保稳定的视野依然在大、中、小三重围困下的传统思维天地里打转转、绕圈圈；另一方面还固守着计划体制下养成的照抄照宣照搬的为人处事习惯不放。使自己只能在弄清搞改革开放、谋发展奔小康、保社会政治稳定"是什么，为什么"的宏观层面上兜圈子，却难以深入到"做什么，怎么做"的微观层面内，富有开拓创新地破解脱贫致富奔小康的难题。只能取得自我前后对比略有进步和发展的成绩，而招来与高速发展地区相比差距越拉越大的落后苦果。结果，喀什人改革和发展的思路及行为方式要么脱离特定的区情，要么固守在老套路里，并且与世界经济全球化、区域经济一体化的潮流不能吻合；既缺乏科学性的保证，又不符合市场竞争抢先制胜的法则，屡屡招致失利。同时，还抑制了新生的开拓创新者，一方面人才由于缺乏从事创造性劳动的舞台总是流失不止；另一方面众多行业却由于缺乏人才而衰败。改革开放以来的前20多年，改革的进度、开放的程度、优势资源开发的力度、经济发展的速度都没有达到党和国家及当地进步群众的期望值。被"三农"难题困扰的问题突现了出来,作为农牧区,在农牧民人口比重高达78%的状态下,2000年农牧民人均纯收入仅为1010元,同比低于全疆农牧民人均纯收入1618元的37%,同比低于全国农牧民人均纯收入2253元的50%。城镇企业改革由于科学保障含量太低,纷纷倒闭,职工下岗待业。改革发展落后成了威胁喀什社会稳定的主要因素之一。"三个代表"重要思想的学习教育活动给喀什人补上了摆脱困惑的热量和滋润,喀什党政界新一届领导人和扩大干部群众找到了自己落后的主客观主要原因,从而激发了知落后而奋起的激情。各级党政领导人以学做"三个代表"为要点,按照新疆维吾尔自治区加快南疆经济发展现场会议的要求,以先后在喀什市举办城市发展论坛,在广州、喀什、杭州、北京举办喀什发展战略论坛,在农村举办村支书论坛等形式,发动各族干部立足岗位广泛深入地调查研究和讨论,推动思想观念转变,跳出了自身的"弱点和缺点"人造的围困,找到了加快发展的新思路,创作并奏响了学做"三个代表"的新乐章。

第一乐章　做"先进生产力的代表"走发展新路

如今,喀什的地县乡党政领导人学做"先进生产力的代表",创新思路、拓宽天地谋求经济发展。视野跨越千里沙漠和戈壁分割造成的小围困,以喀什特有的区位优势为依托,站在喀什不仅处在拱形环塔经济带拱点上、具有最能有效地推拉整个环塔经济带加快发展的力学功能依据,而且处在中亚、南亚经济圈内的地理中心位置上的角度,谋划喀什的发展。创新思路构想,筑就出现代丝绸之路,兴起"大流通产业",雕琢出现代丝路明珠王——"大喀什市",勃兴"喀什市经营产业、大工贸产业、大农产业、大旅游产业",以应有的经济实力和特有的历史文化,如东方明珠——上海市推拉长江三角洲的迅猛发展那样,推拉整个环塔经济带加快发展。那么,喀什及环塔经济带上的其他地州就有了由中亚、南亚的地理区域中心跃居经济文化重心,在现代化的进程中实现后来居上之美景的可行性;有了摆脱过去总认为自己处在"口袋底"和"死胡同"的自我封闭偏见,迎来了新光明。视野再跨越塔里木盆壁造成的大围困,以喀什特有的地缘优势为依托,站在喀什既拥有"走西口"直达中亚、南亚八国的五个(红其拉甫口岸、卡拉苏口岸、吐尔尕特口岸、伊尔克什坦口岸、喀什国际航空口岸)一类口岸、一个(新怡发)二类口岸,又处于亚洲、非洲、欧洲及中东四大经济圈的中心位置,自古以来就是东西方经济、文化的交汇点和亚欧大陆国际贸易最便利的通道闸口上,筑就出现代丝绸之路,兴起"大流通产业",雕琢出现代丝路明珠串——由"库尔勒市、阿克苏市、阿图什市、大喀什市、莎车市、和田市"等明珠串成,勃兴"城市经营产业、大工贸产业、大农产业、大旅游产业",使其与东方明珠——上海市东西辉映,为成就中国特色社会主义事业发挥国际都市功能作用,使喀什及环塔经济带上的其他地州越居中亚、南亚经济圈内重心地位。一方面,使喀什及环塔经济带上的其他地州迎得更广泛的市场拉动力;另一方面,把喀什及环塔经济带上其他地州的"大流通产业、经营城市产业、大工贸产业、大农产业、大旅游产业"的能量注到中亚、南亚经济圈内,实现双赢。摆脱过去总认为喀什及环塔经济带上的其他地州远离国内外市场、发展后劲不足的隐忧,迎来又一道光明。

这样多角度全方位地谋划发展,不仅突破了被千里沙漠和戈壁分割造成的小围困,又突破了被塔里木盆壁造成的大围困的第一个双重困扰;而且突破了塔里木用人视野和胸怀不够开放的弱点和排斥心理强的缺点长期束缚着自己的发展思路和制约前来领导者谋划发展思路的困惑,又突破了目前各级党政领导人多被短期行为局限而不能深谋远虑之困惑的第二个双重困扰。充分体现出喀什的各级党政领导人做"先进生产力的代表",学习、掌握、运用科学决策和管理技术,特别是不断深入学习、掌握、运用人文管理科学知识和技能、社会管理科学知识和技能,从中迸发出来的、能跳出众多常人难以做到的众多困扰,只有政治家才能达到的在谋百年的过程中谋好眼前、在顾全局的过程中顾好了局部的科学谋略水平。从前述谋发展的新举措中还可以清晰地看到,喀什人如今顺应世界经济全球化和区域经济一体化的潮流,不仅能够按照"站得高,具有求呼其上的勃勃雄心;看得远,如地球村里的一员,具有海纳百川、海阔天空、纵横天下、无所不能的科学头脑、统揽世界的眼光、胸怀天下的气魄"的总要求,而且还能充分调动力所能及力量为己所用,既举办了具有国内外各界知名人士参加的众多论坛和喀什人广泛参加的大讨论,以民主的形式集思广益,又委托了北京天则经济研究所承担科学论证的责任,力求所谋在时空上的可能性、人财物能够达到的可行性,还向上级有关领导方面不断地请示,尽可能多地借用"火眼金睛",力求得到全方位认同的顺畅性。从而,使所勾画的发展蓝图既继承历史经济文化成就,又能开拓创新发展思路;既能统揽全局,又能突出重点;既克服了过去谋发展东一榔头西一棒槌缺乏体系难成气候的弊端,又形成了大交通、都市群、口岸群、产业群协调发展的合力体系,向着尽善尽美的境界努力。

喀什人如今求发展,更能按照客观规律办事,"以蓝图在胸,志在必得的决心;以只争朝夕的姿态、分秒必争的现代化速度",确定了展宏图的战略战术体系。其战略体系由"西部大开发、优势资源转换、可持续发展、人才强国、科教兴国"等战略构成；战术体系由"招引、筑就、雕琢、打造、跨越"等战术构成。采用其战略战术体系的意图在于"加速其改革进度、扩大其开放程度、加大其开发力度、加快其发展速度"；实施其战略战术体系的具体目标是"用 10 到 20 年的时间，以喀什为立足点，在喀什及环塔经济带上的其他地州（1）筑就现代丝绸之路，勃兴'大流通产业'；（2）雕琢出现代丝路明珠串——由'库尔勒市、阿克苏市、阿图什市、大喀什市、莎车市、和田市'等明珠串成，勃兴'城市经营产业、大工贸产业、大农产业'；（3）整合开发旅游资源打造世界级旅游新板块，勃兴'大旅游产业'；（4）依托勃兴起来的大流通、城市经营、大工贸、大农业、大旅游'五大产业'经济实力，在大喀什市的推拉下联手'走西口'，使环塔经济带上的经济辐射力跨出塔里木盆壁造成的大围困，越居中亚、南亚经济圈的重心；（5）实现共赢"。

喀什人从 1999 年为实现其战略战术目标，在落实其战略战术体系方面已经跨出的主要步骤如下：

（1）在雕琢出现代丝路明珠串——由"库尔勒市、阿克苏市、阿图什市、大喀什市、莎车市、和田市"明珠串成，勃兴"城市经营产业、大工贸产业、大农产业"的进程中，目前喀什的范围内积极构想和行动，先在雕琢出大喀什市，勃兴自己的大流通、城市经营、大工贸、大农业、大旅游"五大产业"的方面奋发努力。其中，已经取得了一定成绩：一是有蓝图在胸；二是迈开了采用"招引"战术的新步伐。以党政手段为主导、以市场手段为主体配置人财物等要素，取得了一系列的显著成绩。从 1999 到 2004 年（上半年）的 6 年内，实施了"招引、筑就、雕琢、打造跨越"战术体系，先后从新疆地区、山东、四川、浙江、陕西、河南等地招商引资，签订合同 481 个（其中，1999 年 15 个、2000 年 84 个、2001 年 89 个、2002 年 88 个、2003 年 88 个、2004 年 117 个）。481 个合同总金额 85120 万元（其中，1999 年到 2004 年合同总金额依次为 7728 万元、143800 万元、161700 万元、128300 万元、179041 万元、240641 万元）；新疆地区合同到位资金 108062 万元（其中，1999 年到 2004 年新疆地区合同到位资金依次为 910 万元、17081 万元、24632 万元、25815 万元、33261 万元、18105 万元），外省合同到位资金 162642 万元（其中，1999 年到 2004 年外省合同到位资金依次为 6818 万元、16866 万元、36379 万元、34423 万元、27996 万元、40160 万元），合计 282446 万元。与 2000 年比较，2004 年的招商引资工作呈现出 3 个走高的特点：一是增幅高，各项主要指标成倍增长；二是层次高，香港新怡发集团、冠农天府、北京中坤、新疆屯河果业、新棉集团等 8 家国内外知名企业或上市公司落户喀什,将自己拥有的"人才和思路、技术与资金、市场运作经验"等优势资源与喀什特有的"区位和地缘独特、石油天然气储量不少、玉石之都、水土光热丰富、优质棉基地、瓜果之乡、歌舞之乡、历史文化名城、人文和自然景观别具一格"等优势资源相整合,使其获得兴业、盈利的广阔空间,使喀什赢得加快发展的收获;三是履约率高,已开工建设的达 42 个,占 47%;已竣工投产的项目有 30 个,占 33%。6 年来,通过招商引资进驻喀什的众多企业都已经为喀什勃兴"五大产业",实现筑就现代丝绸之路、雕琢出现代丝路明珠王、整合开发旅游资源打造世界级旅游新板块等目标贡献着各自的力量。

例如,在农业经济结构调整初见成效的基础上,棉花田间生产通过采用"选育良种、科学确定栽培模式、科技兴棉及扩大播种面积"等措施,近五六年来每年种植棉花 250 万亩左右,年产棉花 25 万吨左右,棉花品质的等级名列全国之最,已经成为全国的棉花主产区和商品棉生产基地。2003 年,棉花生产总值达 180000 万元,占地区生产总值的 22.5%,占农业生产总值的 31%,农民人均棉花收入 408 元,占人均总收入的 27.5%,成为农民收入的主要来源之一。2003 年招引的新棉集团,在 2004 年完成整合喀什 8 家棉纺企业的同时,陆续投资完成技术改造任务后,到 2007 年棉纺能力达到 70 万锭,精梳纱的比例达到 70%。"十一五"末棉纺能力达到 115 万锭以上的规模,使棉花资源的转换率达到棉花总产量的三分之一,棉花行业实现工业产值 32.89 亿元,棉花行业就业人数达 18400 人。同时,延长产业链,兴起织布、针织、服装业,形成优质棉制品出口基地。逐步达到实现优质棉花就地转化、增值、增效的目标。

瓜果业崛起,1999 年全地区果树面积仅为 73.37 万亩。从 2001 年开始,全地区进一步加大果业发展力度。之后,每年以 20% 的速度递增。到 2004 年,全地区果树面积猛增到 271.4 万亩,其中杏子 139.21 万亩,石榴 22.51 万亩,核桃 59.22 万亩,红枣 4.54 万亩,巴旦木 12.51 万亩,酸梅 3.67 万亩,其他果树 26.61 万亩。杏子产品形成了一枝独秀,2004 年总产 40 万吨。核桃品质世界顶级,种植核桃品种约有 50 多个,其中新温 179、新温 185、扎 343 和新丰核桃以个儿大、皮薄、肉香被业内人士称为世界顶级核桃。叶城县 2004 年产 7000 吨。大籽石榴称霸九州。叶城县的大籽甜石榴、洛克 4 号等优良品种,单果最重的可达 1 公斤以上、色泽艳丽、籽大汁多、出汁率可达 50% 以上、色素含量高,亩产可达 1.5 吨。全地区种植面积 22 万亩。巴旦木在中亚成为骄子,莎车县生产的巴旦木,与国外进口的相比,皮薄、果肉饱满、口感香甜。

新疆的哈密瓜享誉全球,伽师县生产的哈密瓜堪称王中王。伯谢克幸、谢克幸是中熟的优良品种,瓜重 6 ~ 8 公斤,瓜瓤为绿色,绿中透亮,犹如翡翠,汁多、含糖量高、香甜独特,食用有止渴消暑、清凉解毒效用。卡拉克富是品质最优良的晚熟伽师瓜,成熟期在 8 月底至 9 月,瓜瓤为橘红色、脆甜、质地细腻、性温,用传统的秘方可储藏一年之长。在喀什还可以看到吃到《西游记》里"蟠桃会"上的蟠桃、无花果、开心果、大樱桃、无籽葡萄等珍稀水果。这些吸引了新疆屯河等果品加工企业来到喀什投资办厂,在精深加工增值、获利方面迈开了大步。新疆屯河果业公司从 2001 年落户喀什到 2003 年,年收购加工鲜杏已经能达 25000 吨,生产浓缩杏酱 7500 吨、杏脯 200 吨,年总产值 4800 万元。99% 的产品出口,2001 年创汇 600 余万美元。在喀什党政界以较强的优惠政策和优良服务扶持下取得了丰厚利润的新疆屯河果业公司,不忘回报社会和果农。仅 2003 年就向喀什提供 100 个正式就业岗位,向 800 个人提供季节用工岗位。每到秋末冬初,屯河果业公司就派人到果农家走访,向果农推介新技术、新经验,指导果农提高品牌意识,提升果子收摘、包装、储运技术水平,为扩大双赢效果作着积极有效的努力。2005 年还投资 2680 万元,从意大利引进日处理 1000 吨鲜果的果汁生产线,使屯河喀什果业公司成为全球最大的果酱加工企业,实现了在环塔经济带上果业加工垄断的目标,建立了优质杏、桃等特色林果基地 28 ~ 35 万亩,14 个 500 ~ 800 亩的示范园。除了杏酱、杏脯外,对黄桃酱、石榴浓缩汁、核桃油、木瓜酱、南瓜酱进行了系列开发,2006 年产值达到 5 亿元,出口创汇 6000 万美元,使喀什成为环塔经济带上的优质特色林果加工基地。

叶城县 2002 年从河北保定招引来永祥纸业公司,在县政府免费划给建厂用地的优惠政策扶持下,仅投资 1500 万元就建了造纸厂,利用丰富的芦苇、麦草、棉秆资源,年产生活用纸 1.2 万吨。产品很快在新疆地区及深圳、海口占有了市场份额。喀什市招引的瑞鸿木业带着自己获得国家专利的"环保型木材"新技术,仅投资 2500 万元,就于 2002 年建成二厂。当年生产的锥形木桶在乌鲁木齐洽谈会上一亮相,就引来了 120 万只的订货单,为喀什把丰富的杨木资源转换成增值的产品开通了大道。

喀什市还与地委、行署共同酝酿做出了在喀什飞机场旁边建设喀什市工业园区的决定。2004 年 2 月喀什市工业园区的规划出台以后,当年就自筹资金 1500 万元,在 16.6 平方公里的工业园区内完成了场地平整、路通、水通、电通等设施初具的繁重任务,并招引了太阳能灯具企业、拖拉机组装厂、新疆阿米娜特色高科技有限公司、方便面生产企业落户其中,为如期建成环塔经济带上的现代化、生态型、综合性的工业园区,率先雕琢出现代丝路明珠王,树立了新的里程碑!

当然,把喀什人在近几年内为勃兴"五大产业"创造的条件和取得的成绩,与国内外发达地区之所以率先达到了现代化都曾经得益于可以通过主观努力创造出来的"现代化的城市集群体系给其提供的强劲的推拉作用力"的条件相比,和"现代化的产业集群体系给其提供的能容纳各种现代人才活动和现代科技施展的广阔舞台"的条件相比,喀什存在的差距之大是显而易见的。同时,更能说明喀什具有巨大的发展空间。在喀什已经形成了知落后而奋起的主观条件的时候,客观上已经迎得了上下左右方方面面的认同支持和各种合作开发。

(2)在筑就现代丝绸之路、勃兴"大流通产业"历程中,审视自己作为塔里木人群中的一部分,正是得益于古丝绸之路这条通道而生存于今,因此不敢忘记自己的模糊经验,不能不吸取罗布泊人和古楼兰人灭绝的模糊教训。把筑就现代丝绸之路看成使自己在 21 世纪全面融入国内外市场竞争,形成追逐市场而求生存的新心态和习惯而获得兴旺发达;而不再被千里沙漠和戈壁分割造成的"小围困"、塔里木盆壁造成的"大围困"、视野和胸怀不够开放之弱点和排斥心理强之缺点人造的"中围困"所困扰而被历史淘汰。就必须以筑就现代丝绸之路为关键举措,来打破"大中小"三重围困,为实现加快全面小康步伐的目标拓平出入通道。在党和国家实施"西部大开发"战略,加大了投资以及喀什人主观上的加倍努力下,虽然已经取得了"公路、铁路、航空"并行的初具现代交通雏形的成绩,但是与筑就现代丝绸之路确定的目标相比,与国内外发达地区之所以将率先达到现代化都得益于可以通过主观努力创造出来的"现代化的交通体系给其提供的海陆空并行的循环畅通的大流通"的条件相比,喀什存在的差距之大还是显而易见的。例如,还没有贯穿环塔经济带的高速公路;火车还不能直达国内的发达省区,西出国界与中亚及欧洲铁路网向南还未能延伸到和田及青海格尔木;有了国际空港,飞机却依然不能直飞另外的四大洲等。当然,同时也说明喀什还有巨大的发展空间。所以香港新怡发(集团)有限公司的黄苏诺董事长慧眼识天机,率先于 2000 年决策投资 8.4 亿元,在喀什市兴建了占地面积 400 亩,包括海关大楼、会展中心、专类批发市场、大型火仓、停车场、四星级酒店、办公楼公寓楼,共计建筑面积 120000 平方米的"新怡发喀什二类口岸国际商贸城",为喀什勃兴"大流通产业"增添了一份显著的力量。

(3)在整合环塔经济带上的优势旅游资源、开发打造世界级旅游新板块的进程中,喀什地区党政领导人首先决策成立了喀什地区旅游局,在喀什地区旅游局的党政领导人的具体负责下,经过深入调查摸清了喀什地区的旅游资源底细。在聘请业内专家充分论证的基础上,找出了"联手开发"是喀什尽快做大做强旅游业的重要思路之后,便有了 2003 年 11 月北京中坤集团董事长黄怒波与喀什地委书记史大刚握手决策。由中坤集团投资 11 亿元,整合开发打造由"喀什——克州——吉尔吉斯斯坦伊塞克湖国际黄金旅游线、喀什——奥依塔克——卡拉库里湖——慕士塔格峰——卡拉苏口岸——塔什库尔干——红其拉甫国际著名旅游线、喀什——英吉沙——莎车——泽普——叶城——乔戈里峰国际登山旅游线、喀什市高台民居、民族风情、历史文化遗迹及休闲旅游线"组成的世界级旅游新板块。北京中坤集团先期投资 3 亿元在喀什市亚浪水库地段修建了占地 2000 亩的高尔夫球场;投资 2 亿元在喀什市东湖公园修建了一座占地 60 亩的五星级宾馆,为喀什市向"中国优秀旅游城市"冲刺注入了兴奋剂,使喀什乃至环塔经济带上的旅游业向着世界级水平快速挺进了一程。同时,2004 年,在喀什市举办了国际旅游城市市长论坛会、南疆首届旅游节、"冰山之父"慕士塔格峰热气球捡取垃圾保护冰峰环境、国际大学生登山表演赛、国际摄影大赛、国际诗歌笔会等活动。在勃兴"大旅游产业"的历程上迈开了坚实的步伐。

第二乐章　做"先进文化的代表"为人上新路

现在的喀什人,在各级党政领导人的示范引导下,为人处事克服从前的"弱点和缺点",以"先进文化"为准绳,呈现出众多新景象。

把"先进文化"作为做人做事的科学心态、道德观念、思想方法的集合概念来理解和对待。

第一,喀什的各级党政主要领导通过举办各种"论坛"虚心采纳各方面的见解、诚恳寻求合作伙伴、善于与援疆干部共同谋划加快发展新思路、真诚为落户喀什的企业主热情服务的种种示范行为,引导各族干部群众淡化了以"排斥"为主要方式的竞争手段,强化了以"合作"为主要方式的竞争手段,使喀什人的竞争思想观念和行为方式较快地进入了运用"整合"手段参与国内国际竞争的优良境界。为制定和实施由"西部大开发、优势资源转换、可持续发展、人才强国、科教兴国"和"招引、筑就、雕琢、打造、跨越"构成的战略战术体系,实现其战略战术的意图和目标,扫除了思想认识和行为方式的重重障碍,并且已经取得了鼓舞人心的初步成就。

第二,积极稳妥地推进农牧业科技体制改革,以"打破技术职务终身制、推行能者上庸者下"的管理机制为要点,采用"技术职务评聘分开、每年对农业技术人员下乡入户对农牧民直接服务的业绩进行考核,业绩优异的破格评聘、业绩平平的不予晋升、对不能下乡入户为农牧民直接服务取得业绩的给予取消职称和相应待遇的处罚"的具体改法。调动了农牧业技术人员走出办公室包乡包村包户直接为农牧民服务的积极性,使设施农业的产值每亩由3000元提高到5000元;使棉花田间生产在"矮、密、早"的栽培模式的基础上,又推广了高密度栽培模式,每亩产量由10000株提高到15000株。不但棉花亩产超过了100公斤,而且完善了"矮化确保光合作用提高棉花品质、早熟增加霜前花产量、高密度保证高产、地膜化实现了保水、保温、保肥、灭草、减投资"多角度全方位提高棉花田间生产效益的科学栽培模式和管理体系。莎车县的技术人员在进村入户为农民提供科技服务的过程中,摸索出了巴旦木生长发育的基本规律,在果树修剪、病虫害防治、肥水管理、花期受粉、保果提高产量等方面找出了一些带有规律性的方法,使巴旦木的株产量由以前的200克提高到5公斤,亩产量由以前的3公斤提高到80公斤,终于攻克了巴旦木产量过低的难关。科技为农民增收做出了显著贡献的事实,最有力地激发了喀什人在科技方面的投资热情。2004年,喀什地区财政预算支出在新产品开发、中间试验、科研攻关三项费用方面达到了1134.01万元,比2003年增长26.96%。喀什市在这方面接近了国家规定的全国科技先进县(市)标准,泽普县、疏勒县、伽师县、麦盖提县在这方面达到了自治区规定的"科技兴新"先进县(市)标准。全地区投入培训经费82万多元,84万多人得以培训;43名分管科技的领导及专业技术人员得到进科技院校和科技先进地区学习交流的机会。农牧民能把去清真寺的时间用到参加科普知识学习、赶科技大集、参加科技周活动的人越来越多。在落实"科技兴农""科教兴喀"战略的思路上迈开快速的步伐。

第三,把人力资源开工程纳入到加大喀什开发力度的体系之中来抓。在农村富裕劳动力的转移方面,迈开了以党政手段为主导、以市场手段为主体的操作步伐,为农民开拓了劳务增收新渠道。全地区仅2003年就转移农村劳动力17.7万人次,人均劳务创收51元,比2002年增长30元。在探讨落实"人才强国战略"的微观思路的过程中,喀什人2004年出版了《论人才资源开发》。首先,从微观上理清了以下几种情形:以"唯成分论"为主导搞人才资源开发,培育选用的"人才"多是搞阶级斗争的"能手";以"唯文凭论"为主导搞人才资源开发,培育选用的"人才"多是读死书、死读书的"能手";以"唯选票论"为主导搞人才资源开发,培育选用的"人才"多是搞庸俗人际关系的"能手";以"唯年龄论"为主导搞人才资源开发,培育选用的"人才"多是精力有余经验不足坏事的"能手"。如此,常出现"能为人类幸福从事创造性劳动的人才"被埋没,"一边是人才由于无用武之地、流失不止,另一边却是由于缺乏人才许多事业衰败"的悲剧性危害。在微观上树立了包括"情商——确定人们能否成才成事的优劣感情、神商——确定人们能否成才成事的优劣精神状态、德商——确定人们能否成才成事的优劣道德水平、智商、能商——确定人们能否成才成事的优劣能力体系、魂商——确定人们能否成才成事的行为正确率"为内涵外延的"素质论"的科学必要性和重要性。在人才资源开发的优劣决定市场竞争胜负的当今,不仅在人才资源开发的领域里从微观理论上前进了一步,而且在实践中取得了一定的初步成效。喀什现有人才流失的程度减低了,随着招商引资合同项目落实跟进的人才也都安下了心扎下了根。消除了过去酿出的分崩离析状况,初步形成了同心同德干事业的新局面。

第四,大张旗鼓地宣扬各类先进个人和先进单位,使 2003 年 2 月 24 日巴楚—伽师发生强烈地震后涌现的抗震救灾先进个人和先进事迹在喀什成为榜样,有力地引导着各族群众团结奋进奔小康。2004 年初,一次拿出 40 万元重奖 2003 年招商引资业绩突出、成效显著的喀什市和塔什库尔干县、叶城县、英吉沙县,并给予投资大、效益好、解决就业人员多、对喀什经济发展拉动大的新疆屯河喀什果业有限责任公司、新疆南达投资有限责任公司、叶城县永祥有限责任公司、新疆啤酒集团喀什啤酒有限责任公司、喀什正大实业有限责任公司、喀什远东集团实业有限责任公司奖励。在经济领域里宣扬树立了"一心一意谋发展,聚精会神搞建设"的新榜样。

第三乐章 做"广大人民根本利益的代表"为民排忧解难

喀什的各级党政领导人学做"广大人民根本利益的代表",创新经济加快发展思路,加速各族群众全面脱贫致富奔小康的进程,用以维护和发展好各族群众根本利益。以 2004 年为例,2004 年工业发展实现了历史性的突破,增加值达到了 7.8 亿元,增速超过了 30%;在新型工业化道路上迈开了大步,并为大农业已经在结构调整中形成的粮油、棉花、瓜果、畜牧的田间牧场生产,增强了车间加工增值、市场最佳营销实现产值的两个环节。到 2004 年底,城市居民人均可支配收入增到了 6872 元,比 2003 年增长 6%;农牧民年纯收入增到了 1634 元,比 2003 年增长 152 元,比 2000 年增长 61%。与此同时,还采取了尽量解决好各族群众眼前的各种具体困难的办法,维护和发展好各族群众根本利益的措施,增强了各族干部群众自我克服各种新困难的信心。

第一,针对农牧民优化素质、提高科学文化水平困难大、加快思想观念转变进度难的问题,在完成"西新工程""村村通工程"之后,把巩固其成果、提高农村广播电视人口有效覆盖率、提高农村广播电视覆盖的质量水平作为重点工作来抓。地区从经费、人员、技术等方面给予倾斜,解决了运行中的电费、维护经费、专人维护等具体难题。从确保农牧民提高精神生活水平方面入手,维护农牧民的根本利益。

第二,针对喀什地区10年前发生过脊髓灰质炎、8年前发生过霍乱和戊型肝炎传染病的情况,近十几年来喀什人落实"一宣四管一大搞"综合防病措施,使传染病预防控制能力明显增强。2003年将"非典"拒在了区外;2004年报告连续10年保持无脊髓灰质炎状态,连续8年没有发生过霍乱疫情,连续10年实现对结核病的高发现率和高治愈率。在成绩面前,喀什党政方面本着对喀什各族群众健康负责的态度,丝毫不敢懈怠。为了进一步加强疾病防控工作,调整优化了防病指挥机构,成立了地区防治感染艾滋病工作委员会、地方病防治领导小组。重新编织了农村卫生三级网,增加了疾病防控专用经费,到2005年第一季度,喀什地区及12县市疾控中心全部竣工。同时,在卫生部门推行了科学预防案在先、科学预测在先、措施落实在先、人员培训在先、物质准备在先、信息畅通在先的"六先"管理办法,公共卫生安全体系进一步得到强化。

第三,继续完成国家政协前主席李瑞环喀什之行启动的使喀什人世代受益的"防病改水工程"。仅2004年,就又让2.46万人、4.96万头(只)牲畜喝上了清洁卫生水。

第四,亲历了巴楚—伽师等县2003年4月20日强烈地震的抗震救灾经过之后,喀什各级党政主要领导人形成了新的共识,减轻各种灾难给群众带来的损失的最好办法莫过于"事先预防"。于是,喀什率先启动了"抗震安居工程",为地震多发地区群众解除"提心吊胆"过日子的忧虑,想其所想,急其所急,成了地震多发地区群众根本利益的真诚代表。

第五,喀什地区燃煤主要从外地运入,红柳根燃料已经枯竭。喀什城镇居民生活燃料被液化气取代之后,罐装液化气的价格居高不下,使喀什城镇居民经济支出的负担加大。喀什地区党政领导人为减轻居民负担,向上级请示后,主要采用市场手段,在不到两年的时间内将阿克气田的天然气引入到喀什市、疏勒县及疏附县的居民家中。到2004年年底,4万户居民家里已经用上了天然气。

第六,喀什地区 12 个县市,一方面燃煤主要从外地运入支付运费负担重,另一方面各单位都分别安装燃煤锅炉取暖。既无谓地增加了空气污染源,又在无限地扩大着燃煤运费负担。同时,由于管理技术的不足,安全隐患越来越多。喀什地区党政领导人以"为民负责,时不我待"的态度对待问题,在条件基本具备的新世纪之初做出启动"冬季集中供暖工程"决策。在不到两年的时间内,就在喀什市和县城解决了集中供暖的问题。不仅在提高城市空气质量和增进市民健康水平方面办了一件实事、好事,而且在确保城市居民冬季取暖安全方面消除了一大隐患。

第七,在落实就业再就业优惠政策的过程中,加大了职业培训力度,多渠道开发就业岗位。仅 2004 年就实现就业 3.4 万人,使城镇登记失业率降到了3.86%。

第八,加大了农村扶贫攻坚力度。2004 年,97243 人越过了低收入贫困线,2651 名农村特困人口解决了温饱问题。尽心竭力筹集城镇扶贫解困资金674.5 万元,解决了城镇特困户子女就学、就医和冬季无钱取暖等困难。疏附县还给农民交上了基本财产保险、看病保险、最低养老保险,使农民切身感受到了党和政府时刻为他们谋利益的拳拳之心。

第九,公检法系统在改进作风、落实"八个坚持八个反对"的过程中,为群众降低了在竞争中合法权益被侵、叫天天不应、问地地不灵的痛苦程度。

第十,在企业改制中,把安置好下岗职工放在首位考虑,确保从感情安慰到生活低保都有着落,为改制企业职工减轻了为建立和完善社会主义市场体制承担阵痛的程度。

附三：

承包耕地所有权限时赋予农民体改预案

"小康不小康关键看老乡"之所以依然还是我国目前建成全面小康社会的主要难题：一是由于客观上农业基础设施建设所需投资缺口太大，行政投资屡屡力难从心；二是由于人为了生产主导要素——耕地，市场配置体制改革缺位造成了农民运用市场手段奔小康的资本保障力不足。因此，从直接消除"人为了生产主导要素——耕地，市场配置体制改革缺位造成了农民运用市场手段奔小康的资本保障力不足"，间接化解"农业基础设施建设所需投资缺口太大，行政投资屡屡力难从心"病根的角度出发，以"社会主义初级阶段内主要任务是解决公民日益增长的物质文化需求与落后的生产力之间的矛盾，而不是维护生产资料所有程度最高理捻"为主导，特此设计这一改制预案。

因为，承包耕地所有权限时赋予农民的体制改革，必然释放耕地要素的货币价值潜能＝给力农村全面小康建成＋给力新型城镇化＋加速农业现代化＋……N。所以，在承包耕地所有权限时赋予农民，势必给力叶城农村建成全面小康；直接给力叶城新型城镇化；加速叶城农业现代化。在整体上，赢得其耕地在附加未经批准变更交易耕地用途的便没收所有权等条件的前提下，让耕地上市交易。使目前的每10个农民中，大约有3个左右的农民将自己拥有所有权的耕地在一定时限内卖给别人，用所获资金去从事农产品精深加工，转变为农产品车间精深加工的产业工人；有3个左右的农民将自己具有所有权的耕地在一定时限内卖给别人，用所获资金去从事农产品市场营销，转变为农产品市场营销的商人。这些人在其进程中赢得收益，同时将分别获得：

第一，使耕地的货币价值潜能得以充分释放，为破解"小康不小康关键看老乡"难题赢得新的生机活力，给力农村全面小康建成。喀什地区可垦荒地2000万亩，已开垦800万亩，在深化改革中将其潜能全部释放出来，喀什的280万农民在2020年可与全国同步建成全面小康。

第二，在农产品车间从事精深加工的产业工人与在农产品市场中营销的商人迅速增加，直接给力新型城镇化。喀什280万农民中，约有84万人转变为从事农产品精深加工的工人,约有 84 万人转变为农产品市场营销的商人,168 万农民进驻城镇,势必直接加速城镇化。

第三,在农产品田间产生者迅速减少中,大约每 10 个农民中仅留 4 个农民,而他们收购了另 6 个转型农民的耕地,变为农场主。他们集约化从事农产品的田间生产,从而赢得了从传统农业向现代农业转型发展,加速农业现代化收益。

落实"简政放权予社会、放权予市场、放权予市场主体"的承诺,将非市场化体制改革中形成的耕地承包经营机制深化改革为吻合于社会主义市场体制的耕地所有权限时归民经营机制,使得理应交给农民这类社会主义市场主体的耕地所有权交给农民,为农村如期建成全面小康,为新型城镇化和农业现代化给力。

附四：

怎样创新建立并使用人力人才资源高素质鉴定法治化机制

依据"人力人才资源高素质鉴定法治化机制＝人品优良程度民主集中评定＋知识丰富与智力发达程度学校考试鉴定＋创新能力强劲程度中介机构测定"原理，创新建立"人力人才资源高素质鉴定法治化机制"（见表1）。

表1　人力人才资源高素质鉴定法治化机制一览表

	人品优良业绩 30 分		知识丰富程度 15 分	智力发达程度 15 分	创新能力在岗练就程度 40 分			
	①……⑨＋业绩		① ② ③ ④	① ② ③ ④ ⑤	① ② ③ ④ ⑤ ⑥ ⑦ ⑧ ⑨			
测定主体	同事的民主性评定 10＋5 领导的集中性评定 10＋5		学校所发毕业证的法定性界定		中介机构依"标"中立性鉴定			
	优 30 分、良 27 分、中 21 分		博士后 30 分、博士 27 分、研究生 24 分、本科 21 分、大专 20 分、中专 18 分		优 40 分、良 36 分、中 28 分			
	总分＝人品等级所得分＋知识和智力等级所得分＋创新能力等级所得分。							
界定结论	优等占总分的 100%		良等占总分的 90%		中等占总分的 70%			
	中介机构中立性鉴定人才创新能力的依据标准							
		优等(40 分)	良等(30 分)		中等(20 分)		合分及定等	
①	自学	观察、注意、理解、记忆、想象、判断能力在同龄人处于上游。能够在第一时间内学习掌握新政策、新法规的精神实质。	观察、注意、理解、记忆、想象、判断能力在同龄人处于中游。能够在要求的时段内的前期学习掌握新政策、新法规的精神实质。		观察、注意、理解、记忆、想象、判断能力在同龄人处于下游。能够在要求的时段末学习掌握新政策、新法规的精神实质。			
	竞争	参与竞争的战略正确、战术得当并且胜数多于败数。	参与竞争讲究战略与战术的匹配并且胜与败的次数相当。		参与竞争采用的战略与战术的匹配率低，败数多于胜数。			

续表

中介机构中立性鉴定人才创新能力的依据标准				
		优等(40分)	良等(30分)	中等(20分)	合分及定等
②	决策	生活、学习、工作的目标选择追求先进性;编规划、做计划,选用技术或人员时能够自觉地实践"科学发展观"。	生活、学习、工作的目标选择追甘居中游;编规划、做计划,选用技术或人员时能按实践"科学发展观"的要求着眼、着想、着手处理问题。	生活、学习、工作的目标选择随和与多数人;编规划或作计划,选用技术或人员时有时能按实践"科学发展观"的要求看待、思考、处理重大问题。	
	管理	既善于严格律己,又善于严格律人。	只善于严格律己,不善于严格律人。	不善于严格律己,只善于严格律人。	
③	口头表达	参加演讲比赛并在决赛中获过奖。	参加过演讲比赛并进入了决赛,但未能获奖。	仅参加过演讲比赛的预赛。	
	书面表达	面向全国要么有著作出版,要么论文获得了国家级奖励。	有论文在省部级报刊上发表,并获得过地市级或省部级奖励。	有论文在地市级报刊上发表。	
④	应变	掌握创新破解为人、学习、工作难题思路的主动权。	为解决为人、学习、工作难题,能够适时改进自己的理念、思路及方式方法。	在上级的教育或要求下在解决为人、学习、工作难题方面不至于是绊脚石。	
	抗挫	在坚持原则时受挫、参与竞争被不当竞争行为击伤时,能够愈挫愈勇,赢得最终胜利。	在坚持原则中受挫、参与竞争被不当竞争行为击败时,能够屡挫不悔。	能够站在坚持原则受挫、参与竞争被不当竞争者遭败的人物的一边,理解同情之。	
⑤	协调	做决策、搞制订管理规章既能够兼顾老中青之人的需求与社会及自然之间的眼前与长远需要、又能够顾及局部收益与全局赢利,还能够考虑到人与社会及自然之间的和谐需要。	参与决策、执行管理规章能够既顾及局部收益与全局赢利,又能够不损老中青各方面的眼前与长远眼前与长远利益,能够为赢得人与社会及自然的和谐效益而努力。	是落实各项决策、执行各种管理规章的拥护者,不妨碍顾及局部收益与全局赢利,不损老中青各方面的眼前与长远眼前与长远利益的聪明人,是赢得人与社会及自然的和谐的支持力量之一。	
	整合	家庭成员关系、同学关系、同事关系、上下级关系、民族关系和谐的能手。	家庭成员关系、同学关系和谐的能手,同事关系、上下级关系、民族关系当中发生的矛盾未构成自己前进、成就事业的死结。	和谐家庭成员关系、同学关系有方,和谐同事关系、上下级关系、民族关系有时造成了妨碍自己前进、成就事业的死结性矛盾。	

续表

中介机构中立性鉴定人才创新能力的依据标准				
		优等(40分)	良等(30分)	中等(20分)	合分及定等

		优等(40分)	良等(30分)	中等(20分)	合分及定等
⑥	钻研	具有钻研本地域或本行业的先进经验或落后教训的爱好,是科学成才、科学成就事业的明白人。	家庭成员关系、同学关系和谐的能手,同事关系、上下级关系、民族关系当中发生的矛盾未构成自己前进、成就事业的死结。	在组织上的要求下,能够钻研所在地或本行业的某些先进经验或落后教训,在科学进步、科学工作的主要方面是明白人。	
	发现	钻研为人、处世、做事,者本地域或本行业的先进经验或落后教训的过程中,能够及时发现带有规律性的原理或见解。	具有钻研本地区或本行业先进经验或落后教训的兴趣,在科学成才、科学成就事业的重点和难点上是明白人。		
⑦	总结	钻研为人、处世、做事,或者本地域或本行业的先进经验或落后教训的过程中,能够及时总结出新规律。	钻研为人、处世、做事,或者本地域或本行业的先进经验或落后教训的过程中,有时能够及时总结一些新规律。	钻研为人、处世、做事,或者本地域或本行业的先进经验或落后教训的过程中,偶然能够总结出点滴有规律性的见解。	
	推广	能够把事先所做的决策、事中钻研成果、发现的问题,事后总结的经验或教训适时地推介到应有的层面上,形成应有的影响力,发挥积极作用,赢得应有效益。	有时能够把事先所做的决策、事中钻研的成果、发现的问题,事后总结的经验或教训的主要部分,推介到应有的层面上,形成部分影响力,发挥部分积极作用,赢得一些效益。	有时能够把事先所做的决策、事中的钻研成果、发现的问题,事后总结的经验或教训的一些内容,推介到特定的范围里,形成一些影响力,发挥一些积极作用,赢得一些效益。	
⑧	崇尚高素质人才	在岗期间能够没有遗漏地把同事中间与己同或高出自己素质水平的人才推举给组织。从来不妒贤嫉能。	在岗期间能够把大多数与己同或高出自己素质水平的人才推举给组织。偶尔有妒贤嫉能的心态出现。	在岗期间有把与己同或高出自己素质水平的人才推举给组织的善举。有时将妒贤嫉能的心态体现到了行动上。	
	培育高素质人才	在家在单位全天候地部时间内都能够用高素质标准要求和管理家人或同事;能够义务性地宣讲高素质人才培育观。	在家在单位大多时间内能够用高素质标准要求和管理家人或同事;有时能够义务性地宣讲高素质人才培育观。	在家全天候地能够用高素质标准要求和管理家人,在单位大多数时间内不能用高素质标准要求和管理家人或同事。	
⑨	专业能力	运用专业知识成就事业的主观心理条件在同龄人中达到了最高层次。	运用专业知识成就事业的主观心理条件在同龄人中达到了中等层次。	运用专业知识成就事业的主观心理条件在同龄人中达到了较低层次。	
	专业技艺	运用专业能力创新性破解工作难题的主观心理条件在同龄人中达到了最高层次。	运用专业能力创新性破解工作难题的主观心理条件在同龄人中达到了中等层次。	运用专业能力创新性破解工作难题的主观心理条件在同龄人中达到了较低层次。	

采用民主与集中方式,依据"人品优良"标准、"聘用所签合同约定业绩"指标评出等级,打出分数,使结论仅占素质总分的30%;"知识丰富与智力发达"程度由学校考试鉴定,使结论仅占素质总分的30%;"创新能力强劲"程度中介机构测定,结论仅占素质总分的40%。其三方面合成100分,依据得分差距得出素质的不同等级。如此定量定性地界定人力人才素质开发的水平,既便于革除现行的"德"的水平高低全由所在单位群众与领导评说的人治化工序的弊端,又便于克服"才"的水平单由学校考试鉴定,在工作岗位上积累的"经验"、练就的"能力"及"创新能力"不被重视工序的弱点,全面根除旧"标准"、老"鉴定机制"漏洞百出的弊病;还能够在克服鉴定人才素质等级时,党政领导人既当"运动员"又做"裁判员"不可能保证执法公正性的弊病。能够药到病除地根治"人力人才资源开发"依然采用旧"标准"、老"机制"招致人力人才资源开发质量屡屡走低,最直接最严重地妨碍"各级党组织科学执政能力建设质量水平提升"的失误。

例如,使下一级党政领导或管理人才的"人品优良"程度,由所在单位的群众初评定:领导审查评定,素质等级为"高"时群众与领导分别给15分,合计30分;素质等级为"中"时群众与领导分别给10分,合计20分;素质等级为"低"时群众与领导分别给8分,合计16分。可预防或克服群众平定及党政领导人审查评定管理人才资源开发:要么酿出极端民主化,"以'选票多少'为主导工序"定优劣,致使"面对坏人坏事不批评,面对好人好事不表扬的老好人"成为香饽饽,被聘用后误事;要么招致党政领导人专断化,"以'领导研究'为主导"定优劣,让"长于拉帮结派、只为拉帮结派小团体谋私利益的帮派人物"香起来,被聘用后严重危害着党和人民的根本利益;要么干群联手排挤或压抑了"那些人品优良——原则性强、专业知识丰富、工作智力发达、有创新能力的真正人才"难以被聘获得重用,给现代化事业造成难以弥补的损失。

人力人才的"知识丰富"与"智力发达"程度以学校考试颁发的毕业证为准。其知识丰富程度达到博士后的水平时,给15分;智力发达程度达到博士后的水平时,给15分,合计得30分。其知识丰富程度达到博士的水平时,给13分;智力发达程度达到博士的水平时,给13分,合计得26分。其知识丰富程度达到大学毕业水平时,给10分;智力发达程度达到大学毕业水平时,给10分,合计得20分。其知识丰富程度达到大中专毕业水平时,给8分;智力发达程度达到大中专毕业水平时,给8分,合计得16分。其知识丰富程度达到中学毕业水平时,给6分;智力发达程度达到中学毕业水平时,给6分,合计得12分。其知识丰富程度达到小学毕业水平时,给5分;智力发达程度达到小学毕业水平时,给 5 分,合计得 10 分。一方面,既不抹杀各类学校所发毕业证的含金量,又杜绝"逢进必考、每晋依考"造成的重复组织考试的人力财力浪费。另一方面,既能够消除各级党政组织在人力人才资源开发中,照搬"仅仅适合学院专业人力人才资源开发配置管理的逢进必考、每晋依考"模式,既蛮横地抹杀和否定着各类学校所发毕业证的含金量,误导各级学生在校要么无心积极学习"书本知识",要么不能认真对待"学校组织的各类考试",给各类学校提高教育教学质量无意中造成了难以估量的危害;又能促使公民走出在岗全把心思与精力投入到读书迎考追求晋升,却不用心"研读破解工作难题的无字之书",单一片面地走争做"学院专业人才"的思路。

如表 1 所示,引入由"专家"组成的中介机构,中立性地出面依据"事先拟定的统一标准"评定人力人才资源的"创新能力强劲"等级:给高水平者打 40 分;给中等水平者打 30 分;给达到低水平者打 20 分。第一,强化"创新能力"开发导向力;第二,克服现行的只凭学校所发毕业证等级论"工作能力"及"创新能力"高低造成的以偏概全的失误;第三,既能一举消除单位内同事及领导自我鉴定"工作能力"及"创新能力"水平,在同事及领导的"工作能力"及"创新能力"竞争开发中采用"自我鉴定"法,不但造成同事及领导人"既做'运动员'又当'裁判员',违背公正性原则"的重大失误,而且堵住了由失误使部分党政领导人在"人力人才资源开发,特别是"工作能力"及"创新能力"鉴定"中招致的各类不正当竞争泛滥、大搞"权钱交易"等腐败通道。

继承革命党人优良学风　有效抵制各种不良作风

中国共产党人当年在闹革命中,通过端正学习态度、优化学习目的、精选学习内容、优选学习方法取得了卓越的学习成效,综合释放了"理论联系实际""实事求是"优良革命学风能量。既为成就"一代英明革命党人",也为建成"一个伟大、光荣、正确的革命党"提供了制胜要素之一,所以江泽民同志多次强调"学风端正,事业兴旺;学风不正,事业受损"。然而,在现代化建设中,当今的执政党人,特别是中下层党政干部怎样继承革命优良学风、优化科学执政作风,克服理论不善于联系实际、思想与行动不忠于实事求是等不良作风,"再成就'一代又一代科学执政党人'、建成'一个伟大、光荣、正确的科学执政党',自若应对"四种考验",迅速根治"四种危险"新疾,有力消除由新疾派生的"四种不良作风",优化科学执政作风,强化执政党人学习能力和增强科学执政本领呢?

一、革命党人当年克服不良学风形成优良学风概况

(一)端正学习态度方面

毛泽东、邓小平等人从医治革命队伍里有些革命党人"不肯下功夫学习"的弊病出发,及时指出了"学习的敌人往往是自己的满足"之病根,全面端正了革命党人的学习态度。

(二)校正学习目的方面

毛泽东为了清洗革命队伍里有些人深受"读书做官论"所害,鲜明指出"我们共产党人不是要做官,而是要革命""学习目的全在于运用"。

(三)优选学习内容方面

针对有些革命党人"言必希腊"的偏执病,毛泽东教导,"不能忘祖宗""要学习中外革命史"和"要学习革命理论及实践",纠正了脱离国情、民情及党情制约下的革命情境而选择学习内容方面的片面性。

（四）如何选用优良学习方法

针对有些革命党人采取"满足于马列词句引用，而不能理论联系实际"的肤浅学习方法，毛泽东谆谆教诲"要以'实事求是的思想作风''理论联系实际的学风'在革命战争中学习制定革命战争战略战术知识及技能"……的学习方法。

因此，革命党人内部形成了"理论联系实际""实事求是""虚心学习先进、勇于批评和自我批评的自我净化、自我完善、自强不息，保持革命党人纯粹先进性"等优良学风，前期形成了"毛泽东思想"，后来由邓小平等人开拓创建了"中国特色社会主义理论"。这就为成就"一代英明革命党人"及建成"一个伟大、光荣、正确的革命党"，提供了"战无不胜的精神力量"，也在中华民族学习史上写出了辉煌的新篇章。

二、如今执政党人学风状态

与革命党人当年闹革命中形成优良学风，从中获得强健精神力量相对比，我们执政党人如今继承革命党人优良学风、优化学风的状况如何呢？

（一）学习态度

在宏观上，一部分执政党人，特别是以江泽民为代表的执政党人继承优良学风，形成了"学习，学习，再学习"的新学习观，明确了诸如"三个代表"执政党建新要领。一部分中下层领导干部积极响应，切实争做学习型执政党人，取得了"深化改革创建'社会主义市场经济体制'、扩大开放'加入 WTO'"的新政绩。然而，在微观层面上还有一部分执政党人，由于继承前辈"优良学风"的意识太弱，因而背离了"世界财富是由物质财富与精神财富构成"原理，既不能从履职尽责的需要出发，又不能从迎接知识经济时代到来的急需着眼着手抓学习，却使自己同于普通老百姓而被"社会上流行的'物利崇拜'价值观所误导"。要么为了拿到"学历证书而学"，要么为了应对"逢进必考或每晋依考而学"。在目的一时难以达到之时，干脆"厌弃学习"。他们在集体学习时，不是心不在焉，就是昏昏欲睡；在自学时，要么以忙为理由拒绝，要么以"读报读标题""看书看封皮"而敷衍。即使参加组织安排的脱产培训，也是要么由于所训项目与破解直接面临的工作、生活新难题相距太远而敷衍了事；要么由于缺乏理论联系实际的内在动力而"受训时激动，回到工作之中却不见行动"；要么当作"认认人、养养神、串串门"机会，在务副业。

（二）学习目的

在微观上，由于一部分执政党人不重视学习，认识学习效能不够全面深刻，如缺乏"学习，特别是研究性学习的正向效能 = ①利于提高自身素质为己成才成事奠基 + ②利于与别人和谐相处 + ③利于提高家庭幸福指数 + ④利于党团增强凝聚力 + ⑤利于国家强盛 + ⑥利于成就各项事业"意识。于是在微观层面上，这些执政党人也做了"读书做官论的俘虏"，不是由于达到了目的便将学习当作敲门砖而抛弃，就是由于达不到预期目的而三分热潮般地厌弃学习。

（三）所学内容

而今在宏观上，执政党人继承"实事求是"和"理论联系实际"优良学风，创新确立了"科学发展观"，增强了科学执政的原则性、系统性、预见性、创造性。一部分中下层执政党人能够既学习中外革命历史知识，又学习革命实践所需理论、实践知识与技能，还善于向群众学习，甚至向竞争对手学习。涌现了诸如杨善州、任长霞、吴登云等一批善于运用所学中国特色社会主义理论指导自己破解工作新难题的新典范。然而，在中下层还有不少执政党人缺少广泛的学习兴趣，他们一不想学习科学执政所需的新理论、新知识、新技能；二不想钻研学习科学执政中推进改革、发展的新实践。正如毛泽东当年在《改造我们的学习》一文中批评的不良学风之翻版。"首先，对党内出现的'精神懈怠、能力不足、脱离群众、消极腐败'危险，以及由其派生的'形式主义、官僚主义、享乐主义、奢靡之风'熟视无睹。"其次，不钻研破解"从建成了一个伟大、光荣、正确的革命党，转变建设一个伟大、光荣、正确的执政党"这道重大历史新课题所需新思路。不明白、了解新课题既要继承革命党建的哪些成功历史经验，又需抛弃革命党建的哪些旧做法，却干着泼掉洗澡水时竟然要连孩子一同泼掉的事情。再次，不钻研学习国际共产主义运动中出现新曲折的教训。如既不乐于更不善于用马列主义、毛泽东思想、邓小平理论的立场、观点和方法具体地分析研究"在建立社会主义市场经济体制中，怎样才能堵住领导和管理社会主义市场竞争，党政领导人既当'运动员'又做'裁判员'，便等于给不正当竞争泛滥留出了通道"的新问题。

（四）学习方法

在中下层执政党人中间，只有少数人能够积极地走"工作学习化，学习工作化"思路，以"安、专、迷"的精神状态带领群众走"首先追求精神财富最大化，然后保障所求物质财富最大化"思路，即在"钻研'学习、生活、工作新难题'中，学到新知识、增长了新才干，满足物质文化需求"。不少党员干部依然固守着在计划体制下形成的"照抄上级决策、照宣上级文件、照着上级指示办事"传统习惯。将党中央健全社会主义市场体制、放给地方的从各地具体情况出发制定可行性、可操作性最强政策的决策权放了空挡,致使当地的发展和改革政策决策,要么缺位,要么错位,因而导致落后,落后,再落后。深陷落后,却不但不能从自身学习缺位、自强不力的角度找差距,反而不是派人整天跑到上级去要推进本地发展、改革的优惠政策,就是埋怨上级下达的文件缺乏操作性,怨天尤人地坐失本地改革、发展的良机。在解放思想、更新观念中,不是界线分明地争取合情合理的正绩效,却在国内外腐朽文化侵蚀面前不但不能批判抵制,反而以同流合污为荣。

我们中国共产党人执政以来,继承革命年代内所造就的"理论联系实际""实事求是"优良学风,并注入了"求真务实、解放思想、与时俱进、改革开放、创新奋进"等新风尚,构成了执政党人破解"人民日益增长着的物质文化需求与落后的生产力之间主要矛盾",产出"中国特色社会主义理论""三个代表"重要思想和"科学发展观"所需新学风。然而,由于中下层部分执政党员干部继承革命年代内革命党人优良学风的意识薄弱,学习态度优良率不高、学习目的在多元化中纯洁度下滑、学习内容优选水平降低、学习方法优化不力,因而微观层面上的学习绩效低劣。于是,便有了"精神懈怠、能力不足、脱离群众、消极腐败"的危险出现,并由其派生了"形式主义、官僚主义、享乐主义、奢靡之风"不良作风。

三、当今执政党人优化学风的举措

(一)端正学习态度方面

采取邓小平在新中国成立初期对党员干部学习状况研究的评判:"全国胜利前夕,毛泽东同志号召全党重新学习。那一次我们学得不坏,进城以后,很快恢复了经济,成功地完成了社会主义改造。这些年来,应当承认学得不好。现在要搞现代化建设,就更加不懂了,所以全党必须再重新进行一次学习","为了更有效地开展工作,学习是绝对不能少的,而要想学到一些东西,就要虚心,不虚心的人是会一无所成的。互相探讨是集思广益的好办法,一个作品经过大家研究和讨论,是会更臻于完善、收效更大和不易发生毛病的。能接受别人意见,才能使自己进步"。从执政党完成建设科学、文明、富强、和谐的社会主义现代化国家,来圆中华民族复兴梦的重任所需出发,在"群众路线教育实践活动"中把"继承革命党人优良学风、强化执政党人学习能力、增强科学执政本领"纳入到所求目标之中。切实全面端正执政党人的学习态度,在每个党员脑子里铭刻邓小平同志的教导"我们忙于事务,不注意学习,容易陷入庸俗的事务主义中去。不注意学习,忙于事务,思想就容易庸俗化。如果说要变质,那么思想的庸俗化就是一个危险的起点。我们还是要造成一种学习的空气,学习理论的空气(毛泽东:不重视学习理论,天天搞事务,一定要迷失方向),学习实际的空气,这也是我们的一个党风,我们党的一个好的传统作风",切实迈开优化执政党人学风的新步伐。

在扩大开放中,争取"解放思想、更新观念"新收效,面对国内外腐朽文化的侵蚀,继承邓小平同志提倡的"对于现代西方资产阶级文化,我们究竟应当采取什么态度呢? 经济上实行对外开放的方针,是正确的,要长期坚持。对外文化交流也要长期发展。经济方面我们采取两手政策,既要开放,又不能盲目地无计划无选择地引进,更不能不对资本主义的腐蚀性影响进行坚决的抵制和斗争。为什么在文化范围的交流,反倒可以让资本主义文化中对我们有害的东西畅行无阻呢? 我们要向资本主义发达国家学习先进的科学、技术、经营管理方法以及其他一切对我们有益的知识和文化,闭关自守、故步自封是愚蠢的。但是,属于文化领域的东西,一定要用马克思主义对它们的思想内容和表现方法进行分析、鉴别和批判"优良传统学风。在开放中学习争取"解放思想、更新观念",有效抵制国内外腐朽文化的侵蚀。

(二)纯洁学习目的方面

在群众路线教育实践活动中,首先应对"从前革命党人的学习目的观"作一次认真回忆,每位党员要从中找出学习目的纯洁度比不上前辈们的病根,以邓小平同志的警告"在不断出现的新问题面前,我们党总是要学,我们共产党人总是要学,我们中国人民总是要学。谁也不能安于落后,落后就不能生存"为座右铭,全面强化党员干部的学习意识。其次,掀起向"继承革命前辈优良学风,争做学习型执政党人、学习型专业技术人才、学习型企业家"的竞赛热潮。在执政党人的头脑里全面强化"学习,特别是强化研究性学习能力是提高自身素质、提升与他人和谐相处能力、争取家庭赢得幸福、增强党团竞争力、实现'两个 100 年目标' 必经途径"意识,激发执政党人争做学习型公民,为建设创新型国家、学习创新型执政党而奋发努力的积极性。

(三)优选学习内容方面

在群众路线教育活动中,应按照邓小平同志所指出的——"学习什么? 根本的是要学习马列主义、毛泽东思想,要努力把马克思主义的普遍原理同我国实现四个现代化的具体实践结合起来。当前大多数干部还要着重抓紧三个方面的学习：一个是学经济学，一个是学科学技术，一个是学管理。学习好，才可能领导好高速度、高水平的社会主义现代化建设"。在学好"中国特色社会主义理论"的同时，从"根除'精神懈怠、能力不足、脱离群众、消极腐败'新危疾、消除由其派生的'形式主义、官僚主义、享乐主义、奢靡之风'不良作风"急需出发，使各级党员领导干部与时俱进认识到："执政骨干高素质 =（1）情商高 +（2）人品优良 +（3）知识丰富智商高 +（4）人文及社科创新能力强劲业绩好 + ……N；（1）情商高 = ①信念坚定 + ②为民服务 + ③勤政务实 + ④敢于担当 + ⑤清正廉洁；（2）人品优良 = ①体质优良程度在同龄人中高 + ②心理健康程度在同龄人中处于最高 + ③科学社会主义'四德'修养水平在同龄人中处于最高 + ④马列主义'五观'素养水平在同龄人中处于最高 + ⑤先进文化素养水平在同龄人中处于最高 + ⑥现代法治素养水平在同龄人中处于最高 + ⑦现代化审美和塑美能力在同龄人中处于最高 + ⑧科学的理想导向力在同龄人中最强劲 + ⑨成就事业的专业知识素养水平在同龄人中处于最高 + ⑩崇尚高素质人才和善于培育高素质人才修养水平在同龄人中处于最高"；（3）知识丰富智商高 = ①争做高素质人才的知识水平及智商高度与所任职位相匹配 + ②适应社会主义市场体制健全的知识水平及智商高度与所任职位相匹配 + ③争做学习型执政党人的知识水平及智商高度与所任职位相匹配 + ④履职尽责的知识水平及智商高度与所任职位相匹配；（4）人文及社科创新能力强劲业绩好 = ①学习和竞争能力在同龄人中强劲业绩突出 + ②决策和管理能力在同龄人中强、收效好 + ③口头和书面表达能力在同龄人中强、绩效高 + ④应变和抗挫能力在同龄人中强、成效好 + ⑤协调和整合能力在同龄人中强、结果好 + ⑥钻研和发现能力在同龄人中强、成绩突出 + ⑦总结和推广能力在同龄人中强、绩效显著 + ⑧崇尚高素质人才和善于培育高素质人才的能力在同龄人中强、收效好 + ⑨专业能力与专业技艺在同龄人中强、绩效突出 + ⑩绩效达标率高 + ……N"。以其新标准为规范，选择学习内容、优化知识配置结构、练就技能及技艺，确保由难以适应领导和管理社会主义市场竞争的传统"德才兼备"党政干部标准观，转型升级优化为"高素质型"执政骨干队伍建设新标准。

（四）优选学习方法方面

应按照毛泽东提倡的——"对于在职干部的教育和干部学校的教育，应确立以研究中国革命实际问题为中心，以马克思列宁主义基本原则为指导的方针，废除静止地孤立地研究马克思列宁主义的方法"。将邓小平的"我们领导干部的责任，就是要把中央的指示、上级的指示同本单位的实际情况结合起来,分析问题,解决问题,不能当"收发室",简单地照抄照转教导植入到每个党员领导干部头脑中。

第一,以中共叶城县委近年来抓作风转变服务群众的实践为例,在"转变作风,服务群众"活动中,大力提倡:勤奋学习之风,争做学习型执政党员,创建学习型机关;求真务实之风,建设实干型机关。县委四大班子的 20 名县级领导人,从"20 平方公里老城区经过改造与 20 平方公里新城区拓建中,为农业现代化转移出来的人口提供宜居宜业宜商宜游新平台,为新型工业化提供舞台的功能显著增强,农民减少而社区居民增多、非公企业不断新生"的新情况出发,划分责任区,分别下到负责社区兼任第一书记。优化学风,在社区这一课堂内学习、掌握、领导和管理好"农业现代化、新型工业化、新型城镇化"实践的新知识,练强领导和管理"农业现代化、新型工业化、新型城镇化"新本领;改变从前大多采用坐在会议室里听汇报、作决策的工作方式及作风,采取到现场亲眼观察社区党政组织活动的学习及工作方式,了解社区党员及群众的喜怒哀乐、七情六欲新变化。先后撰写了 30 篇调研报告指导社区党政组织工作朝着"服务群众促进跨越发展"优化。了解所兼任总支书记的村、社区本地居民内部、本地居民与外来人员之间在"先进文化生活与落后文化生活""争做文明叶城人与不讲文明的叶城人""维护团结与危害团结""科学文明的生活言行与非科学不文明言行"等矛盾的两方面在自发运动状态下,是怎样危害社区和谐的;而在社区党政组织履职尽责中,又是怎样让矛盾的前一方面占据上风确保或促进和谐的。社区居民之间"依法竞争与不正当竞争"矛盾的两方面在自发运动状态下,是怎样危害社区和谐的;而在社区党政组织履职尽责中,又是怎样让矛盾的前一方面占据上风确保或促进和谐的。而又在怎样的状态下,诉诸司法部门得以化解的。了解离退休人员或待业青年内各有哪些不同的期待及所需所急,其中党政组织是怎样更好地发挥促进和谐、服务跨越发展、提升长治久安水平的。社区党政组织建设,急需解决哪些新的重点、难点、热点问题。从而才能在建成全面小康中,切实发挥战斗堡垒作用。2013 年上半年,县四大班子领导将其在村、社区一线实践课堂内采用的"工作学习化、学习工作化"新方法,争做学习型党员领导干部、各自学习的新知识,以及掌握的情况带进共驻共建联席会,探究出了一系列对症施治的新药方,化解了众多具体危害和谐的新矛盾。例如,为消除社区党政组织日常运转经费不足病痛,为县城社区筹措基础设施建设资金 346 万元;协调修建警务食堂、宿舍 12 座;硬化社区道路 960 米;协调给 230 户居民家中接上了天然气和自来水;在东城、西城片区新成立了党工委,并在其中设立了新的管理及服务机构,健全了履行管理职责、提供公共服务的配套制度。从社区党员数量增加、组织开展活动难度加大等急需情况出发,将其党支部都升格为党总支,相应地使20名社区党总支书记、14名主任得到了副科级待遇,5名工作绩效优异的党总支书记荣获了高配为正科级的优待。消除了社区内"党组织内没人办事、无钱办事、没有场所议事、现代化设备缺位难以办好事情"的不良状态,全面迈上了"有人管事、有址议事、有钱办事、有章理事"新台阶,部分还越入了"优设机构优配人员优质管事、优配硬件议好事、优用经费办好事、优化机制规章好理事"的新境界,切实提升了社区党政组织维护40平方公里城区和谐、服务跨越发展的凝聚力,以及科学执政、民主行政能力。

再以县内组织部内的学风优化为例,响应县委所提倡"勤奋学习之风,争做学习型执政党员,创建学习型机关;求真务实的风气,建设实干型机关"号召,在建成"学习型、服务型、创新型"组织部的历程上迈开了"继承革命优良学风优化执政各种作风"新步伐。例如,一部分组工干部及县委党校教师能够抵制住"社会上出现的被'物质利益崇拜'价值观误导,抵制住要么为了拿到'学历证书而学'、要么为了应对'逢进必考或每晋依考而学,其目的达到之时便放松了学习、达不到其目的时甚至'厌弃学习'等不良学风",以"实事求是""理论联系实际"优良学风规范自己的学习行为,从不断赢得全面发展提高自身素质水平、做好组织工作的需要出发,创新采用"研究性学习方法,理出了消除'四种危险'改掉'四种作风'突出问题的新思路",既学到了新知识、拓宽了知识面,又练就了发现、分析、研究、解决新问题的能力,取得了较好的学习效果。例如,2013年10月以来,外出参加受训的组工干部一改"受训激动、回到工作中不见行动"的不良学风,先后形成了《人才富民强叶思路优化论》(详见附一)《运用好"团结——批评——团结"保健器——"学习'群众路线教育实践活动'决策"体会之一》(详见附二)。为进一步提升全县组织工作当中的人才资源开发水平、在"群众路线教育实践活动"中争取建党新绩效、有效根除"精神懈怠、能力不足、脱离群众、消极腐败"新危疾、消除由其派生的"形式主义、官僚主义、享乐主义、奢靡之风"不良作风,正做着"继承革命优良学风、优化科学执政作风"的努力。

第二,在群众路线教育实践活动中,应采取如下措施:(1)开拓执政党人学习管理视野。提倡执政党人:① 在生活中学习现代化的生活知识,净化争做高素质执政党员的生活情趣。② 在文娱活动中学习、提升先进文化素养水平,优化争做高素质执政党员、善于从群众文娱活动发现其人才的观察能力。③ 在工作中学习、丰富专业知识,练就其专业技能,优化争做高素质执政党员必备的实践能力；在拓展执政党员学习兴趣中，激发其学习积极性，优化其学风。（2）强化执政党人学习管理。如将"优化学风"纳入到"转作风服务群众"和"群众路线教育实践"活动当中来，促进学风优化；将"学风优良提升"纳入年终考核和平时的评优当中来，促进学风优化。

第三，党校培训在职党政公务员时把"继承革命党人优良学风、强化执政党人学习能力、增强科学执政本领"列为专题之一，一方面，可以训练在职党政公务员"继承革命党人优良学风、强化执政党人学习能力、增强科学执政本领"的基本能力。在培训中，把学习领会中国特色社会主义理论和上级新出台的决策精神作为重点来抓；把继承好"理论联系实际"和"实事求是"优良学风、理出落实其精神的新思路作为培训难点来突破。另一方面，由党校教师深入到本地党政公务员中间，调研整理出其中涌现的"继承革命党人优良学风、强化执政党人学习能力、增强科学执政本领"、争做"学习型党政公务员"、采用"工作学习化，学习工作化"新理念优选学习内容与方法的先进典型材料，在党校培训中进行宣讲。正如毛泽东提倡的"对学习有成绩的，就要奖赏，有奖有罚，赏罚严明"，竖起鲜活榜样，赢得示范效应。

正如江泽民同志指出的："学风问题也是党风问题，要把全党的学习提高到一个新水平，努力端正学风至关重要"，"学风端正，事业兴旺；学风不正，事业受损"。因此，"理论联系实际、实事求是"革命党人优良传统学风 ＋"求真务实、解放思想、与时俱进、改革开放、创新奋进"新风尚＝执政党人新学风，可以有效抵制"形式主义、官僚主义、享乐主义、奢靡之风"四种不良作风。既成就"一代又一代科学执政党人"，又建成"一个伟大、光荣、正确的科学执政党"。自若应对"四种考验"，迅速根治"四种危险"危险新疾，势必赢得"继承革命党人优良学风、全面优化执政党人学风及作风、强化执政党人学习能力、增强科学执政本领"的新政绩。

附一：

人才富民强叶思路优化论

在 2013 年 9 月 22 – 29 日上海对口援疆人才资源开发管理培训班上，笔者聆听了国内一流的人才资源开发管理专家讲座，参观了"上海国际人才城""上海浦东人才实训基地"，对怎样优化"人才强叶思路"有了新讨论。

"人才强叶思路优化"首先要树立下列观念链：人才资源高素质开发强叶策略与政策选择优化、人才资源高素质开发竞争体制与机制健全优化、人才资源高素质开发策略与政策实施绩效考核激励优化……。其中，高素质 =（1）情商高 +（2）人品优良 +（3）知识丰富智商高 +（4）人文及社科创新能力强劲业绩好 + ……N；（1）情商高 = ①信念坚定 + ②为民服务 + ③勤政务实 + ④敢于担当 + ⑤清正廉洁；（2）人品优良 = ①体质优良程度 + ②心理健康程度 + ③科学社会主义"四德"修养水平 + ④马列主义"五观"素养水平 + ⑤先进文化素养水平 + ⑥现代法治素养水平 + ⑦科学的理想导向力强劲 + ⑧成就事业的专业知识素养水平 + ⑨崇尚高素质人才和善于培育高素质人才修养水平在同龄人中居于上游；（3）知识丰富智商高 = ①争做高素质人才的知识水平及智商高度与所任职位相匹配 + ②适应社会主义市场体制健全的知识水平及智商高度与所任职位相匹配 + ③争做学习型人才的知识水平及智商高度与所任职位相匹配 + ④履职尽责的知识水平及智商高度与所任职位相匹配；（4）创新能力强劲业绩好 = ①学习和竞争能力在同龄人中强、业绩突出 + ②决策和管理能力在同龄人中强、收效好 + ③口头和书面表达能力在同龄人中强、绩效高 + ④应变和抗挫能力在同龄人中强、成效好 + ⑤协调和整合能力在同龄人中强、收效好 + ⑥钻研和发现能力在同龄人中强、成绩突出 + ⑦总结和推广能力在同龄人中强、绩效显著 + ⑧崇尚高素质人才和善于培育高素质人才的能力在同龄人中强、收效好 + ⑨专业能力与专业技艺在同龄人中强、绩效突出 + ⑩绩效达标率高 + ……N；（5）人才强叶策略实施目标 = ①建成高素质党政骨干队伍确保叶城经济跨越式发展、社会和谐进步、长治久安，其科学领导管理到位 + ②建成高素质专业技术骨干队伍确保叶城经济跨越式发展、社会和谐进步、长治久安，其专业技术服务支撑得力 + ③建成高素质企业家骨干队伍确保叶城农业现代化、新型工业化、新型城镇化,其科学策划管理效益高。

人才强叶政策制定实施目的 = ①以高素质为标准加大培训力度 + ②以健全竞争择优聘用体制机制为抓手建成"三支"高素质骨干队伍速度快 + ③以增强履职尽责绩效考核激励为要点、激发"三支"骨干队伍创新潜能大释放。

"人才强叶思路优化"应走路径包括:

(1)调查摸清"三支"高素质骨干队伍建设现状

理出叶城县"建成高素质执政骨干队伍""高素质专业技术骨干队伍建设""高素质企业家队伍建设"的缺口大小,培训提升本县人才苗子尽快成为高素质人才,引进外高素质党政人才,加速叶城县"高素质骨干人才队伍"建设进程。例如,在促使全县人才苗子尽快成为高素质人才方面,及时将县内新成长为拔尖农村实用骨干的人才遴选出来,提交县常委会及县人才工作领导小组审定、颁发证书,使其赢得应聘资质,在县内形成人才成长和充分释放创新潜能适宜的土壤与气候。健全引才机制,从各类人才招聘洽谈会上为文教、卫生、水利、农业(林果业)、畜牧、旅游、矿产业招回急需的专业技术人才。

(2)搞好"高素质"培训

依托县内人才专项资金和援疆力量,一是抓好"提高情商、丰富知识提升智商的脱产培训",制订培训提升本县人才苗子为"高素质党政人才、高素质专业技术人才、高素质企业家"的计划。二是抓好"创新潜能在岗干中充分释放的考核"工作,促使叶城县在岗的"高素质执政骨干""高素质专业技术骨干""高素质企业家"不断提升服务支撑叶城经济跨越式发展和社会和谐进步,实现完成长治久安历史使命的创新能力。

(3)健全履职尽责绩效考核激励机制,激励高素质人才在叶释放创新潜能

例如,健全特聘高素质急需人才服务叶城经济跨越发展、社会和谐进步,履职尽责凭"叶城特聘高素质急需人才证"享受列席"人代会""党代会"等的政治优待权力;依据《叶城特聘高素质急需人才条约》享受经济优待;依据"叶城特聘高素质急需人才证"享受乘坐公交车免费、进入收费文化活动场所时的免费等优待,赢得系统激励合力。这样,才可以将叶城建成各类高素质人才欢聚乐业的新绿洲,进一步增强叶城人才工作服务叶城实现完成经济跨越式发展、社会和谐进步的长治久安历史的使命支撑力度!

(魏永清)

附二：

运用好"团结批评团结"保健器
赢得群众路线教育实践活动健党新绩效
——"学习'群众路线教育实践活动'决策"体会之一

  中国共产党自 1921 年成立以来，前 30 多年内领导中国革命取得了胜利。随着 1949 年中华人民共和国的诞生，党执政至今已 60 多年了。从建成一个成熟的革命党转变到建设一个成熟的执政党，全党经历了以毛泽东为代表建设一个能够领导中国人民进行社会主义改造任务的幼年型执政党；以邓小平为代表建设一个能够依法领导中国人民实施改革开放政策、开创中国特色社会主义建设新局面的青年型执政党；以江泽民为代表建设一个争做"三个代表"、领导中国人民深化改革扩大开发的由青年型执政党向成年型执政党转变期；以胡锦涛为代表建设一个争做"三个代表，心为民所系、权为民所用、利为民所谋"、领导中国人民追求经济与社会事业科学发展的成年型执政党。在日后急需后来人叠加光大其成功经验、矫正其偏差，适时完成建设一个成熟执政使命的关头，以习近平为代表的党中央做出了"开展群众路线教育实践活动"决策。笔者在争做"学习型党员干部"，走"工作学习化、学习工作化"研究性学习套路中，有了如下体会。

  中国共产党由朝气蓬勃的革命党转变为执政党 60 多年之后，一方面由于执政党内党员履职尽责的挑战性之弱无法与革命党内党员履职尽责事关大敌对持弱者必亡挑战强度相比；另一方面由于执政党忽视了"作为革命党时所用'团结——批评——团结'的自我净化、自我教育、自我完善、自我革新、自我提高保健武器"的恰当运用；再加上系统化激励不力，时间一长，执政党内的党员便患上了"精神懈怠、能力不足、脱离群众、消极腐败"等削弱执政功能的危险病症。并且，由其病症派生出诸如"形式主义、官僚主义、享乐主义、奢靡之风"四种不良作风，并以量的与日俱增正在削弱着执政地位。如今新一届领导人为执政党开出医治其病症的新处方——开展群众路线教育实践活动，号召采用"团结——批评——团结"保健器来疗"精神懈怠、能力不足、脱离群众、消极腐败"综合征，消除由其综合征派生出的"形式主义、官僚主义、享乐主义、奢靡之风"四种不良作风。上级领导在做决策之前能够真心广泛地听取下级的"忠恳批评及建议",党员干部平时能够虚心听取群众的"善意批评意见",势必赢得疏通"执政党自我净化、自我教育、自我完善、自我革新、自我提高的脉络"之良效,切实增强科学执政保健功能。达到理想程度时,势必可以消除"精神懈怠、能力不足、脱离群众、消极腐败"综合征,弱化"四种不良作风"。其收效自然要比有些人主张走"西方多党竞争执政"理疗法好多了。另一方面,只要是不希望自食恶果,各级党员干部就不会怕伤了面子而心思重重地抵触采用"团结——批评——团结"这一保健武器。应该心悦诚服地参加"群众路线教育实践活动",积极运用好"团结——批评——团结"这一保健器,治疗好所患的"精神懈怠、能力不足、脱离群众、消极腐败"综合征,消除由其综合征派生的"形式主义、官僚主义、享乐主义、奢靡之风"四种不良作风,使执政党建跨入"精神振奋、能力强劲、积极有为、民心所向"的新境界,确保"两个百年目标"圆满实现。

（魏永清　此文 2013 年发表于《教育学》）

怎样破解吸引和用好急需的紧缺人才难题

——喀什发改系统"足量聚集党政领军人才效应"调研报告

喀什地区发展和改革委员会、12 县（市）发展和改革委员会于 2007 年成立，构成了喀会地区的发改系统。成立以来，面对"只有全面深入履行'三定方案'法定职能"，才能赢得"统筹谋划本地发展和改革所得优良效能 + 协调本地各方落实发展和改革规划所得优良效能 + 监控本地各方落实发展和改革规划所得优良效能 + 抓住关键推进本地发展和改革所得优良效能抓住关键推进本地发展 = 全面履行法定职能优良效能，谋划本地的发展和改革要达到目标贴切、策略得当、政策到位 + 协调本地发展和改革套路科学、方式适宜、方法得体 + 监控本地发展和改革执法严明、举措及时、措施得法 + 推进本地发展和改革思路周全、党政手段与市场手段并重、管理到位 = 深入履行法定职能优良效能，才能不辱喀什地区实现完成'跨越式发'和'长治久安'重任目标发挥优良职能作用使命难题"；面对"事得其人难题 + 人得其位难题 = 人事匹配难题"，毫不畏惧地从众多难题叠加交错构成的复合系统性难题中，找出了"足量聚集党政领军人才效应"要点。以胡锦涛同志在 2003 年第一次全国人才工作会议上提出的"科学人才观"为指导，在地委行署直接指导下，喀什落实了《喀什地区 2011—2020 年人才发展规划》，形成了新思路，采用了新举措，遇到新难题，具体情况如下：

一、新思路采用新举措的正负面效应

以"破解吸引和用好急需的紧缺人才难题"为突破口，在求解"足量聚集党政领军人才效应"难题方面有正负两方面效应：

（一）正面效应

1. 地区发改委吸纳具有县级领导、管理发展和改革实践工作经验的中青年党政优秀人才进入发改委的党政领导班子，最为便捷有效地充实了喀什发展和改革党政领导力量；引用对口援喀的广东、山东、上海、深圳等地所派优秀党政领导人才，使地区及县（市）发改委两级党政班子当中的党政领军人才在达到聚集量能够形成释放最为坚强领导合力方面前进了一程,有效地充实了党政领导力量(表1)。

表1　引用对口援助党政人才在岗分别发挥特色作用(一览表)

引用对口援助党政人才	在岗分别所发挥的特色突出作用
广东省发改委援喀优秀党政人才——黎明	任用为地区发改委副主任,除了与本地发改干部一样艰苦奋斗发挥着常见的保卫建设边疆共性作用之外,还在委内工作周会上到会者提出的"汇报工作既要讲所作工作件数,更要讲所遇难点及克服之法"要求,成了听者提高思维能力的宗旨之一。
上海市发改委援喀优秀党政人才——张岚	任用为地区发改委副主任,除了与本地发改干部一样发挥着艰苦奋斗发挥常见的保卫建设边疆共性作用之外,还为喀什发改干部到上海接受优质培训发挥了骨干功能作用。
深圳市龙岗区审计局援喀优秀党政人才——杨旭光	任用为地区发改委副主任,除了与本地发改干部一样发挥着艰苦奋斗发挥常见的保卫建设边疆共性作用之外,还在完成委内担负"塔县扶贫重任"方面发挥了制胜性作用。
山东省发改委援喀优秀党政人才——宋文华	任用为地区发改委副主任,除了与本地发改干部一样发挥着艰苦奋斗发挥常见的保卫建设边疆共性作用之外,还在领导指导分析工业经济发展运行形势等方面发挥着核心作用。
深圳市福田区发改委援喀优秀党政人才——温文超	任用为喀什市发改委副主任,除了发挥常见共性作用之外,还主持喀什市发改委工作创新性地制订了《喀什市政府投资项目管理办法》,在健全其体制等方面做出了贡献。
广州市发改委援疏附优秀党政人才——邓世文	任用为疏附县发改委主任,除了与本地发改干部一样发挥着艰苦奋斗发挥常见的保卫建设边疆共性作用之外,还带领线发改干部"首先抓调研理出线发改思路,其次抓国投项目管理,使其投资增长显著,再次抓队伍建设,提升了全面深入履行法定职能的行政能力"。
山东省垦利县发改委援疏勒优秀党政人才——陈德亮	任用为疏勒县发改委主任,除了与本地发改干部一样发挥着艰苦奋斗发挥常见的保卫建设边疆共性作用之外,还向县职业技能培训中心推荐引入援喀山东先进培训模式,为南疆齐鲁工业园落户企业破解"素质合格人力培训难题"及"用工难题"提供了治本性智力援助突出贡献。

引用对口援助党政人才	在岗分别所发挥的特色突出作用
山东省济宁市发改委援喀优秀党政人才——刘亚民	任用为英吉沙县发改委副主任，除了与本地发改干部一样发挥着艰苦奋斗，发挥常见的保卫建设边疆共性作用之外，还在努力学习调研中，提升科学谋划能力服务于"县"十二五"规划"和"新城区整体规划"，为提升县科学发展水平做出了显著贡献；建议① 从内地招聘 14 名大学毕业生到英吉沙县二中任教，加强改校的教学力量；② 指挥部成立了英吉沙县山东商会，为引入英吉沙的企业提供足量的协调和沟通服务，既为入英企业化解发展难题拓宽了路径，又为英吉沙走好新型工业化思路消除了绊脚石。
山东省日照市组织部援伽优秀党政人才——巢胜辉	任用为麦盖提县发改委副主任，除了与本地发改干部一样发挥着艰苦奋斗，发挥常见的保卫建设边疆共性作用之外，还创办《麦盖提县发改信息》，及时发布援麦工作动态、宣传中央、自治区援疆政策，为麦盖提县县政府领导适时提供"决策预案"，为麦盖提县走好"科学跨越，后法赶超"提供了切实的智力援助。
上海市浦东发改委援莎优秀党政人才——何建木	任用为莎车县发改委副主任，除了与本地发改干部一样发挥着艰苦奋斗，发挥常见的保卫建设边疆共性作用之外，还参谋编好《莎车县国民经济和社会发展"十二五"规划纲要》，为选择发展战略、做出功能定位提供了优质决法规咨询服务；常务工作中对每月编辑一期的《浦东援疆莎车工作通讯》、每周编发一期的《莎车发改工作周报》在智力园莎方面做了切实的显著贡献；2011 年以来，先后在《上海市经济管理干部学院学报》《解放日报》《浦东时报》《寻根》《喀什师范学院学报》等报刊上发表《新疆欠发达地区县域城市发展的思考与对策》《旅游非优区县域旅游开发实证研究》，对莎车县域经济进一步赢得科学发展的作了深入思考探究。
上海市伍浦区商务局援叶优秀党政人才——杨映齐	任用为叶城县发改委副主任，除了与本地发改干部一样发挥着艰苦奋斗，发挥常见的保卫建设边疆共性作用之外，还克服跨出从事商务委工作熟悉地、越入援助发改工作新领域跨度的困难，迅速练就了能够在最短的时间里办理好项目援叶前期筹备工作的能力。
广东省佛山市发改委援伽优秀党政人才——赖翊	任用为伽师县发改委副主任，除了与本地发改干部一样发挥着艰苦奋斗，发挥常见的保卫建设边疆共性作用之外，还提出的"伽师专业中介机构市场急需加强培育、监管，提高中介机构素质和服务质量"的建议，成了县党政方面做出重视尽快壮大市场主体决策的参考之一。

续表

引用对口援助党政人才	在岗分别所发挥的特色突出作用
自治区稽查处援塔优秀党政人才——李庆泉	任用为县发改委副主任,除了与本地发改干部一样发挥着艰苦奋斗,发挥常见的保卫建设边疆共性作用之外,还在县上发改委主任缺人,临时主持塔县发改委的工作期间,恪尽职守,成功地给塔县申请中央和自治区预算内投资 3 亿余元,为塔县国民经济和社会事业的发展做出了自己应有的贡献。

这些效应为本级发改委全面深入地履行职能、争取优良行政效能、增强"科学谋划、及时协调、尽心监控、强力推进"发展和改革能力充实了显著的生机活力。在破解喀什地区发改系统党政领军人才聚集量前些年未能达到形成最为坚强合力难题迈上了新台阶。

2. 以委内科室长选配为着力点,全面深入履行"三定方案"法定职能,建强中层业务骨干人才队伍。先后两次采用笔试加面试的竞争新方式选用科室长。既解了中层业务骨干力量薄弱的难题,又调动了普通公务员奋发上进争做中层业务骨干积极性,初步取得了正面效应。

3. 在发改委的普通公务员队伍建设中,向疆内外人才市场公开选拔 16 名优秀人才充实了公务员队伍。不仅使地区发改委公务员队伍内具有大专以上文化程度的人数比例升到了 51%,使科学知识素养水平迈上了新高度,而且如表 2 所示,使具有领导或管理发展和改革实践经验的人员结构有所优化。

表 2 领导或管理发展和改革正反实践经验程度不同人员结构一览表

阅历 人员	正反实践基本 经验积累者 35 人			有丰富正反 实践经验者 23 人		正反实践经验善用者 16 人		
	5 年以 下工龄	10 年 工龄	15 年 工龄	20 年 工龄	至 25 年 工龄	30 年 工龄	35 年 工龄	35 年以 上工龄
数量	13	5	17	15	8	13	1	3
%	37%			24%		18%		

综之,喀什地区发展改革在创新建立并实行如表 3 所示的争取优良执政行政效能所需"三个'343 配置'机制"方面迈开了新步伐。

表3　喀什地区发展和改革委员会争取优良执政行政效能所需
建立实行的"三个'343 配置'机制"一览表

绪论："发改委行政的优良效能＝全面（有广度）地履行各项行政职能所生优良效能＋深入（有深度）地履行各项行政职能所生优良效能"，所以，喀什地区发展和改革委员会争取优良行政效能需要创建下列"三个'343 配置'机制"。		
层次内涵	"领导班子成员配置'343'机制"到位，增强"跨越式发展和长治久安所急需的理念优化、体制改革与机制创新、人力人才资源素质化开发支撑的谋划到位"的领导本领。	"工作人员配置的'343'机制"到位，优化"跨越式发展和长治久安所急需的理念优化、体制改革与机制创新、人力人才资源素质化开发支撑的谋划到位"的实力。	"工作精力配置'343'机制"到位，切实增强"喀什地区实现跨越式发展和长治久安理念优化、体制改革与机制创新、人力人才资源素质化开发支撑成功经验、失误教训的发现、总结、推广或汲取"的精力。
3	发改一线工作正反实践经验丰富、素质合格素质合格力人才标准（一览表）的老同志应占领导班子成员总人数的3成。	发改一线工作正反实践经验丰富、素质合格［素质合格力人才标准（一览表）］的工龄在 25 年以上的同志应占机关编制总数的3成。	机关全体人员应该大约运用三成的工作精力来完成上级下达的行政性业务。
4	具有一定的一线发改工作正反实践经验、素质合格［素质合格力人才标准（一览表）］的中年同志应占领导班子成员总人数的4成。	具有一定的一线发改工作正反实践经验、素质合格［素质合格力人才标准（一览表）］工龄在 20～35 年以上的同志应占机关编制总数的4成。	机关人员应该大约运用4成的工作精力深入发展和改革一线，调查研究本级发展和改革实践当中的成功性经验与失误性教训。为本级党政方面做出推广成功性经验、减少或消除失误性教训拟订出数量充足、质量优良的决策预备方案。
3	乐学善学发改一线工作正反实践经验的青年同志应占领导班子成员总人数的3成。	工龄在 20 年以下乐于学习发改一线工作正反实践经验的青年同志应占机关编制总数的3成。	机关人员应该大约运用3成的工作精力乐此不疲地学习深入发展和改革一线涌显的创新实践经验与理论。以便用其经验及理论指导自己，为本级党政方面做出推广其成功性经验、减少或消除其失误性教训拟订出数量充足、质量优良的决策预备方案提供规范。
结论：针对喀什发改系统在"11·5"期间，由于缺乏"三个'343'机制"的保障，"谋划、协调、监控发展和改革"效能依然还有较大的优化空间，对症施治——创新建立"三个'343 配置'机制"。为全面深入履行好发改委的法定职能，争取优良行政效能，克服"由于经验丰富、素质合格"的同志过少，造成"谋划、协调、监控发展和改革"效能优化空间还大的缺陷。		

群策群力创新建立并采用了"委内工作周例会＋制度发改要点工作专报制度＋国家投资重点项目月度推进例会制度＋援喀工作季度座谈会制度＋发改运行季度分析会制度"="四会一报长效机制"≈党政领军人才足量聚集效应＝党政坚强领导实力＝能够调动让方方面面尽心想事（调动部下精心谋划完成肩负工作任务的蓝图）＋允许方方面面发起头脑风暴尽兴地说明所想之事（允许部下成为宣传己所谋蓝图的讲解员）＋激发方方面面竭力地做己所想之事（激发部下竭力完成肩负的工作任务）。其中，"委内工作周例会制度"通过每周一各个科室汇报上周工作绩效，说明本周工作预期。这样便将各方面的工作展示在中层以上干部会议上，即使领导不做点评，也既收到了上下左右沟通工作思路、协调工作步调、赢得协调上下级关系、争取最佳工作绩效的积极良效，又在客观上收获了上下左右对比、激发比学赶超竞争奋进，激励到会者不断增强消除"庸、懒、散、推、拖——干与不干一个样、干多干少一个样、干好干坏一个样"作风的自觉性心理。"发改要点工作专报制度"，不仅使地区发展改革的各项要点工作由地委行署领导、其他有关部门加深了了解的广度深度，便于上级领导和平行部门的及时指导，利于争取最佳工作绩效；而且调动了单位内肩负要点工作，领导及科室负责同志尽心竭力做好其工作的积极性。还找到了"怎样领导好'系统内解放思想、优化观念'的切实途径——充分让方方面面尽心想事（精心谋划肩负的工作）＋给方方面面提供充分说明所想之事（精心谋划肩负的工作）"。"国家投资重点项目月度推进例会制度""援喀工作季度座谈会制度""发改运行季度分析会制度"，将肩负着实施喀什地区"12·5"规划阶段性重任的有关方面定期地召集起来，听取各自工作进展汇报，摆出成绩、明确难点重点，既主动为赢得地区党政领导的及时点评指导，也为相关方面左右加强沟通、协调彼此理解配合步伐、和谐上下左右关系，创造了足够的时间，为推进其工作取得最佳绩提供了有效的协调与监控性服务。同时，又在客观上收获了有部门彼此对比、激发比学赶超释放竞争奋进生机活力，激发着相关部门不断增强消除"面对'履职尽责'实施'12·5'规划重任彼此推诿、谁也乐于积极担当负责、面对'权益'力争不让思想工作作风"的自觉性。从而在地区发改委内形成了，从前存在的'只重跑项目、敷衍甚至不履行其他多项行政职能，失职率居高失误'；激发委内上下'尽心竭力谋划、协调、监控、推进喀什地区发展与改革不断迈上新台阶'的科学领导、严谨管理系统合力"，全面履行其法定职能。在此基础上，"取得了'谋划本地发展和改革：（1）随着谋划运筹能力的增强：①2012年获得4座太阳能发电站建设的路条；②谋划跑办千万吨乙烯项目的举措引起了上级的高度关注;③ 强力谋划运筹中赢得了"阿尔塔什水利工程"上马;④ 争取中吉乌铁路建设项目尽快上马有了新进展;⑤ 莎车机场项目的跑办也取得了新进展。(2)在山东援喀领导的主持下,新编了《喀什地区'12·5'节能实施方案》。(3)在从乡上新选拔就任副主任的指导下,草拟了《喀什地区小城镇发展和改革试点指导意见》,各县(市)发改委都有效地参与了本县(市)'12·5'规划完善工作,为喀什地区走好'科学跨越,后法赶超'思路发挥着应有的职能作用"。协调本地发展和改革——在主任的直接主持下,筹划召开了"地区援喀工作及产业援喀第一次大会",在协调对口援喀力量与喀什本地力量融为喀什地区实现完成'跨越式发展'与'长治久安'重任目标的系统合力的进程中,发挥着应有的职能作用。监控本地发展和改革:①在分管领导带领下,调研组深入县市对"面油肉菜蛋奶果价涨幅过大过快,较为严重地妨碍和谐社会生活突出经济发展问题"进行了深入调查研究,向地区主管领导提交了"如何决策平抑面油肉菜蛋奶果价涨幅"的《喀什地区面油肉菜蛋奶果价涨幅过大过快病因及对策调研报告》。②在分管领导副主任的安排下,深入被列为国家级和自治区级小城镇发展和改革试点镇调查研究,为地区推开"小城镇发展和改革试点"工作,提交了《试试三新招增强全面小康建设推进力》具有决策参考价值的调研报告。推进本地发展和改革:① 以抓好"国家投资基础实施建设项目"跑办工作为要点,上半年如期完成了年初预定的"国家投资基础实施建设项目"跑办、需上项目的前期筹办以及跑回项目上马的督办任务;② 医药卫生体制改革取得了"医与药"分开,为破解"看病贵"难题提供了动力的广泛行政效能。

在"全面履行'三定方案'法定职能争取'谋划本地发展和改革、协调本地发展和改革、监控本地发展和改革、推进本地发展和改革'广泛行政效能;在争取深入履行其法定职能的'谋划本地的发展和改革能够达到目标贴切、策略得当、政策到位,协调本地发展和改革套路科学、方式适宜、方法得体,监控本地发展和改革执法严明、举措及时、措施得法,推进本地发展和改革思路周全、党政手段与市场手段并重、管理到位'扎实行政效能方面",都迈开了新步伐。从中,我们还"得到了'充分让方方面面尽心想事(精心谋划肩负的工作)、给方方面面提供充分说明所想之事(精心谋划肩负的工作)、适时多予鼓励点评、便能激发方方面面奋发搞好工作的积极性,而绝不是只由领导或管理者向方方面面宣讲什么东西、作出多少要求'做好思想解放及调动业务工作积极性的规律性体验"。

（二）主要负面效应

综合起来,在党和国家适应领导和管理社会主义市场经济和社会事业发展,从面临众多新挑战的需要出发提出了"科学人才观"之后,喀什发改系统还没有从本行业的具体情况出发制定出和实施"发改党政人才资源开发的素质化新标准、法治化体制、系统化激励机制"细则,即规范自身采用竞争机制开发党政领导和管理人才资源系统工程的细则缺位。因而,致使处于基层的喀什发改系统,在"破解吸引和用好急需的紧缺党政领军人才难题"中不可避免地出现了表4所述的负面效应。

表4 破解吸引和用好急需紧缺人才难题所用新措的主要负面效应一览表

内涵外延	所用新举措	主要原因及负面效应
党政领导班子（人才队伍）建设	先后三次从基层一线选拔具有领导发展和改革实工作践经验的中年党政优秀人才充实发改委党政领导班子。迎接对口援喀的广东、山东、上海、深圳所派优秀党政领导人才,加强了发改委党政领导班子。	由于"适应领导社会主义市场经济发展和改革的'高素质党政人才＝人品优良＋知识丰富＋智力发达＋创新能力＋……N'质量标准理念导向"缺位,特别是未将"创新能力"培养、开发提上日程,对于破解"加强'谋划、协调、监控、推进本地发展和改革所急需创新能力'的突出难题来说,构成了难中之难"。
科室长即（中层业务骨干人才队伍）建设	以委内科室长选配为着力点,在既全面又深入地履行"三定方案"法定职能中层业务骨干人才队伍建设中,先后两次采用以笔试加面试的竞争新方式,选拔任用科室长。	1. 由于"未能让外来的援喀党政优秀人才担任确认中层业务骨干人才能力强弱的中立裁判",导致确认中层业务骨干"谋划、协调、监控、推进本地发展和改革所需基本能力强弱的公正性没有达到、最佳水平"。 2. 选拔中层管理人才,以笔试的方法间接地否认学校文凭,一方面势必将公民的主要精力引上不注重研读破解工作实践难题的无字之书、却将主要精力投向钻研考取公务员或公务员晋升常考知识方面,背离考录党政人才是要更好地破解工作实践难题的终极目标;另一方面其降低各类文凭社会认可度的行为势必给学校的教育教学增加新难度。

续表

内涵外延	所用新举措	主要原因及负面效应
普通公务员队伍建设	在发改委的普通公务员队伍建设中,采用了向疆内外人才市场公开考试选拔优秀青年人才的竞争方法。	由于"全面履行其法定职能争取'谋划本地发展和改革、协调本地发展和改革、监控本地发展和改革、推进本地发展和改革'广泛行政效能;深入履行其法定职能争取'谋划本地的发展和改革能够达到目标贴切、策略得当、政策到位,协调本地发展和改革套路科学、方式适宜、方法得体,监控本地发展和改革执法严明、举措及时、措施得法,推进本地发展和改革思路周全、党政手段与市场手段并重、管理到位扎实行政效能';所需公务员应该是既素质优良、又具备正反实践经验善用者的理念"缺位,使得正反实践经验善用者所占比例低于30%,仅在18%,对于争取优良行政效能构成了人力配置不相匹配的突出问题。

二、消除所走新思路采用新举措负面效应的对策建议

喀什地区发改系统破解引进和用好急需的紧缺人才难题采用的新举措虽然取得了一定良效,却由于在落实"科学人才观"的过程中,没有从喀什地区具体情况出发制定并实施"由'素质化标准''法治化机制''系统化激励制度'构成的细则",便出现了前述的负面效应。

(1)落实"科学人才观"的"由'素质化标准''法治化体制与机制''系统化激励制度'构成的细则"。即在党政人才资源开发中,创新确立并采用《素质合格的发改党政人才标准》,其内涵外延如表5所示:

表5　素质合格的发改党政人才标准内涵外延一览表

内涵外延		素质合格的标准体系	说明
人才素质的外延	人品优良	"① 体质优良程度 + ② 心理健康程度 + ③ 科学社会主义'四德'修养水平 + ④ 马列主义'五观'素养水平 + ⑤ 先进文化素养水平 + ⑥ 现代法治素养水平 + ⑦ 科学的理想导向力强劲 + ⑧ 成就事业的专业知识素养水平 + ⑨ 崇尚高素质人才和善于培育高素质人才修养水平"在同龄人中居于中上游。	从发改委领导和管理健全社会主义市场体制及经济发展的需要出发,摒弃传统的基层党政领导干部人才资源开发的质量标准、开发体制、激励机制,这样创新性地明确素质合格的
	知识丰富	"① 做人的知识既有广度又有深度 + ② 处社会的知识既有广度又有深度 + ③ 完成学业的知识既有广度又有深度 + ④ 成就事业的知识既有广度又有深度"在同龄人中居于中上游。	

续表

内涵外延		素质合格的标准体系	说明
人才素质的外延	智力发达	"① 思维能力 + ② 记忆能力 + ③ 理解能力 + ④ 想象能力 + ⑤ 判断能力"在同龄人当中处于中上游。	基层党政人才素质的内涵外延,第一才能落实"三高式的新疆效率";第二才能刹住招致下列弊病蔓延之势——不能适应社会主义市场体制健全所需的选拔起用党政领导干部人才。幼稚地一会儿依据文凭档次高低取舍党政领导干部人才、一会儿依据考分多少取舍党政领导干部人才、一会儿依据年龄大小取舍党政领导干部人才,造成基层党政领导干部队伍内经验丰富、素质合格的老同志锐减。导致基层党政领导干部队伍的科学执政、民主行政的经验和能力也锐减,执政行政的效能水平下滑不止的弊病,实在是新疆赢得"跨越式发展"和"长治久安"的急需之一。
	创新能力	"① 学习和竞争能力 + ② 决策和管理能力 + ③ 口头和书面表达能力 + ④ 应变和抗挫能力 + ⑤ 协调和整合能力 + ⑥ 钻研和发现能力 + ⑦ 总结和推广能力 + ⑧ 崇尚高素质人才和善于培育高素质人才的能力 + ⑨ 专业能力与专业技艺 = 创新能力"在同龄人中处于中上水平。	
人才素质的内涵	人品优良	"① 体质优良程度 = 生理健康、体力充沛;② 心理健康程度 = 有'爱心、上进心、责任心、事业心、同情心、感恩心、自尊心……';③ 科学社会主义'四德'修养水平 = 科学社会主义的家庭美德、个人道德、社会公德、职业道德修养水平;④ 马列主义"五观"素养水平 = 马列主义的国家观、民族观、人生观、价值观、世界观素养水平;⑤ 先进文化素养水平 = 先进的物质文明与精神文明化合力素养水平;⑥ 现代法治素养水平 = 依法为人处世办事的素养水平;⑦ 科学的理想导向力强劲 = 科学理想产生的为人、处世、求学、做事的正确导向力强盛不衰;⑧ 成就事业的专业知识素养 = 最低具备中专专业知识素养;⑨ 崇尚高素质人才和善于培育高素质人才修养水平 = 不但自己争做高素质人才而且推崇高素质人才"的品质和格调在同龄人当中处于中上游。	
	知识丰富	① 做人的知识既有广度又有深度 = 全面深入地掌握"高素质人才的内涵外延";② 处社会的知识既有广度又有深度 = 全面深入地掌握"人文与社会科学知识";③ 完成学业的专业知识既有广度又有深度 = 掌握为什么学习、学什么、怎么学的知识;④ 成就事业的专业知识既有广度又有深度 = 拥有中专以上的专业知识。都在同龄人中居于中上游。	
	智力发达	"① 思维能力 = 思考各类问题全面、深刻、先进、敏捷的心理条件;② 记忆能力 = 对信息全面、透彻、迅速记住并在运用时能够准确提取出来的心理条件;③ 理解能力 = 学习活动中能够跟上作者、授课人或实践进程掌握新知识的心理条件;④ 想象能力 = 学习活动中能够由表及里、由此及彼的心理条件;⑤ 判断能力 = 在人品支配下,运用所掌握的知识辨别是非、择优弃劣的心理条件"都在同龄人当中处于中上游。	

内涵外延		素质合格的标准体系	说明
人才素质的内涵	创新能力	"① 学习和竞争能力＝能够完成信息任务、赢得竞争胜利的主观心理条件;② 决策和管理能力＝选择做人、处世、求学、做事准确方式方法,能够将精力投向实现理想的主观心理条件;③ 口头和书面表达能力＝能够将意图准确、简要表述出来的主观心理条件;④ 抗挫和应变能力＝不被挫折所困、与时俱进的主观心理条件;⑤ 协调和整合能力＝能够说服各方、形成达标合力的心理条件;⑥ 钻研和发现能力＝能够在实践中透过表面现象看到本质的主观心理条件;⑦ 总结和推广能力＝能够将实践中赢得成就的体验概括提炼出来、加以推广争取全面胜利的主观心理条件;⑧ 专业能力与专业技艺＝运用专业知识成就事业的主观心理条件达到最高层次的主观心理条件;⑨ 崇尚高素质人才和善于培育高素质人才的能力＝自己心悦诚服地向高素质人才学习力争成为高素质人才、尽心竭力将后代培养为高素质人才的心主观条件"都在同龄人中处于中上水平。	

目前,最急切的是将"创新能力"建设确定为破解吸引和用好急需的紧缺人才难题的要点。如将"创新能力＝① 学习和竞争能力＋② 决策和管理能力＋③ 口头和书面表达能力＋④ 应变和抗挫能力＋⑤ 协调和整合能力＋⑥ 钻研和发现能力＋⑦ 总结和推广能力＋⑧崇尚高素质人才和善于培育高素质人才的能力＋⑨ 专业能力与专业技艺＋……N"标准明确下来,清晰地树立在党政人才资源科学开发系统工程的各子工程——家庭子女养育、学校学生教育、社会评判培育当中,从源头上迈开革除过时的人才资源开发标准,创建中国特色党政人才资源科学开发的"素质化标准"理论及时间操作规程。

在宏观上,为喀什地区发展和改革委员会破解急需的紧缺人才提供了依据,即先将其标准树立于公务员的面前,既可使公务员自觉努力明确目标,也可在选拔人才时中立裁判可依据其标准坚定创新能力的强弱。从而便于解除"破解发改公务员队伍建设中,加强'谋划、协调、监控、推进本地发展和改革所急需创新能力'的突出难题之中的难中之难"。

尽快废除采用不适应履行发改委法定职能的党政领导班子(人才队伍)建设、以委内科室长选配为着力点的中层业务骨干人才队伍建设、普通公务员队伍建设的陈腐过时的标准。以新标准为主导,在发改委党政领导班子建设中:① 以"强化适应领导社会主义市场经济发展和改革的'高素质党政人才＝人品优良＋知识丰富＋智力发达＋创新能力＋……N'质量标准理念导向力"为要点,特别是让"对口援喀省市所派优秀党政领导人才担当起'创新能力'鉴别的中立裁判",为援助喀什地区建设创新能力强劲的发展和改革党政领导班子发挥切实的积极作用。② 以"强化完成'两大历史重任'进入喀什各级党政领导人才队伍的履职尽责就不分主辅的理念导向力为重点",将对口援喀省市所派优秀党政领导人才配置到能够为破解喀什实现跨越发展及匹配改革,创新各项工作理念缺位、推进体制改革及机制创新不力、人力人才资源素质化开发支撑软弱等突出难题的主人公地位。特别使对口援喀省市所派优秀党政领导人才成为消除"破解吸引和用好急需的紧缺人才难题所用新措主要负效"、破解喀什地区发改系统人力人才资源素质化开发支撑软弱难题的主力之一。

（2）由其素质化标准理念所生导向力来规范,首先要科学界定责任（见表6、表7）。

表6　提高党政人才资源开发质量责任体系一览表

人力资源开发责任体系 = 高素质内涵外延界定责任 + 法治化开发体制建立健全责任 + 系统化激励机制建立健全责任		
执政与行政者为主导		确立责任体系的责任主导
家庭素质养育	合成的主体	承担要点责任的责任主体
学校素质教育		
用人单位素质化管理与培育		
公民主观努力为本体		身体力行责任体系的责任本体

表7　优化人品、丰富知识、发达智力、培育创新能力、赢得显著实绩的责任体系一览表

开发高素质 = 优化人品 + 丰富知识 + 开发智力 + 练就创新能力 + 争取突出业绩						
		优化人品	丰富知识	开发智力	练就创新能力	争取突出业绩
客观	党政创新确立素质标准导向	第一责任	第一责任	第一责任	第一责任	第一责任
	家长素质养育分力	第一责任	第二责任	第二责任	第二责任	第二责任
	老师素质教育分力	第二责任	第一责任	第一责任	第二责任	第二责任
	工岗素质管育分力	第二责任	第二责任	第二责任	第一责任	第一责任
主观	本人素质优化努力	第一责任	第一责任	第一责任	第一责任	第一责任

　　明确"责任体系"：首先，能够为那些热切期待把党政领导干部队伍建设得更加强健，却由于不明确自己可以尽哪些责任而只是怨天尤人的人明确，提高党政人才资源开发质量、建设强健的党政人才队伍方方面面努力的原理，使其把积极的美好期待变成积极的尽责。其次，只有如此，才能在宏观层面上改变党政人才资源开发由组织部一方单兵推进的局面，赢得纵横认识与尽责到位，使各个责任主体努力构成网络合力，改变不少行业一方面由于缺乏"素质"优良领军党政人才而使科学执政、依法行政水平与现代化建设的需要之间存在着不小差距；另一方面自己又以袖手旁观的态度不肯尽其本该所尽的"第一责任"，反而要么以埋怨组织部门现在选拔使用的党政人才合格的太少，要么以指责学校教育质量太低的态度，掩盖自己没有尽责的失误。这样明确"责任体系"，才能确保我国"党政领军人才资源素质化开发"获得系统尽责合力的积极作用。再次，还能够让那些虽然有上进心、希望自己成为党政人才，却由于不明确优化自身素质而一味地埋怨组织对自己重视不够、客观上没给自己提供上进机遇的人明白自己是"优化人品、丰富知识、开发智力、练就创新能力、争取突出业绩"第一责任人的原理，争取更多地将精力投向优化自身素质方面，而不是将心思投向搞不正当竞争等方面。

　　（3）由其素质化标准理念所生导向力来规范。能够在党政人才资源开发中，创新建立并采用"人才资源法治化开发体制 = 人品优良程度民主集中评定 + 知识丰富与智力发达程度学校考试鉴定 + 创新能力强劲程度中介机构测定"的新机制（见表8）。

表8　人力人才资源高素质鉴定法治化机制一览表

	人品优良程度 （30分）						知识丰富程度 （15分）				智力发达程度 （15分）					创新能力在岗练就程度 （40分）					
	①	②	③	④	⑤	⑥	⑦	①	②	③	①	②	③	④	⑤	①	②	③	④	⑤	⑥
界定主体	同事的民主性评定(15分)； 领导的集中性认定(15分)						学校所发毕业证的法定性界定									中介依"标"中立性鉴定					
	优30分、良27分、中21分						博士后30分、博士27分、研究生24分、本科21分、大专20分、中专18分									优40分、良36分、中28分					
	总分 = 人品等级所得分 + 知识和智力等级所得分 + 创新能力等级所得分。																				
界定结论	优等占总分的100%						良等占总分的90%									中等占总分的70%					

续表

中介机构中立性鉴定人才创新能力的依据标准				
		优等(40分)	良等(30分)	中等(20分)	合分及定等
①	自学	观察、注意、理解、记忆、想象、判断能力在同龄人中处于上游。能够在第一时间内学习掌握新政策、新法规的精神实质。	观察、注意、理解、记忆、想象、判断能力在同龄人中处于中游。能够在要求的时段内的前期学习掌握新政策、新法规的精神实质。	观察、注意、理解、记忆、想象、判断能力在同龄人中处于下游。能够在要求的时段末学习掌握新政策、新法规的精神实质。	
	竞争	参与竞争的战略正确、战术得当并且胜多与败。	参与竞争讲究战略与战术的匹配并且胜与败的次数相当。	参与竞争采用的战略与战术的匹配率低,败数多于胜数。	
②	决策	生活、学习、工作的目标选择追求先进性;编规划、作计划,选用技术或人员时能够自觉地实践"科学发展观"。	生活、学习、工作的目标选择随甘居中游;编规划、作计划,选用技术或人员时能按实践"科学发展观"的要求着眼、着想、着手处理问题。	生活、学习、工作的目标选择随和与多数人;编规划或作计划,选用技术或人员时有时能按实践"科学发展观"的要求看待、思考、处理重大问题。	
	管理	既善于严格律己,又善于严格律人。	只善于严格律己,不善于严格律人。	不善于严格律己,只善于严格律人。	
③	口头表达	参加演讲比赛并在决赛中获过奖。	参加过演讲比赛并进入了决赛,但未能获奖。	仅参加过演讲比赛的预赛。	
	书面表达	面向全国要么有著作出版,要么论文获得了国家级奖励。	有论文在省部级报刊上发表,并获得过地市级或省部级奖励。	有论文在地市级报刊上发表。	
④	应变	掌握着创新破解为人、学习、工作难题思路的主动权。	为了解决为人、学习、工作难题,能够适时改进自己的理念、思路及方式方法。	在上级的教育或要求下在解决为人、学习、工作难题方面不至于是绊脚石。	
	抗挫	在坚持原则时受挫、参与竞争被不当竞争行为击伤时,能够愈挫愈勇,赢得最终胜利。	在坚持原则中受挫、参与竞争被不当竞争行为击败时,能够屡挫不悔。	能够站在坚持原则受挫、参与竞争被不当竞争者遭败的人物的一边,理解同情之。	
⑤	协调	做决策、制订管理规章既能够兼顾老中青之人的需求与社会及自然之间的眼前与长远需要、又能够顾及局部收益与全局赢利,还能够考虑到人与社会及自然之间的和谐需要。	参与决策、执行管理规章能够既顾及局部收益与全局赢利,又能够不损老中青各方面的眼前与长远眼前与长远利益,能够为赢得人与社会及自然的和谐效益而努力。	落实各项决策、执行各种管理规章的拥护者,不妨碍顾及局部收益与全局赢利,不损老中青各方面的眼前与长远眼前与长远利益的聪明人,是赢得人与社会及自然的和谐的支持力量之一。	

中介机构中立性鉴定人才创新能力的依据标准			
	优等(40分)	良等(30分)	中等(20分)	合分及定等
⑤ 整合	家庭成员关系、同学关系、同事关系、上下级关系、民族关系和谐的能手。	家庭成员关系、同学关系和谐的能手,同事关系、上下级关系、民族关系当中发生的矛盾未构成自己前进、成就事业的死结。	和谐家庭成员关系、同学关系有方,和谐同事关系、上下级关系、民族关系有时造成了妨碍自己前进、成就事业的死结性矛盾。	
⑥ 钻研	具有钻研本地域或本行业的先进经验或落后教训的爱好,是科学成才、科学成就事业的明白人。	具有钻研本地区或本行业先进经验或落后教训的兴趣,在科学成才、科学成就事业的重点和难点上是明白人。	在组织上的要求下,能够钻研所在地或本行业的某些先进经验或落后教训,在科学进步、科学工作的主要方面是明白人。	
发现	钻研为人、处世、做事,或者本地域或本行业的先进经验或落后教训的过程中,能够及时发现带有规律性的原理或见解。	钻研为人、处世、做事,或者本地域或本行业的先进经验或落后教训的过程中,有时能够发现一些带有规律性的见解。	钻研为人、处世、做事,或者本地域或本行业的先进经验或落后教训的过程中,偶然能够发现点滴有规律性的见解。	
总结	钻研为人、处世、做事,或者本地域或本行业的先进经验或落后教训的过程中,能够及时总结出新规律。	钻研为人、处世、做事,或者本地域或本行业的先进经验或落后教训的过程中,有时能够及时总结一些新规律。	钻研为人、处世、做事,或者本地域或本行业的先进经验或落后教训的过程中,偶然能够总结出点滴有规律性的见解。	
⑥ 推广	能够把事先所做的决策、事中的钻研成果、发现的问题,事后总结的经验或教训适时地推介到应有的层面上,形成应有的影响力、发挥积极作用、赢得应有效益。	有时能够把事先所做的决策、事中钻研的成果、发现的问题,事后总结的经验或教训的主要部分,推介到应有的层面上,形成部分影响力、发挥部分积极作用、赢得一些效益。	有时能够把事先所做的决策、事中的钻研成果、发现的问题,事后总结的经验或教训的一些内容,推介到特定的范围里,形成一些影响力、发挥一些积极作用、赢得一些效益。	

　　"人品优劣"民主与集中评定,使其结论仅占素质总分的30%;"知识丰富与智力发达"程度学校考试鉴定,使其结论仅占素质总分的30%;"创新能力强劲"程度中介机构测定,使其结论仅占素质总分的40%。三方面合成100分,依据得分差距得出素质的不同等级。这样定量定性地界定人力人才素质开发的水平,既便于革除现行的"德"的水平高低、全由所在单位群众与领导评说的人治化工序的弊端,又便于克服"才"的水平单由学校考试鉴定,在工作岗位上积累的"经验"、练就的"能力"及"创新能力"不被重视工序的弱点,全面根除其旧"标准"、老"体制"漏洞百出的弊病。能够药到病除地根治"党

政人才资源开发"依然采用旧"标准"、老"体制"招致党政人才资源开发质量屡屡走低,最直接最严重地妨碍"各级党组织科学执政能力建设质量水平提升"的失误。

如使下一级党政领导或管理人才的"人品优良"程度,既由所在单位的群众评定,又使其结论仅占素质满分的15%;既由其所在单位的领导评定,又使其结论仅占素质满分的15%;民主与集中评定结论,合起来仅占素质满分的30%。这样,就能克服与预防党政领导或管理人才资源开发的下列情形:一方面不是极端民主化,"以'选票多少'为主导机制"定优劣,致使"面对坏人坏事不批评,面对好人好事不表扬的老好人"成为香饽饽,走上领导管理岗位大量地耽误着党和人民的大事;就是党政领导个人专断化,"以'领导研究'为主导机制"定优劣,致使"长于拉帮结派、只为拉帮结派小团体谋私利益的帮派人物"吃香了起来,走上领导管理岗位严重地危害着党和人民的根本利益;另一方面屡屡排挤或压抑着不少"人品优良——原则性强、实用知识丰富、工作智力发达、有创新能力的真人才"难以走上党政领导管理岗位。

党政领导人才的"知识丰富"与"智力发达"程度以学校考试颁发的毕业证为准。其中,知识丰富程度达到博士后的水平时,也仅占15分;智力发达程度达到博士后的水平时,也仅占15分;这两方面合成考评结论共占素质优劣结论总分的30分。这样,首先,能够杜绝"逢进必考"造成的重复考试人力财力浪费;其次,能够克服各级党政组织在人才资源开发当中主导着滥开考试的众多弊端。第一,等于不承认各类学校考试鉴定学生毕业证的含金量、不承认学校开发学生智力的权威,就是否定了各类学校考试的功能作用。这就误导学生在学校里不认真对待在校的所有考试,给各类学校提高教育教学质量造成了难以估量的危害;第二,误导在岗党政领导人将心思与精力投入到阅读已经形成了定论的"有字之书"、迎接考试以求晋升方面,而减少了将精力投入到研读破解工作难题的"无字之书"方面,即误导工作人员难以一心一意地搞好工作。

党政领导人才的"创新能力强劲"程度,由"专家(院士级的顶尖人才)"组成的中介机构出面,中立性地依据"标准"鉴定。使其达到最高水平的结论,占素质优劣结论总分的40%;使其达到中高水平的结论,占素质优劣结论总分的30%;使达到高水平的结论,占素质优劣结论总分的20%。这样一来:第一,形成"创新能力"开发的强劲导向力;第二,引进"中介机构中立性地评定'创新能力强劲'程度"的工序,与过去只由学校考试鉴定在校学习形成的"才学"水平高低而漏掉了在工作岗位上练就的"能力"及"创新能力"评定的工序相比,一是避免了片面性,二是预防自我鉴定"能力"及"创新能力"练就结果、屡屡失真的弊端,为有效"提升各级党组织科学执政能力建设质量"提供法治工序的保证;为喀什地区发改系统将"破解喀什地区发改系统党政领军人才聚集量前些年未能达到形成坚强合力难题"当中所出现的负面效应降低到最低程度,在宏观上提供了科学体制与机制健全与运行保障力。

（4）由其素质化标准理念所生导向力来规范。要在党政人才资源开发中,创新建立并采用"党政人才资源科学开发系统化激励制度"。

所谓"党政人才资源科学开发系统化激励制度",就是用"政治优待＋经济优待＋人文优待＝科学激励制度",克服"只注重'经济优待'激励"的片面性。

民间研究提出的创新建议为:"人力人才资源开发激励机制系统化＝领导管理人才届时依据素质档次聘任激励＋（政治＋经济＋人文）优待激励"。

对领导和管理人才采用每当聘任届满,依据素质评价工艺评定的结论,实行优胜劣汰的法治化再聘或解聘管理措施,开辟出新的激励渠道。破解"党政领导管理人才队伍能进不能出、能上不能下"的难题,强化身处领导管理岗位上的人才的危机感,从而切实增强激励力度调动起身处领导管理岗位上的人才奋发优化素质的进取心。

对所有人才采用"政治优待＋经济优待＋人文优待"的激励措施,如表9所示:

表9　人力人才资源高素质开发科学激励机制一览表

| | 责任或义务 | | | | | | | | | 待遇与权利 | | | | | | | | |
| | 优等素质者 | | | 良等素质者 | | | 中等素质者 | | | 优等素质者 | | | 良等素质者 | | | 中等素质者 | | |
	政治建设责任	经济建设责任	人文建设责任	政治建设责任	经济建设责任	人文建设责任	政治建设责任	经济建设责任	人文建设责任	政治待遇	经济待遇	人文待遇	政治待遇	经济待遇	人文待遇	政治待遇	经济待遇	人文待遇
领导管理人才	①（详见注）	②（详见注）	③（详见注）	④（详见注）	⑤（详见注）	⑥（详见注）	⑦（详见注）	⑧（详见注）	⑨（详见注）	①②（详见注）	③（详见注）	④（详见注）	⑤（详见注）	⑥（详见注）	⑦（详见注）	⑧（详见注）	⑨（详见注）	⑩（详见注）
专业技术人才	①（详见注）	②（详见注）	③（详见注）	④（详见注）	⑤（详见注）	⑥（详见注）	⑦（详见注）	⑧（详见注）	⑨（详见注）	①②（详见注）	③（详见注）	④（详见注）	⑤（详见注）	⑥（详见注）	⑦（详见注）	⑧（详见注）	⑨（详见注）	⑩（详见注）

续表

	责任或义务									待遇与权利								
	优等素质者			良等素质者			中等素质者			优等素质者			良等素质者			中等素质者		
	政治建设责任	经济建设责任	文化建设责任	政治建设责任	经济建设责任	文化建设责任	政治建设责任	经济建设责任	文化建设责任	政治待遇	经济待遇	文化待遇	政治待遇	经济待遇	文化待遇	政治待遇	经济待遇	文化待遇
企业家人才	①（详见注）	②（详见注）	③（详见注）	④（详见注）	⑤（详见注）	⑥（详见注）	⑦（详见注）	⑧（详见注）	⑨（详见注）	①②（详见注）	③（详见注）	④（详见注）	⑤（详见注）	⑥（详见注）	⑦（详见注）	⑧（详见注）	⑨（详见注）	⑩（详见注）

注：

优等素质的领导管理人才应有的基本责任或义务政策包括：

① 在完成政治建设任务中，能够立足岗位主动地发挥事先的科学决策，发挥事中钻研与发现问题、事后总结经验或教训，及时推广经验、吸取教训的领导管理职责作用，并有创新建树。

② 在完成经济建设任务中，能够立足岗位主动地发挥事先的科学决策，发挥事中钻研与发现问题、事后总结经验或教训，及时推广经验、吸取教训的领导管理职责作用，并有创新建树。

③ 在完成文化建设任务中，能够立足岗位主动地发挥事先的科学决策，发挥事中钻研与发现问题、事后总结经验或教训，及时推广经验、吸取教训的领导管理职责作用，并有创新建树。

良等素质的领导管理人才应有的基本责任或义务政策包括：

④ 在完成政治建设任务中，能够按履行岗位职责新要求发挥事先的科学决策，发挥事中钻研与发现问题、事后总结经验或教训，及时推广经验、吸取教训的领导管理的主要职责作用。

⑤ 在完成经济建设任务中，能够按履行岗位职责新要求发挥事先的科学决策，发挥事中钻研与发现问题、事后总结经验或教训，及时推广经验、吸取教训的领导管理的主要职责作用。

⑥ 在完成文化建设任务中，能够按履行岗位职责新要求发挥事先的科学决策，发挥事中钻研与发现问题、事后总结经验或教训，及时推广经验、吸取教训的领导管理的主要职责作用。

中等素质的领导或管理人才应有的基本责任或义务政策包括：

⑦ 在完成政治建设任务中，能够发挥岗位要求的事先的科学决策，发挥事中钻研与发现问题、事后总结经验或教训，及时推广经验、吸取教训的领导管理职责的部分主要职责作用。

⑧ 在完成经济建设任务中，能够发挥岗位要求的事先的科学决策，发挥事中钻研与发现问题、事后总结经验或教训，及时推广经验、吸取教训的领导管理职责的部分主要职责作用。

⑨ 在完成文化建任务中，能够发挥岗位要求的事先的科学决策，发挥事中钻研与现问题、事后总结经验或教训，及时推广经验、吸取教训的领导管理职责的部分职责作用。

优等素质的领导或管理人才应有的基本待遇或权益政策包括：

① 所在地人大的法定委员（为其创新本领提供更多参与科学执政行政决策机会的法定席位）。

② 职位晋升限定年限被素质下一等者减少一个任职界度，在同类人才的在岗素质提升中具有主导或讲课收费权利。

③ 经济优待高给相应在岗职位工资三个档次。

④ 参加社会文化活动凭证免票。

良等素质的领导管理人才应有的基本待遇或权益政策包括：

⑤ 所在地的法定人大委员。

⑥ 职位晋升限定年限被素质下一等者减少一个任职界度，相同岗职位上工资高两个档次。

⑦ 参加社会文化活动凭证免票。

中等素质的领导管理人才应有的基本待遇或权益政策包括：

⑧ 职位晋升限定年限被素质下一等者减少一个任职界度。

⑨ 经济优待高给相应在岗职位工资一个档次。

⑩ 参加社会文化活动凭证免票。

优等素质的专业技术人才应负的基本责任或义务政策包括：

① 在完成本领域的政治建设任务中，能够立足岗位主动地发挥事先的科学决策，发挥事中钻研与发现问题、事后总结经验或教训，及时推广经验、吸取教训的领导管理职责作用，并有创新建树。

② 在完成岗位业务核心技术创新建设任务中，能够立足岗位主动地发挥事先的科学决策，发挥事中钻研与发现问题、事后总结经验或教训，及时推广经验、吸取教训的领导管理职责作用，并有创新建树。

③ 在完成本领域的文化建设任务中，能够立足岗位主动地发挥事先的科学决策，发挥事中钻研与发现问题、事后总结经验或教训，及时推广经验、吸取教训的领导管理职责作用，并有创新建树。

良等素质的专业技术人才应负的基本责任或义务政策包括：

④ 在完成本领域的政治建设任务中，能够按履行岗位职责新要求发挥事先的科学决策，发挥事中钻研与发现问题、事后总结经验或教训，及时推广经验、吸取教训的领导管理的主要职责作用。

⑤ 在完成岗位业务核心技术创新岗位业务核心技术创新建设任务中，能够按履行岗位职责新要求发挥事先的科学决策，发挥事中钻研与发现问题、事后总结经验或教训，及时推广经验、吸取教训的领导管理的主要职责作用。

⑥ 在完成本领域的文化建设任务中，能够按履行岗位职责新要求发挥事先的科学决策，发挥事中钻研与发现问题、事后总结经验或教训，及时推广经验、吸取教训的领导管理的主要职责作用。

中素质的专业技术人才应负的基本责任或义务政策包括：

⑦ 在完成本领域的政治建设任务中，能够发挥岗位要求的事先的科学决策，发挥事中钻研与发现问题、事后总结经验或教训，及时推广经验、吸取教训的领导管理职责的部分主要职责作用。

⑧ 在完成岗位业务核心技术创新建设任务中，能够发挥岗位要求的事先的科学决策，发挥事中的钻研与发现问题、事后总结经验或教训，及时推广经验、吸取教训的领导管理职责的部分主要职责作用。

⑨在完成本领域的文化建任务中，能够发挥岗位要求的事先的科学决策，发挥事中的钻研与现问题、事后总结经验或教训，及时推广经验、吸取教训的领导管理职责的部分职责作用。

优等素质的专业技术人才应有的基本待遇与权益政策包括：

① 所在地人大的法定委员（为其创新本领提供更多参与科学执政行政决策机会的法定席位）。

② 职位晋升限定年限被素质下一等者减少一个任职界度，在同类人才的在岗素质提升中具有主导或讲课收费权利。

③ 经济优待高给相应在岗职位工资三个档次。

④ 参加社会文化活动凭证免票。

良等素质的专业技术人才应有的基本待遇与权益政策包括：

⑤ 所在地的法定政协委员。

⑥ 职位晋升限定年限被素质下一等者减少一个任职界度，相同岗职位上工资高两个档次。

⑦ 参加社会文化活动凭证免票。

中等素质的专业技术人才应有的基本待遇与权益政策包括：

⑧ 职位晋升限定年限被素质下一等者减少一个任职界度。

⑨ 相同岗职位上工资高一个档次。

⑩ 参加社会文化活动凭证免票。

优等素质的企业家人才应负的基本责任或义务政策包括：

① 在完成本领域的政治建设任务中，能够立足岗位主动地发挥事先的科学决策，发挥事中钻研与发现问题、事后总结经验或教训，及时推广经验、吸取教训的领导管理职责作用，并有创新建树。

② 在完成企业经济和社会效益最大化任务的进程中，能够立足岗位主动地发挥事先的科学决策，发挥事中钻研与发现问题、事后总结经验或教训，及时推广经验、吸取教训的领导管理职责作用，并有创新建树。

③ 在完成本领域的文化建设任务中，能够立足岗位主动地发挥事先的科学决策，发挥事中钻研与发现问题、事后总结经验或教训，及时推广经验、吸取教训的领导管理职责作用，并有创新建树。

良等素质的企业家人才应负的基本责任或义务政策包括：

④ 在完成本领域的政治建设任务中，能够按履行岗位职责新要求发挥事先的科学决策，发挥事中钻研与发现问题、事后总结经验或教训，及时推广经验、吸取教训的领导管理的主要职责作用。

⑤ 在完成企业经济和社会效益最大化任务的进程中,能够按履行岗位职责新要求发挥事先的科学决策,发挥事中钻研与发现问题、事后总结经验或教训,及时推广经验、吸取教训的领导管理的主要职责作用。

⑥ 在完成本领域的文化建设任务中,能够按履行岗位职责新要求发挥事先的科学决策,发挥事中钻研与发现问题、事后总结经验或教训,及时推广经验、吸取教训的领导管理的主要职责作用。

中等素质的企业家人才应负的基本责任或义务政策包括:

⑦ 在完成本领域的政治建设任务中,能够发挥岗位要求的事先的科学决策,发挥事中钻研与发现问题、事后总结经验或教训,及时推广经验、吸取教训的领导管理职责的部分主要职责作用。

⑧ 在完成企业经济和社会效益最大化任务的进程中,能够发挥岗位要求的事先的科学决策,发挥事中钻研与发现问题、事后总结经验或教训,及时推广经验、吸取教训的领导管理职责的部分主要职责作用。

⑨ 在完成本领域的文化建设任务中,能够发挥岗位要求的事先的科学决策,发挥事中钻研与现问题、事后总结经验或教训,及时推广经验、吸取教训的领导管理职责的部分职责作用。

优等素质的企业家人才应有的基本待遇与权益政策包括:

① 是所在地政协的法定委员(为其创新本领提供更多参政议政的法定席位)。

② 在职位晋升限定年限时比素质下一等者减少一个任职界度,在同类人才素质提升中具有主导建议或讲课收费权利。

③ 经济优待高给相应在岗职位工资三个档次。

④ 参加社会文化活动凭证免票。

良等素质的企业家人才应有的基本待遇与权益政策包括:

⑤ 所在地的法定政协委员。

⑥ 职位晋升限定年限被素质下一等者减少一个任职界度;相同岗职位上工资高两个档次。

⑦ 参加社会文化活动凭证免票。

中等素质的企业家人才应有的基本待遇与权益政策包括:

⑧ 职位晋升限定年限被素质下一等者减少一个任职界度。

⑨ 经济优待高给相应在岗职位工资一个档次。

⑩ 参加社会文化活动凭证免票。

这样依据聘任时签订的合同,将激励内容"由过去的只给增加经济待遇,先扩展到政治待遇、文化待遇",再扩充到聘期以"素质"如果不优了就会被解聘的层面,既赢得了政治、经济、人文待遇系统化地优惠合力,又赢得了在岗只有不断地优化自身素质才有不被淘汰的最大激励作用力。不仅能够为党政人才实现人生价值最大化拓宽途径,而且可以采用签订与履行合同"责任或义务",享受"待遇或权益"的方式方法强化下来,从而为提高我国党政人才资源科学开发质量与效益赢得更强劲的系统激励合力。

提供系统激励合力保障,以便喀什地区发改系统将"破解喀什地区发改系统党政领军人才聚集量未达形成坚强合力难题"当中所出现的由于激励的片面性泛滥、招致的负面效应降低到最低程度。

综合起来,建立和采用落实"科学人才观"的系统细则,是喀什地区发展和改革系统走"破解前些年内喀什地区发改系统党政领军人才聚集量未达赢得最强合力难题"新思路,采用新举措争取赢得正面效应最大化、负面效应最小化绩效的制胜要素之一。

加强"感恩心理"教育

——党政公务员提升心理健康水平的必要举措

回顾人类社会进步发展壮丽史不难发现,加强"感恩心理"教育不仅是和谐社会和人际关系的需要,而且还是提升公务员心理健康水平的必要新举措。

一、加强感恩心理教育,和谐干群和社会关系

(一)古人在感恩心理教育中收到的良效

古时候,我们中华民族以生产生活为课堂实施"感恩心理"教育,一度建立实行"举孝廉"的制度。如运用人性当中的感恩等心理把人类社会内部关系调剂得和谐美满。在革命年代里,人民群众在感激、爱戴革命领袖、导师的健康心理支配下,正视革命领袖、导师身上的弱点或隐私,维护革命领袖、导师的威信,赢得了革命队伍内群龙有首的和谐良效,为革命的胜利赢得了必胜的干群关系和谐条件。在赞美大自然的过程中激发人类感激大自然的心理,使人类在保护环境污染、维护生态平衡中赢得了"蓝天白云,青山绿水"长在的良效;在崇尚勇于负责心理的感化教育中,激励着公民,为了家人的幸福勇于从事风险众多的创造性艰苦劳动;在歌颂父母养育子女的伟大中,激励着成年人为了子女平安健康地成长乐于献出自己的所有;在敬重教师蜡烛精神的氛围中,广大教师忠诚于教育事业;在宣扬珍重青春年华的心理教育下,成千上万的青少年战胜了学习和成长当中的各种艰难困苦。于是,在感恩心理促使下,在家为了感激家长的养育恩情恪守孝道;在学校为了感激师长教诲的恩情尊敬师长;在工作单位为了感激上司的真诚培育尊重上司;等等。

(二)"文化大革命"期间否定"感恩心理"教育给党政公务员提升心理健康水平增加了难度,危害了干群和社会关系的和谐度

"文化大革命"期间,由于思维一度迷失,曾经误把子女孝敬长辈的行为认定为资产阶级腐朽文化而加以批判,否定了感恩心理教育。因此,子女在家不愿意做孝子贤孙却与长辈割断亲情、划清所谓阶级界线,使长辈屡遭遗弃的惨剧在社会上出现;误把学生对师长的尊敬行为界定为腐朽的传统文化

加以批判,否定感恩心理教育,老师成了学生监督管理的对象,摧毁了正常的教育教学管理基本制度,出现了"白卷英雄"盛行于校园的颓景;误把青年公务员在工作岗位上对上司的尊重行为界定为腐朽的等级文化妄加批判,否定了年轻徒弟感恩师傅或上司传授岗位工作技艺的做法,断绝了上司在岗大量培养年轻公务员成才的路子。

上述病态至今仍有存在,高校毕业生考入公务员队伍,以年轻精力旺盛、文凭高于上司而自足,缺乏虚心接受上司严格训导和科学管理的意识;上司对其传帮带的责任心被践踏,将在岗培养合格年轻公务员的良性机制废弃,人为地造成了"一边是公务岗位上由于素质合格的年轻公务员匮乏而执政行政难于达到理想境界,一边是公务岗位培训合格年轻公务员的功能与机制被废弃;另一边又在公务岗位这一培养素质合格年轻公务员的最佳场所之外,大把大把地花着国家的资金成立大批的培训中心,对大中专毕业生进行回炉,实施所谓的脱离工作岗位需要的就业培训,人为地固化着公务员提升心理健康水平的难点"。

(三)社会主义和谐社会建设急需"感恩心理"教育

如今,在中华民族朝着现代化目标奋进的道路上,人们终于从思维的迷失中清醒了过来。决策将要走上"以人为本"的科学发展道路,再度重视人间"感恩心理"的效能作用,重视感恩心理,和谐社会主义神州,调剂人间利益冲突,优化人际关系的功能作用。

二、加强感恩心理教育,提升年轻公民心理健康水平,和谐人际与社会关系

(一)"强化十种'感恩心理'教育"(见表1)

表1 感恩心理教育范围一览表

目种	感恩			结论
	范围	原因	方式	
一	父母养育恩情	百善孝为先,感恩父母是做人的本分。	尽心竭力满足父母对自己的期望。	这样在人间由近及远地形成感恩心理网络,在社会领域内由小范围到
二	师长教诲深情	一日为师,终身为父;感激师长传授知识不厌、诲人不倦的恩情是为人的基本道德规范。	赢得成绩或成就时给师长分享其乐。	

目种	感恩			结论
	范围	原因	方式	
三	上司传授技能的培育之恩	师傅或上司传授工作岗位技艺是人成才成事不可缺少的人际恩惠。感激此恩,强化其不仅是个人继续成才成事的需要,而且是民族不断进步的必要措施之一。	吃水不忘挖井人,时刻想念师傅或上司传授技艺之恩情。	大范围地强化感恩合力,把"感恩心理"从私情义气的世俗中解放出来,提升到上面所述的"多处境,少怨天;多感恩他人,少尤人;多感恩客观的公平,少自私;多感恩社会的伟大,少自大"的新境界。以加强感恩心理教育为要点,在有效提升公民情商水平的历程上,赢得优化公民素质的收效,为建设社会主义和谐社会为做出新贡献。
四	朋友帮助友情	感激真诚朋友帮助我们排忧解难的恩情,这是人间赢得更多互助阶梯的需要。	适时地把自己的酸、辣、苦、甜的人生滋味告诉朋友使其获得分享的恩惠。	
五	竞争对方的特殊激发情	竞争对方对准我们的弱点进攻,促使我们修正完善自我,奋力进取。这是激发我们充分释放潜能、赢得勃勃生机活力不可缺少的特味恩惠,是丰富为人感情境界的渠道之一。	不要企图赢得把竞争对方置于死地的快感。	
六	艰难困苦磨砺恩典	艰难困苦磨砺意志的恩惠,他是促进我们成为强者、成就事业的反作用力之一。	常念艰难困苦得折磨体验。	
七	组织、机构或单位提供平台之恩惠	感激少年在少先队、青年在共青团、成年在党组织内获得的进步性荣誉归属恩惠、毕业后进入工作单位的恩情,调动着我们尽心竭力做贡献的激情。	强化为组织尽心竭力工作之心,弱化向组织讨价还价之心。	
八	祖国赋予人权之恩	感激祖国给了我们人权、给我们提供了从事政治、经济、文化活动的权利和舞台、赢得相应利益的机遇的恩惠,使公民的情感世界更加丰富。	为国分忧,为国解难。	
九	社会主义时代给予发展成才机遇恩情	感激市场竞争社会给公民提供脱颖而出、知识经济时代走带给挑战的恩惠。	能够以适应"社会主义市场竞争、知识经济社会的挑战"规范自己的思想、言行。	
十	大自然的哺育大德	感激大自然给我们提供了日、月、星、火之光,金、木、水、土、气等生存物质的恩惠,这是人类与热爱自然、与自然和谐相处的需要感情。	爱护自然犹如爱护家产。	

（二）"五要五不"是党政公务员优化"感恩心理"的具体方法

感激家长如天地之大的养育恩情，感激师长似海洋之深广的教诲恩情，高校毕业生在见习或学徒工岗位上也应感激上司真诚培育的恩情。

真心实意地完整接纳家长、师长和上司，不要因瑕弃玉，要像完整接纳自己的优点、正确对待自己的缺点那样，不要仅仅接受家长、师长、上司的优点、光明面，百般地挑剔家长、师长、上司非原则性的弱点、消极面。否则，只能是与家长、师长、上司划出难以逾越的感情沟通的鸿沟，最终使自己与家长、师长、上司之间难以建立心心相印的亲密关系。从而耽误自己从家长、师长、上司的言行当中吸收做人成才的经验与技艺、成就学业的最佳方式方法、掌握工作技能的机遇，造成贻误自己茁壮成长最佳时机而终生遗憾。

真心实意地一视同仁地对待家长、师长、上司，不要薄厚有别。无论家长、师长、上司的长相如何、地位高低、挣钱多少、脾气好坏、年龄大小、性别如何，都要把他们当成导师看待，必须尊重他们，时时处处维护他们的威信与尊严。不能轻视这个、奉承那个，因薄厚有别而招致损失。

要真心实意地以礼善待家长、师长、上司，不要因家长、师长、上司言行中出现了缺点或失误而动怒责怪，更不能对其贬抑、嘲讽、求罚。

要真心实意地信任家长、师长、上司，不要因家长、师长、上司由于历史原因在心理健康方面存在不足而拒受他们的教诲。家长、师长、上司之间的关系一旦确立，就要孝敬、尊敬、敬重他们，对他们在心理健康方面出现的变化不能乱加否定。

要以热爱之心正视家长、师长、上司的隐私。不能在好奇心的支配下，戳家长、师长、上司的隐私、伤疤。应依据道德、法律保护家长、师长、上司的隐私。不能好奇地私下里传播、议论家长、师长、上司的隐私，而招致自己与家长、师长、上司反目成仇的终生遗憾。

（三）年轻公务员应理解、信赖、支持家长、师长、上司

年轻公务员只有能够善于理解家长素质养育的良苦用心、师长语重心长的真情教诲批评、上司授业管教，才能赢得家长、师长、上司对对其进取心的理解；只有能够真心实意地信赖家长在恨铁不能成钢心态下苦口婆心式的养育、师长在强烈责任心驱使下严格施教的真情、上司真诚传授工作技能的良心，才能赢得家长、师长、上司对自己的尽心管理培育；只有能够虚心接受家长、师长、上司的养育、教育、管理培育，才能赢得他们对自己进取心愿的扶持，最终营造出相互理解、信赖、支持的默契心理，共同提升心理健康水平，突破优化素质的重点难点，赢得成才的突破性成效。

综上所述,只要年轻公务员从建设社会主义和谐国家的急需出发,以强化"感恩心理"为着力点,在同龄人中成为提升感恩情商的先进,就不仅能感激家长的养育恩情、师长的教诲恩情、上司的培育恩情,而且能够在优化素质的难点——强化"感恩心理"方面先胜一筹,尽早成为为建设和谐社会做出突出贡献的高素质公务员。

人才资源素质化开发改革创新

——提升党建科学化水平的又一最佳着力点

在迈开改革创新开放复兴矫健步伐的 30 多年内,我们以提高思想建设科学化、组织建设科学化、制度建设科学化、作风建设科学化水平为着力点提高党建科学水平,既赢得了邓小平"执政党的活动务必依法、服务于国家的中心工作"理论、"三个代表"重要思想、"科学发展观"等党的思想建设科学化水平显著提升,又取得了"党的第二代领导集体向第三代、第四代、第五代领导集体和谐过度"健党兴党、福民强国、复兴中华的党组织建设科学化水平提高等显著绩效。随着社会主义市场经济体制健全,依据制胜市场竞争关键在于是否赢得了人才资源开发创新,党在履行"党管人才执政职能"中,能否也与时俱进地再以"人才资源素质化开发"为着力点,使党员企业家、党员专业技术人员在市场经济一线成为党制胜于国内外竞争的生主军呢? 我们有了"人才资源素质化开发改革创新,党管人才思路优化、提高党建科学水平的又一最佳着力点"的探究新见解!

一、人才资源素质化开发改革创新在提高党建科学水平实践当中作为着力点的状况(表 1)

执政党怎样才能有效地增强党的科学执政能力和提升党建科学水平? 提高履行科学管好人才职能职责,从而全面、深入、有力地推进人才资源素质化开发;建成善于领导、服务、驾驭社会主义市场经济科学发展的党政公务员队伍、专业技术人才队伍、企业家队伍理所当然是其着力点之一。

前 35 年内由于缺乏上述认知,造成了"党政公务员队伍内一些有权者搞腐败,许多公务员搞懈怠","专业技术人才队伍服务经济科学发展、社会事业科学壮大、教育卫生质量提升不力(问题奶粉、过度医疗、成千上万大中专院校毕业生由于素质不适合社会主义市场需要而待业闲置)的等病态不少","企业家队伍内一些人为了攫取高额利润违法背德地过度开发稀缺资源、过度排污、造出豆腐渣工程、克扣工人工资等不法现象此伏彼起",直接或间接

表1 以人才资源素质开发改革创新为着力点提高党建科学化水平状况一览表

人才资源素质化开发改革创新水平提高≈党管人才执政能力增强的标志之一≈党建科学化水平提升的标志之一

			开发建设高素质党政公务员队伍		开发建设高素质专业技术人才队伍		开发建设高素质企业家队伍	
			现状	所需	现状	所需	现状	所需
人才资源素质化开发观	标准素质化认知到位	成绩	有了人才资源属于第一资源的科学意识,实施了人才强国战略……	将"高素质=(1)品优良情商高+(2)识丰富智商高+(3)创新能力强业绩突出+……N(详附件二)"予以确认。	数量增长较快,引才绩效明显。	服务于制胜国内外市场竞争的高素质专业技术人才大军。	企业家犹如雨后春笋般地成长了起来,成为中国特色社会主义市场经济发展的高的主力军之一。	高素质党政界的系统化得力激励,使赢家各界不断提升。
		弱点	适应制胜于国内外市场竞争的"高素质"标准认定,过时的旧标准在泛滥。		高素质化的质量缺位。培养出的大专院校毕业生在待业闲置。		素质化规范不位,高素质激励政策力,低素质惩治者鞭策不足。	
	网络合力制胜论	成绩	有了党政重视,家庭配合、工作岗位素质化要求管理意识和领导措施。	用"人才资源素质化开发观(详附件一)"来主导"党政公务员队伍"建设。	知识丰富智商高,能力强业绩突出程度的标准被重视。	以"人才资源开发素质化=质量标准网络合力+法治化体制改革激励机制创新+……N"为主导,建设高素质专业技术人才队伍!	在市场竞争中以自发性志壮大着。	以"人才资源开发观=素质量标准网络合力制化+网络论+系统化胜+法制改革化体制激励机制创新+主导建……N"为设高素质企业家!
		弱点	创主导的"人才资源素质化开发观=质量标准网络合力+法治化体论+系统化改革+创新机制激励+……N",还未能得到确认。		人品优良情商高的素质内涵确认缺位突出。		未能获得"网络合力制胜论"规范。	

人才资源素质化开发改革创新水平提高≈党管人才执政能力增强的标志之一≈党建设科学水平提升的标志之一

		开发建设高素质党政公务员队伍		开发建设高素质专业技术人才队伍		开发建设高素质企业家队伍	
		现状	所需	现状	所需	现状	所需
体制改革与机制创新动力供给到位 / 人才资源素质化开发观	成绩	迈开了采用"竞争手段"造就"高素质公务员队伍"建设的新步伐。	用"法制化附件四中《人力人才资源鉴定法制化体制=人品优良程度+知识丰富度+智与智力发文凭学校赋予等级程度+创新能力机构测定》体改公务员队伍',提供动力保障"。	在医疗、卫生、科研等系统建成了一支在数量上可观的专业技术人才队伍,为破解就医、实施科教兴国战略奠定了一定的基础。	用"法制化《人力人才资源高素质鉴定法制化机制=人品优良程度+知识丰富度+智与智力发文凭学校赋予等级程度+创新能力机构测定程度》改革中介机构建设一支'高素质技术人才'队伍提供动力保障"。	随着社会主义市场经济体制建立全企业从无到有、从小到大,为科学地驾驭我国社会主义市场经济发展形成了主力军。	用"法制化《人力资源高素质鉴定法制化体制=人品优良程度+知识丰富度+智与智力发文凭学校赋予等级程度+创新能力机构测定程度》改革建设一支'高素质企业家'队伍提供动力保障"。
	弱点	由于"中立裁判"缺位,招致不正当竞争泛滥,给"掌权的搞腐败"留出了巨大空间。		由于法制化造成了动力保障的缺位,特别是不正当竞争的泛滥,致使这支专业技术科学执政、社会和谐、经济科学发展的生力军"依然"不强。		由于"法治化体改"的缺位率依然很高,造成了"这支企业家队伍专业技不齐,直接掩低了高素质企业家参差不齐,直接掩低了领导和管理社会主义市场经济发展,社会和谐科学进步的能力"。	

人才资源素质化开发改革创新水平提高～党管人才执政能力增强的标志之一～党建科学水平提升的标志之一

		开发建设高素质党政公务员队伍		开发建设高素质专业技术人才队伍		开发建设高素质企业家队伍	
体制改革与机制创新 激励机制创新 动力供给到位 人才资源素质化开发观		现 状	所 需	现 状	所 需	现 状	所 需
	成绩	创新建立的经济待遇与经济发展成效挂钩的激励机制,较大地调动了公务员重视经济发展的积极性。	创新建立"政治优待+经济优待+文化优待",赢得"政治优待+经济优待=科学激励机制(详见《政治优待+经济优待=科学激励机制》)"激励效益同获。	创新建立的经济待遇与经济发展成效挂钩的激励机制,较大地调动了专业技术人才重视服务经济发展的积极性。	创新建立"政治优待+经济优待+文化优待(详见《政治优待+经济优待=科学激励机制》)",赢得"政治优待+文化优待"激励效益同获。	创新建立与经济发展成效挂钩的激励机制,较大地调动了企业家重视经济利润最大化的积极性。	创新建立"政治优待+经济优待+科学激励机制(详见《政治优待+经济优待+文化优待=科学激励机制》)",赢得"政治优待+经济优待+文化优待"激励效益同获。
	弱点	在"政治、文化协调激励机制中,会效益"被忽视中,物欲横流,大搞学术腐败的失衡危害实现。		在"政治、德治"文化协调激励机制中,会效益"被忽视中,物欲横流,大搞学术腐败的失衡危害实现。		在"政治、德治"文化协调激励机制中,物欲横流,大搞为利是图腐败的失衡危害实现。	

地降低着党管人才以及党建科学水平以及党的科学执政能力的提高。下一步应依其思路,提高党管人才以及党建科学水平,切实贯彻落实"以人为本"科学执政理念,遵循其内外在规律、作好人才资源素质化开发,赢得人才富民强国科学执政新绩效。

(二)以人才资源素质化开发改革创新成为着力点消除由于其认知与实践不力招致的不少负面效应

随着社会主义市场经济体制改革不断深化,在市场配置资源占据主导地位的程度日益加深,今后执政党的科学执政目标——实现"两个 100 年目标"和圆"中华民族复兴梦"。只有通过身处市场竞争一线的公务员党员、专业技术人才党员、企业家党员,以自身的"高素质"在竞争的准备和进行各个阶段内来体现。

党员"高素质 = (1)人品优良情商高 + (2)知识丰富智商高 + (3)创新能力强劲业绩突出 + ……N"。

(1)人品优良 = ① 体质在同龄人中最优良 + ② 心理在同龄人中最健康 + ③ 科学社会主义"四德(社会公德、家庭美德、职业道德、个人道德)"修养在同龄人中最好 + ④ 马列主义"八观[世界观、价值观、人生观、国家观、民族观、权力观(权为民所给,权为民所用)、政绩观(情为民所系、利为民所谋、权为民所用)、发展观(经济与社会事业科学发展观 + ⑤ 人力人才资源素质化开发观)]"素养在同龄人中最好 + ⑥ 民族先进文化素养在同龄人中最高 + ⑦ 现代法治观念在同龄人中最强 + ⑧ 科学的理想导向力在同龄人中最强劲 + ⑨ 崇尚高素质人才和善于培育高素质人才的修养在同龄人中最深厚 + ⑩ 专业技能技艺在同龄人中最强 + ……N;情商高 = ① 信念坚定 + ② 为民服务 + ③ 勤政务实 + ④ 敢于担当 + ⑤ 清正廉洁。

(2)知识丰富 = ①为人知识的广度与深度在同龄人中处于上游 + ② 处社会知识的广度与深度在同龄人中处于上游 + ③ 完成学业知识的广度与深度在同龄人中处于最上游 + ④ 成事知识的广度与深度在同龄人中处于上游 + ……N。

(3)智力发达 = ① 思维能力在同龄人当中最强 + ② 记忆能力在同龄人当中最强 + ③ 理解能力在同龄人当中最强 + ④ 想象能力在同龄人当中最强 + ⑤ 判断能力在同龄人当中最强 + ……N。

(4)创新能力 = ① 学习与竞争能力在同龄人当中最强 + ② 决策和管理能力在同龄人当中最强 + ③ 口头与书面表达能力在同龄人当中最强 + ④ 应变和抗挫能力在同龄人当中最强 + ⑤ 协调和整合能力在同龄人当中最强 +

⑥ 钻研和发现能力在同龄人当中最强 + ⑦ 总结和推广能力在同龄人当中最强 + ⑧ 民族先进文化审美能力在同龄人中最强劲 + ⑨ 崇尚高素质人才和善于培育高素质人才的能力在同龄人当中最强 + ⑩ 专业能力与专业技艺在同龄人中最强 + ……N。

然而,在公务员队伍里党员干部用这样的高素质克服了目前由于沿用传统的"德才兼备人才资源开发质量标准而开发建设出来的党政公务员队伍"内,有些人热衷于搞"权权交易、权钱交易、权亲交易、权色交易"等腐败,以及有些人倾心于"精神懈怠、能力不足、脱离群众、消极腐败"、"形式主义、官僚主义、享乐主义、奢靡之风"不良作风泛滥的出弊病。

在专业技术人才队伍内,党员专业技术人员以这样的高素质。克服了专业技术人才队伍内,一部分人"服务经济科学发展及社会和谐进步、教育及卫生等事业中,出现的问题奶粉、过度医疗、成千上万大中专院校毕业生由于素质不适合社会主义市场需要而待业闲置浪费弊病"。

在企业家队伍内,党员企业家以这样的高素质,来消除企业家队伍内,有些人"为了攫取高额利润伙同那些搞腐败的党政公务员或专业技术人员,违法背德地过度开发稀缺资源、过度排污、时不时地酿出豆腐渣工程、克扣工人工资等等不法现象"劣迹。

综合起来,克服深化改革让市场手段在配置生产要素中的主导地位中,新生的等直接或间接地降低着党管人才以及党建科学水平,以及党制胜于社会主义市场经济科学发展的执政能力的种种弊病。既要全体党员自发地优化素质,凭着自身高素质为提升党的科学执政能力尽心尽力,更需要党组织采用组织手段以人才资源素质化开发改革创新手段从客观上来领导和管理党员以高素质自若应对"四种考验",有力地提高党管人才的党建科学化水平!

二、以人才资源素质化开发改革创新为着力点提高党建科学水平的思路探究

1. 改革创新确认"人才资源素质化开发质量观 =(1)人才资源素质化质量标准体系 +(2)人才资源素质化开发网络合力制胜论 +(3)人才资源素质化开发法治化体制改革动力保障 +(4)系统化激励机制创新保证 + ……N",为党在健全社会主义市场经济体制中的领导和管理人才资源开发、人才队伍建设的理论与实践主导地位。

2. 以"人才资源素质化质量标准体系——高素质 =（1）人品优良情商高 +（2）知识丰富智商高 +（3）创新能力强业绩突出 +……N。① 人品优良情商高 =① 体质优良 +② 心理健康 +③ 科学社会主义'四德'修养 +④ 马列主义"五观"素养 +⑤ 先进文化素养 +⑥ 现代法治素养 +⑦ 科学的理想导向力强劲 +⑧ 现代化审美修养合乎民族风格 +⑨ 崇尚高素质人才和善于培育高素质人才修养 +⑩ 成就事业的专业知识素养 +……N；（2）知识丰富智商高 =① 做人的知识既有广度又有深度 +② 处社会的知识既有广度又有深度 +③ 完成学业的知识既有广度又有深度 +④ 成就事业的知识既有广度又有深度；智力发达 =① 思维能力 +② 记忆能力 +③ 理解能力 +④ 想象能力 +⑤ 判断能力"在同龄人当中处于中上游；智商高 =① 思维能力 +② 理解能力 +③ 记忆能力 +④ 想象能力 +⑤ 判断能力都同龄人中最强；（3）创新能力强劲业绩突出 ="① 学习和竞争能力在同龄人中最强并且业绩突出 +② 决策和管理能力在同龄人中最强并且业绩突出 +③ 口头和书面表达能力在同龄人中最强并且业绩突出 +④ 应变和抗挫能力在同龄人中最强并且业绩突出 +⑤ 协调和整合能力在同龄人中最强并且业绩突出 +⑥ 钻研和发现能力在同龄人中最强并且业绩突出 +⑦ 总结和推广能力在同龄人中最强并且业绩突出 +⑧ 现代化审美修养合乎民族风格在同龄人中最强并且业绩突出 +⑨ 崇尚高素质人才和善于培育高素质人才的能力在同龄人中最强并且业绩突出 +⑩ 成就事业的专业能力与专业技艺素养在同龄人中最强 +……N"为准，规范党在健全社会主义市场经济体制中领导和管理人才资源开发、人才队伍建设。

3. 以"中国特色人力人才资源高素质开发网络系统合力制胜论"为向导，强化人才资源素质化开发能力，确保党管人才及党建科学化水平提高。

在"中国特色人力人才资源高素质开发网络系统合力制胜论"主导下，首先，在宏观上：第一，便于克服我国现行的以"人力人才资源开发缺乏网络合力制胜论"规范，缺乏瞻前顾后统领力。却总是随着在任党政领导人的更替而变化"一会儿是'五条标准'，一会儿是'四化方针''四有新人'，一会儿是'三个代表'，一会儿是'权为民用、利为民谋、情为民所系的素质合格者'，如今又是'信念坚定、为民服务、勤政务实、敢于担当、清正廉洁'……更多地呈现着人治化的随意化频繁变动的色彩"，呈现着难以构成人文科学化的持久、恒定性最强劲的规范力，招致人口大国却是人力人才资源开发小国弱国的弊病在蔓延；建立由"人力人才资源开发网络合力制胜论"来科学统领我国由人口大国人力人才资源开发小国弱国向人口大国人力人才资源开发大国强国转变。第二,指导我国克服在人力人才资源开发这一系统工程中,由于只有确认"已经研究理清的素质化标准构成的 5 条纬线、从五方面各以第一第二责任人的身份尽心竭力负责的 5 条径线,有机交织成的网络合力",才能确保人力人才资源开发这一系统工程优质推进。并以便克服在其系统工程中出现了劣质病态之时,一味地片面责怪"教育部门推行素质化改革缓慢、推进素质教育改革不力",不能科学公正地追究"党政素质化领导管理力""家庭素质化养育力""岗位素质化管理与培育力"三方面履职尽责不力。特别是"家庭素质化养育里"和"岗位素质化管理与培育力"两方面,分别在"人品优良"、"创新能力练就"、"业绩突出"三方面没有尽好第一责任,构成了"5 条纬线"与"5 条径线"合力网络的三大漏洞,造成了我国人力人才资源开发,力争由人口大国却是人力人才资源开发小国弱国向人口大国人力人才资源开发大国强国转变之鱼,从其漏洞跑掉的严重失职责任。并且,使其弊病继续蔓延不止,依然无人过问与追究。

其次,在微观上,便于指导我们克服"由于对'中国特色人力人才资源高素质开发网络合力 = 党政高素质化领导管理力 + 家庭高素质化养育力 + 学校高素质化教育力 + 岗位高素质化管理与培育力 + 公民个人高素质化努力'认识不足,酿出的如下失误"。

(1)能够重视"子女的家庭高素质养育分力"的家长太少,子女 0 ~ 3 岁这一心理发展高峰期,而被错失的现象普遍存在。4 ~ 7 岁以生活为教材培养学习能力、养成良好学习习惯的最佳期,在幼教中却被错失的现象也比较普遍。

(2)能够正确认识到"工作岗位是培育公民实际工作能力、训练创新能力的最好课堂"的党政领导、企业家、事业单位经营者实在太少。像某些地区党政方面,由于第一缺乏"大专院校毕业生的工作经验与能力只能在工作岗位上练就"的科学意识;第二在"工作岗位是大专院校毕业生的练就工作能力积累其经验的最佳课堂"的科学意识支配下,根除要么天真地把大批的"大专院校毕业生"搞回炉性培训,要么幼稚地大把花钱重复建设各类技能培训学校,却由于一缺合格的师资;二缺应有的实践现场及设备,难以收效。只能使干着劳民伤财的愚蠢人力人才资源开发。

(3)随着能够重视"学校高素质教育力"的人数增加。课程改革力度加大,摆正传授知识、开发智力、练就能力的主次关系的难题被解,在校学生有了"培养发展兴趣""练就能力"的时间保证。然而,学生在校"培养发展兴趣""练就能力"一缺设施、二缺导师的问题突现了出来。设施缺乏的难题国家拨钱购买一部分、社会机构捐赠一部分就可以化解了;导师缺乏的问题,在全面采取"人才系统化激励"措施中,以适宜地给予政治、经济、文化待遇的方法,聘用各类离退休老年人才为兼职导师,便能迎刃而解。

第三,便于赢得如图内所示。在纬线(1)与经线(一)(二)(三)(四)(五)的交点①②③④⑤上分别赢得"由老中青公民构成的人力人才资源人品优良率不断提升;由老中青公民构成的人力人才资源知识丰富率不断提升;由老中青公民构成的人力人才资源智力发达标率不断提升;由老中青公民构成的人力人才资源创新能力强劲率不断提升;由老中青公民构成的人力人才资源业绩突出率不断提升"的优良绩效。在纬线(2)与经线(一)(二)(三)(四)(五)的交点①②③④⑤上分别赢得"由子女人品优良率不断提升;子女知识丰富率不断提升;子女智力发达率不断提升;子女创新能力强劲率不断提升;子女上学成绩提高率不断提升"的优良绩效。在纬线(3)经线(一)(二)(三)(四)(五)的交点①②③④⑤上赢得"由学生构成的人力人才资源知识丰富率不断提升;学生构成的人力人才资源智力发达率不断提升;由学生构成的人力人才资源创新能力强化率不断提升;由学生构成的人力人才资源业绩突出率不断提升"的优良绩效。在纬线(4)经线(一)(二)(三)(四)(五)的交点①②③④⑤上分别赢得"由老中青职员构成的人力人才资源人品优良率不断提升;由老中青职员构成的人力人才资源知识丰富率不断提升;由老中青职员构成的人力人才资源智力发达率不断提升;由老中青职员构成的人力人才资源创新能力强劲率不断提升;由老中青职员构成的人力人才资源业绩突出率不断提升"的优良绩效。在纬线(5)经线(一)(二)(三)(四)(五)的交点①②③④⑤上分别赢得"由各类大专院校毕业生构成的人力人才资源知识丰富率不断提升;由各类大专院校毕业生构成的人力人才资源智力发达率不断提升;由各类大专院校毕业生构成的人力人才资源创新能力强化率不断提升;由各类大专院校毕业生构成的人力人才资源业绩突出率不断提升"的优良绩效。

合起来赢得我国人力人才资源高效优质开发的绩效,从而在宏观上赢得由人口大国却是人力人才资源开小国弱国向人力人才资源开强国大国转变的制胜网络系统合力;在微观上一方面消除我国人力人才资源开现存的不重视网络系统合力制胜的各类病态,真正赢得"人力人才资源素质化开发支撑中华民族复兴的优良政绩"。

4. 认可"人才资源高素质开发法制化体制改革"。依据"人才资源高素质开发体制＝人力人才资源高素质鉴定法治化机制＋人力人才资源素质化聘任配置机制"原理。

　　建立并使用"人才资源高素质鉴定法治化体制"。依据"人才资源高素质鉴定法治化机制＝人品优良程度民主集中评定＋知识丰富与智力发达程度学校所颁文凭等级赋分确定＋创新能力强劲业绩突出程度由中介机构测定"原理,创新建立"人才资源高素质鉴定法治化机制"(见表2)。

表2　人才资源高素质鉴定法治化机制一览表

	人品优良、业绩 30分				知识丰富程度 15分				智力发达程度 15分					创新能力在岗练就程度 40分								
	①、②……⑨＋业绩				①	②	③	④	①	②	③	④	⑤	①	②	③	④	⑤	⑥	⑦	⑧	⑨
测定主体及赋分评等权重标准	同事的民主性评定10＋5 领导的集中性评定10＋5				由学校所发毕业证的法定性界定									由中介机构依"标"中立性鉴定								
	优30分,良27分, 中21分				博士后30分,博士27分, 研究生24分,本科21分, 大专20分,中专18分									优40分,良36分,中28分								
	总分＝人品等级所得分＋知识和智力等级所得分＋创新能力等级所得分。																					
界定结论	优等占总分的100%				良等占总分的90%									中等占总分的70%								
	中介机构中立性鉴定人才创新能力的标准依据																					
		优等(40分)			良等(30分)				中等(20分)								合计给分及结论					
①	自学	观察、注意、理解、记忆、想象、判断能力在同龄人中处于上游。能够在第一时间内学习掌握新政策、新法规的精神实质。			观察、注意、理解、记忆、想象、判断能力在同龄人中处于中游。能够在要求的时段内的前期学习掌握新政策、新法规的精神实质。				观察、注意、理解、记忆、想象、判断能力在同龄人中处于下游。能够在要求的时段末学习掌握新政策、新法规的精神实质。												
	竞争	参与竞争的战略正确、战术得当并且胜多与败。			参与竞争讲究战略与战术的匹配并且胜与败的次数相当。				参与竞争采用的战略与战术的匹配率低,败数多于胜数。												

中介机构中立性鉴定人才创新能力的标准依据			
	优等(40分)	良等(30分)	中等(20分)	合计给分及结论
② 决策	生活、学习、工作的目标选择追求先进性;编规划、作计划,选用技术或人员时能够自觉地实践"科学发展观"。	生活、学习、工作的目标选择追甘居中游;编规划、作计划,选用技术或人员时能按实践"科学发展观"的要求着眼、着想、着手处理问题。	生活、学习、工作的目标选择随和与多数人;编规划或作计划,选用技术或人员时有时能按实践"科学发展观"的要求看待、思考、处理重大问题。	
管理	既善于严格律己,又善于严格律人。	只善于严格律己,不善于严格律人。	不善于严格律己,只善于严格律人。	
③ 口头表达	参加演讲比赛并在决赛中获过奖。	参加过演讲比赛并进入了决赛,但未能获奖。	仅参加过演讲比赛的预赛。	
书面表达	面向全国要么有著作出版,要么论文获得了国家级奖励。	有论文在省部级报刊上发表,并获得过地市级或省部级奖励。	有论文在地市级报刊上发表。	
④ 应变	掌握着创新破解为人、学习、工作难题思路的主动权。	为了解决为人、学习、工作难题,能够适时改进自己的理念、思路及方式方法。	在上级的教育或要求下在解决为人、学习、工作难题方面不至于是绊脚石。	
抗挫	在坚持原则时受挫、参与竞争被不当竞争行为击伤时,能够愈挫愈勇,赢得最终胜利。	在坚持原则中受挫、参与竞争被不当竞争行为击败时,能够屡挫不悔。	能够站在坚持原则受挫、参与竞争被不当竞争者遭败的人物的一边,理解同情之。	
⑤ 协调	做决策、制订管理规章既能够兼顾老中青之人的需求与社会及自然之间的眼前与长远需要、又能够顾及局部收益与全局赢利,还能够考虑到人与社会及自然之间的和谐需要。	参与决策、执行管理规章能够既顾及局部收益与全局赢利,又能够不损老中青各方面的眼前与长远眼前与长远利益,能够为赢得人与社会及自然的和谐效益而努力。	是落实各项决策、执行各种管理规章的拥护者,不妨碍顾及局部收益与全局赢利,不损老中青各方面的眼前与长远眼前与长远利益的聪明人,是赢得人与社会及自然的和谐的支持力量之一。	
整合	家庭成员关系、同学关系、同事关系、上下级关系、民族关系和谐的能手。	家庭成员关系、同学关系和谐的能手,同事关系、上下级关系、民族关系当中发生的矛盾未构成自己前进、成就事业的死结。	和谐家庭成员关系、同学关系有方,和谐同事关系、上下级关系、民族关系有时造成了妨碍自己前进、成就事业的死结性矛盾。	

中介机构中立性鉴定人才创新能力的标准依据				
		优等(40分)	良等(30分)	中等(20分)	合计给分及结论
⑥	钻研	具有钻研本地域或本行业的先进经验或落后教训的爱好,是科学成才、科学成就事业的明白人。	家庭成员关系、同学关系和谐的能手,同事关系、上下级关系、民族关系当中发生的矛盾未构成自己前进、成就事业的死结。	在组织上的要求下,能够钻研所在地或本行业的某些先进经验或落后教训,在科学进步、科学工作的主要方面是明白人。	
⑥	发现	钻研为人、处世、做事,者本地域或本行业的先进经验或落后教训的过程中,能够及时发现带有规律性的原理或见解。	具有钻研本地区或本行业先进经验或落后教训的兴趣,在科学成才、科学成就事业的重点和难点上是明白人。	具有钻研本地区或本行业先进经验或落后教训的兴趣,在科学成才、科学成就事业的部分重点和难点上是明白人。	
⑦	总结	钻研为人、处世、做事,或者本地域或本行业的先进经验或落后教训的过程中,能够及时总结出新规律。	钻研为人、处世、做事,或者本地域或本行业的先进经验或落后教训的过程中,有时能够及时总结一些新规律。	钻研为人、处世、做事,或者本地域或本行业的先进经验或落后教训的过程中,偶然能够总结出点滴有规律性的见解。	
⑦	推广	能够把事先所做的决策、事中的钻研成果、发现的问题,事后总结的经验或教训适时地推介到应有的层面上,形成应有的影响力、发挥积极作用、赢得应有效益。	有时能够把事先所做的决策、事中钻研的成果、发现的问题,事后总结的经验或教训的主要部分,推介到应有的层面上,形成部分影响力、发挥部分积极作用、赢得一些效益。	有时能够把事先所做的决策、事中的钻研成果、发现的问题,事后总结的经验或教训的一些内容,推介到特定的范围里,形成一些影响力、发挥一些积极作用、赢得一些效益。	
⑧	崇尚高素质人才	在岗期间能够没有遗漏地把同事中间与己同或高出自己素质水平的人才推举给组织;从来不妒贤嫉能。	在岗期间能够把大多数与己同或高出自己素质水平的人才推举给组织。偶尔有妒贤嫉能的心态出现。	在岗期间有把与己同或高出自己素质水平的人才推举给组织的善举。有时将妒贤嫉能的心态体现到了行动上。	
⑧	培育高素质人才	在家在单位全天候地部时间内都能够用高素质标准要求和管理家人或同事;能够义务性地宣讲高素质人才培育观。	在家在单位大多时间内能够用高素质标准要求和管理家人或同事;有时能够义务性地宣讲高素质人才培育观。	在家全天候地能够用高素质标准要求和管理家人,在单位大多数时间内不能用高素质标准要求和管理家人或同事。	

中介机构中立性鉴定人才创新能力的标准依据			
	优等(40分)	良等(30分)	中等(20分)	合计给分及结论
⑨ 专业能力	运用专业知识成就事业的主观心理条件在同龄人中达到了最高层次。	运用专业知识成就事业的主观心理条件在同龄人中达到了中等层次。	运用专业知识成就事业的主观心理条件在同龄人中达到了下等层次。	
专业技艺	运用专业能力创新性破解工作难题的主观心理条件在同龄人中达到了最高层次。	运用专业能力创新性破解工作难题的主观心理条件在同龄人中达到了中等层次。	运用专业能力创新性破解工作难题的主观心理条件在同龄人中达到了层次。	

　　采用民主与集中方式,依据"人品优良"标准、"聘用所签合同约定业绩"指标评出等级,打出分数,使其结论仅占素质总分的30%;"知识丰富与智力发达"程度依据学校所颁文凭等级赋分定等,使其结论仅占素质总分的30%;"创新能力强劲业绩突出"程度由中介机构测定,使其结论仅占素质总分的40%。三方面合成100分,依据得分差距得出素质的不同等级。如此定量定性的界定人力人才素质开发的水平,既便于革除现行的"德"的水平高低、全由所在单位群众与领导评说的人治化体制的弊端,又便于克服"才"的水平依据学校所颁文凭等级定级,在工作岗位上积累的"经验"、练就的"能力"及"创新能力"不被重视工序的弱点,全面根除其旧"标准"、老"鉴定机制"漏洞百出的弊病;还能够在克服鉴定人才素质等级时,党政领导人既当"运动员"又做"裁判员"不可能保证执法公正性的弊病。能够药到病除地根治"人力人才资源开发"依然采用旧"标准"、老"体制"招致人力人才资源开发质量屡屡走低,最直接最严重地妨碍"各级党组织科学执政能力建设质量水平提升"的失误。

　　例如,使下一级党政领导或管理人才的"人品优良"程度,由所在单位的群众初评定等、领导审查评定,素质等级为高时群众与领导分别给15分,合计30分;素质等级为中时分别群众与领导分别给10分,合计20分;素质等级为低时群众与领导分别给8分,合计16分。既预防或克服群众平定及党政领导人审查评定管理人才资源开发,要么酿出极端民主化,"以'选票多少'为主导体制"定优劣,致使"面对坏人坏事不批评,面对好人好事不表扬的老好人"成为香饽饽,被聘用后误事;要么招致党政领导人专断化,"以'领导研究'为主导"定优劣,便让"长于拉帮结派、只为帮派小团体谋私利益的帮派人物"香起来,被聘用后严重危害着党和人民的根本利益;要么干群联手排挤或压抑了"那些人品优良——原则性强、专业知识丰富、工作智力发达、有创新能力的真正人才"难以被聘获得重用,给现代化事业造成难以弥补的损失。

人才的"知识丰富"与"智力发达"程度以学校颁发的毕业证为准。其知识丰富程度达到博士后的水平时,给 15 分;智力发达程度达到博士后的水平时,给 15 分的比重;合计得 30 分。其知识丰富程度达到博士的水平时,给 13 分;智力发达程度达到博士的水平时,给 14 分;合计得 27 分。其知识丰富程度达到研究生水平时,给 11 分,智力发达程度达到研究生程度时,给 13 分,合计 24 分。其知识丰富程度达到大学毕业水平时,给 10 分;智力发达程度达到大学毕业水平时,给 11 分;合计得 21 分。其知识丰富程度达到大专毕业水平时,给 10 分;智力发达程度达到大专毕业水平时,给 10 分;合计得 20 分。其知识丰富程度达到中专毕业水平时,给 8 分;智力发达程度达到中专毕业水平时,给 10 分;合计得 18 分。其知识丰富程度达到小学毕业水平时,给 5 分;智力发达程度达到小学毕业水平时,给 5 分;合计得 10 分。这样,一方面既不贬低各类学校所发毕业证的含金量,又杜绝"逢进必考、每晋依考"造成的重复组织考试的人力财力浪费;另一方面既能够消除各级党政组织在人力人才资源开发中,照搬"仅仅适合学院专业人力人才资源开发配置管理的逢进必考、每晋依考"模式。既蛮横地贬低和否定着各类学校所发毕业证的含金量,误导各级学生在校要么无心积极学习"书本知识"、要么不能认真对待"学校组织的各类考试",给各类学校提高教育教学质量无意中造成了难以估量的管理困难;又能促使公民走出在岗全把心思与精力投入到读书迎考追求晋升,却不用心"研读破解工作难题的无字之书",偏颇地走争做"学院专业人才"思路。

如表 2 所示,引入由"专家"组成的中介机构中立性地出面测定公民创新能力等级依据"事先拟定的统一标准"评定人力人才资源的"创新能力强劲"等级。给高水平者打 40 分;给中等水平者打 30 分;给高水平者打 40 分;给中等水平者打 30 分;给低水平者打 20 分。第一,强化"创新能力"开发导向力;第二,克服现行的只凭学校所发毕业证等级论"工作能力"及"创新能力"高低,造成的以偏概全的失误;第三,一举既能够消除单位内同事及领导自我鉴定"工作能力"及"创新能力"水平,在同事及领导的"工作能力"及"创新能力"竞争开发中,采用"自我鉴定"法。这样,不但造成了同事及领导"既做'运动员'又当'裁判员',违背公正性原则"的重大失误,而且堵住由其失误给部分党政领导者在"人力人才资源开发,特别是"工作能力"及"创新能力"鉴定"中大搞"权钱交易、权权交易、权亲交易、权色交易"腐败的通道。

依据"人力人才资源素质化聘任优配机制 = 高素质上 + 中素质让 + 低素质下"原理,在企事业单位及党政机关,应创建依据"鉴定素质所得等级,签订

'合同'、聘任'职员'的竞争机制,使素质等级不同的人力人才资源以待遇有别地得到聘任,构成'高素质上、中素质让、低素质下'淘汰机制"。在其机制驱使下使全体公民立足工作岗位时,第一能够自发性地释放奋发工作和学习潜能;第二能够"心怀'依据聘任合同、履职尽责优胜劣汰'敬畏、目有'高素质'戒尺,既不敢违法乱纪以权谋私搞腐败;又不能消极怠工混工资"。从而弱化党政公务员中存在的"精神懈怠、能力不足、脱离群众、消极腐败"四种危险,以及又其派生的"形式主义、官僚主义、享乐主义、奢靡之风"。

5. 创新确认"人才资源高素质开发系统激励机制"。依据"人才资源高素质开发系统激励机制 = 素质等级不同的人才以待遇有别地得以聘用机制 + 系统化激励机制""系统化激励机制 = 政治优待 + 经济优待 + 文化优待 + ……·N"原理。

首先创新建立"政治优待 + 经济优待 + 文化优待 = 系统激励机制"(见表3)。

表3　人力人才资源素质化开发科学激励机制一览表

	责任或义务									待遇与权利								
	优等素质者			良等素质者			中等素质者			优等素质者			良等素质者			中等素质者		
	政治建设责任	经济建设责任	文化建设责任	政治建设责任	经济建设责任	文化建设责任	政治建设责任	经济建设责任	文化建设责任	政治待遇	经济待遇	文化待遇	政治待遇	经济待遇	文化待遇	政治待遇	经济待遇	文化待遇
领导管理人才	①(详见注)	②(详见注)	③(详见注)	④(详见注)	⑤(详见注)	⑥(详见注)	⑦(详见注)	⑧(详见注)	⑨(详见注)	①②(详见注)	③(详见注)	④(详见注)	⑤(详见注)	⑥(详见注)	⑦(详见注)	⑧(详见注)	⑨(详见注)	⑩(详见注)
专业技术人才	①(详见注)	②(详见注)	③(详见注)	④(详见注)	⑤(详见注)	⑥(详见注)	⑦(详见注)	⑧(详见注)	⑨(详见注)	①②(详见注)	③(详见注)	④(详见注)	⑤(详见注)	⑥(详见注)	⑦(详见注)	⑧(详见注)	⑨(详见注)	⑩(详见注)
企业家人才	①(详见注)	②(详见注)	③(详见注)	④(详见注)	⑤(详见注)	⑥(详见注)	⑦(详见注)	⑧(详见注)	⑨(详见注)	①②(详见注)	③(详见注)	④(详见注)	⑤(详见注)	⑥(详见注)	⑦(详见注)	⑧(详见注)	⑨(详见注)	⑩(详见注)

注:
优等素质的领导管理人才应有的基本责任或义务政策包括:

① 在完成政治建设任务中，能够立足岗位主动地发挥事先的科学决策，发挥事中钻研与发现问题、事后总结经验或教训，及时推广经验、吸取教训的领导管理职责作用，并有创新建树。

② 在完成经济建设任务中，能够立足岗位主动地发挥事先的科学决策，发挥事中钻研与发现问题、事后总结经验或教训，及时推广经验、吸取教训的领导管理职责作用，并有创新建树。

③ 在完成文化建设任务中，能够立足岗位主动地发挥事先的科学决策，发挥事中钻研与发现问题、事后总结经验或教训，及时推广经验、吸取教训的领导管理职责作用，并有创新建树。

良等素质的领导管理人才应有的基本责任或义务政策包括：

④ 在完成政治建设任务中，能够按履行岗位职责新要求发挥事先的科学决策，发挥事中钻研与发现问题、事后总结经验或教训，及时推广经验、吸取教训的领导管理的主要职责作用。

⑤ 在完成经济建设任务中，能够按履行岗位职责新要求发挥事先的科学决策，发挥事中钻研与发现问题、事后总结经验或教训，及时推广经验、吸取教训的领导管理的主要职责作用。

⑥ 在完成文化建设任务中，能够按履行岗位职责新要求发挥事先的科学决策，发挥事中钻研与发现问题、事后总结经验或教训，及时推广经验、吸取教训的领导管理的主要职责作用。

中等素质的领导或管理人才应有的基本责任或义务政策包括：

⑦ 在完成政治建设任务中，能够发挥岗位要求的事先的科学决策，发挥事中钻研与发现问题、事后总结经验或教训，及时推广经验、吸取教训的领导管理职责的部分主要职责作用。

⑧ 在完成经济建设任务中，能够发挥岗位要求的事先的科学决策，发挥事中钻研与发现问题、事后总结经验或教训，及时推广经验、吸取教训的领导管理职责的部分主要职责作用。

⑨ 在完成文化建任务中，能够发挥岗位要求的事先的科学决策，发挥事中钻研与现问题、事后总结经验或教训，及时推广经验、吸取教训的领导管理职责的部分职责作用。

优等素质的领导或管理人才应有的基本待遇或权益政策包括：

① 所在地人大的法定委员（为其创新本领提供更多参与科学执政行政决策机会的法定席位）。

② 职位晋升限定年限被素质下一等者减少一个任职界度，在同类人才的在岗素质提升中具有主导或讲课收费权利。

③ 相同岗职位上工资高三个档次。

④ 参加社会文化活动凭证免票。

良等素质的领导管理人才应有的基本待遇或权益政策包括：

⑤ 所在地的法定人大委员。

⑥ 职位晋升限定年限被素质下一等者减少一个任职界度，相同岗职位上工资高两个档次。

⑦ 参加社会文化活动凭证免票。

中等素质的领导管理人才应有的基本待遇或权益政策包括：

⑧ 职位晋升限定年限被素质下一等者减少一个任职界度。

⑨ 相同岗职位上工资高一个档次。

⑩ 参加社会文化活动凭证免票。

优等素质的专业技术人才应负的基本责任或义务政策包括：

① 在完成本领域的政治建设任务中，能够立足岗位主动地发挥事先的科学决策，发挥事中钻研与发现问题、事后总结经验或教训，及时推广经验、吸取教训的领导管理职责作用，并有创新建树。

② 在完成岗位业务核心技术创新建设任务中，能够立足岗位主动地发挥事先的科学决策，事中的钻研与发现问题、事后总结经验或教训，及时推广经验、吸取教训的领导管理职责作用，并有创新建树。

③ 在完成本领域的文化建设任务中，能够立足岗位主动地发挥事先的科学决策，发挥事中钻研与发现问题、事后总结经验或教训，及时推广经验、吸取教训的领导管理职责作用，并有创新建树。

良等素质的专业技术人才应负的基本责任或义务政策包括：

④ 在完成本领域的政治建设任务中，能够按履行岗位职责新要求发挥事先的科学决策，发挥事中钻研与发现问题、事后总结经验或教训，及时推广经验、吸取教训的领导管理的主要职责作用。

⑤ 在完成岗位业务核心技术创新岗位业务核心技术创新建设任务中，能够按履行岗位职责新要求发挥事先的科学决策，发挥事中钻研与发现问题、事后总结经验或教训，及时推广经验、吸取教训的领导管理的主要职责作用。

⑥ 在完成本领域的文化建设任务中，能够按履行岗位职责新要求发挥事先的科学决策，发挥事中钻研与发现问题、事后总结经验或教训，及时推广经验、吸取教训的领导管理的主要职责作用。

中素质的专业技术人才应负的基本责任或义务政策包括：

⑦ 在完成本领域的政治建设任务中，能够发挥岗位要求的事先的科学决策，发挥事中钻研与发现

问题、事后总结经验或教训,及时推广经验、吸取教训的领导管理职责的部分主要职责作用。

⑧ 在完成岗位业务核心技术创新建设任务中,能够发挥岗位要求的事先的科学决策,发挥事中钻研与发现问题、事后总结经验或教训,及时推广经验、吸取教训的领导管理职责的部分主要职责作用。

⑨ 在完成本领域的文化建任务中,能够发挥岗位要求的事先的学决策,发挥事中的钻研与现问题、事后总结经验或教训,及时推广经验、吸取教训的领导管理职责的部分职责作用。

优等素质的专业技术人才应有的基本待遇与权益政策包括:

① 所在地人大的法定委员(为其创新本领提供更多参与科学执政行政决策机会的法定席位)。

② 职位晋升限定年限被素质下一等者减少一个任职界度,在同类人才的在岗素质提升中具有主导或讲课收费权利。

③ 相同岗职位上工资高三个档次。

④ 参加社会文化活动凭证免票。

良等素质的专业技术人才应有的基本待遇与权益政策包括:

⑤ 所在地的法定政协委员。

⑥ 职位晋升限定年限被素质下一等者减少一个任职界度,相同岗职位上工资高两个档次。

⑦ 参加社会文化活动凭证免票。

中等素质的专业技术人才应有的基本待遇与权益政策包括:

⑧ 职位晋升限定年限被素质下一等者减少一个任职界度。

⑨ 相岗职位上工资高一个档次。

⑩ 参加社会文化活动凭证免票。

优等素质的企业家人才应负的基本责任或义务政策包括:

① 在完成本领域的政治建设任务中,能够立足岗位主动地发挥事先的科学决策,发挥事中钻研与发现问题、事后总结经验或教训,及时推广经验、吸取教训的领导管理职责作用,并有创新建树。

② 在完成企业经济和社会效益最大化任务的进程中,能够立足岗位主动地发挥事先的科学决策,发挥事中钻研与发现问题、事后总结经验或教训,及时推广经验、吸取教训的领导管理职责作用,并有创新建树。

③ 在完成本领域的文化建设任务中,能够立足岗位主动地发挥事先的科学决策,发挥事中钻研与发现问题、事后总结经验或教训,及时推广经验、吸取教训的领导管理职责作用,并有创新建树。

良等素质的企业家人才应负的基本责任或义务政策包括:

④ 在完成本领域的政治建设任务中,能够按履行岗位职责新要求发挥事先的科学决策,事中的钻研与发现问题、事后总结经验或教训,及时推广经验、吸取教训的领导管理的主要职责作用。

⑤ 在完成企业经济和社会效益最大化任务的进程中,能够按履行岗位职责新要求发挥事先的科学决策,发挥事中钻研与发现问题、事后总结经验或教训,及时推广经验、吸取教训的领导管理的主要职责作用。

⑥ 在完成本领域的文化建设任务中,能够按履行岗位职责新要求发挥事先的科学决策,发挥事中钻研与发现问题、事后总结经验或教训,及时推广经验、吸取教训的领导管理的主要职责作用。

中等素质的企业家人才应负的基本责任或义务政策包括:

⑦ 在完成本领域的政治建设任务中,能够发挥岗位要求的事先的科学决策,发挥事中钻研与发现问题、事后总结经验或教训,及时推广经验、吸取教训的领导管理职责的部分主要职责作用。

⑧ 在完成企业经济和社会效益最大化任务的进程中,能够发挥岗位要求的事先的科学决策,发挥事中钻研与发现问题、事后总结经验或教训,及时推广经验、吸取教训的领导管理职责的部分主要职责作用。

⑨ 在完成本领域的文化建任务中,能够发挥岗位要求的事先的科学决策,发挥事中钻研与现问题、事后总结经验或教训,及时推广经验、吸取教训的领导管理职责的部分职责作用。

优等素质的企业家人才应有的基本待遇与权益政策包括:

① 所在地政协的法定委员(为其创新本领提供更多参政议政的法定席位)。

② 在职位晋升限定年限被素质下一等者减少一个任职界度,同类人才的在岗素质提升中具有主导或讲课收费权利。

③ 相同岗职位上工资高三个档次。

④ 参加社会文化活动凭证免票。

良等素质的企业家人才应有的基本待遇与权益政策包括:

⑤ 所在地的法定政协委员。

⑥ 职位晋升限定年限被素质下一等者减少一个任职界度;相同岗职位上工资高两个档次。

⑦ 参加社会文化活动凭证免票。

中等素质的企业家人才应有的基本待遇与权益政策包括：

⑧ 职位晋升限定年限被素质下一等者减少一个任职界度。

⑨ 相同岗职位上工资高一个档次。

⑩ 参加社会文化活动凭证免票。

形成系统激励合力，让高素质人才终生在我国的政治、经济、文化的现代化建设中，充分发挥个人"人品优良情商高、知识丰富智力发达、创新能力强劲业绩突出"的积极示范作用，并获得倍受全社会敬重的令素质中下者羡慕不已的政治、经济、文化优待机制。

综合起来，这样以人才资源素质化开发改革创新为着力点，推进党的人才组织工作体制改革创新，势必赢得增强党管人才匹配于社会主义市场经济体制健全。既可以堵住或消除党政公务员队伍内，由于党员领导干部素质与参与市场竞争匹配率太低，在党政人才资源开发及党政人才队伍建设中、在专业技术人才资源开发及专业技术人才队伍建设中、在企业家人才资源开发及企业家队伍建设中，搞"权权交易、权钱交易、权亲交易、权色交易"腐败的漏洞；又可以在提升党在健全社会主义市场经济体制、匹配于社会主义市场经济体制下人才资源开发、人才队伍建设中，以其思想理论改革创新、质量标准体系改革创新、体制深化改革创新、激励机制创新为着力点，有效提高党管人才及党建科学化水平、从中赢得有效增强党领导和管理社会主义市场经济的科学执政能力。

人才资源素质化开发
——落实以人为本的科学执政理念的制胜要点

如果把"以人为本"在"科学发展观"当中的含义界定为："首先所有的发展都是为人类赢得幸福，其次人类的素质水平又是决定着所有发展的速度及质量的资本"，那么我们在社会主义初级阶段内，人力人才资源素质化开发便是落实"以人为本的科学执政理念"的制胜要点之一。

一、我国人力人才资源素质化开发的喜忧现状

（一）我国实施"改革开放"政策以来在人力人才资源素质化开发当中出现的可喜景象

实施改革开放政策之前，我们对人力人才资源开发与其他资源开发一样。对科学规划与计划的科学执政规律认知不足，对应该由群众注重于满足自己眼前物质文化需求的谋划、专家们注重于满足民族复兴长远物质文化需要的谋划、执政与行政者注重于本届党政在任期内提升物质文化供给可行性的谋划构成的科学谋划机制健全的认知也不足。因而错误地批判否定了人力人才资源科学开发研究专著《新人口论》及马寅初。在仅有"群众注重于满足自己眼前物质文化需求的谋划与执政与行政者注重于本届党政在任期内提升物质文化供给能力可行性的谋划"构成非科学的决策机制以及"人多热气高、干劲大、好办事"的误导结论。从而使社会主义新中国的人力人才资源开发走上了任放自流、不讲质量优劣的失控病态。低质量、高数量的人口增长，不仅没有取得"热气高、干劲大、好办事"的预想效果，反而造成了"随着人口剧增而招来的就学难、就业难、温饱难保"等难题围困。实施改革开放政策后，"高考"制度恢复，也明确了"教育要面向世界、面向未来、面向现代化"的科学方向。既化解了"就学难题"，又开通了提高人力人才资源开发质量的科学有效路径；既强力实施了"计划生育"国策，抑制了放任自流、失控、过量的人口增加病象，也使我国的人力人才资源开发既步入了适量提质的科学路径，又迈开了走上"以推行素质教育改革、以人为本的科学发展观"新途径。

在提高我国人力人才资源科学开发水平方面,赢得了喜人的成就。

（二）我国人力人才资源素质化开发当中依然存在的可忧状态

目前,社会主义市场体制确立、为经济及各项社会事业发展提供了强大竞争动力、赢得参与国内外市场竞争动力、需要公民素质现代化保证的历史新课题迅速呈现于当代执政的共产党人面前。然而,由于"怎样才能把以人为本的科学执政理念落到实处的具体思路未能及时理出,人力人才资源素质化开发的理论与实践创新一时未能跟上"。以新疆喀什地区为例,出现了诸如"有事无人干与有人无事干的人力人才资源开发劣质突出病症"。例如,一边是成千上万的大学毕业生就业为难,另一边是各类企事业单位由于招工用工难而兴业举步维艰。就旅游业的发展而言,喀什地区拥有独特的自然景观、深厚的古丝路历史文化景观、特色鲜明的地方人文景观等独特旅游资源。但由于缺乏"旅游学院",既无法聘请国内外知名专家、教授来授课以培养发展旅游业所需素质合格的领军人才、专业素质合格的技术人才、兴业的其他服务人才;也无法研讨出喀什地区做大做强旅游业的预案,以提供其智力支撑。因而其旅游业虽然具有做大做强为世界旅游胜地的市场需求及资源丰富的客观条件,但却由于主观条件——素质合格的人力人才资源开发支撑不力而导致至今还未能将旅游业做大做强。在党政人才资源开发方面,由于素质化开发所需的"系统合力论""质量标准高素质论""体制机制法治论""激励机制系统论"的创建缺位,因而出现了"部分党政领导班子内素质与职位匹配率相差不小,能够履行领导和管理职责、成就事业的不足三分之一;人品欠佳情商低劣在争做老好人、误事的接近三分之一;人品恶劣一心搞腐败谋私利的多于三分之一"。即普遍患着党政人才资源开发质量不高的弊病,严重困扰着当地落实科学发展和改革所需的科学执政行政、民主执政行政、依法执政行政的进程。

所以,人力人才资源开发中能否与时俱进地摒弃违背社会主义市场经济体制的传统质量标准,创新采用"素质化的质量观";改革与社会主义市场经济体制相悖的人治化体制,创新建立"法治化体制";既克服"政治挂帅"式的激励弊端,又避免单纯"经济刺激"式的激励偏颇,创新建立"政治、经济、文化优待并行的系统化激励机制",切实提升人力人才资源素质化开发水平,既是把以人为本的科学执政理念落到实处、践行科学发展观的急需,也是破解"一边是成千上万的大专院校毕业生就业难,另一边是众多企事业单位由于招不到素质理想人才而兴业难"的国家难题;解答"素质教育取代应试教育的人才资源开发体制改革,为什么未能像社会主义市场体制取代社会主义计划经济体制改革的力度之大,收效之显"疑问的所需。

二、推进人力人才资源素质化开发应走的思路

从消除前述病根的需要出发,目前我国有效赢得"由人口大国或人口大区向人力人才资源开发强国或强区转变"的新政绩,应走的参考思路如下:

(一)创新采用"素质化人力人才资源开发质量观"

从适应社会主义市场体制健全的需要着力,在人力资源开发中创新确认"素质 = 人品 + 知识 + 智力 + 能力 + 业绩 + ……N";"高素质 =(1)人品优良情商高 +(2)知识丰富智商高 +(3)人文及社科创新能力强劲业绩突出 + ……N"质量观。其中,(1)人品优良情商高 = ① 体质在同龄人中最优良 + ② 心理在同龄人中最健康 + ③ 科学社会主义"四德(社会公德、家庭美德、职业道德、个人道德)"修养在同龄人中最好 + ④ 马列主义"八观〔世界观、价值观、人生观、国家观、民族观、权力观(权为民所给,权为民所用)、政绩观(情为民所系、利为民所谋、权为民所用)、发展观(经济与社会事业科学发展观 + 人力人才资源素质化开发观)〕"素养在同龄人中最好 + ⑤ 民族先进文化素养在同龄人中最高 + ⑥ 现代法治观念在同龄人中最强 + ⑦ 科学的理想导向力在同龄人中最强劲 + ⑧ 崇尚高素质人才和善于培育高素质人才的修养在同龄人中最深厚 + ⑨ 审美素养在同龄人中最优 + ⑩ 专业技能技艺在同龄人中最强 + ……N";

(2)知识丰富 = ① 为人知识的广度与深度在同龄人中处于上游 + ② 处社会知识的广度与深度在同龄人中处于上游 + ③ 完成学业知识的广度与深度在同龄人中处于上游 + ④ 成事知识的广度与深度在同龄人中处于上游 + ……N;智商高 = ① 思维能力在同龄人当中最强 + ② 记忆能力在同龄人当中最强 + ③ 理解能力在同龄人当中最强 + ④ 想象能力在同龄人当中最强 + ⑤ 判断能力在同龄人当中最强 + ……N;

(3)人文及社科创新能力强劲 = ① 学习与竞争能力在同龄人当中最强 + ② 决策和管理能力在同龄人当中最强 + ③ 口头与书面表达能力在同龄人当中最强 + ④ 应变和抗挫能力在同龄人当中最强 + ⑤ 协调和整合能力在同龄人当中最强 + ⑥ 钻研和发现能力在同龄人当中最强 + ⑦ 总结和推广能力在同龄人当中最强 + ⑧ 审美能力与技艺在同龄人中最优 + ⑨ 崇尚高素质人才和善于培育高素质人才的能力在同龄人当中最强 + ⑩ 专业能力与专业技艺在同龄人中最强 + ……N;业绩突出 = ① 做人的理论创新与实践创新业绩在同龄人当中突出 + ② 处世适应社会主义市场体制建立健全的理论创新

与实践创新业绩在同龄人当中突出 + ③ 学习与工作的理论创新与实践创新业绩在同龄人当中突出 + ……N。

克服依然采用过时的人力人才资源开发质量标准,被应试教育以及考试分数牵着鼻子跑的弊病。

(二)科学界定责任主体及各自应该肩负的责任(见表1、表2)

表1 提高人力资源开发质量责任体系一览表

人力资源开发责任体系 = 高素质内涵外延界定责任 + 法治化开发体制建立健全责任 + 系统化激励机制建立健全责任		
执政与行政者为主导		确立责任主导
家庭素质养育	合成的主体	承担责任主体
学校素质教育		
用人单位素质化管理与培育		
公民主观努力为本体		认可责任本体

表2 优化人品、提升情商、丰富知识、提高创新能力赢得突出业绩的责任体系一览表

	开发高素质 = 优化人品 + 丰富知识 + 开发智力 + 练就创新能力				
客观	素质标准导导向力	第一责任人	第一责任人	第一责任人	第一责任人
	家长素质养育分力	第一责任人	第二责任人	第二责任人	第二责任人
	老师素质教育分力	第二责任人	第一责任人	第一责任人	第二责任人
	工岗素质管育分力	第二责任人	第二责任人	第二责任人	第一责任人
主观	本人素质优化努力	第一责任人	第一责任人	第一责任人	第一责任人

这样明确责任主体及第一第二责任分工合作状况。以便各个责任主体避免片面地将人力人才资源素质化开发质量不够理想的责任推给某一方面,引发互相埋怨,影响人力人才资源素质化开发必需的合力形成。反而事与愿违地招致降低人力人才资源素质化开发质量的恶果。

(三)加大深化改革创新力度

确认和实施"① 人品优良情商高由民主集中制评定 + ② 知识丰富智商高依据学校所颁发的毕业证等级赋分定出等级 + ③ 创新能力强弱及业绩大小由中介机构测定 + ……N = 人力人才素质水平法治化确认体制"。从而杜绝如今在人力人才资源开发中"唯选票论,引发的拉票腐败""唯考分论,引发的重应试轻业务能力的片面性""唯年龄论,引发的一边是各类中老年人才被冷落闲置浪费,另一边是各类工作岗位上技能型人才短缺、严重制约着工作绩效优化的病态""唯文凭论,引发的在岗人员无心钻研业务,一心追求高档文凭的误导"等人力人才资源开发弊端。特别是将"创新能力强弱及业绩大小的测定权交给中介机构履行"之后,就可以克服"能力强弱、业绩大小要么由自己给自己做裁判、要么随意性过大地由领导人做裁判",引发了"自己既当'运动员'又做'裁判员'、不可能保证公正",破坏了市场竞争应有的公正性之最大弊端。从而杜绝"老好人"或"拉帮结派搞腐败的人"再混进各级党政领导班子的党政领导管理人才资源开发弊病的蔓延。

上述(一)(二)(三)措并举,实现人力人才资源素质化开发,第一增强公民市场竞争能力;第二优化各级党政领导班子的科学执政、民主行政本领;有效提升人力人才资源开发素质水平、增强制胜于国内外市场竞争能力,确保我国公民幸福指数提升,切实将"以人为本"的科学执政理念落到实处。

(赵燕　中共叶城县委党校教师)

中小学生素质教育论

小学生的素质养育要点
——家长与老师的有机配合解析

进入小学的儿童,生活行为如何尽快地由幼儿时期的以宽松自由为主要特点的游戏方式转变成由注意力支配的课堂学习生活方式很重要。许多儿童就在这一转变的过程中由于落后而掉队,因而终生被"贪玩"的生活行为方式所耽误。要实现较快的优质"转变",除了以在幼儿园三四年内养成的学习习惯和"学习能力"为基础之外,家长在家庭养育当中能否以生活为依托抓住由"注意力、观察力、记忆力、理解力、想象力、判断力"构成的"学习能力"练就的要点,与老师依托教学使学生逐步形成的"学习能力"构成匹配的合力(小学生的学习能力=在幼儿园练习的"学习能力"+在家庭养育当中练就的"学习能力"+学校教学当中形成的"学习能力")十分重要。这不仅事关小学生的学习成绩优劣,而且关系到小学生能否形成良好的"学习习惯"和强健的"学习能力",能为将来出色地完成学业奠定坚实的基础。

例如,在家庭收看电视的文化生活中,家长有意识地引导小学生强化"注意力、观察力、记忆力、理解力、想象力、判断力",就是一种好方法。从引导小学生选择观看国内外反映小学生学习生活的电视剧、有关节目入手,可以矫正和改变学龄儿童只爱看动画片的幼儿行为习惯。在轻松愉快地收看电视的家庭文化生活中,在适当的时间内提问小学生所选看的电视剧或节目的体会及对细节、主要人事的看法,可以逐渐弱化学龄儿童形成的在看动画片中无意识地形成"注意力、观察力、记忆力、理解力、想象力、判断力"的行为习惯。在有效引导小学生把自己的"注意力、观察力、记忆力、理解力、想象力、判断力"潜移默化或强化到形成"学习能力"的同时,还可以有效地进行学习健康心理的熏陶。在思想品德教育方面,引导小学生选择观看《少年彭德怀》《少年周恩来》《刘胡兰》等历史人物故事电视剧,或采用陪伴小学生专心观看这类电视剧,在适时适量状态下提问小学生所选看电视剧或节目的感受及对细节、主人翁的思想、感情、待人处事言行的看法,可以在有效引导和促使小学生形成优良兴趣品质、思想品质、心理品质的同时,强化小学生的"学习能力"。

在家庭精神文明建设的进程中,家长用自己遵守《家庭美德》的言行示范方法,引导、感染小学生形成和养成讲"美德"、遵"道德"的意识和自觉性,并且适时适量地采用点评家庭全体成员遵守《家庭美德》的方法,争取取得强化小学生形成和养成讲"美德"、遵"道德"的意识和自觉性的效果。例如,家长用自己尊老爱幼、与邻里和睦相处、同情帮助弱势群体的言行感染自家小学生形成和养成尊老爱幼、与同学和睦相处、同情帮助弱势群体的意识;家长用自己崇尚和热爱科学、不搞封建迷信、不沉迷于宗教的思想感情和言行,感染和引导自家小学生形成和养成崇尚和热爱科学、不信封建迷信、不参与宗教活动的意识。

在与自家小学生一起做家务的过程中,家长应用自己认真做事的态度、讲究采用最佳方式方法做好事情的言行,感染和引导自家小学生养成认真做事的意识、态度,以及讲究采用最佳方式方法完成任务的优良习惯。

在带领自家小学生旅游或购物的过程中,家长应用自己认真观察景物或仔细挑选商品的态度,有顺序地欣赏和领略景物或商品的外在美与内在美及其象征意义的方法,感染自家小学生既养成认真观察景物或仔细鉴赏商品的心态意识,并引导其练就有顺序地欣赏和领略景物或商品的外在美与内在美及其象征意义的基本能力,为自家小学生逐步形成应有的作文能力打下一定的基础,还能引导自家小学生形成留心处处得学问的良好习惯性心态。同时,还可以达到不断强化自家小学生的"注意力、观察力、记忆力、理解力、想象力、判断力",进而增强其"学好文化课程的能力"。

总而言之,家长抓住帮助自家小学生学会生活本领这一重点,既可以使自家小学生学到做人的基本知识,又能够使自家小学生养成较强的"注意力、观察力、记忆力、理解力、想象力、判断力",为其能够出色地完成小学的学习任务培养出"学习能力"。

与老师加强沟通配合是提高学生学习成绩的有效方法之一

　　小学各年级的许多学生学习成绩不理想,这是许多家长、老师都面临的一道必须破解却又不易破解的大难题,于是这道大难题便成了家长、老师最着急也是最头痛的一大心病。那么,有无破解这道难题的方法,有无消除家长、老师的这一心病的思路呢? 回答是肯定的。笔者认为,家长与老师沟通配合就是一种好方法。

　　首先,理论上,“人的素质＝人品魅力＋智力＋创新能力”,人的素质高低优劣是由“家庭、学校、单位”三个“车间”的加工来决定的。第一,“人品魅力、智力、创新能力”的高低优劣虽然家长、老师、师长都负有一定责任,然而“人品魅力”的高低优劣家长则负第一责任,老师和师长负第二责任;“智力”的高低优劣老师负第一责任,家长和师长负第二责任;“创新能力”的高低优劣师长负第一责任,家长和老师负第二责任。在这一责任体系当中,“人品魅力”的高低优劣是决定“智力”和“创新能力”高低优劣的前提和基础。子女与父母有着割舍不掉的血缘亲情纽带,子女对父母在家里表现出来的喜怒哀乐、七情六欲是在毫不设防的白纸状态下接受感染的;子女在接受父母物质供养、形成感恩心态的状态下,能够完全接受父母的人格魅力感染;子女客观意识(主观意识是先天的,如热、冷、疼、渴、饿等意识)由无到有(即出生后的六七年内)的关键时期,父母是以第一任教师的身份有意无意地尽着言传身教的主要责任的。所以,家长能不能与老师经常联系沟通,形成优化小学生“人品魅力”优良的合力,就成了小学生能不能取得良好学习成绩、开发出理想“智力”的关键所在。

　　其次,小学各年级学生学习成绩不理想,从表面上来看是老师教的结果,实际上病根是家长长期引导和养育不够科学得当,致使自家小学生没有养成热爱学习的态度、没有形成能够取得优秀学习成绩必须具备的一系列良好习惯。例如,不少学生在家里没有养成“专心认真做家务事”的好习惯,于是在课堂上就缺乏“能把注意力集中起来认真听课”的好习惯。还有一些学生在家里没有养成“能够虚心接受管理和批评”的优良心理品质,到了学校进入班级之后,特别是在课堂上就缺乏“服从老师管理或接受批评”的意识。他们在课堂内不但自己不能把注意力集中到听课上来,还把周围的同学干扰得难以专心听课。在这样的病态出现之后,老师尽职尽责对其批评管理,严重的却会当面顶撞老师不服管理破坏课堂教学秩序,轻的也以不乐意的态度面对老师和消极对抗老师的管理批评。这些情况,表面上是学生的毛病,可是深挖病根是父母或上学前带孩子的成年人本身就在家庭生活当中存在着"不能专心认真做家务"的不良生活习惯和"不能虚心接受别人的管理和批评"的毛病。(如有的家长在家庭生活中连卫生都不肯用心认真地打扫,家访时果真许多课堂上不能专心听课的学生家里乱得一塌糊涂;在课堂内不服从老师管理或批评的学生,家长很多就是在家里不讲家庭美德、听不进别人的批评的"混混"。)孩子受其父母不良生活习惯或不良心理品质感染多年,自然形成了难以取得优良学习成绩的不良习惯或不良心理品质。实际中,由于家长养育子女的思想观念和方式方法不够科学得当,致使自家小生学生养成阻碍取得良好学习成绩的不良习惯的实例很多。再例如,家长在空闲时间里打牌成风,从来不买书、不读书,子女在家里缺乏自学氛围的感染,于是就会产生不爱看书学习的心理,严重的连老师布置的家庭作业也不能完成。还有不少家长在家庭生活中不注意要求子女形成利索做事情的好作风,使子女养成了做事缓慢的坏习惯,吃一顿饭要花一个小时。在学习中,动作快的同学只需一个小时就能完成的家庭作业,有的学生却要磨蹭两个小时。所以,帮助子女改掉已经养成的"不热爱读书学习""不能专心认真听课""不能虚心接受别人的管理和批评"的毛病,是离不开家长与老师的密切沟通配合的。这一点通过前面的分析不难理解,所以治病要先除病根。父母从不断端正自己的自学不厌态度、持续优化自己做家务的习惯、改掉自己听不进去别人批评等毛病做起,以身示教,子女就能以父母为榜样,养成学而不厌的治学态度,逐步改掉"不接受老师的批评管理和教育"的毛病,形成能虚心接受批评管理的好作风;逐步养成"能跟着家长认真做家务活(如认真打扫家庭卫生、整理家里的陈设物等力所能及的家务活,预防孩子形成懒惰、意志不坚强等毛病)"到"能专心认真听课"的良好学习习惯,为子女能够取得理想的学习成绩尽家长科学养育的责任,并与老师在学校里科学要求、科学教育、科学管理配合起来,使子女圆满完成学业得到合力。

什么时候家长和老师沟通才最恰当呢?差下生的家长应该每周和老师进行沟通;中等生的家长应该每月和老师进行沟通;优等生的家长应该每半学期要和老师进行沟通。所有家长在子女由幼儿向儿童转变、由儿童向少年转变、由少年向青年转变的时期,都应该多与老师联系沟通。这样,才有利于子女在身心发育中克服遇到的种种困难,跟上同龄人前进的步伐。

怎样来圆幸福青年梦

在如今喀什人的梦境里,幸福人生 = ①身心健康地在家生活 + ②身心健康地在校学习 + ③身心健康地在岗工作 + ……N;身心健康 = ①身体健康能够避免疾病折磨 + ②心理健康能够避免七情六欲过度而难达目标之折磨 + ……N。幸福人生的各段特点 = ①第一段落(幸福婴儿 + 幸福幼儿 + 幸福儿童 + 幸福少年) + ②第二段落(幸福青年) + ③第三段落(幸福成年 + 幸福老年 + 幸福晚年)。第一段落内的幸福指数高低主要依靠父母供养能力的强弱,其被动性体现得突出;第三段落内的幸福指数高低主要依赖于自己的奋斗,其主动性体现得突出。而由于第二段落内的幸福指数高低既取决于被动性的大小,又取决于主动性的大小,因而当主动性大于被动性时幸福指数最高,主动性等于被动性时幸福指数居中,主动性小于被动性时幸福指数最低。即制约青年赢得幸福的要素——被动性的大小取决于父母素质化养育子女技艺的优劣,所以说,怎样能够使"制约青年人争取幸福的被动性最小化"就成为使青年人提升幸福指数的关键。即如果父母素质化养育的意识浓厚、方式方法到位,自家子女主动成才、和谐处世、积极为学的心理修养就好。主动性在同龄人中居于最强水平,优化自身素质的收效在同龄人中居于上游水平,那么自家子女必成"幸福青年"。如果父母素质化养育的意识淡薄、方式方法不当,自家子女主动成才、和谐处世、积极为学的心理修养则居中。主动性在同龄人中居于中游水平,那么自家子女必然成为"半幸半不幸青年"。如果父母素质化养育的意识缺乏、方式方法欠缺,自家子女主动成才、和谐处世、积极为学的心理修养就在同龄人中居下。主动性在同龄人中居于下游水平,那么自家子女必然成为"不幸青年"。

在健全的社会主义市场体制下,可以赢得幸福人生的支点——成为高素质公民。即高素质公民 = ①人品优良 + ②知识丰富 + ③智力发达 + ④创新能力 + ……N。人品优良 = ①生理健康体力充沛 + ②心理健康适应能力强 + ③"四德"修养好自律力强 + ④"五观"科学态度端正 + ⑤先进文化素养现代化 + ⑥法治意识强 + ⑦理想导向力强劲 + ⑧崇尚高素质人才的素养浓厚 + ⑨专业素养在同龄人中最好 + ……N。

知识丰富 = ①做人的知识既有广度又有深度 + ②处社会的知识既有广度又有深度 + ③完成学业的知识既有广度又有深度 + ④成就事业的知识既有广度又有深度 + ⋯⋯N。

智力发达 = ①思维能力在同龄人当中最强 + ②记忆能力在同龄人当中最强 + ③理解能力在同龄人当中最强 + ④想象能力在同龄人当中最强 + ⑤判断能力在同龄人当中最强。

有创新能力 = ①学习和竞争能力在同龄人当中最强 + ②决策和管理能力在同龄人当中最强 + ③口头和书面表达能力在同龄人当中最强 + ④应变和抗挫能力在同龄人当中最强 + ⑤协调和整合能力在同龄人当中最强 + ⑥钻研和发现能力在同龄人当中最强 + ⑦总结和推广能力在同龄人当中最强 + ⑧崇尚和举荐高素质人才能力在同龄人当中最强 + ⑨专业技能和技艺在同龄人当中最强 + ⋯⋯N。

高中生争做高素质公民的要点，即走好高中毕业考进取理想大学这一步。对于高中毕业生来说。走好毕业综合复习这段关键路的奋发举措则如表1所示：

表1　××同学"抓住'成功五环节'走好'考取理想大学的综合复习制胜这段路'举措"一览表

举措五环节	宏观上"抓住成功五环节"	微观上走好"考上高中复习制胜这段路"		
③成功五环节 = ④①梦想远大 + ②目标具体 + ⑤坚持到胜利	① 梦想远大，避免痛苦人生，力争幸福人生。	争做"高素质公民""高素质 = 人品优良 + 知识丰富 + 智力发达 + 创新能力 + ⋯⋯N"。针对"初中生的心理状态及特点"，强化"自我管理能力"，提升"主动性"。		
	② 目标具体 = 中考总分要达到600分以上，考进喀什地区计划内高中。		中考前	中考分数
		语文	118	+10	128
		数学	105	+10	115
		英语	94	+20	114
		物理	45	+20	65
		化学	24	+36	60
		政治	70	+12	82
		历史	60	+8	68
		总分	516	+116	632
	③ 态度积极 = 只要努力就能达标，只有努力才能达标。	① 在家里一定完成作业；② 在课堂上上专心听讲。		
	④ 立即行动 = 克服影响达标的不良习惯性行为。	① 在家里晚上不打电脑游戏；② 在课堂心思再不开小差或睡觉。		
	⑤ 坚持到胜利 = 每天做出"克服影响达标的不良习惯性行为"的记录，以避免受罚。	"① 在家里晚上打电脑游戏；② 在课堂心思开小差或睡觉"，家长就以不给压岁钱及不供给手机费或零花钱的方法给予处罚。		

可以以此为样本,填写表2:

表2　××同学"抓住'成功五环节'
走好'考取理想大学的综合复习制胜这段路'奋发举措"一览表

举措五环节	宏观上"抓住成功五环节"	微观上走好"考上高中复习制胜这段路"		
③成功五环节＝④①梦想远大＋②目标具体＋⑤坚持到胜利	① 梦想远大,避免痛苦人生,力争幸福人生。	争做"高素质公民""高素质＝人品优良＋知识丰富＋智力发达＋创新能力＋……N"。针对"初中生的心理状态及特点",强化"自我管理能力"。		
	② 目标具体＝中考总分要达到_____分以上,考进喀什地区计划内高中。	中考前分数		中考分数
		语文		＋
		数学		＋
		英语		＋
		物理		＋
		化学		＋
		政治		＋
		历史		＋
		总分		＋
	③ 态度积极＝只要努力就能达标,只有努力才能达标。	①_____；②_____。		
	④ 立即行动＝_____。	①_____；②_____。		
	⑤ 坚持到胜利＝每天做出"_____"的记录,以避免受罚!	"①_____②_____",家长就以不给压岁钱及不供给手机费等或零花钱的方法给予处罚。		

要找到"圆幸福青年梦"走好每段人生路的具体步伐! 赢得高考,在争做高素质公民的历程中迈好高中毕业考取理想大学这一为学的制胜步伐。

（此文发表于2013年5月《东方教育》）

参考文献:

①《解读〈国家中长期人才发展规划纲要〉(2010—2020年)的几点体会》,《人文社科论坛》,2010年第11期。

②《创新人力人才资源开发质量观和工艺迈出人口人力资源大国到人力人才资源强国转化新步伐》,《人文社科论坛》,2010年第12期。

③《采用哪些战术才能人才强国》,《人文社科论坛》,2011年第1期。

④《高素质人才资源开发新疆跨越式发展的制胜要件》,《人文社科论坛》,2011年第4期。

强化思维训练　提高学生语文能力

在语文课改把培养练就口头和书面表达(语文)能力确定为最终目标的今天,应在语文课堂上把培养练就口头和书面表达能力的教学行为升到主导地位,将传授掌握语文知识的教学行为降到辅助地位,使语文课改走上素质教学思路与应试教学思路并行的康庄大道。让各个学龄段内的学生都能在语文课堂教学这一重要渠道内,既练就应有的口头和书面表达能力,又掌握既定的语文知识。赢得语文课改的应有效益,实现语文课改所求的根本目标,强化思维训练是个关键环节。

在应试教学思路一统天下的形势下,由于在语文课堂教学的过程中,师生把完成传授掌握知识的任务摆到了明显的主导地位,却把完成培养练就技能的任务排到了隐蔽的辅助地位。例如,把思维能力的训练放置到了标准不明确、要求不确切、训练方式方法不清晰的必然王国劣态,使学生的形象思维能力、逻辑思维能力、灵感思维能力的开发处于隐蔽求索的不力状态,使师生在中小学十多年内消耗了不小的精力之后的收效却是:口头表达比较流畅、提笔作文有话可写的为数不多,张口结舌、提笔作文无话可写的为数不少。至于在口头和书面表达中能迅速地表述出人物或事件的特点和本质,在记叙、说明、议论的过程中能够达到既全面又深刻或具有富创造性见解的就更没有几个了。追究其病因,除了汉语发展到辉煌的今天便产生了沉重不易精通掌握的客观原因之外,思维能力的训练不力是人为的主要病因。所以,应研究制订出语文教学中的思维能力开发方案。确定出语文教学中的思维能力训练的标准,明确语文教学中的思维能力训练方式方法。造就语文教学中的思维能力开发有章可循、照章训练、依章测评的自由王国优态,强化思维训练,势在必行。

例如,在语文课堂教学中明确地指导学生练就思维的敏捷性品质,就能有效地促进学生克服在口头和书面表达时迟迟找不到叙述对象的特点和本质的窘态。强化训练的做法是在语文课堂教学中,讲授每篇课文的时候都引导学生找出作者记叙人物、事件或说明产品、阐述道理的精彩句段。在要求学生适当朗读背诵、促使学生增强社会生活间接体验和积累有关知识的基础上,还要指导学生理出作者表达时的思维线路。并在做出一定点评的进程中,说明作者表达时采用该思维线路的优点。然后要求学生说出如果由自己来记叙该人该事、说明该产品、阐述该观点,那么将会采用怎样的思维线路,并说出与课文作者思维线路异同的理由。这样反复地把学生推进具体的表达思维情境之中,既有课文作者的思维线索作示范,又有学生自己的思维线索作比较,不仅能在学生的脑子里储存下许多能抓住人物、事件、产品的特点、性能及本质的思维模型,而且还能让学生随着课本内的不同文体,接受到记叙文、说明文、议论文等不同类型的思维方式方法的训练。以便学生在口头或书面表达的时候拥有打开或创新思路的思维线索模型借鉴,为消除学生口头或书面表达出现的"张口结舌、提笔作文无话可譬"的病态起到治本的作用。

在语文课堂教学中明确地指导学生练就思维的确定性品质,就能促进学生消除在口头和书面表达的过程中常患的要么用词不准确、含糊其辞、模棱两可;要么混淆议题、东拉西扯的常见病症。强化训练的做法是在语文课堂教学的过程中,讲授每一篇课文的时候都指导学生找出课文题目中的关键词、段落中的中心句、全文中的中心段。让学生感受作者用唯一的词汇表述要点、用唯一的句子表述段落中心、用唯一的段落表述文章的中心意思,使其表达获得了准确性和鲜明性的绝妙价值。然后,让学生从自己的作文中找出段落内缺少中心句、文章里没有中心段落的具体病例加以修改,使其在学习范文、修改完善自己文章的过程中练就"思维的确定性品质"。

在语文课堂教学中明确地指导学生练就思维的严密性品质,就能促进学生在口头和书面表达的时候避免出现"语无伦次、条理不清、层次混乱、观点与材料不统一、论据不足、牵强附会"的失误。强化训练的做法是在语文课堂教学中,指导学生收集整理出复句内分句与分句之间的关系类型、自然段内句与句之间的关系类型、意义段落内层与层之间的关系类型、全文内意义段落与意义段落之间的关系类型,让学生从中找出"问答、因果、说明、条件、并列、承接、转折"等类型。在熟悉其类型的过程中,发现形象和逻辑思维中的基本线索规律,以便在表达时有规律可供遵守,有效防止"语无伦次、条理不清、层次混乱、观点与材料不统一、论据不足、牵强附会"等思维失误。

在语文课堂教学中明确地指导学生练就思维的深刻性品质,就能促使学生在口头和书面表达的时候克服出现"假、大、空"连篇、肤浅空泛的不良思维作风。强化训练的做法是在分析讲解课文思想性的时候,与学生一起找出作者深刻透彻揭示事物本质和人物内心世界的句段加以点评,让学生从中体会到口头和书面表述达到了应有的深刻度的美感。从而在学生的脑子里形成"语意不透死不休"的意识，为克服口头和书面表达时的"假、大、空"不良思维作风练出能够去粗取精、去伪存真、由此及彼、由表及里、全面把握人和物、事与理的共性和特殊性，正确地揭示人物和事件的本质，透彻地反映人物和事件的发展变化规律的思维能力。

在语文课堂教学中明确地指导学生练就思维的广泛性品质，就能促使学生在口头和书面表达的时候避免出现"要么只能从左向右或从上向下却不能从右往左或从下往上思维、要么只能先因后果却不能先果后因，思路单一狭窄"思维缺乏多角度的广泛性的病态。强化训练的做法是在说明文、散文的艺术分析讲授的过程中，引导学生深入欣赏作者写说明文和散文时，多角度说明或描述事物而显示出思路开阔使表达显现繁丰灵活、绚丽多彩的美丽之处。激发学生形成多角度思维表达的强烈意识，为克服"思路单一狭窄"的病态打下基础。

在语文课堂教学中明确地指导学生练就思维的创造性品质，就能激发学生养成独立思考的良好习惯，避免其出现"人云易云，沿袭前人的现成思路"的毛病。确保学生在口头和书面表达的时候既能以课文作者的思路为借鉴，又不拘泥课文作者的思路而因循守旧。既能获得课文作者思路的启示，又能具有见人之所未见、产出新颖独到的见解。强化训练的做法是在高中的语文课堂内简要地给学生介绍一些创造性思维的常识，使学生在以前的形象思维、逻辑思维训练基础上对灵感思维有所认识。然后，在班内开展"一周一设想"活动。每周在班会上把一周内班级内出现的主要问题理出来，让学生设想解决其问题的具体办法。调动学生在提出解决班级出现的新问题的过程中练习思维的创造性品质，使学生的思维在速度、广度、深度、力度、高度、空间度上都得到相应的训练。从高一到高三，每周都开展一次"一周一设想"的活动，天长日久就会使学生的思维创造性品质逐步形成。

综合起来，思维是否具有敏捷性的品质是促进或制约学生及成人口头或书面表达速度快慢、内容能否突出重点的主要基因；思维是否具有确定性的品质是促进或制约学生及成人口头或书面表达内容是不是肯定的主要基因；思维是否具有深刻性的品质是促进或制约学生及成人口头或书面表达内容深浅的主要基因；思维是否具有广泛性的品质是促进或制约学生及成人口头或书面表达内容能不能全面的主要基因；思维是否具有严密性的品质是促进或制约学生及成人口头或书面表达内容的层次之间有无冲突的主要基因；思维是否具有创造性的品质是促进或制约学生及成人口头或书面表达内容的含金量大小的主要基因。所以,语文课堂教学应在不放松传授掌握语文知识的同时,把强化思维训练提到日程上来,让思维训练在语文课堂教学中由隐蔽状态转变到显著状态,通过中小学语文课堂教学强化学生的思维训练,使学生的思维品质具备"敏捷性、确定性、严密性、深刻性、广泛性、创造性",为形成应有的口头或书面表达能力、清除学生思维品质欠佳导致的"张口结舌、提笔作文无话可写"的病态,提供切实的保障。

中学生提高课堂学习效率的要点之一
——形成乐于接受各类课堂教学管理风格的意识和能力

对于处于青春期内容易被自己的好恶支配、情绪波动较多的中学生来说，能否适应各门任课老师不同的课堂管理风格，在所有课堂内以十分尊敬和爱戴老师的心态，全面地与所有的任课老师和谐相处，虚心接受老师的教诲，与老师深爱学生的态度构成温馨、和谐的情感氛围，直接左右着课堂教与学的收效。所以，家长能否科学有效地指导自家中学生"形成乐于接受各类课堂教学管理风格的意识和能力，是中学生提高课堂学习效率的一个要点"。

那么，家长怎样才能科学地指导自家中学生形成乐于接受不同课堂教学管理风格的意识和能力呢？

家长要教育处于青春期内的子女，正确认识各类课堂教学管理风格的主要表现特点及正负效应。

首先，家长要指导处于中学阶段的子女正确认识"具有'严谨的传统课堂教学管理风格'老师"的优点。

例如，面对持"严谨的传统课堂教学管理风格"的老师时，要正确认识这一管理风格的主要特点：在课堂教学管理当中，时时处处都以规章制度为尺码进行衡量和点评学生的言行，使好的及时地受到赞扬、差的及时地受到批评，追求持续强化优良"细节"，使学生形成优良"习惯"的教学管理收效。老师时有"耳提面命"的管理措施，具有"使学生养成'认真严谨做人做事良好习惯'的优点"。

再例如，面对"严谨的传统课堂教学管理风格"时，就要正确认识其正负效应：这一风格注重课堂内良好的"细节"积累形成"认真严谨的学风"的正面效应；课堂内的严厉批评易使学生情绪波动引发不易当场赢得良好学习效果的负面效应。

从宏观层面上说，中学生在科学地明确了严谨的传统课堂教学管理风格的特点和正负效应后，就容易自觉地与具有其课堂教学管理风格的教师和谐相处，不以抵触的态度在课堂上与教师闹别扭、搞情绪对立，从而影响教学正常推进，妨碍赢得教学良效。

　　而在微观层面上，家长还得从自家中学生的具体情况出发指导，使其形成相应的意识和能力。如果自家中学生在科学的家庭养育中，不存在"不能接受批评的骄娇之气"，能够接受课堂教学管理风格，就不必考虑其问题。相反，家庭养育在这一方面存在漏洞，自家中学生身上存在"骄娇之气"，就往往易与具有这一课堂教学管理风格的老师闹别扭，引起双方情绪波动，直接影响课堂教与学的收效。属于这种状态的，就要花力气消除自家中学生身上的"骄娇之气"，使其尽快树立科学地尊师从教意识，练就能够接受严谨课堂教学管理风格的意识和承受能力，自觉为自己和其他同学造就顺利完成学习任务，为酿就和谐课堂气氛做贡献的积极心态。

　　其次，家长要指导自家中学生，不但能够科学地接受"不拘细节的现代课堂教学管理风格"，而且能够正确地对待具有其风格的老师。

　　例如，面对持"不拘细节的现代课堂教学管理风格"的老师时，要正确认识这一风格的主要表现特点：在课堂教学管理当中，不强求"细节"的规范化，不采用及时批评学生言行的方法，避免了学生因受批评而情绪波动影响学习效率的负面效应；使学生在课堂内能够保持情绪平和，便于教与学顺利进行，从中赢得良好的即时教学效果。

　　再例如，面对"不拘细节的现代课堂教学管理风格"的老师时，要正确认识其正负效应是：课堂管理不强调"细节"的规范性，易形成平和的气氛便于获得即时预定教学收效，这是其正面效应；而学生在课堂内的言行比较自由，不规范其细节，积累起来容易使学生养成"不守规则的劣习"，这将会影响其终生成才成事大局，这是其负面效应。

　　这样科学地引导自家中学生明确"不拘细节的现代课堂教学管理风格"的特点及正负效应后，就为自家中学生自觉地与持课堂教学管理风格各异的教师有理有节地相处。不因喜好而忽视负面效应，使自己养成不拘小节的散漫作风及不良习惯，给日后难以接受诸如军队式的严谨管理埋下祸根，从而毁了自己一生。

　　在微观层面上，家长要从自家中学生的具体情况出发：引导自家中学生理清"由于不采用及时批评学生不良行为的方法，能避免学生在课堂内因受批评而情绪波动妨碍学生学习效率提高的负面效应"。具有这种风格的老师，不仅能够赢得"性格开朗、活泼的学生和性格内向、拘谨学生的喜欢与爱戴"，而且特别是能够赢得具有"骄娇之气"中学生的青睐。要求自家中学生要形成"一分为二"看待其课堂教学管理风格的正确态度，以防在片面地肯定或否定某类课堂教学管理风格的过程中，影响了具有"严谨的传统课堂教学管理风格"老师的课堂教学管理的积极性,形成不利于学生全面提高课堂学习效率的不良班风。

因此,应由家长深入地指导自家中学生"形成接受各类课堂教学管理风格的意识和能力",使自家中学生认识到:课堂教学管理作为一门艺术,在不同的课堂教学管理思想观念作用下形成的多姿多彩各类风格,常常是师道艺术化的体现,各有各的正面效应和负面效应。不能凭着中学生还不够成熟的个人爱好与厌恶,评说哪类好哪类不好,进而片面地评定老师的优劣,从而妨碍师生和谐关系的全面建设。家长要抓住这一要点,科学有力地指导自家中学生在学会全面科学地看待师长方面赢得新进步——养成善于接受各种课堂教学管理风格的优良心态。指导教育自家中学生练就"接受教育者就应该以形成接受各类课堂教学管理风格的意识和能力",预防自家中学生由于缺乏接受不同类型的课堂教学管理风格的意识和能力,当自家的中学生不能适应某种课堂教学管理风格与老师闹别扭时,不能从自家中学生的身上找病根,反而要么要求给自家的中学生调换班级,要么找学校要求调换任课老师,致使影响自家中学生提高课堂学习效率的不良现象蔓延。这不仅影响自家中学生课堂学习成绩的提升,而且妨碍全班同学课堂学习效率提高。

外向型孩子的"注意力"品质
——优化课堂学习提高考试成绩的关键

性格外向型的孩子,学习成绩往往与其聪明程度不一致。例如,这类学生日常活动当中十分活泼,与人交往情感反应顺畅,讨人关爱,容易给人留下聪明、脑子好用的感觉。由此,也易推断出他们的考试成绩本该良好。可是,这类孩子考试的成绩状况并非如此。笔者以兰天同学为例,寻求这一不良状态根源。笔者陪兰天一起参加了双休日英语兴趣班学习,发现兰天作为性格外向的孩子,把日常活动当中的活泼优点带进了课堂。在老师讲课的时候,特别是在一节课开始讲新单词的时段内,由于依然沉浸在课间游戏活动的兴奋情绪中,与课间游戏的同伴谈笑不止,"注意力"不能适时地转移到学习新单词(知识)方面,因而直接浪费了学好新单词(知识)的时间,错失了掌握新单词的最佳时机。当老师讲完了新单词的发音、形态、意义之后,提问考核他掌握新单词(知识)的状况——口头考试时,他掌握本节课内新英语单词(知识)的成绩自然很不理想。在同班同学中,自然地形成了英语新单词(知识)学习成绩差下的比较结果。章节教学结束后,老师带领他复习并进行巩固性考试,他也难以取得理想的成绩。久而久之,他对学英语先是逐渐失去了兴趣,后来逐步丧失了信心,以至于发展到厌学英语这门功课了。

笔者从教育学、心理学中寻找形成其病根的原理及医治方法。首先,发现兰天在上学前,由于父母忙于生计而由其外公外婆监护。因此,缺乏"新一代素质养育技艺素养,所以没有对其实施应有的"'注意力'品质的优化训练"。例如,在溺爱中放任他的日常活动,使其养成了不能顺应别人要求适时地将"注意力"从自己喜欢的游戏兴奋中转移到听课等更有价值活动方面的不良心理状态,从而导致其上学后在课堂内的学习效率低下,考试成绩难以及格的不良后果。在找到了病根及明白了其病理之后,为其补上"注意力"这一心理品质优化训练课的方式方法,笔者采取了以下补救措施:

(1)在家庭日常生活中注重其"注意"心理品质的优化。例如:① 着手矫正其过去养成的"边吃饭边看电视节目"的不良生活行为习惯,训练他能够把"注意力"集中于吃饭这一价值最大行为上的"专注"心理品质;② 杜绝了他过去养成的"晚饭之后,边看电视节目边做作业"的不良学习行为习惯,注重训练他能够把"注意力"集中于做作业这一价值最大的行为上的"专注力"品质;③陪他看允许看的电视节目,看后要他复述电视节目的主要内容,迫使他养成集中"注意力"完成中心任务的良好习惯。这样经过4年多时间的坚持,兰天初步取得了使他在做主要事情时基本能够将"注意力"集中在其上的明显收效。

(2)以家长的身份,适时到学校深入课堂内观察其能否集中"注意力"听课的具体表现。将其在一节课内"注意力"不能集中的表现记录下来,向任课老师予以反映,赢得任课老师在课堂内的及时关注及管理,达到强化他在家庭生活中优化"注意力"品质取得的成效。

经过上述努力,兰天的课堂学习考试成绩逐渐有了提高,家长、同学和老师对他的好感增加了,他自己对争取理想的听课考试成绩也有了信心。

在兰天家庭素质养育的曲折进程中,我们可以得出如下主要经验教训:

一是孩子的课堂学习成绩之优劣,学前教育时期内练就的"注意力"这一心理品质的优劣是个关键的内在因素。诸如上述案例,如果没有后来委托监护人的精心补救,兰天不但不能赢得课堂学习成绩提升的理想进步,还会恶性循环地形成"对学好英语先是逐渐失去信心,后来逐步丧失兴趣,直至厌学英语的心态"。如此,其他各门功课的课堂学习质量也会下滑,他便可能成为门门功课学习成绩都低劣的学生。这样,他便会丧失上进心,在成才的道路上会栽大跟头。

二是学前养育,即7岁前的监护人具备应有的"新一代素质养育技艺",已经成为提高中小学素质教育质量的必备客观要件之一。

要爱护和培养学生的创造思维

随着 21 世纪知识经济时代的到来,创新教育已经成为人们关注的热点。江泽民同志曾指出:"创新是一个民族进步的灵魂,是一个国家兴旺发达的不竭动力。""一个没有创新能力的民族,难以屹立于世界先进民族之林。"新世纪的人才日趋世界化,地域观念将被彻底打破;高科技的发展及其相互渗透使人们深深认识到:当代各国之间的竞争,实质上是人才的竞争,而人才的竞争实质上又是创造力的竞争。因此,培养人具有创新意识、创造精神、创新能力就成了时代对人才的根本要求。教育是国家创新体系的支柱和基础,担负着母语教学的语文学科又是教育中最基础的学科,具有其他学科所无法替代的培养创造力的特殊功能。因而,为民族和国家培养出时代需要的富有创新精神和创造能力的人才,是语文教师责无旁贷,且应完全能够完成的使命。

一、创新教育需要为学生创造一个相对宽松的学习环境

爱因斯坦说过:"脆弱的幼苗,主要需要自由,要是没有自由,它不可避免地会夭折。"创新教育尤其需要教学民主,因为只有民主平等的师生关系,才能为学生创造性地学习营造良好的教学氛围,成为学生积极探求、锐意创新、自由发挥个性的精神支柱和感情支撑。在这种民主的环境中,学生的创造潜能就能发挥出来。

在教学过程中,教师常常会遇到学生提出一些意料之外的问题。其中,有的问题往往是学生创造思维的表现,即使是萌芽状态的。对此,教师应该给予肯定和引导,使之能不断发展、成熟。例如,一次笔者讲授曹禺的《雷雨》,在让同学们讨论分析周朴园这个人物形象时,有几位同学认为周朴园这个封建资本家并不是很坏的人,在对待鲁侍萍的问题上,有他善良、同情的一面,不能说是彻头彻尾的"伪君子"。这几位同学还以材料证明他们的看法。针对他们的观点,笔者首先肯定他们的探讨精神,尽管他们的观点不能自圆其说。笔者不急于求同,在让他们各抒己见后,引用了傅立叶的一段话:"侮

辱女性既是文明的本质特征,也是野蛮的本质特征,区别在于:野蛮以简单的形式所犯下的罪恶,文明却赋以复杂的、暧昧的、两面的、伪善的存在形式。"让同学们用这段话去对照周朴园的所作所为,透过表象,看到其伪善的本质。这样做,无疑会使学生在一种"心理自由"与"心理安全"的状态下积极发展,引导学生学会运用思维去分析问题,提高其解决问题的能力。

　　培养创造思维是艰苦的工作,并非一朝一夕所能完成。中学生思维活跃,然而,他们缺乏社会实践,知识较贫乏,观察能力和分析能力也有限。甚至,有的学生思维处于封闭状态(其中有些是教师的偏见所致)。因此,他们在思维过程中所表现出来的简单化、单向性是不足为奇的。作为教师,完全有责任去发现其中积极的东西,应千方百计地去激发、培养他们的创造思维。

二、创造的无限丰富的机会埋藏于亲身实践的沃土之中

　　实践是创造的基础,创造精神和创造能力是在学生的实践活动过程中同时得到锻炼和提高的。恩格斯说:"科学的教育任务是教学生去探索、创新。"可见,教学生去探索创新才是教学中最好的教学方法。要培养创造型人才,就必须培养创造能力,而创造能力有赖于创造思维。学生的创造思维,很大程度上又有赖于教师的培养。

　　如何培养学生的思维能力? 总体上说,无论是讲授知识还是写作训练,都要体现出创造思维的特点,即独立性思维、联动性思维、多向性思维、跨越性思维、综合性思维。现行教材选文不少出自名篇名家,可以说在为教师培养学生的创造思维方面提供了有利条件。教师应该抓住这一有利条件开拓学生的思维,潜移默化地影响学生,使之在接收知识的过程中萌生创造思维的基因。《雨中登泰山》一文,作者独具卓识,文章的选材与立意与众不同。为更好地诱发学生的多向性思维,笔者有意识地介绍了茅盾、袁鹰、刘湛秋三位作家同以"白杨树"为素材的文章。文章立意均不同,从而可以让学生明白只有经过自己的辛勤劳动,独辟蹊径,才能使文章不落窠臼。《为了忘却的纪念》一文,作者的横向思维最为突出地表现为两个以昨比今的例子:一是引进《说岳全传》中高僧坐化的故事;二是写自己青年时期读向子期《思旧赋》的情况。老师要让学生明白,作者的横向思维把文章的主题思想推向了深处。又如《林教头风雪山神庙》一文中对"风雪"的描写,可以说是独具匠心。作者为什么要采用多角度的描写手法? 这几种描写手法的内在联系怎么样? 这样一琢磨,作者的缜密构思便跃然纸上。通过老师点拨,师生共同探讨,对学生

创造思维的培养无疑起到了潜移默化的作用。总之,文章写得活,教师也要讲得活。讲课照本宣科,面面俱到,学生的思维活动犹如一潭死水,有何得益?

三、大胆质疑是创新教育的重要环节

学贵有疑,学则须疑,是我国教学的优良传统。传统教学强调在学习中提出疑问、解决疑难,无疑是十分正确的,但这还远远不够。在语文创新教育中,教师更应鼓励学生对前人的经验、已有的结论大胆质疑,勇于提出自己的见解。教师应努力培养学生独立的精神,不迷信书本,不盲从权威。正如王纪人先生所说:"他们的认识虽不深刻却是自己的认识、要比虽深刻但却是别人的认识更有价值。只有勇于否定,大胆扬弃,才可能锐意创新。"因此,在课堂中鼓励学生大胆质疑是创新教育的必需。

1. 教师可以引导学生于疏漏处质疑

选入教材的文章大都是"文质兼美"的典范文章,但其中一些文章也不可避免地出现了一些疏漏,而这些疏漏正可以让学生去质疑。如《依依惜别的深情》一文,情文并茂,感人至深,但文中却出现了几个病句;《天山景物记》一文辞彩绚烂,却有几处常识性错误;《冬天之美》一文前后所写的内容是矛盾的。

2. 教师可以引导学生于不正确处质疑

文学具有不确定性,它没有标准答案。教师应尊重学生的不同阐释。只要立足作品本身,能自圆其说,都应该肯定其"合理性",支持其成立。如对莫泊桑《项链》主题的理解,教参认为是"尖锐地讽刺了小资产阶级的虚荣心和追求享乐的思想"。那么,可不可以理解为"通过主人公性格及生活境况的变化来提示'极细小的事可以败坏你,也可以成全你'的生活哲理"?可不可以理解为"写落在小人物头上的灾难,以表达对小人物人生命运的关怀,对其不幸遭遇的深切同情"?这些都可以引导学生去思考和质疑。

问题意识是产生思维能力的动力,是创新精神的萌芽,激发学生的问题意识,是培养学生创新精神的基石。一些学生不善于提出问题,不敢或不愿提出问题,教师要鼓励和培养学生创新能力的发展。

四、拓宽思维的空间是创新教育的根本

大千世界的事物不是孤立的、静止的,它们往往有机地联系在一起。引导学生辩证地思考问题,从多个角度去分析问题,是培养学生具备创造性思维的根本。

作文是一种综合性训练。一个学生的思维能力如何,很大程度上可以从其文章表现出来。想要一个思维不活跃的学生写出较高水平的文章来,这是不可能的。因此,作文训练应立足于开拓学生的思维境界。美国心理学家吉尔福特认为"发散思维"和"辐合思维"是思维的两种类型。前者特点是从横向打破常规,从多方面去求新求异;后者特点是从纵向方面去认识事物的本质。使见解深刻,是思维的深度问题。创造思维是发散思维和辐合思维的结合,而发散性思维是创造性思维的最主要的心理成分,因而,培养创造性思维应着重培养发散性思维的能力。现在学生的文章千人一面,缺乏生气,老师厌看,学生也厌写。然而,对一些"出格"文章又视为"劣作",求稳起见,还是"正统点"好,这种复杂心理,高三老师尤其。造成此心理的原因当然是多方面的。要改变这种现状,就要求教师在语文教学特别是写作教学中引导学生打破思维定式,改变单一的思维方式,运用联想、想象、推想、猜想等尽量扩展思路,从问题的各个角度、各个方面、各个层次进行或顺向、或逆向、或纵向、或横向的思考,从而获得众多方案和假设。笔者认为,在批阅学生作文时,教师特别要注意发现学生有新意的文章,哪怕是写得不很成熟,也应给予鼓励,以调动学生的积极性。如学生有对约定俗成的成语、俗语、说法给以反驳或否定的,如《不"异想"何以"天开"》《"弄斧"必到"班门"》;有稍加改造反其意而引申之的,如《从"冤家路宽"想到的》《"小马"也能"识途"》;有对历史名人的所作所为重新认识的,如《"隆中归隐"小辩》;有对古代、外国名作中人物重新评价或翻案的,如《谈"愧色"》《也谈路瓦栽夫人》。小作者初生之犊,反弹琵琶,思辨睿智;文章主题新颖,见解独到,文风泼辣,笔墨酣畅——驰骋中外古今,大展敏捷才思,令读者拍案叫绝之余,不禁慨叹后生着实可畏。

笔者曾在桌上放了一只被咬过一口的红艳逼人的苹果,让学生展开联想。学生从不同角度联想到:

(1)由一口口被咬啃的苹果,想到了一天天被侵蚀而遭恶化的地球环境。

(2)由品尝苹果想到品尝人生的酸甜苦辣。

(3)由蛀虫蛀蚀苹果,想到社会蛀虫蛀蚀社会的肌肤。

(4)由品尝苹果的苦涩,想到中学生早恋的苦涩。

(5)由苹果的不完整,想到国家和民族的不完整。

通过训练,使学生能多角度去观察和感受对事物的认识,解放了他们的思想,初步培养了他们发散思维的能力,培养了他们创造性思维的能力。

爱因斯坦说:"想象力比知识更重要,因为知识是有限的,而想象力概括着世界上的一切,推动着进步,并且是知识进化的源泉。严格地说,想象力是科学研究的实在因素。"这精辟的论断告诉我们,培养创造型的学生远比知识型的学生更重要。如果学生有了丰富的想象力,加之表现技巧,那么文章便会写得生动、深刻。

又一次,笔者布置了一道提供材料作文:有一位画家去拜访德国著名画家阿道夫·门采尔,诉苦说:"为什么我画一幅画只需要一天的工夫,可是卖掉它却要等上整整一年呢?""倒过来试试吧!"门采尔严肃地说:"要是你用上一年的工夫去画它,那么只需要一天,就准能卖掉它!"要求学生在领会此材料中心后,联系现实写一篇议论文。如果从第一印象去写这一篇文章,则很难写出新意。有个别学生能抓住材料所含的"快"与"慢"的辩证关系进行发挥,从"大跃进"的"升温热"谈到现在的经济改革、治理整顿,用辩证法去分析两个时期的经济建设之得失,从而得出"欲速则不达"的道理。文章思路放得开,收得拢,时间跨度大,体现出发散思维和辐合思维的能力。

总之,创新是知识经济的灵魂,是时代精神的聚焦。与之相适应,教育也必须从知识本位转变为创新本位,以创新型人才的培养作为自己的根本任务,使学生沉睡的创新潜能得到有效开发并得到升华,形成强烈的创新意识和创造能力。作为基础教育主要学科之一的语文学科,更应该充分发挥独特的学科优势,让学生展开思维的翅膀,激发其强烈的创造欲望,使语文学科成为培养创新人才的一方沃土。

建立班级好风气的方法——"软硬兼施"

在全面提倡素质教育的现阶段,班级管理是学校管理的一个重要组成部分,班级是对学生实施素质教育的一个基础平台。作为这个平台的主要组织者、实施者(班主任),如何选择有效的方法,为每个孩子创造一个美好的未来,培养良好的班风,是每一个班主任都在积极探索的话题。

作为一名班主任,在接手一个新的班级后,最重要的是必须要有一个完整的工作思路。如果是新班,班主任一定要清楚,面对的是一群什么样的孩子,要带他们到哪去,如何带,第一步做什么,再做什么,最后做什么? 这个过程,要求班主任要采取不同的方法,以达到目标的实现。单就方法而言,有软方法与硬方法之分。如果只会用硬方法管理班级,虽然班主任可以威风八面,每个学生在其面前唯唯诺诺,但这大都是班主任上课时或班主任在场的情况下才能看到的假象,这样管理下的学生大多是没有自觉性的。如果只会用软方法管理班级,虽然班级可以说是风平浪静,但学习与学生之间、学生与学生之间是凌乱的。这样看来,在班主任工作中,"软硬兼施"是最好的选择。怎样把二者有机地结合起来,什么地方适用"硬",什么地方适用"软",用多少? 这是一门耐人寻味的学问。

一、班级的"硬"管理

有了规矩才能成方圆。班级首先是一个集体,它不同于那些同船的旅客、同剧院的群众群体。班级是一个有共同奋斗目标的集体,为了能让这个集体顺利实现它的目标,必须有"硬"性的规章制度。班级的各项管理制度的建立健全是这个集体拥有战斗力的保证。在制定班级制度时,要注意突出以下几个方面:

(1) 班级管理制度首先要讲科学性。班主任要以《中学生守则》《中学生日常行为规范》和学校内部相关部门的有关规定为基础,结合本班特点制定出本班的各项管理制度,全面实施素质教育。

（2）班级制度管理还要讲民主性。班主任是班级全面实施素质教育的组织者、协调者，学生更是班级制度的参与者，如果所定制度得不到学生的认可，这样的制度是起不了应有的作用的。所以说，班主任在制定制度时，首先应根据本班实际，草拟方案，再由班干部定出初稿，最后在班会上讨论通过。这样的制度有群众基础，才有它的生命空间。

（3）班级管理更要讲针对性和可操作性。针对性是指所制定的条例一定要切合本班实际，不要面面俱到，要有计划地解决学生的突出问题；可操作性是指尽可能量化，从各方面客观指导和评价学生的品行和学习。另外，班级制度一定还要注意适时的修改和调整，最好一学期一次，这样才能使制度确实成为班级发展的需要，做到与时俱进。

二、班级的"软"管理

在首先强调硬管理的同时，也要提出管理的补充作用。教育的目标应该是培养出一个能够自制的人，而不是一个要别人来管理的人。那么，是否可以尝试一种软的管理手段，作为对硬管理的一个有效的补充呢？

（1）要下大力气培养学生的学习兴趣，树立起班级在学习、品行上奋勇当先的竞争风气。一个班级有了这一风气，任何问题都能迎刃而解，这是关键之关键，这也是它被列为第一要素的主要原因。那么如何才能形成良好的班风呢？

首先，要有一个科学的评价体系。要有一个对学生每周每学期每学年都能客观反映出其变化的评价方法，班主任能定期总结，让每一个学生明白每一期间的所得所失。

其次，要深入地走到学生中去，多和学生谈心，多家访，从各个不同的渠道了解学生的兴趣点、兴奋点是什么，制定多种奖励机制，在言语中启发他们，在精神上鼓励他们。每一学期都要评选出学习、品行方面取得长足进步的学生，进行班级表彰。一般笔者会选择在开家长会（学生也参加）时颁奖，这可以最大限度地调动家长参与激励学生队伍的积极性，颁奖仪式尽可能隆重。这样，学生和家长就会暗暗较劲："这回没有拿奖，下回我一定拿"。

最后，更重要的是，让学生树立起个人理想。它不是要如何远大，而是尽可能使学生成才，最起码要成人（要做到这些，主题班会是一个很好的方法）。少讲大道理，这个年代的中学生特烦这种方式，多讲他们身边能看到的、能听到的人和事，以此来激励他们，立志成才从小事做起，从现在开始。

（2）德育"爱"为先，这可不是一门小学问。在学习生活中，班主任要热情对待每一位学生。既是学生的班主任，也要做学生的良师益友，在学生面前要担当很多角色，要像母亲爱孩子那样无私，像父亲爱孩子那样严格而慈祥，像兄长爱弟弟那样宽厚，像姐姐爱妹妹一样温柔体贴。要改变传统的班主任一统天下、面无表情的方式，课堂不是班主任的"开封府"，班主任也不要自比"包青天"，而应以父母、兄长的姿态每天面对每一位学生。同学间的一声问候或天气变冷时班主任的一句叮嘱"天冷了，多加衣服"，都会让学生感到家人般的温暖；对待家境贫寒的同学，以他们能够接受的方式去接济他们，会让他们感受到生活的乐趣和无比的感激；后进生和考试失误的同学，班主任的一句"没关系，下次你一定行"，会让他们下定上进的决心。热爱每一位学生是班主任工作艺术的第一块基石，是决定班主任工作成败的关键。

（3）学会运用赏识教育，运用期望理论。中学教育是面对全体学生而不是面向少数学生；是为全体学生服务，而不是为少数升学有望的学生服务的；不是办淘汰教育，不是办选拔教育，而是办普及教育。这就决定了班主任在班级管理中，不仅仅要做到培优，更要把转差（转化后进生）摆在重要的位置。对每一个班级来说，后进生是不可避免的。这里所说的后进生，不只是指学习成绩，更重要的是指品行。从微观上来看，单就一个班级而言，后进生转化工作做好了，可以保证优等生更突出；中等生会更多地加入到优等生行列。这是有着战略意义的一步棋，一步走对，全局皆活。

那么，如何做好转化后进生的工作呢？

首先，班主任要树立起信心，要对后进生充满信心和期待。只有这样，在与后进生进行交往时，才不会伤害他们的自尊心，让师生的心靠得更近。教师的期望是学生进步的一大因素，教师良好的期待会使学生对未来充满信心和希望，从而加倍努力，获得更大的进步。

其次，班主任要多利用肢体语言在潜移默化中改造学生。在课堂上、课堂外，多对学生进行暗示："你行的，别人能做到的，你也能做到"。这时，教师的眼神、笑容、面部表情，都能给学生巨大的鼓舞。

再次，在空间距离上接近他们，转化他们。转化后进生的工夫不仅在课堂上，更多的工夫要花在课外、校外。课堂上，教师站在台上，居高临下，师生之间的距离拉大，形成一道无形的心理防线；办公室里，教师坐着学生站着，师生间的不平等性明显拉大。班主任可选择周末到学生家里，或在学生上学、放学途中等，与他们边走边谈，边谈边玩，请他们一起分析问题、解决问题。让他们感到教师尊重他们，信任他们，提高他们的自信心和自豪感。在教室座位的编排上，可以让他们的座位尽量靠前，而不要总是把学习成绩好的学生排在前面，要让后进生感到教师是平等地对待他们的。随着教育者身份的淡化和师生空间距离的缩短，心理距离也就自然缩短了。当然，最让教师头痛的是后进生表现的反复性，教师在心理上也要有预期准备，要多看他们的优点，少看他们的缺点，多表扬，多肯定，就会发现，教师的心血是不会白费的。

总之，对班主任工作而言，这是一门艺术，更是一项责任。面对错综复杂的教育对象，每一个班主任都有自己的办法，教无定法，贵在得法，只要捧出一颗火热的心给学生，就一定会结出累累硕果。

关于高三学生心理健康状况的调研

2003 年 12 月,笔者对某中学高三全体学生 452 人的心理状况进行了一次调查,现将调查结果分析如下:

一、调查方法

使用统一的指导语,以班级为单位进行团体测量。测量不记名,答案完成后当场收回,发放问卷 452 份,收回有效问卷 421 份。

二、调查结果与分析

1. 表 1 调查结果分析

从调查结果看,72.3% 的学生存在抑郁症状。其中,比例最高的是文科实验班(75.6%)和理科实验班(73.2%)。调查结果表明,学生在胃肠道症状、体重减轻及自杀观念上的抑郁的分列倒数三名。在自杀因子上,90% 以上的正常学生和不到 80% 的抑郁学生没有自杀观念。

在抑郁学生中,得分高的有失眠、精神性焦虑和抑郁症状。调查显示:失眠症状在学生中广泛存在;日常生活中的一些事使学生懊悔、心烦等情形较为普遍;阅读难集中注意力、心神不宁、忐忑不安等精神性焦虑常常引起学生抑郁;对未来预期不良及自身精神状态不良而引发的抑郁时时萦绕学生心头。

表 1　高三学生心理健康状况调查结果与分析表(一)

序号	症状名称	是	否
1	抑郁		
2	自杀		
3	失眠		

续表

序号	症状名称	是	否
4	迟滞		
5	精神性焦虑		
6	身体性焦虑		
7	胃肠道症状		
8	疑病		
9	自制力缺乏注意力涣散		
10	体重		

2. 表2调查结果分析

结果表明,在20项症状中,静坐不能、不幸预感、多汗、头昏、睡眠障碍、乏力6项症状居前六位,其中30%以上为中度以上焦虑。而手足颤抖、胃痛或消化不良、呼吸困难、害怕、手足刺痛等症状在学生中较为少见。

表2 高三学生心理健康调查结果与分析表(二)

序号	症状名称	是	否
1	焦虑		
2	害怕		
3	惊恐		
4	发痴感		
5	不幸预感		
6	手足颤抖		
7	身体疼痛		
8	乏力		
9	静坐不能		
10	心慌胸闷		
11	头昏		
12	昏厥感		
13	呼吸困难		

序号	症状名称	是	否
14	手足刺痛		
15	胃痛或消化不良		
16	尿意频数		
17	手足发凉多汗		
18	面部潮红		
19	睡眠障碍		
20	噩梦		

三、讨 论

421 名学生中存在抑郁的占 72.3% ,学生中存在较严重的心理障碍(焦虑症)的占 27.3% 。可见,高三学生中存在心理问题的不少,个别学生存在严重的心理障碍。

1. 造成学生心理健康状况不良的原因

首先是年龄特征因素。被调查学生的年龄在 18 岁左右。在这一时期,学生对父母、家庭或他人的依赖程度仍较高,身心发展仍不平衡,是个体一生中最易出现心理及行为偏差时期。这一时期个体所面临的心理问题,以及为了心理成熟所需解决的心理任务很多。根据埃里克森的"心理发展阶段理论",这时学生心理如果得以健康发展,则可形成同一性和信任感,否则会产生同一性危机和角色混乱以及孤独感,造成一系列心理问题。如退缩、害羞、孤独、紧张不安、焦虑或忧郁、攻击、敌对、冲动乃至犯罪行为、烟酒药物嗜好等行为。

其次是环境与教育的因素。人是环境的人,环境压力与冲突是造成个体心理问题的重要因素。对高三学生来说,环境因素主要有社会环境因素(社会竞争激烈的形势、就业问题对每个人的压力)、家庭环境因素(父母望子成龙、望女成凤的愿望,对子女的期待值过高)和学校环境因素(学校管理制度与措施、高考指挥棒的压力)等。

教育因素是影响学生心理的主要因素之一,其中教师教育教学态度、课程设置、学习难度等因素是主要方面。

再次是学生生理、心理因素。生理因素主要有性成熟带来的性冲动和对青春期外在体形改变的过分关注等。心理因素主要有心理素质脆弱、个性缺陷、行为退缩等。

2. 改善学生心理健康状况的途径

学生中的抑郁、焦虑大多只是情绪问题,已形成抑郁症、焦虑症的只是小部分。但是,抑郁、焦虑都是负面情绪,影响着学生的身心健康,不利于学生的健康成长。当然,个别学生存在着较为严重的心理障碍,更需要给予关注。

四、建 议

1. 加强学生的心理健康教育。学校应利用主题班会形式开设心理健康课,举办心理健康系列讲座,通过校内传播媒体,普及心理健康知识(橱窗、校广播等)。

2. 促进学生良好的人格品质的形成。要提高学生对挫折的承受能力;要教育学生正确认识自我,悦纳自我。教师要积极从心理上、学习和生活经验上对学生加以引导,使他们认识到理想是美好的,但现实是非常残酷的,挫折在人们现实生活中是不可避免的。

3. 根据学生问题解决的需要,可以从宣泄积压学生心头已久的郁闷情绪入手。学生一旦遭受困难与障碍、产生心理挫折后,往往会情绪紧张,日思夜想,非常郁闷。这既影响身体健康,又影响学习,严重的甚至使人精神崩溃,发生意想不到事情。因此,教师要引导学生把挫折产生的消极情绪合理地进行宣泄,使其恢复到理智的状态,经过不断探讨来深化其对问题性质的了解及对解决方法的领悟。也就是说,在引导学生充分宣泄的基础上,帮助他们认识与思考其当前的困难、挫折与自我成长的关系,让他们建立人生发展的概念。在这一过程中,教师要多提问题,少做评论;多一些启发,少一些说教;多提开放性问题,少提封闭性问题;多助人决策,少替人决策;多思考问题,少心理分析。在这一助人成长的过程中,也促进自己获得提高。

4. 利用榜样进行教育。要教育他们阅读名人传记和励志书籍,学习名人、伟人对待挫折的态度,并及时发现学校、班级中的榜样,选择时机对学生进行教育,因为身边的榜样是最有说服力的。另外,要给他们创造温馨的外部环境,尽量让学生用乐于接受的方式与他人交往,给他们心理上的支持,让他们在积极主动的自我表现中找回自信,重塑自我。

5. 教师对学生进行心理辅导时,要善于解开他们的心结,使他们开启封闭的心扉,从疑虑到心理认同,从心理有距离到心理贴近,从心理无助到心理成长,建立有利于发挥积极效能的辅导关系。要让学生说出自己所处的环境,使学生在自我了解和自我认识中产生自我表现评价。

教师要尽可能地通过言语使学生感受到老师对他们的支持、关爱和援助,以激发他们的自尊和自信,使他们看到自己的优点和长处,鼓起战胜困难的勇气,提高适应环境的能力,消除心理困惑,解决心理危机。

6. 部分存在心理疾患的学生,要从各方面了解造成其异常心理的原因。如他们是否存在信赖敏感区,其"痛点"是什么。采用认知疗法、暗示疗法、刺激疗法、深度疗法,通过有效途径对他们进行心理辅导,严重的要去专门的心理治疗机构进行诊治,及时救助,早日还他们自信、自尊,防止造成更为严重的心理和行为问题,从而保障学生心理与人格的健康发展,培养健全人格。

总之,健全学生心理、增强学生承受挫折的能力,是一个全方位的、动态的系统工程,必须由学校、社会、家庭协同合作。其中,学校教育是最重要的环节。教师必须重视这一方面的研究,切实承担起应负的责任。

素质教育中班主任要树立正确的教育观念

在日常生活中不难发现这样的现象:有些班主任在班级工作取得成绩的时候,工作积极性很高,各项工作开展的井井有条,但当工作中遇到挫折的时候,就可能灰心、沮丧。工作热情的低落和工作劲头的懈怠,轻则影响教育的效果,重则影响班级的持续进步和学生的健康成长。实践证明,班主任要持之以恒地做好各项工作,除了要提高自己的心理素质外,还必须树立正确的教育观念。

1. 不以学习成绩高低论学生

对于这一教育观念,各种报刊中均有论述。但是,教育上片面追求升学率,社会上对人才的片面认识,家长望子成龙的心情,扭曲了"考试"作为教育评价手段之一的作用,也影响了班主任的学生观。许多班主任至今仍沿用着简单的一份论学生的评价方法。苏霍姆林斯基认为,对于学生来说,5 分是成就的标志,而对于另一个学生来说,3 分就是了不起的成就。学生的发展不可能完全平衡,有些学生善于形象思维;有些学生善于抽象思维;有些学生文化知识不行,但动手操作能力很强。现在高中进行的研究性学习就充分体现了这一点,所以仅用单一的文化成绩来衡量学生是片面而有害的。班主任必须牢固地树立起"不以成绩论学生"的教育观念。有了这种观念,就会对成绩好的学生不护短,对成绩差的学生不歧视。这样有利于班主任客观地分析每个学生的长处和短处,因材施教,也有利于形成融洽的师生关系,促进班级各项工作的顺利开展。

2. 没有爱,就没有教育

教育工作必须以爱为基础。心理学研究表明,学生学习成绩的好坏,很大程度上受师生关系的影响。如果教师喜欢这个学生,处处关心他、尊重他,经常给予成功的启示。他就会被教师的爱所感染,自然会喜欢教师,接受教师的教育,这就是"爱的效应"。班主任要建立"没有爱,就没有教育"的观念,有了这种观念,做学生工作时,就不会简单粗暴,就不会采取讽刺、嘲笑、体罚学生的错误做法,班主任工作就会取得事半功倍的效果。

3. 教育不能急于求成

世界上不存在立竿见影的教育,也不存在一劳永逸的教育。人的正确思想的形成和良好行为习惯的养成是一个长期的过程,需要教育者做长期的深入细致的工作,转化后进生的工作尤其如此。具备了这些观念,班主任在工作遇到困难时就不会产生急躁情绪,就能正确分析对待后进生转化过程中出现的反复问题,也不会因工作中暂时受挫而丧失信心。

4. 育人必须育到学生心里

在日常工作中,教师固然能发现"近朱者赤"的教育正效应,但也会发现"近朱者未必赤"的零效应,甚至会出现"近朱者黑"的负效应。究其原因,是因为未能把握住学生的思想脉搏,育人未能育到学生的心里。有些时候,虽然活动搞得轰轰烈烈,谈心谈的苦口婆心,但学生却未能领会到教育者的教育意图。"谈心容易动心难,不动其心亦枉然。"只有能触动学生思想和灵魂的教育才是成功的教育。班主任只有深入地了解学生的思想状况,并通过启发疏导、情境创设的有效手段,用感情去感化、用心去教育学生,才能取得良好的教育效果。

后进层学生品德浅析

教育者要掌握思想品德教育的主动权,提高工作效率,就必须按教育规律办事,运用教育学、心理学的研究成果去指导自己的教育实践。在理论指导实践的过程中有一个很重要的环节,就是充分了解教育对象的思想品德实际,这个环节的工作直接影响到德育工作的成效。

对于后进生的教育是学校管理工作的重要部分。有些教师在教育中把了解的重心放在后进生一个个的个体上,花费了大量的精力,而对后进层整体的分析不够。即忽视了一个基本问题,对后进生的教育不仅仅是后进生个人而是后进生整体。教育者应从后进层这个整体中研究他们的思想品德,运用经验分析、问卷调查、心理咨询、个别谈话等方法,勾画出当前后进层学生的品德状况。

一、品德包括道德认识、道德情感、道德意志、道德行为

1. 道德认识方面的心理表现

从认识思想调查中反应的情况看后进层学生对下列问题的回答内容。

问:你的生活信仰是什么?

答:(1)金钱万能;(2)自由竞争;(3)什么也不信仰。

问:你的处世哲学是什么?

答:(1)吃得好,穿得好,玩得好;(2)今朝有酒今朝醉,及时行乐;(3)老实人吃亏;(4)30%相信命运,70%相信个人奋斗。

问:你对周围发生事情的态度?

答:(1)帮助认识的人;(2)明哲保身。

有关道德理想的问题:(1)崇拜影视明星;(2)崇拜暴富的个体户;(3)女(男)同学崇拜他心中偶像的男(女)同学、主动向男(女)同学写"求爱信"。

由此可见,这部分学生道德观念模糊,是非、美丑、善恶概念不清。平时这部分学生表现为对集体不关心,不重视集体荣誉。

2. 道德情感方面的心理表现

重"江湖义气",遇到问题,对、错、是、非很少考虑,对"小兄弟""小姐妹"的情义看得很重,为"朋友"可以"两肋插刀",大打出手。精神生活贫乏、低

级,喜欢唱谈情说爱的通俗歌曲,看言情、武侠小说和影碟。这个层次的学生早恋的多,爱打架的多。一位女生把她所追求的男生的名字刻在手臂上;一位男生为了排除"情敌"的隐患,竟不惜雇用社会青年动刀行凶;一男生离家出走,几个"朋友"为他到处筹款借钱。

3. 道德意志方面的心理表现

这部分学生有上进的愿望,也有不少心理上的苦楚,多数学生谈到最痛苦的事情是学习成绩不好。但真学习起来又缺乏毅力,屡抄作业,考试作弊,经常在"朋友"游说下,晚上外出活动,道德意志十分薄弱。

4. 道德行为方面的心理表现

由于不良的行为方式与个人欲望的某种满足发生了关系,经过多次反复便建立起了动力定型,养成了不好的习惯,常常不能自制。其具体表现为:语言粗鲁,同学之间起绰号,不尊重老师,对教育产生较强的逆反心理,旷课、迟到、打扮特殊,晚上外出听歌、跳舞、玩游戏机,热衷于所谓的"夜生活"。

总之,后进层的学生在自我表现时完全不考虑后果,校规校纪似乎对他们没有多大约束力。

二、后进层学生的心理分析

中学生的年龄一般在 13～18 岁左右,属于青春萌动期,生理发育处于第一高峰期,性成熟开始,心理发生很大变化。神经系统的变化使他们兴奋时间长、易冲动,容易对异性产生好感。再加上来自各种渠道不健康东西的刺激和诱惑,后进学生在这个"危险年龄"期心理矛盾更加突出:(1) 强烈的个人活动的欲望和对外界多渠道信息的猎奇与集体行为准则之间的矛盾;(2) 渴望自己独立、自主,不希望依赖别人与老师、家长管教的矛盾;(3) 突然增大的个人活动能量、扩大了对各层次人的接触面与其认识水平低下的矛盾。

这些突出的矛盾,使这一层次学生的心理状态经常处于不平衡状态。

三、促进后进学生的思想品质沿着良好的方向发展

后进层学生的教育工作十分艰巨,教育者要有强烈的事业心和高度的责任感,满怀热忱地做好他们的转化工作。在工作中要注意做到以下几个方面:

1. 加强班级建设,为后进层学生转化创造良好的环境

班级是学生学习、劳动、生活的最基层集体,与学生德、智、体全面发展有着极其密切的关系。一个好的班集体有一种无形的鼓舞力量,使学生在感情上产

生共鸣。学生的行为自觉不自觉地受其感染,自觉地抑制和改变自己那些不符合规范的行为。为此,对班主任要有具体的工作要求和明确的规定,尤其对后进层学生工作要有明确的教育意图,要经常指导、督促、检查班主任工作。良好的班集体一旦形成,其教育力量是巨大的,它是后进层学生转化的外界条件。

2. 后进层教育要从起点入手,分层次进行

思想教育的目的是将共产主义品德变为个性品德的过程。后进层学生养成了不少坏的行为习惯,这是个矫正再形成的过程。教育者有时会估计不足:一种是做了几件好事就认为转化得差不多了;一种是一旦反复,又被误认为"朽木不可雕",从而丧失了信心。班主任需要从实际出发,从低起点入手,分层次进行教育。低起点就是共产主义道德规范及有关的基本知识启蒙教育,分清是非界限。要注意训练良好的道德行为习惯,这是比较艰巨的。马申斯基说过:"如果良好的习惯是一种道德资本,在同样程度上,坏习惯就是道德上的无法偿清的债务了。这种债务能够用不断增长的利息去折磨人,去麻痹他的最高的创举,并使他走到道德破产的地步。"教育者要有高度的责任心和耐心做好这项工作。

对后进生的教育要分层次,步步深入,逐渐提高。第一层次,按最低层次要求,能按时上课,遵守课堂纪律,不打架骂人等。这实际上只要求他们停止不良行为,开始转化过程。第二层次,要求他们做事能为家庭、社会、学校、同学着想,个人的言行能服从集体的利益,自觉与"坏朋友"断绝来往。第三层次,要求他们能积极为学校、班集体做好事,在学习上自觉刻苦,成绩稳步提高,在和教师、同学相处中有良好的情绪体验。总之,要一步步来,不能急于求成。

3. 动员社会、家长的力量对后进层学生"综合治理"

教育是一种社会现象,人才的培养主要靠学校,但仅限于学校远远不够,还要靠社会各种力量支持、协调和配合,对学生施加良好的影响,使学校教育保持连续性、一致性。不少学生从多种渠道接受了大量的信息,有的迷上了游戏机,有的出入舞厅,有的"摆阔"大吃大喝,这些都需要钱。而家长整天忙于工作,放松了对子女的要求,对子女花钱不加控制,使这部分学生从反面接受了消极的影响。有些社会坏分子利用学生无知,采取多种手段进行拉拢。这些要引起教师的足够的重视。校外教育是校内教育的延续,重要的是召开各种类型的家长会,举办家长学校,向家长介绍青少年生理心理特点及科学教育方法等。

总之,要调动一切教育力量,使后进层学生的品德能沿着良好的方向发展。

浅谈师表形象与德育

作为教师,用所掌握的知识,引导学生从无知一步步走向知识渊博,从幼稚一步步走向成熟,这是天经地义的责任。但仅此而已是绝对不够的,还有一种责任,一种不可推卸的责任,那就是培养他们树立正确的世界观和人生观。这不仅要求教师充分利用教材适时地对他们进行引导和教育,还要求教师通过严谨的言行所表现出的良好形象和所展示出的伟大人格来感化并影响他们,给他们树立一个具体可感的形象,即"师表形象"。

我们知道,学生,无论是小学时期还是中学阶段,毕竟是孩子,是人生成长中的不定型阶段。这一阶段,虽然他们意志的自觉主动性、独立性、坚持性有了一定的发展,但他们在家庭、社会等范围中所属的从属地位,他们生活中较肤浅的阅历,他们头脑中尚不够丰富的知识,以及对人生社会事物等的认识和判断能力的不足,又决定了他们意志品质还很不完善,有较大的依赖性、模仿性和盲目性。正因为如此,与之朝夕相处的老师——孩子们名正言顺的指路人,就更应该时时处处检点自己的言行举止,端正"师表"形象。因为,教师的地位、学识、阅历等,决定了教师的言行风范、处世态度等对他们具有强烈的示范性。正如加里宁所说,学生"处处模仿教师","教师的世界观,他们的品行,他们的生活,他们对每一现象的态度都这样或那样的影响着学生"。

从另一方面讲,良好的师表形象会给学生带来心情的愉悦、感情的亲切和思想的崇尚,会使学生在"爱屋及乌"的通常心理促使下"亲其师而信其道",积极、愉快地投入到所教科目的学习中,乐意听教师的教导,使教师顺利完成"传道授业解惑"的任务。反之,一切努力都可能事倍功半,岂不悲哉!

教师良好的形象和感人的人格具有丰富的内涵。笼统来说,要有精熟过硬的业务;积极的人生态度,高尚的道德情操;科学的教学方法;端正大方的教态。

教师最基本最主要的任务是教学,教学中所显示出的教学水平是学生衡量评价教师的重要尺度。高水平的教学源于精熟过硬的业务,即渊博的专业知识、对教材的渗透的把握、规范化的"三字一话"(即毛笔字、粉笔字、钢笔字、普通话）和科学的课堂调控能力等。一个讲课深透而有条理、说话规范动听、书写正确美观、演讲口出成章、作文一挥而就的老师，在学生眼中是美好的，是深受学生崇拜的，那他们又怎么能不油然而生模仿追求的渴望呢？

也许我们都注意到了这样的形象，有的老师教学水平并非很高，却在学生中口碑极好，甚至是学生的知心人。有人觉得不可思议，其实是忽视了这些老师在学生面前积极的人生态度和高尚的道德品行所展示出的感人的人格力量。他们能正视不足，积极进取，力争上游；他们能面对困难精神饱满，脚踏实地，不慵懒，不懈怠；他们能给人以不怕困难、勇于战胜困难的鼓励。他们有修养，做事认真，说话谦虚，心地善良，胸襟开阔，举止文明——他们时刻都在向学生生动地阐释着学习和做人的道理。他们对待学生和蔼可亲，关心备至；公正不偏，因材施教；诲人不倦，耐心细致——他们真诚地向学生讲述着为人要有一颗爱心的道理。

如果说老师精熟的业务、过硬的教学基本功能激发学生强烈的求知欲让人积极进取的话，那么，先进科学的教育教学方法便会启发学生面对博大精深的文化知识，学会寻求掌握探究的途径；面对纷繁复杂的社会生活，学会从容不迫地去应付，恰如其分地去解决。教师在教学中循循善诱，而不是简单粗暴、动辄呵斥惩罚，甚至讽刺挖苦，就会使学生的自尊心得到维护，从而使他们培养出完善的人格，顽强的面对一切困难和挫折的意志。针对不同的问题，结合不同的情况，采用灵活多样的教法，切实做到因材施教，便可引发学生解决问题的兴趣，激活他们的思维，使他们养成灵活解决问题的良好习惯，增强学生战胜困难的自信心。

说到这里，似乎是一个好的师表形象了。但笔者认为，还有一个问题也是绝对不可忽视的，那就是美的教态。教师能有一个独特的美的教态，给学生"一种赏心悦目的快感"，便会很容易创造一种美的氛围，从而唤起学生内心的愿望和追求，促使他们的身心健康发展。教师教态的内涵，从狭义而论，主要包括仪表美、体态美和语言美。有人说"穿衣戴帽各有所好"，老师的主要精力应用于教学，不可着意于服饰等，因而常常不修边幅，这是不对的。"老师应该是美的化身"，龌龊邋遢，不讲文明，怎么能激发学生对美的追求？服饰的整洁得体、朴素大方、典雅端庄会给学生以情绪振奋、精神焕发、生气勃勃的美感，使他们得到美的感染和熏陶，焕发起他们对美的热爱和追求。至于美的体态，绝不仅仅指婀娜优美或潇洒英俊的自然形态，而且还指美的动作和神情。老师的一个手势、一次微笑、一个眼神，都是一句句无声的语言。在学生面前，准确适度、干净利落、起落有致的手势，挺拔自然的站姿、协调有神的行走、充满感情的微笑、流溢着睿智的眼神,都能撩拨起学生的心灵,点燃他们智慧的火花。而优美动听的富有感染力的语言,更是启迪学生心智、调动学生的情绪、振奋学生精神的主要因素。唤起学生对美的追求十分重要,一个人对美强烈追求时,便会产生激情,这会为所有的追求带来极大的动力。因此,教态美也是师表形象中不可忽视的因素。

当然,"金无足赤,人无完人",每个教师在自己的教学实践中都不可避免地存在这样或那样的不足,影响着师表形象,妨碍着教师对学生的有效教育。正因如此,教师才更有必要清醒地认识师表形象和德育的必然联系,发展自己,完善自己,真正做到为人师表。

浅谈古代教育传统对现代师德建设的几点启示

中华民族是文明古国、礼仪之邦,教育活动的开展历史悠久,教师职业道德发展源远流长,理解、传承传统师德观对于我们今天的师德师风建设和教育实践具有借鉴意义。

一、中华传统师德观

一部浩瀚的中华文明史,为我们留下了相当丰富的师德思想,其基本内容主要表现在:

1.“严师选”的选拔精神

在我国历史上,教师具有特殊的历史地位,人们将“师”与“天地君亲”并举。荀子的“隆师”思想则把隆君师与事天地、尊先祖共同作为礼的根本,“教职,以安邦国,以宁万民,以怀宾客”[①],“国将兴,必贵师而重傅,贵师而重傅则法度存。国将衰,必贱师而轻傅,贱师而轻傅则人有快,人有快则法度坏”[②],可见教师具有安国邦,导民众,正民风的作用。正因为教师具有如此重要的作用,教师的选拔也就成为古代师德观的一个非常重要的特征。我国古代向有“严师选”的传统。

2.“诲人不倦”的敬业精神

特殊的社会地位和社会作用赋予了教师强烈的责任感和使命感,他们以“诲人不倦”的奉献精神培养了大批圣贤人士和国家栋梁人才,创造了五千年的中华文明。

《论语,述而》中,子贡问孔子:“夫子圣矣乎?”子曰:“学不厌,智也,教不倦,仁也。仁且智,夫子既圣矣。”孔子认为圣人既要有“学不厌”的智,又要有“教不倦”的仁,方才为圣。孟子也认为:“得天下英才而教育之,三乐也。”王夫之则强调“讲习君子,必恒其教事”,可见,古之圣贤都以“诲人不倦”的敬业精神作为自己教书育人的准则并身体力行之。

3.“言传身教”的以身作则精神

教师一切道德实践活动的目的都是为了培养人才,这是我国古代教育的基本主张。所谓"终身之计莫如树人"。③培养德才兼备的人才,成为他们育人的目标。荀子说的"礼者,所以正身也;师者,所以正礼也"明确了教师在引导人的行为举止、塑造人的道德品质方面的作用。而"师也者,教之以事而喻诸德也"④,更加明确地提出教师对学生不仅要传授知识与技能,而且要晓谕、培养他们的道德品质,可以说"喻诸德也"才是教育的最终目标和根本出发点。因此,教师的品德在对学生的言传身教中起着非常重要的作用。正如孔子所说:"其身正,不令而行;其身不正,虽令不从。"⑤这正说明了教师以身作则的重要性。荀子继承了孔子的师德观,也提出"夫师,以身为正仪而贵自安者也",更明确地提出了教师的典范作用。杨雄更为简短的将其概括为"师者,人之模范也"。可见,教师以身作则的精神对于培养学生的道德品质起到了潜移默化的影响。

4."温故而知新""学而不厌"的进取精神

中国古代师德中,好学进取又为教师履行职业道德提供了有力的保证。"道之未闻,业之未精,有惑而不能解,则非师矣"⑥,因此教师在教学过程中必须具有勤思穷理、开拓创新、好学进取的品质。"学不可以已""君子力学,昼夜不息也""学而不厌"等思想充分说明了作为教师要不断学习,博学是教师的基本品质。然而,光有博学是不能满足社会发展需要、不能满足学生的求学探索需要的,教师还要将学与思相结合。正如以上所说,教师的言传身教对学生的影响是潜移默化的,更能够达到"润物细无声"的理想教育境界。因此,教师的勤思好学、勇于创新的精神也将对学生的思考能力、探索能力产生很大的影响。

二、对现代师德建设的几点启示

古代师德观是加强现代师德建设的宝贵财富,借鉴和吸收古代优秀师德观对现代师德建设起着非常重要的作用。十六七岁的高中生正处于青春期,心理的突变期使心理不稳定,思想意识有很大的随意性和主观性。尤其是高三学生面临着继续求学或是踏入社会的选择,高中教育可以说是人生十字路口的教育,因此,现代高中师德建设显得尤为重要。

教师敬业精神的培养在一定程度上还属于一种他律的状态,"如何使这种他律状态转化为一种内律自觉"需要教师真正从思想上认识到自己的责任和使命。因此,现代的师德建设应加强教师的思想道德建设,通过各种形式的活动弘扬我国古代"诲人不倦"的敬业精神。学习古今以来的各种师德典范,还要结合当下新时代、新形势社会主义道德观、荣辱观,切实做好广大教师的思想道德建设,培养他们为社会主义教育事业爱岗敬业的精神。此外,在校园内为教师创造良好的人文环境至关重要。广大教师在良好的人文环境中能够更好地传承我国传统的人文精神,并且能够更切实地体会到尊重、平等、理解,这样才能从内心深处感受学生之所感,想学生之所想,也才能与学生建立平等、合作的师生关系。

目前,我国社会最明显的特征就是社会转型,经济、政治、文化等领域正发生着深刻变化和调整,对人们的价值观、价值判断、价值取向等带来巨大影响。作为一名教师,如何能够抵御诱惑,拒绝腐朽,站好道德的岗,这就需要我们广大教师加强自我道德修养,不断自我批判、自我剖析,身体力行地为学生提供道德的榜样。教师的以身作则在新时期的师德中显得尤为重要。

"若援一杯,需备一桶。"教师是学生各方面的榜样,在知识上应成为学生取之不尽、用之不竭的源泉。教师的知识储备不仅要全,更要及时了解新情况,掌握新信息。"学而不厌"在当代显得尤为重要。

团结合作意识在现代教育中占有非常重要的作用,因此,加强师德中的平等、开明的教学精神势在必行。教师不仅可以与学生形成良好的合作关系,还可以与同行建立友好的伙伴关系。"青,取之于蓝而青于蓝""后生可畏""三人行,则必有我师焉"等古代师德观就已经明确告诉我们,一名合格的教师,应该具有宽厚、平等的待人精神。当今社会,信息更新之快令人应接不暇,教师更应充分发挥每个人的长处。不论教师或学生,都应增强团结合作的意识,为寻求真理而努力。

总之,作为一名合格教师,必须具备多种素质,而具备教师职业道德素质是重中之重,这是一位合格人民教师灵魂的体现。师德建设不是一朝一夕的事情,而是一项长期艰巨的思想道德建设工程,需要我们每一代人的不懈努力。传承、借鉴古代教育传统对现代师德建设有着非常重要的现实意义。

参考文献:
①《周礼·天官·小宰》。
②《荀子·大略》。
③《管子·权修》。
④《礼记·文王世子》。
⑤《论文·子路》。
⑥《南雷文案·续师说》。

问渠哪得清如许，为有源头活水来

——浅谈剪报作文训练

中学生不会写作文，尤其是议论文，这已是一个较为普遍的现象。究其原因：一是不会提炼观点；二是论据贫乏。近几年的高考作文中，不少学生的议论文或是观点提炼不够准确而离题；或是举例论据不足，文章空洞无物；或是举例牵强附会、陈旧俗套。如何尽快提高写作议论文的能力呢？笔者做了不少尝试，其中剪报作文训练收效较大，不失为一种好方法。

议论文的灵魂是观点。观点不明确或不正确，是议论文的大忌。观点从哪里来？来自材料，而材料来自生活。因此，尽快提高学生写作议论文的水平的首要一招便是使学生扩大视野、拓宽生活面，让他们了解当今社会风貌，积累写作素材。但是现在的中学生功课负担较重，一天到晚就是从家门到校门，从卧室到教室，一个学期虽有一两次的社会活动，也是囿于狭小的天地。所以，他们的生活面相当窄，见闻少，生活素材不多，这在一定程度上也制约了他们的写作。往往写起文章来，搜肠刮肚也写不出几句新鲜活泼的话来，只是干巴巴的几条筋。怎么办？最便捷的方式是读书。论读物，语文课本的范文是很好的。不过，高中6册课本中，总共只有160多篇文章，而且大多缺乏时代气息。仅靠课本，显然很不够，这就需要营养补给。报纸、杂志作为最广泛最直接地反映社会生活、时代风貌的载体，应该是中学生不可缺少的读物。于是，笔者提出了剪报作文这一方法。

所谓剪报作文，是有目的、有计划、有步骤的课外阅读写作训练。做法大体如下：学生除了完成常规的课堂写作练习以外，另备一本作文簿，每周从报纸杂志上剪下一两篇短小文章或一两幅（组）画，贴在作文纸上，然后按要求去进行写作练习。剪报内容与练习要求按时段划分，循序渐进。高中第一学期，前半学期要求较简单，若剪文是一事一议的短评，就要求写出其论点、论据；若剪文是短小的记叙文，就要求概括其中心思想；若剪的是漫画，则阐明其画意。半学期后则在这个基础上要求每次写出三四百字的读后感。第二学期，剪报内容不变，写作练习由读后感改为写一事一议的短评。第三学期，剪文可略长一些，写作要求也逐渐高起来，要分析议论文的论证方法，或记叙文的表现手法;就所剪文章或画,评其一点,写一篇400字左右的评论。第四学期后,要求剪精悍的文学作品或复杂的议论文,写一篇文艺评论或联系社会的议论文,字数不少于600字。

这种训练能否奏效,关键在于教师的指导是否得法。如果让学生随意剪一篇文章交差算数,那必定收效甚微。所以运用此法,教师要重视有效指导,严格要求。指导可从三方面着手:(1)教师批阅,分类点拨;(2)课堂讲评;(3)学生互相交流。教师批阅采取浏览式,主要在于找出优劣的三类典型。剪文内容好,写作练习优的张贴展览,供大家学习;剪文内容好,分析不准确,也展览,作为借鉴;剪文意义不大,分析不对头的,当面指点。例如,一位同学剪了一组《小虫算啥》的漫画:画面(一)一棵枝叶繁茂的大树上有一条小虫;画面(二)大树的叶子被吃光了;画面(三)大树枯萎了。他据画意写了一篇《要警惕小毛病》的短评,文章告诫人们不要让自己身上的小毛病发展成大错误,以致毁了自己的一生。这属上述的第一类。有位同学剪了一篇《"成功"的背后》,在读后感里大谈"成功"或"成才""机遇"的重要性。其实这篇文章的论点应是"成功不是靠偶然的机遇,机遇偏爱才干超群的人,垂青那些有准备的头脑",这属第二类。还有一位同学剪了电影《杨贵妃》中的一幅剧照,然后写了一篇小评论,议论杨贵妃是肥是瘦,这就属第三类了。通过训练,不仅同学们剪报的积极性得到了普遍提高,而且同学们对文章论点的把握也趋于准确,达到了预期的目的。

对于批阅组发现的较为普遍的问题,采取课堂上讲评的方式。例如,有一次,有好几个学生剪下《哈雷彗星的命名》一文。文章内容很好,但归纳论点时,多数同学不得要旨。一个说"凡事要举一反三";一个说因为帝国主义的压迫、反动政府的无能,以致中国人发现并记录的彗星也用外国人的名字来命名,结论则是要增强国力,振兴中华。笔者在课堂讲评时,首先启发大家理解:科学上的任何发明创造,能否为后人所纪念,关键在哪里?然后分析剪报内容:中国人虽然很早发现并记录了这颗彗星,却没有进一步研究其出现的周期,无法预测下次出现的时日,而这个问题被哈雷解决了。通过这一分析,学生豁然开朗,当即能从如下两个角度提炼出正确的论点:做学问、搞科研要有锲而不舍、不断进取的精神;做学问、搞科研要努力追寻事物的本质和规律。这样的讲评时间不多,有时仅用十来分钟,就能解决一两个问题。一个学期如讲十次,就能解决一二十个问题。加上书面点评,张贴展览文章,每个学生起码能解决三四十个问题。几个学期下来,解决的问题数量就可观了。这就较有效地解决了提炼观点、确立中心思想这一难题。

剪报作文还必须组织学生互相交流,互相评议。因为通过交流,不仅可以使学生读到更多的好文章,在写作练习方面取长补短,而且还可以使学生积累更多的素材,在写作时使用论据做到得心应手——这是学生最喜欢的练习,常常收到预想不到的好效果。试想,一个学生,以每周剪一到两篇文章计,三年下来,剪下的文章可达120至150篇,写作也是这个数,而阅读的文章起码在300篇以上。这就大大扩大了他的视野,大大锻炼了他的写作能力,使他对社会生活的了解广阔得多,深入得多。胸中装满了新鲜事物、好人好事,这样写起文章来就不会感到十分困难了。大部分学生的作文能抓住观点,做到有理有据,有血有肉,颇具说服力。实践证明:生活是创作的源泉,只有源泉的活水长流,写作才能文思泉涌,清澈如许。

这种写作训练受到学生的欢迎,取得了显著的效果。某届学生进入高中时语文基础相当差。开学第一节课,笔者让他们用"粗枝大叶"造句,竟有学生写到"我爸爸长得粗枝大叶"。让他们写《防微杜渐》这篇作文,结果全班没有一篇能说清楚观点的文章,可以说学生还未掌握写作议论文的基本技能。不少学生孤陋寡闻,连"防微杜渐"的成语也不知道,闹了不少笑话。面对基础这么差的学生,笔者采用了简报作文这一训练方法,学生都能积极参加训练。本来要求他们每周剪文一至两篇,许多同学竟剪了三至四篇,而且基本能按要求写作。经过几个学期扎扎实实的训练,功夫不负有心人,同学们都感到有明显收效。在师生们的共同努力下,原以为没有希望的班,出乎意料,高考有7人考上本科,语文最高分119分,全班总评成绩90分,比上一届高出7分。同学们一致认为语文考得较理想,应记剪报作文的一份功。

剪报作文训练不仅可以提高学生写作议论文的能力,也可以提高写作记叙文、说明文的能力,还可以提高学生的阅读分析能力。学生要剪一篇自己认为合适的文章,往往要阅读好几篇文章。在这个过程中,无形地养成了学生爱读书、爱看报、关心国家大事的好习惯,这对提高他们的思想道德修养也是大有好处的。

育人需讲"艺术"

学校教学大致分为两个部分：一方面是学习文化知识，一方面是学生自身行为习惯的养成。作为教师，不仅要让学生学会学习，更重要的是教学生学会做人，因为良好的行为习惯养成与学生的学习是密不可分的。在市场经济日趋国际化、中西文化猛烈撞击的今天，在我们准确把握时代的脉搏、重新审视学生的"优"和"劣"（即教师眼中的好学生和差学生）的今天，"素质教育"越来越受到人们的重视，教育改革的钟声也惊醒了埋头拉车搞应试教育的中国教育者。在深刻的反思中，笔者认为教育过程需要讲求艺术，因为育人本身就是一门艺术——塑造人类灵魂的艺术。

在家长和教师心目中，往往都会用简单的"好"与"不好"来评判学生。所谓好学生就是学习成绩好，听话的学生，他们具有的特点是勤学上进，但往往只顾自己学习成绩好，看不起学习成绩差的，只爱听表扬，经不起批评，虚荣心强，不仰仗他人，自高自大。考上大学或走上工作岗位后，对学校、老师感情淡漠。所谓的差生，就是成绩差，拖了学校的后腿，使学校或班级成绩排名落后的学生。我们仅仅只看到了他们的缺点，如自由散漫、爱玩、不诚实，有的还顶撞老师，上课不听讲，不守纪律，不能按时完成作业，对学习生活无明确的目标，但他们也有优点，却常常被人忽视。其优秀的品行主要表现为：守信、敢说敢为、动手能力强、感情真挚。考上大学或走上工作岗位后，不忘老师的恩情和同学的友谊——这就是我们教师心目中的好学生和差学生。

哪个更优？哪个更劣？提高全民素质，对于学生而言，是给他们提供了圆梦的机会。但对于教师来说也是一种挑战——从重点培养向普遍撒网转变。我们便提出了尝试成功教育，让每一位学生都能感受到自己的成功，在增强自信的基础上完善自我，这就要求教师育人讲求方式方法。

一、不能用同一把尺子衡量学生

唯物辩证法认为，世界是无限多样性的统一。我们常说"没有完全相同的两片树叶"。树叶尚且如此,何况人呢?因此,习惯于用一个标准衡量学生的教育工作者应该明白,学生不是一个机器模子铸出来的机器零件。教育的最大使命就是尊重学生的个性,要创造条件促进学生发展。记得在一次活动中,作为级部主任,笔者把组织一个班的任务交给了一个平时大家都认为是连自己都管不好的男生,让他有机会展示自己的长处。没想到他的管理能力让笔者暗自为他叫好,原因很简单,就是因为笔者说了句"我相信你,你能行"。以后,笔者便有意识地培养这个学生的组织能力。他也多次荣获"优秀班干部"称号。此事过后,笔者感触颇深:教师不能以任何理由把学生分为三六九等,更不应以简单的标准来判断孩子的前途,理想的教育应该是"不求人人升学,但求人人成功,但求人人成才"。

二、不要轻易对学生的问题下结论

要把思维对象放到全局中去,放到整个系统环境中去考察和把握。当学生出现问题时,教师不仅要看到他在学校中的落后表现,还应了解形成这种落后的个人、家庭、学校、社会等各个方面的原因。在学校,教师往往会发现出现问题的学生相当一部分都是源于家庭不和睦或家庭经济困难。他们自怜自卑,又极度自尊,常猜疑同学看不起自己、老师偏爱别人,自暴自弃——对这样的学生,教师要给予更多的爱、更多的鼓励,让他们在点滴的进步中时时感到成功的愉悦,感受到自我的价值。日前,中学生离家出走的情况屡见不鲜。笔者所教年级有一男生,高一成绩优良,然而高二成绩却一落千丈,有一天竟离家出走。找到他时,并没有一味责怪他,而是心平气和地和他交谈,在交谈中才知道他离家出走的原因是父母离异,父亲给他找了一个继母,弟弟的出生剥夺了父亲对他所有的爱……于是笔者平时处处关心他,和他谈心,给予他更多的鼓励和关怀,在不同场合不断增强他的自信心。果然,不到一个学期,就收到了良好的效果。

三、要坚持一视同仁

学生和老师的情感交流非常重要,要让学生喜欢、信任,最重要的是老师要做到一视同仁。这一点能激励很多人,最起码可以让学生从教师的言行中,不会感受到自己是一个失败者。但事实上,很多老师都会自觉不自觉地袒护心目中的"好学生"。笔者处理学生的一次打架事件时,便遇到了这样的状况:大家眼中的"差生"硬是一句话不说。一开始笔者很生气,但他的一句话让笔者决心一定要把这件事查清楚。他说:"你们想怎样处理就怎样处理吧,我无话可说,反正没人会相信我的,他才是你们心目中的好学生呢!"笔者一查到底,没想到竟是我们心目中的"好学生"撒了谎。事后我们毫不留情地给大家心目中的"好学生"记了过,到现在笔者还清楚地记得当时那个"差生"含着泪冲他微笑了一下。打那之后,这个从来我行我素的人,对周围的同学态度好了许多,碰到别人有困难时,他也会主动去帮忙。

　　总之,孩子都是单纯的,关键在于教师如何去塑造,用什么方法去塑造。不妨尝试一下"五个一艺术":当孩子犯错的时候多问一问原因,以免错怪学生;当孩子犯错时,先缓一缓,让自己的气平和下来,再选适当的方式批评;当孩子犯错时引一引,帮助他们思考如何改正;当孩子犯错时先选一选,选择合适的时机给学生分析;当孩子犯错时,适时地激一激,激励他们改正自己的缺点——这些恐怕就是教师育人需要讲求的"艺术"吧。

怎样强化多媒体信息技术优化语文教学手段的正能量

一、多媒体信息技术优化语文教学手段显神通

教育技术现代化是语文教育现代化的重要组成部分。语文新课程标准强调："高中语文课程,应注重应用,加强与社会发展、科技进步的联系,加强与其他课程的沟通,以适应现实生活和学生自我发展的需要。"在语文学科的整合研究中,因认识的模糊以及对信息技术与计算机的特点认识不全面,存在着这样或那样的误解,致使在语文教学中信息技术的应用出现了一些误区。语文教师们已认识到信息技术之于语文教学在信息容量、激发兴趣、直观形象、思维发展、创设教学情景等方面的独特优势。笔者也在整合方式上做了有益的尝试:

（1）视、像、声、文"整合",打破时空限制,沟通古今,引发想象,虚实结合,化静为动,创设语文教学审美空间。这样使得或用音乐渲染情感、或用图像显示情景、或用文字诠释情境的单一方式得以打破,能够调动学生感官,引领学生进入情感领域,为他们理解内容作好铺垫。

（2）利用信息技术在交互性、选择性、智能化等方面的功能,创设自主学习、合作学习、研究性学习的便捷条件。如阅读教学时,诵读过程可根据课堂教学实际需要,或暂停或继续或反复,暂停时可穿插适时讲解、讨论,可预设学生参与诵读的情境等。

（3）利用多媒体的综合性、直观性、形象性和生动性的特点,用媒体课件再现场景或意境,使学生体会生动、真实与亲切感,调动学习激情并快乐学习。

二、逃出"误区"增加正能量

（1）"系统设计"与"媒体噱头"（教学原理、教学设计与课件设计的脱节）。语文教学现代化,首先是教师现代化,即教师要用现代教育理论武装自

己,使教育技术符合语文课的教学特点。一堂成功的语文课应该环环紧扣、有血有肉,教学过程也应像行云流水般自然和谐。但实际操作中,笔者也曾经陷入这样的误区:把教学手段当目的,由过去的"满堂讲"变成"满堂放",而不是根据教学目的选取适当的教学内容,突出重难点,做到把多媒体优化到教学过程中,使之与教学的其他环节血脉相连、水乳交融。结果,热闹有了,高潮有了,独缺了积累语言、培养语感、发展思维、人文熏陶这些带有学科本质特点的内容。

对这种教学原理、教学设计与课件设计脱节的现象,有所感悟的同仁有心人一定不会陌生。例如,文章内容思想性较强的,教学设计时稍不留神,就容易变成思想品德教育课。而说明文体的课件或教学设计,经常不能从文体阅读的特点出发,着眼于语文教学的根本宗旨,紧扣语文学科的教学目标。如引导学生学会把握说明事物的特征,理清说明的顺序,领会说明的方法等,却在课件设计时,过多地挖掘其形象性与直观性,偏离语文学科的"本位",将多媒体语文课上成了"生物课""地理课""历史课"。这种为他人作嫁衣而使语文同行们啼笑皆非的现象应引起足够的重视。假如课件的设计者缺少科学正确的教学设计指导,就会在材料的选择、信息的呈现、语言表达、交互操作设置等方面偏离教学原理及教学目标。

(2)"知识灌输"与"主体失位"(教学流程的程序化预设与课堂教学资源即时性生成的矛盾)。课堂教学中应以学生为主体,发展学生个性,以此达成个性与共性的协调发展已成为共识。但基于预设的课件往往使教学流程程式化,教师受制于课件,对学生即时性的"旁逸斜出"的思考(即课堂生成的教学资源),是"放出去"引导启发,还是"收回来"统一展示,这成为两难选择。很多老师顾及教学进度,往往选择后者,从而导致学生主体性的泯灭,扼杀了其发现问题、探究问题、求异思维的火花。不可否认,高品质、多元化的媒体信息或影音资料,加以科学恰当的媒体呈现时机,能为学生的再造想象提供更广阔的思维空间。借助信息技术环境的优势,应该让学生在轻松愉快的氛围中多默读、听读、朗读、诵读、思考……但一旦不能适当运用,其结果会产生严重的负面效应,让"画蛇添足"这一败笔破坏了语文教学课堂美妙的韵味。

(3)"捡了芝麻"与"丢了西瓜"(整合手段的单一与本末倒置)。由于多媒体计算机集声、像、图、文为一体,其形象性及直观性极为显而易见,因而,人们认识它时,极容易从直观性入门。曾几何时,我们会看到:"黑板上的板书"搬上了"电子屏幕",学习内容变成了"电子文字"加"音像组合"。这种"演播式"的运用,盲目机械又形而上学,假如教学设计过程选用形象直观性的特点是为"创设情景"和"演示过程"教学目的服务,倒无可厚非,但除此之外,还更应广泛去认识和研究多媒体计算机除形象、直观等辅助教学之外的其他特点。如提供"协助式学习"的交互式特点,提供"探究式学习"的提示性特点,提供"发现式学习"的智能化特点。但正因为整合应用研究的缺失,使教师常常为简单的"描绘形象"而去对文学作品机械地"诠释图解",从而把语文学科(尤其是文质兼上乘的文学佳作)丰富的内涵表达为一个画面、一幅情景,而不是在培养学生对书面语言的直觉感知能力的过程中启迪学生去感悟作品的真谛、品味作品。

三、优化"模式"强化正能量

1. 现代教育技术用于语文教学的影响因素

综上所述,从实际语文课堂教学与信息技术的应用整合来看,现代教育技术运用于语文教学实践,要发挥其潜在巨大的优越性,受着许多因素的影响及制约。有的专家研究了影响这种教学的变量的模式,认为其主要受到环境、学生、教师三种变量的直接影响。而就教师本身而言,当务之急便是确立正确科学的现代信息技术教学理念和认知学习理论,也就是我们所说的教学观念的转变。

(1)现代信息技术只是认知工具。人的认识不是由外界刺激直接给予的,而是由外界刺激和认知主体内部心理过程相互作用的结果(内部的心理过程包括态度、需要、兴趣和爱好以及原有的认知结构即过去的知识与经验)。

(2)多媒体计算机技术和网络技术的迅猛发展,越来越突出地表现出多媒体信息系统的优越特性在于信息载体的多样化,媒体系统的交互性及集成性,能够帮助人们突破意识、记忆、思维、学习及问题解决方面的限制,是作为"认知工具"的最佳物化环境。其具体表现为:不仅能扩充学习者的信息量,而且能促进学习者建立新旧信息之间的内部联结;提供自我验证的功能;提供相对真实的学习任务环境;提供一种非常容易的信息重组、变动以及任意组合的功能,有利于学习者知识的迁移、巩固。

(3)现代信息技术在使用时,应把重点放在思维技术以及思维环境的开发上,为学习者提供一种开放的、探索式的学习环境。这种环境具有如下特点:所创设的情景能够帮助学习者掌握某项知识及技能,注重激发学习者探索学习的主动性,并提供帮助,所设计的学习活动和学习任务与所需要的认知活动相对应。因此,将多媒体计算机及网络技术作为认知工具的学习环境的教学设计应有一定的原则。如在学生与实际的教学之间建立缓冲区;提供支持自主学习的学习背景;在学习活动中体现学习需求等。

① 信息的判断、选择、整理、处理能力及新的信息的创造与传递能力的培养。其具体包括:信息理解力、选择力、批判力、收集力、处理力、生成力、传递力。

② 信息科学基础及信息手段特点的理解、操作能力的习得。由此看来,在大力提倡普及信息技术教育及课程整合的今天,广大语文同仁心中的"语文能力观"应该得到更新,应该注入信息化的新理念。例如,在网络环境下的阅读教学设计,可否将阅读的"认读、理解、鉴赏、评价"诸能力培养过程与信息的"判断、选择、整理、处理"能力培养过程相整合,遵循科学的认知规律,探索信息技术环境下的教与学新模式呢?

2. 语文教学使用现代信息技术的未来趋势构想

笔者所在的喀什并不完全具备这样的硬件条件,但随着党中央决定在喀什设立经济开发区,赋予特殊的发展使命和政策条件,力争要将喀什建设成为中国向西开放窗口、新疆经济新的增长点和沿边开发开放试验区这样的发展机遇下,笔者所在校的硬件设施必将进一步改善,教学资源平台也将更加丰富,语文教学与信息技术的整合模式也必将发生新的变化,借鉴内地学校的一些尝试。笔者对整合模式有一些新的构想:

(1)强调互动的师生交互模式。这种模式建立在师生共同操作计算机的基础上,适合在多媒体教室进行。例如,在多媒体教室教授《史记·鸿门宴》,教师与学生都戴上耳机,教师在主控台发出信息,学生利用本课的学习软件与教师交流。如教师提问文中"臣活之"的"活"字的意义和用法时,学生就点开这个字,于是与"活"字有关的各种义项、用法、例句和相关解释一并出现,学生可以从中选择,回答教师的提问。教师利用主控台随意与某位学生交流,也可与全体同学进行交流。采用这种模式,可把教师提供给学生的学习材料,与学生自主学习、师生交流结合在一起。

(2)可采用阅读的双主教学模式。由于基于媒体计算机教室网络环境下的多媒体软件具有超文本的结构,因而学生在阅读过程中若遇到难理解的字词,可以通过"热键"的方式随时在计算机上查询,省去传统教学中的"查字典"环节。这种自主交互的阅读学习方式,从内容的选择到效果的检查都可以按照个别化方式进行。这样既可以大大增加学生的阅读量,又可以充分发挥学生自己的主动性与积极性,同时还可以大大减轻教师的教学负担。

信息技术与高中语文教学整合的终极目标是塑造创新人格。美国著名历史学家阿诺德·托恩比强调:"为潜在的创造力提供良好的机会,这对任何一个社会来说都是生死攸关的事情,这一点极为重要,因为按人口比例看是相当少的那种杰出的创造力是人类最重要的财富……"信息技术与高中语文教学整合,对激发学生的创新意识、培养学生的创新精神、提高学生的创新能力、塑造学生的创新人格,应该大有作为。学生的主体地位得以真正的确立,学习的自主性、能动性、合作性得到充分发挥,就有利于培养学生的创新意识、创新思维和创新人格。塑造创新人格,要有长远的眼光,要让学生获得可持续发展的能力。在信息时代,再良好的学校教育也不可能让受教育者一劳永逸。可以说,信息社会的到来,也就标志着终身学习时代的到来。"我们再也不能刻苦地一劳永逸地获取知识了,而需要终身学习如何去建立一个不断演进的知识体系——'学会生存'。""学校教育的任务是教会学生学习,使他们进入社会以后自己能够不断地去获取知识。"信息技术与高中语文教学整合,确立学生的主体地位,培养学生的自主精神和自学能力,有利于学生打好终身学习的基础,打好可持续发展的基础。

综合起来,可以赢得强化多媒体信息技术优化中学语文课程改革及教学手段的最大正能量。

(本文获 2013 年全国创新杯教科论文大赛一等奖)

参考文献:

① 李永键、何克抗:《认知工具——一种以多媒体计算机为基础的学习环境教学设计新思路》,上海教育出版社,2003 年。

② 吴克强:《语文教学改革与信息技术整合初探》,轻工业出版社,2006 年。

浅谈教师工作中的误区——对"中间学生"的忽视

凡是教过几年书的教师,特别是当上班主任之后,都会有这样的切身体会:教师在接触的新班级内,最先记住的名字是"两头"的学生:因为成绩好的学生,人见人爱,教师往往表现出"偏心","一俊遮百丑",对于他们其他方面的问题基本都"忽略不计";成绩差或品行较差的"特困生"因其有种种"劣迹"和坏习惯,会给教师留下深刻的印象,教师也会对其格外"关注"。这样,在日常的教学和班级管理工作中,"中间学生"的教育实际上就成了空白。这种方式在相当程度上通过人们的某种"心理定式"沉淀下来,又往往被人们的"潜意识"加以强化,从而导致了事实上的"忙两头,丢中间"的最终局面。中间学生往往就成了"沉默的花朵"。

笔者所在学校生源处于中上层次,关注学校中间学生的发展对学校而言就显得尤为重要。可以毫不夸张地说,中间学生能否转化为优等生是学校的生命线,决定着学校的命运。事实上,"中间学生"在一个班级里占到一半以上,是班级的主体,也是最容易分化的学生。教师本想"抓两头,带中间",只顾"培优转差",最后却往往适得其反,变成了"忙两头,丢中间",造成了"尖子不尖,中间散,尾巴长"的严重后果,最终影响了整个班级的发展。在通常情况下,中等生很难受到老师特别的关心和帮助,往往失去了在老师指导下发展成长的机会。因此,教师特别是班主任在平时的教育和管理工作中更应该对"中间学生"给予足够的关注。

一、"中间学生"容易被忽视的原因

在《宁夏教育》中有一篇相关文章中提到:所谓中间学生,是指由于思想意识、行为习惯、认识能力、价值取向、个性情感、意志和学习状况等原因形成的,缺乏强烈的竞争意识,自我价值观念淡薄,定向、定位偏离自我,在单位教育教学体中处于中间状态为特征的群体,是单位教育教学体中规模较大,人数较多的群体,更是实现单位教育教学体整体推进目标不可忽视的群体。[1]在中间学生身上,同样存在着优等生所具有的潜能,甚至在某些方面有超常的优势,但由于种种原因造成他们在某个时期某种条件下处于中等状态。他们有很大的可能向优等生转化,但若教育不当,也有很大可能向后进生分化。因此,作为教师,尤其是班主任,在工作中要给予这些"沉默的花朵"应有的关注。重视和加强对中等生的教育和引导,对班级整体素质的提高以及学生的未来人生发展都具有相当重要的意义。

从心理方面看,中等生普遍有强烈的渴求进步的心理,具有较强的自尊心,但却很脆弱。在思维方面,思维活跃有创新精神,但概括能力不强,提取材料有效信息的水平较低,在知识的识记方面缺乏选择性,不分轻重主次、死记硬背,不能以概括或简略的形式存储所学知识,举一反三的能力差。在非智力因素方面,大多学习兴趣不浓,学习遇到挫折后容易心灰意冷,实践观念不强,较为懒惰。在成绩方面,有一定的基础,但总体水平不高。总之,"中间学生"是比较"听话"的学生,他们品行一般都较端正,一般不会与人打架闹事,能自觉遵守校内外纪律,按时完成作业、练习,成绩保持在及格线以上。他们是颇受教师欢迎的学生,因为没有"特色",再多教几个也一样。所以,往往会出现这么一种现象:教了一个学期,教师可能会连"中间学生"的名字都叫不上来,甚至张冠李戴。

二、教师忽视"中间学生"的危害

无论是"有意"还是"无意",忽视"中间学生",会对他们造成伤害。他们会觉得作业做得再好,教师也不表扬;成绩有所提高,教师还是没有发现,无论自己怎么努力,都不会得到教师的肯定。他们会认为自己真的很笨,总打不进高分层,自然就会对学习没了信心,自尊心也会受到极大地伤害,于是学习松懈,成绩提不高,家长就会埋怨。殊不知,"中间学生"他们心里无时无刻不在向优等生这一目标而努力!时间长了,他们便会"认命",慢慢地,成绩下降了,纪律散漫了。这时,教师注意到了,终于把目光投到他们身上,但都是把他们当作学困生看待。这类学生的自尊心特强,又带有自卑感,感情脆弱,教师批评后,他们真的认为自己很笨,原有的一点点信心全没了,成绩再难以提高,由"中间学生"转化为学困生,这不能不说是我们教师的责任。

三、给予"中间学生"同等的爱

罗森塔尔效应告诉我们："教师期望与学生智力发展有紧密的联系,中轨学生最能得益于教师的期望,而快轨学生得益最少。"也就是说,教师对他们期望的提高使他们在学业上取得的进步最大。这对于性格内向的中间学生尤为重要。中等生具有优等生所具有的潜能,在某些方面甚至还有比优等生更超常的优点。中等生知识储备不及优等生,但也因此在思维方面没有太多的束缚,容易出现思维的碰撞,容易出现创新的思维。通过自身的努力、教师的引导,能获得不同程度的提升。而且相对于优生而言,中等生的提升空间更大。

事实上,作为教师,当然喜欢表现好、学习成绩优异的学生;对学困生,教师也会加以理解,严爱结合,非爱不可。"中间学生"较稳定,常常处于可以爱可以不爱的范围之间,教学的实践证明,"中间学生"之所以处于中间,与教师对他们爱得不够有关。教师对学生的爱如果存在偏差,对优秀生和学困生过多的关心和爱护,对"中间学生"却很"淡漠",这实际上就是不平等对待自己的教育对象,容易引起"中间学生"的反感。一旦与学生之间失去了感情,缺乏心理上的沟通,就不可能收到良好的教育效果。所以,对"中间学生"的教育,必须从爱入手,尊重、爱护和理解他们。事实上,再"乖巧"的学生也很希望获得教师特别是班主任老师的重视,希望教师给予他们同等的关注。教师的目光、教师一句关心的话,往往会被他们放得很大,足以成为他们学习的动力、信心和源泉,就好比小草与阳光的关系。每个学生都一样,"中间学生"同样需要教师的重视,需要教师的爱。

班级是一个"大花园",除了那些"夺目的花朵"之外,这些"沉默的花朵"也需要园丁的精心灌溉,不要让他们在教师的"盲点"中沉默。唯有如此,他们才不会成为"大花园"的"弱点"所在;也唯有如此,才是真正的"春色满园"。

四、制定目标,促使"中间学生"不断进步

人人都希望获得成功,中等生更是期望自己能得到他人的肯定。因此,在教学中应及时给予中等生进行正面的鼓励性评价,激励他们再创新高,在全班形成"比、学、赶、帮、超"的生动局面和竞争氛围。评价的角度和机会有

很多:可以是客观性试题的正确率,可以是一道主观题的得分情况,也可以在笔记方面找到中等生的闪光点。对中等生存在的问题也要及时指出,促其改正,决不姑息。

现行《高考大纲》在对学生综合能力测试的能力目标中明确提出,学生应具备四种能力,即获取和解读信息的能力、调动和运用知识的能力、描述和阐释问题的能力、论证和探讨问题的能力。学习中,中间学生反映出的主要问题是所学观点和试题材料的脱节,缺乏获取和解读信息的能力、调动和运用知识的能力。

要让"中间学生"感到教师的爱,除了对他们多加关心之外,还要做他们的知心朋友,不断对他们提出不同的要求,树立切合实际的奋斗目标,促使他们不断进步。通过向他们提出"跳一跳"就能摘到果子的目标,促使他们通过努力也能体验到成功的喜悦,从而培养他们积极进取的心理。教师还要善于发现"中间学生"身上的闪光点,及时地进行表扬、鼓励,肯定他们的点滴进步,使他们树立信心,增强勇气,向更高的目标奋斗。

五、要给"中间学生"表现自我的机会

1. 在班干部的选拔、评优和活动组织方面,班主任不要总盯着优秀生,而应大胆使用"中间学生",给他们足够的锻炼机会和发展空间,想方设法让他们发挥出自己的才能,并不断提高能力,更快地成为优秀生。在活动中要促进"中间学生"自我加压,积极进取,树立我也能行的信心,早日成为出类拔萃的人才。

2. 从细节做起。上课时,关注他们是否注意听讲,遇到比较简单的问题,就指名让他们回答,答得好的及时表扬。课后有些小事尽量让他们去做,尽管是小事,但他们会认为教师是看得起他才叫他的,很乐意去做。改作业时,附加些鼓励的话语夹在作业本中,改小作文时,则同他们谈谈心,一起商量写作思路,多关心表扬他们。慢慢地,他们感觉到了教师的重视,学习有了信心,有了动力,成绩就会直线上升。这样,班中的优等生和成绩进步快的同学就会形成你追我赶的局面,其他学生也会受到感染,学习热情高涨——在这个过程中,我们将会惊讶地发现"中间学生"其实有许多未被挖掘的智慧。

教师要善于观察分析学生的优点,金无足赤,人无完人。每一个人的优点和缺点都存在于同一个统一体中,虽然他们在该冷静的时候却热血冲动,爱出风头却又难于创新。教师要细心观察,全面了解,做到对每一个学生心

中有数,充分发挥中等生特长,多给他们展示自我的空间,理解他们的思想,提供他们锻炼的机会,消除自卑心理,树立起自信心和自尊心,让他们在同一片蓝天下积极、快乐、健康地成长,"中等生"将是希望的一代。

总之,教师素质教育的重要特征之一,就是要面向全体学生,教师要在尽可能的情况下,给"中间学生"创造条件,鼓励"中间学生"冒尖,在培优转困的同时,也注意把"阳光"洒向"中间学生"们。这样,在教学和班主任工作管理中,重视对"中间学生"进行教育,就会收到很好的效果。一枝独秀不是春,每一朵花都有绽放的理由,只要沐浴阳光,同样灿烂!

(本文发表于《现代阅读》,获全国优秀论文一等奖)

参考文献:

① 何伟:《中等生心理成因类型分析及其引导》,《宁夏教育》,1999 年第 5 期。
② 《高考大纲》。

浅谈现代教育技术在语文教学中的有效运用

一、精心筛选信息，突出教学内容的有效性

现代教育技术，其信息内容丰富斑斓，精心筛选网络信息，才是确保课堂有效性教育的前提。筛选网络信息，笔者认为必须体现在三个方面，即要精心筛选"真""善""美"的信息。

1. 精心筛选"真"信息

网络信息资源在 20 世纪末逐步出现，但其数量增长迅猛，数量巨大而庞杂，具有不规范性。由于信息发布具有很大自由度和随意性，缺乏必要的过滤，大量冗余、粗制滥造乃至伪劣信息迅速膨胀，因而有用信息与无用信息混为一体，精加工的高质量信息与未经任何过滤的低质量信息混为一网，最终造成信息质量泥沙俱下，成为无所不包、无所不有的庞杂信息源，给用户利用信息带来很大不便。在语文教学中选用这些信息时，一定要根据语文教学的内容需要突出一个"真"字——"真"就是真实的而非虚假的，"真"字强调信息的真实性、可信性、科学性，以确保学生获得真知。

2. 精心筛选"善"信息

语文课程具有丰富的人文内涵和很强的实践性，语文教学应该重视其熏陶感染作用及教学内容的价值取向，培养学生健康的情感和高尚的品德，不断完善自我人格素养。所谓"善"的信息就是好的信息。网上真信息也是很丰富的，但不是所有的真信息都是"善"信息。应该根据语文教学的需要，精心筛选"善"信息。

一节课中，也许要讲的内容太多，但很多是真而不善的信息。教师在教学中应该追求信息的真，但更要注意真中选优，真中选善，教学中最需要的信息就是最善的信息。教师在进行信息筛选时也需要考虑：网络中的信息是否权威，观点是否过时，是否有一定的教育性，内容是否与教育目标相匹配，内容是否有利于学生自主学习和拓展学习，内容的表现形式是否符合学生的年

龄特征和认识水平等问题;也就是说,我们教师在筛选信息时,一定要结合教学目标与教学对象的特点,选择符合学生年龄、心理发展水平、认知水平和阅读水平的内容。

3. 精心筛选"美"的信息

语文教学是"美"的事业,语文教材是"美"的宫殿,语文教学是"美"的使者。语文教学需要注重审美体验,没有审美的语文教学一定是无效的教学。阅读鉴赏和写作是重要的审美活动,能陶冶性情,涵养心灵,也能通过感受美的形象品味语言,领悟作品的丰富内涵,体会其艺术表现力,并借助自己的情感体验和思考,努力探索作品中蕴涵的民族心理和时代精神,了解人类丰富的社会生活和情感世界。

网络信息资源中有关语文的美的信息是令人目不暇接的,语文教师需要具有感知美、发现美、鉴赏美和创造美的能力,以敏锐的眼光从纷繁芜杂的信息源中精心筛选,以确保语文教学内容不仅是真的,也是善的,更是美的,让学生受到美的熏陶,培养自觉的审美意识和高尚的审美情趣,培养审美感知和审美创造的能力。

二、拓展课堂空间,追求教学形式的有效性

笔者认为语文教学不应该追求课堂容量的最大化,因为从信息化的角度看,信息量过大或过少,教学效果都一定不够理想。语文教学应追求教学过程的最优化,通过多样化的教学,充分调动学生学习的积极性、主动性和创造性,从而确保教学的有效性甚至高效性。

1. 精心创设最佳情景

现代教育技术提供了大量与语文相关的文字、音乐、图片、影像等资料,综合运用这些资源会变枯燥为生动,变抽象为形象,让语文教学的形式更富多样性。

精心创设教学情境,主要指通过对学生的视觉、听觉等的反复刺激,从多方面引起学生的兴趣和情感体验,在较短时间内吸引学生的注意力,调动学生学习的积极性。如借助音乐、图片和影像等渲染情境,可打破课堂教学的时空限制,引发想象和联想,给学生展现一个更为广阔、丰富的空间,给语文课注入活力;也可根据教学内容为学生提供珍贵的历史资料,再现激动人心的画面,演示复杂的道理,让学生如临其境,如闻其声等,这样能极大地调动学生的兴趣,提高教学效率,更好地达到教学目标。

2. 充分调动学生的各种感官

在教学过程中，人的感官起着重要作用，感官接收得越多，作用就发挥得越充分，对知识理解得就越透彻。现代教育技术以绘声绘色、栩栩如生的形象来反映客观事物，可以在形象的远近、虚实、快慢、动静、抽象与具体之间实现转换，不受时空限制，为学生创设赏心悦目的主体型学习与创新情境，能使语文教学达到寓教于乐的目的。语文教师要善于利用现代网络资源，自制课件，通过文字和图形，呈现声音、动画、录像以及模拟三维空间，建立教学内容的结构化、动态化、形象化，把无声的文字再现为具有形感、色感、声感的立体形象，充分调动多种感官，激发学生的学习潜能。

3. 必须注意内容的自然合理适度

好的内容需要有好的形式表现。然而，形式是为内容服务的。现代教育技术从听觉、视觉等方面给语文教学带来了生机和活力，也给我们语文老师增强了教改的信心和勇气，然而，现代网络媒体虽然有很多优势，却应该是课堂教学的辅助手段，不能喧宾夺主，不能只让学生看得眼花缭乱、过瘾、好玩而学不到应有的知识。历次公开课、观摩课中都或多或少出现过哗众取宠、华而不实的"作秀"现象。在语文教学中，一方面必须重视现代教育技术的使用；另一方面又必须重视充分发挥教师的主导性，调动起学生的积极性，把握好使用媒体的时机，提高媒体使用效率。只有两者兼顾，才能充分发挥好现代教育技术的直观性、流畅性和内容的丰富性等优势，才能避免过多的刺激学生的新奇点，使学生注意力不致分散，有效地组织教学，从而使教学双方对教学过程和结果都感到满意。

三、凸显信息指向，保证教学监控的有效性

现代教育技术使语文教学活动可以在很大程度上脱离物理空间和时间的限制，语文教师可以针对网络的特点，使网络资源成为语文教学的参考资料，并使之有效辅助教学活动，从而更好地完成教学目标。语文教学不仅要有丰实的信息，更要有丰实的信息指向，凸显信息指向是实施有效教学的重中之重。在课堂教学中必须对教学难度、密度、速度进行有效调控，语文教师的调控、监控能力的强弱直接影响到教学效率的高低。

1. 备课要精细周详

在这样一个信息化的时代，网络信息的丰富性、便捷性和共享性为语文教师的充分备课带来了极大的便利，几乎没有一个语文教师不希望运用现代

教育技术手段来备课和讲课。其中,备课属于课堂教学前的监控,必须高瞻远瞩。但因为网络信息资源丰富,不少教师在备课时往往被网络信息搞得无所适从,舍不得割爱,在教学中往往事与愿违。网络信息资源备课不能全盘荡来,必须运用脑髓,放出眼光自己来拿,做到精细周详。

2. 教学要思路清晰

(1)教学思路清晰,一是指明确输出信息的目的;二是指能选好输出信息的突破口;三是指输出教学信息要完整,有序有效;四是指输出教学信息要清晰流畅,语言简洁而规范、有吸引力、流畅无间断性,能化抽象为生动形象,化深奥为浅显易懂。

(2)清晰地教学思路应该是有效教学的首要特征。课堂教学的成功与否,很大程度上取决于教学思路是否清晰。教师的个人思维品质集中地体现在教学思路上,又以非常鲜明的个性化色彩潜移默化地影响着学生。教师在熟悉、研读教材的同时,应努力形成一个如何教的完整的思路。教学思路清晰,语文课就会呈现清晰,学生的思维也会渐渐清晰,从而获得创造性思维的启迪。很难想象,老师的"昏昏",可以使学生"昭昭"。

3. 及时反馈调控

语文教学是动态的生成过程,作为教师不仅要事先设计恰当的教学活动,激发与调动学生主动学习的积极性,而且要根据教学的进程,发挥教学机制,灵活地调节教学活动,以适应新的教学需要,追求教学过程的最优化。教师应能及时抓住有利时机,迅速有效地处理来自学生方面的反馈信息,实施最切合实际的教学方案,以期取得最佳的教学效果。

现代教育技术为语文有效教学提供了十分有利的条件,语文教师应积极探索,勇于实践,充分利用丰富而便利的网络信息资源,优化语文课堂教学,彻底改变长期以来高负低效的语文教学现状。

(此文获中国教育学会全国中学语文教学基本功展评大赛二等奖)

参考文献:

① 伊为民:《现代教育技术应用基础》,安徽教育出版社,1999 年。

② 余文森、郑金洲:《新课程语文教与学》,福建教育出版社,2005 年。

如何上一堂好课
——谈语文课自主思维能力的培养

《高中语文教学大纲》要求，要重视学生的实践活动，让学生在教学过程中主动学习，探究。要重视师生的语言交流和心灵沟通。教师要善于激发学生的学习兴趣，创造性地开发多种形式的教学活动，努力形成教学个性。

语文学科作为一门模糊性较强的语言学科，课堂中应更好地让学生"诉说自己的感受""谈谈你的体会""做出自己的评价""提出你的见解"，适时适度地暗示学生"没有最好，只有更好""没有标准答案""这个问题的回答也许只有优劣，没有对错"等，尽量创造一种宽松和谐的用语学习情境。

"抄、写、读、背、默"，几乎已经成了语文课上的经典节目了。就在学生们大喊"语文无味"的时候，每一位"认真负责"的语文教师，还在不遗余力地要把自己所记住和没记住的知识一股脑地填入那一个个小脑袋瓜中，并安慰自己："等他们长大了就明白了。"殊不知孩子们全不领情，"狗熊掰棒子"，前脚学后脚忘。于是在师尊们"恨铁不成钢"之余，新一轮战斗开始了。

只需认真研究一下教学大纲，我们不难发现，在"教学内容和要求"中，除第六条对于文言文知识有背记内容外，其他十七条全部强调学生的能力目标。翻开近年来的高考题，也可以看到，高考的命题也偏重于学生的思考能力。由此可知，要想使学生真正体会到语文的魅力，必须在日常的教学中加以变革，把培养学生的自主思考能力作为主要目标。

我们知道，语文知识浩如烟海。从未有一人可以自称全部掌握，同时语文也是一门仁者见仁，智者见智的学科，没有哪一个问题的答案是放之四海而皆准的。况且对于文学作品的鉴赏，本就是与每个人自己的个体体验相关，"每一千个读者就有一千个哈姆莱特"，因此，教学的重点不应是学生"知道"了什么，而是如何使学生"知道怎么去知道"的问题。

古人云："授之以鱼不若授之以渔。"学习的最终目的是学以致用。学生只有通过自主思考，才能完成知识的内化，使所学的知识转化为能力。因此，在课堂教学中应转变观念，不要急于让学生知道答案，而是通过启发、引导，使学生自己发现问题、解决问题，并总结出自己的学习方法，真正使之完成从

"要我学"到"我要学"的思想转化。

下面，以高中语文第二册《米洛斯的维纳斯》一课为例，谈一谈在语文教学中如何培养学生的自主思考能力。

众所周知，维纳斯是古罗马神话中的美神、爱神、艺术之神。米洛斯的维纳斯雕像更是美妙绝伦的艺术瑰宝，因此，在这堂课上，笔者便把"美神之美"作为这堂课的主要内容，让学生在思考的探索中发掘美的真谛，从美中发掘出一条普遍的美学原理，并用之以实践，完成一个具体——抽象——具体的思维过程，而在这一过程中，笔者作为教师，引导的作用要远大于教授的作用。

于是，这一节课笔者便将学习的自主权交给学生，将知识目标设定为"引导学生探究艺术表现上的虚实相生观点"，将能力目标设定为"培养学生独立思考，自主学习的能力"。

目标确立之后，便是对授课内容的准备工作。与传统"填鸭式"教学不同，既然要让学生提出问题，自主解决问题，那么作为教学环节的主导者——教师，便要付出更大的精力去设想学生可能提出的每个问题以及相应的答案，至少从大的方面应当做到胸有成竹，以便轻松应对可能发生的变化。

在上课的过程中，笔者着重于学生理清思路的过程，而不是急于将教参上的现成答案读给学生听。学生在经过充分讨论后，已经逐步形成了一个较为统一的认识，只是在语言表达方面仍不能精确地表达出定义时，我才用画龙点睛式的笔法，指出这便是"美学中的虚实相生"原理。

当学生了解了这种手法的原理之后，便趁热打铁，将课文内容进行拓展，请同学们用美学观点对刘禹锡的《乌衣巷》和《红楼梦》中的林黛玉形象进行赏析。在鼓励下，学生思路已经打开，发言积极踊跃，时常妙语连珠，每个人都在主动思考，不时还会有些小小的争论。笔者在鼓励的同时，适时加以点拨，使学生不致偏离主题。一堂课下来，大多数学生便能达到预期目的，掌握了"虚实相生"这一手法的运用，并当堂运用该手法写下一段写人或记事短文。

一堂课上下来，学生很容易忘掉"听"来的内容，但很难忘记"想"出的结论。时至今日，许多学生仍然能在平时的学习中运用"虚实相生"的原理来分析问题，这充分证明了学生已经掌握了运用知识的能力。

语文教学是一门艺术，上好每一堂课，使学生真正获得知识，而每一堂课上，我们都应注意培养学生自主思考的能力，"不要把学生当成知识的载体，而要使他们成为知识的拥有者和使用者"。唯有如此，方可使语文成为使学生终生受用不尽的一门学问，一笔财富。

新课改中对文言文教学的一些尝试

《普通高中语文课程标准》对文言文教学的要求是：阅读浅易文言文，能借助注释和工具书，理解词句含义，读懂文章内容。了解并梳理常见的文言实词、文言虚词、文言句式的意义或用法，注重在阅读实践中举一反三。诵读古代诗词和文言文，背诵一定数量的名篇。《普通高中语文课程标准》的这一要求，是针对全体学生提出来的，但在教学实践中，往往很难做到这一要求。要让好学生吃得饱，基础差的学生吃得好，教师在教学中，就要结合学生实际，采用恰当的教学手段，让基础好的学生学得更好，让基础差的学生能达到《普通高中语文课程标准》的要求，确保教学任务的完成。

过去传统教学实践及其理论片面强调机械记忆、单一认知、重复训练，忽视实物性操作与内部观念活动的作用与转化，重教师的教，轻学生的学，压抑了学生的主体性发展，也背离了教育教学活动的宗旨。从学习的心理来看：总是按部就班千篇一律地串讲，也使得课堂教学缺乏创新，死气沉沉。文言文学习，重要的是要激发起他们学习的兴趣，要从激发兴趣入手。如果很多时间都用在语法学习上，难免枯燥难懂，会抑制了学生学习文言文的兴趣，甚至会使学生产生一种错觉，以为文言文真是"古"文，是僵死的文章。

因而，在高中文言文的教学中，笔者依据新课改"自主、合作、探究"的方式，从学生的实际出发，对不同等级的学生，实施有目的、有计划的教学，取得了较好的效果。

下面，是笔者对有关文言文教学的一些新思考和尝试：

第一，根据学生的基础，定出等级。

就文言文的学习来讲，一般来说，基础好的学生学习兴趣较高，基础差的学生学习兴趣很差，不同的学习态度，产生不同的学习结果。基础好的学生很容易接受文言文，而基础差的学生在习惯和毅力等方面都不及基础好的学生，害怕学习文言文，并且接受很慢，形成恶性循环。笔者每接一个新班，就针对学习文言文的问题，先在学生中间进行调查。然后，根据调查结果，把不同基础的学生，分别分成 A、B、C 三组，让学生明确自己的等级，并在语文课上安排座位,采取优化组合的方式,以便于学生的相互交流提高。

第二,根据等级,在教学实践中实行五个步骤。在教学实践中,笔者采取了如下做法:

（一）因材施教,兼顾不同等级学生

在设计每堂课的教学目标时,既做到以完成教学任务为准则,又兼顾学生的实践情况。学生对课文进行了整体感知之后,教师就可以引导学生对课文进行分析,以达到融会贯通的目的。首先要分析词义、句意;其次要理解篇意,结合课文内容,分清层次;最后还要归纳写作特点。"析"的过程,教师切忌包办。凡是学生在课下注释或课前提示中能找到的,教师不讲;凡是学生能够运用已经具备的知识能力来解决的,教师适时提醒,及时鼓励;凡是经过点拨学生可以心领神会的,教师要及时启发指导。经过了"析"的过程,学生不仅巩固了旧知识,学到了新知识,而且加强了新旧知识之间的联系,注重了学生自学能力的培养。

例如,在讲高中语文必修一《烛之武退秦师》这篇文言文时,第一课时的教学目标设计是这样的:(1) C组同学,利用工具书自学课文,能对照课后注释,说出本文大概内容。老师做适当辅导。(2) B组同学,对照注释,通过查看工具书,能准确说出本文的故事内容,然后,不看课文,能大概说出本文的故事内容;老师可以为学生答辩。(3) A组同学,不看课文,脱离书本,能准确地说出本文的故事内容。老师不予辅导。第二课时的教学目标的设计是这样的:(1) C组同学,用现代汉语复述课文情节,理解老师指定的重点词语和句子含义,会辨析文言文的特殊句式。(2) B组同学,除完成C组同学的任务外,还要了解人物的性格特征,明确这个历史故事给你的启示,当堂写出读后感。(3) A组同学,除完成B、C组同学的任务外,要以丰富的想象力和思维创造力,用丰富的语言口头再现这个历史故事。

教师在指导学生学习的进程中,要做到以点带面,由浅入深,兼顾全体。在指导学生朗读时,教师放录音后,让A组同学先试读,B、C组同学可以边听边用笔注音断句,然后再读,这样就可以达到以点带面,共同提高的目的;在讲述课文内容时,可以先让C组同学照讲课文,经过教师辅导后,再让B、A组同学完成任务,这样就使学生的学习循序渐进,达到分层推进的目的。另外,设置课堂提问也要分不同等级,难易得当,争取不同等级的学生都有回答问题的机会,避免课堂上出现"一头沉"的现象。这种小组合作学习方式大大激发了学生学习文言文的兴趣,使得文言文学习不再显得深奥和高不可攀。由于每个学习小组都有上台主讲的机会,学生们认为文言文是可以理解、可以征服的,学生对自我表现的欲望带动了对文言文学习的兴趣,并且由于四人合作的讨论、教师及全体学生的帮助更增强了学生学习文言文的信心。

（二）分层次设置习题,以查促学

学习完一篇文言文,教师要及时进行练习巩固,了解学生的学习情况。但对于不同等级的学生来说,如果布置练习任务时,不讲究方式方法,眉毛胡子一把抓,用同一种难易的习题来检测不同等级的学生,势必会出现以下两种情况:基础好的学生认为文言文的学习要求不高,很容易学,因而学习的劲头松懈下来;基础差的学生则认为文言文太深奥,不易接受,索性破罐子破摔。为了激发学生的学习兴趣,调动学习的积极性,教师在对每节课进行检测时,就要设计难易程度不同的习题。笔者在布置练习时,基本运用以下两种方法:一种是以最基本的知识为主,安排适量的选做题;一种是习题分开,不同等级的学生做不同类型的习题。这样分层设置,不仅能达到巩固复习的效果,还能帮助教师及时发现教学当中的疏漏与不足。

教师的检查可以激发学生学习的"热情"。可能这种热情会迫于一种无形的自我"压力",可我们毋庸怀疑,这种压力应该是一种积极的压力,因为这是学生的不服输的精神、自我实现的愿望在起作用。利用他们这种心理,笔者多采取的是让学生"上黑板翻译"的方式,这类题适合不同层次的学生。课前准备好几张卡片,上写一到两句包含重要知识点的句子,找几个同学"抽签"翻译。他们在黑板前,教师要留出他们自读的时间,依然是有问题先提出来,这样学生的积极性就大了许多,而且看得也会更细一些,并且对重点语句的敏感度也增加了不少。到前面翻译的同学因为都是有备而来,所以情况比较不错,把检查放在学习中而不是学习后,这种方式使学生的干劲更足了,并且能够当堂掌握所学内容,也避免了往常"干听"的坏习惯。以查促学可以放在教授一篇课文的后一阶段进行。

（三）以一促一,促进整体提高

当进行了练习检测后,发现没有完成学习任务的学生,教师要及时查漏补缺。但教师既要辅导基础好的学生拔高,又要帮助基础差的学生补漏,教师的负担是很重的。对基础差的学生进行补救,我采取的方法是"一帮一""结对子",即让一名基础好的学生,帮助一名基础差的学生学习。《普通高中语文课堂标准》的要求是:着重培养学生能读懂浅易的文言文诵读能力,对古代汉语知识和阅读分析做了简要的规定。所以,基础好的学生在教师的指导和示范下,完全有能力帮助基础差的学生完成文言文的学习任务。他们可以利用同座位或前后座的有利条件,抓住一切可以利用的时间,采取随时随地提问,随时随地检查,随时随地打分的方法,并且反复循环,不达目标,誓不罢休。这样,通过基础好的学生对基础差的学生的帮助、检查、打分,基础差的学生的知识得到了补救,基础好的学生的阅读分析和思维判断能力得到了提高,还减轻了教师的负担,可谓一举三得。

(四)及时复习,确保学习效果

孔子曰:"温故而知新。"每学习一个单元,进入下个单元的同时,教师要组织学生进行及时复习反馈,查缺补漏,确保学习效果。在教学实践中,我的主要做法是:在课后,安排 A 组的同学,让他们选择学习重点,并用本子记下来。上课前五分钟,让事先准备好学习重点的 A 组同学亮出来。全班同学不做思考,就能回答的问题,可以一笔带过;如果 A 组同学亮出的问题,大家要费一番周折,可以由教师解答,并要求及时补救,以达到温故知新,确保学习效果之目的。

文言文的复习归纳比现代文归纳更广泛,除了文章结构、内容、写法外,它还有文言虚词、通假字、一字多义,古今异义等。学生在探讨归纳时,一开始也许会无所适从,要鼓动他们善于思考,要求每个学生写出自己所归纳的一两个问题并回答,教师再加以综合;或通过讨论研究,各个小组把问题综合在一起,再由教师把其中归纳好的像范文一样念出来,这样,会使某个学生个人或某个小组产生成就感,不仅有助于文言文学习,也激起了竞争意识,还培养了他们的综合归纳能力。

总之,在文言文教学实践中,要遵循不同基础与一样选择相统一的原则,构建开放、有序的语文课程。因为,这一做法,能充分体现"自主、合作、探究"的新方法,避免了教师在课堂上一味串讲的传统做法,充分发挥了学生是课堂主人翁的地位。调查证实,通过这一实践,在文言文的教学上,取得了一定的成效,学生对文言文的学习都有了兴趣,尤其是基础差的学生,不但消除了对文言文学习的恐惧,而且还逐渐地摸索出了学习文言文的一些门道,由厌恶变成了喜欢;而基础较好的学生不但提高了自己的学习成绩,更提高了自己的学习能力,使他们在以后的文言文学习中几乎不用教师讲解,就能"硬译",就能独立完成学习任务,还能通过文言文的学习,举一反三,触类旁通,提高学习现代文的能力。

笔者认为自己通过文言文教学的新思考、新实践、新尝试,是适合当前新课改形势的需要的。因为,它不仅提高了学生的成绩,而且还有利于提高学生的自身素质,增强了学生的文化底蕴。

阅读教学中实施"以学为主"的体会

阅读教学是语文教学的核心。从表面来说,它上连着语言知识(字词句)的学习,下接着写作能力的提高。从深层来讲,与学生素质的提升,人格的培养密切相关。而传统的讲析式、题海式教学已远远不能适应形势的要求。在当前的环境中,提倡"以学为主",对于发挥教与学两方面的积极性,对于提高阅读教学乃至语文教学的质量,有着十分重要的现实意义。

中学生的阅读大体可以分为三个层面,或称三个层次:核心层、中间层、松散层。核心层是语文教材中的精读课文,中间层包括课内自读课文和课外重点阅读的文章,松散层是课外大量的自由阅读。

传统阅读教学的弊端在核心层中表现得尤为明显:以教师的"讲"代替学生的"读"和"思"。我们知道,学生的大脑不应是容器,而应是火把,教师的作用就是做一根火柴,以小的火光去点出熊熊火焰。"以学为主"的阅读教学,就是在阅读教学过程中,确认学生是认识和发展的主体,学生经过自己的认识而获得结论,而且他们的认识能力也必然在获得结论的同时得到锻炼和发展,从教师向学生"奉送真理"转变为学生自己主动"发现真理"。同时,在阅读教学过程中,学生又是发展的主体,阅读在智力、情感乃至思想的养成、世界观的形成等方面起到了潜移默化的作用。因此,应当树立"以学为主"的理念,让它体现在阅读教学的各个环节上、各个层面上。阅读不再让学生感到是一种仰慕(对教师的、对文章的、对作者的),而是一种平等的"对话":学生与教师的、学生与文本的、学生与作者的、学生与学生的。这种对话不是形式上的、浅层次的,而应是心灵深处的,只有这样,才算达到了阅读的最高境界,才算是诗意的阅读。

那么,如何在阅读过程中做到"以学为主"呢?笔者分别就阅读的三个层面谈谈做法和体会。

第一,在核心层中,对于重要的精读文章,教师往往十分重视,以致条分缕析全面透彻、不自觉地演变为"满堂灌""满堂问""满堂练"。笔者认为对这类文章重视是应当的,关键在于重视什么。笔者想,在此层面上应重视这类文章的示范作用、方法形成、习惯培养,而不是具体内容。在这一层次中,备课中应充分考虑学生,课堂教学中应充分发挥学生的主动性,充分相信学生,尊重学生,给他们以阅读、思考、讨论的时间和机会,允许出错,允许仁者见仁,智者见智,充分肯定他们闪现的智慧火花。教师的意见可作为他们的参考,不把它强加于学生。教师可以走下讲台,与他们一起讨论。同时,注意引导学生总结阅读的方法和规律。如《荷塘月色》一课,给学生充足的时间朗读、背诵、揣摩、品味,对于文章表达出来的思想感情,同时形成几种不同的意见,教师鼓励他们在其中形成自己观点做法,可以不作定论,而重点引导学生总结阅读抒情散文的方法:诵其文——观其景——解其情——知其人——论其出。再例如,汪曾祺先生在北京的胡同里,发现了北京的市民文化:自足、封闭、易满足。其实在我们的生活空间,同样有很多文化的载体,因此,老师可以引导学生关注身边的"文化"。留意校园生活的学生,可以确定"课桌文化""书包文化""海报文化"等课题;热爱新疆文化的学生,则会拟出"维吾尔族民俗文化""维吾尔族饮食文化"之类的标题;而关注社会生活的学生则会提出"高楼文化""婚庆文化""网络文化"等课题。

第二,在中间层中,包括课内自读课文,《读本》中的文章及教师补充的重点文章,对于这些更应放开给学生,学生能解决的问题让他们自己去解决,鼓励学生的创造性,不同的学生可以从不同侧面、不同角度、不同深度对文章进行解读,使学生在这一层次中完成由课内向课外的转变。如《语文读本》中有一篇《老屋窗口》,有的同学觉得它语言好,有的同学觉得它思想有深度,有的同学对作者有兴趣,不求统一,但求有得。再如,高三课本有三个诗歌单元。诗歌"字唯期少,意唯期多",是文学作品中浓缩的精华,学生学习起来比较吃力。在教学时,如果一首一首零碎地分析起来,费时而低效,教师完全可以结合教材的编排,交给学生自主分层,将课文进行重新组合和分解。在古代诗歌中意象往往具有固定的思想、内涵,在读时让学生自己总结,如月亮代表思乡,柳树代表离别等,并且探究意象的特征及与所表"观念"之间的关系,进行归纳整理,写出系列文章,就可以"举一反三",达到事半功倍的效果。诗歌还有对意境的把握,也是有规律可循的。司空图在"二十四诗品"中将意境分为24 种,在中学教材中,常见的不外乎雄浑、恬淡、典雅、悲慨、清奇、飘逸等几种,教师向学生明确这一点之后,以下归纳总结的任务就交给学生了。由此,教师再稍加指点学生便能成功自学。

第三,在松散层中,就是我们平日所说的课外阅读中,充分利用课堂上得到的阅读知识和方法来解决实际问题,真正做到"课内长骨,课外长肉""得法于课内,得益于课外"。需要说明的是,课外阅读不是无目的的消遣性阅读,也不是无组织的放羊式阅读,而是在老师的指导下,有选择地进行阅读(包括报纸、杂志、书籍)使学生有一个选取的眼光,有一个阅读的品位。这就要求读书要有一定的目的,有计划地读,避免阅读教学的随意性和无序性。有的同学对于读物,每次随便抽出一本翻几页,没兴致,就随手一丢,再拿另一本,这样,一本书好几年也不曾读完。这种无目的的读书收效甚微。如英国的亚克敦一生读了七万卷书,却写不出一篇像样的文章,有位学者惋惜地说:"像沙漠吸收流水一样,吸了一江春水,连一泓清泉也没有喷涌到地面上。"这就是郑板桥所说的"读书数万卷,胸中无适主,便如暴富儿,颇为用钱苦。"只有读"破"万卷书,下笔才有神。但这样的读书要有目的,有计划,不能随意消遣。

"以学为主"最终达到的是学生的"自能读书"这一目标,具体应体现在以下几个方面:

首先,要让学生形成良好的阅读习惯(或阅读常规),如遇到不认识的字或不理解的词应及时查阅工具书,遇到重点段落、词语、句子能圈点勾画,在阅读中能质疑问难,能做批注和笔记。

其次,要掌握一些阅读方法,如阅读、背诵、浏览、略读、精读、写提要、写摘要、写感悟、写评点等。

再次,让学生培养起良好的阅读心理,有阅读的内驱力、阅读过程中的注意力、意志力,还要有阅读中的记忆力和思考力。

如今,教学质量的提高必须依赖教学理念的更新,"以学为主"是适应当前语文教学的一种新的教育理念,把它用之于阅读教学中,必定会开出繁盛花朵,结出丰硕的果实。

在语文学科教学中渗透生命教育

近年来,媒体关于中小学生自杀或他杀的报道越来越多,校园里各种血腥事件也不断见诸报端,这不仅让人惊讶,更让我们反思:为什么这些未成年人面对宝贵的生命竟然如此漠视?

现实社会中青少年漠视生命的事件层出不穷,青少年情感的冷漠、对生命关爱的缺失,使得全球教育界越来越关注青少年的生命教育。缺失其他方面的教育,其后果也许在短时期内难以显现,或许可以弥补。然而,缺失生命教育,其后果的严重性,是较之缺失其他任何教育所不能比拟的。人最宝贵的是生命,生命对每个人而言仅有一次,是父母的给予和上苍的恩赐,拥有生命本身就是一种幸福。在悠远的历史的长河中,人的生命又是短暂的,总有一天会走到终点,千金散尽,一切都如过眼云烟,只有精神长存世间。

纵观课堂教学,传统课堂的问题主要在于教师的话语霸权,教师的过度预设杜绝了课堂生命增值的可能;而时下课堂中最流行的是讨论,教师把无预设的"互动"简单理解为课堂的热闹程度,理解为师生间有问有答的教学形式,这实在不能不说是对新课改的误读。语文阅读本有趣;在当下价值多元的背景下,应该更有趣;但一堂阅读课不能停留于展示杂乱无章的有趣,而要呈现出教师带动下的目标明晰的赏趣、思考和领悟;教师使学生得到的应是维度明确、体系有序的阅读指导而不能是指向不明、难以促成知识再生与生命再生的无序教学。因而,教师研究设置现代文阅读教学的视角,是使阅读教学走向实效的路途,也是引导学生思考与领悟的路途,更是促成生命再生、铸造现代人格的路途。

"课标"对阅读教学的根本要求是:"不断充实精神生活,完善自我人格,提升人生境界"。科学的阅读教学应该是利用课堂所展开的蕴涵生命意义的多重对话,它绝不只是师生双边平等民主的活动,更多的是学生、教师、教科书、文本之间的多元多重的沟通和交流,每一个阅读主体必须以其独特的经验和感悟,全方位、多层次地凝神倾听来自老师、学生等多方面的心声,揣摩作者和编者的意图,沉浸于自身的沉思默想之中,在多元碰撞中不断地进行质询、破疑、赏叹和批判,最终达到"立人"的根本目的。

流年似水,教育无痕。笔者走上教师的岗位以后,时常促使笔者思考的问题就是:生命是什么? 教育又是什么? 而怎样的教育才能使生命具有价值? 当我们的古代圣贤在沉吟"民为贵,人为本"时;当莎士比亚借哈姆雷特之口说出"人类是一件多么了不得的杰作……在行为上多么像一个天使! 在智慧上多么像一个天神! 宇宙的精华! 万物的灵长"时,我们知道:生命是宝贵的,生命是值得珍惜的!

一、点燃激情,追求共鸣,用生命感悟诠释文本

语文作为一种文化构成,负载着多姿多彩的人类文明,包孕着无限丰富的人文精神"学生阅读一个个文本的过程,就是以自己的全部生命体验、生命情感和生命意识与文本背后潜藏着的生命对话",从而实现自我生命的成长和提升。

曾读过契科夫的一篇短篇小说《打赌》。这篇小说似乎包含了许多道理,热爱生命,活着便是希望,应该是它的主题,世间一切事物中最宝贵的就是生命。热爱生命并不等于贪生怕死,"人生自古谁无死"? 记得秋瑾有一首诗:"不惜千金买宝刀,貂裘换酒也堪豪。一腔热血勤珍重,洒去犹能化碧涛。"古今中外一切取得伟大成就的人都是懂得生命价值和运用生命价值的。一切正常人都是珍惜生命、热爱生命的。"人固有一死,或轻如鸿毛,或重于泰山。"当然在生活中不可能每一个人的死都重于泰山,然而却不可以轻如鸿毛。人是不可以轻生的。我常常想起大仲马的一句话,人类的全部幸福就在于希望和等待之中。活着是幸福,希望是幸福,等待是幸福。整个人类社会的一切都是在为了人类的活着和追求幸福而运作,活着和幸福是人类的主题和目的:如果离开了活着和幸福,人类的一切便将失去意义。在宇宙空间飞行过的宇航员,到南极去进行过考察的科学家,当他们远离人类群,远离家乡,远离亲人,面对广袤无情的大自然和宇宙空间挑战生命极限归来的时候,他们悟透了一切,他们感受到了人类在面对大自然的时候是非常渺小和脆弱的,同时觉得生命又是非常可贵和伟大的,人类在面对生命的极限时要求生存是多么不容易,多么艰难。挑战生命极限归来的人们,他们认为人类生活是最美好最幸福的。他们甚至认为人类的相互争斗都是不应该的。只有失去过才知道拥有的可贵,然而生命不能做这样的游戏,因为生命只有一次。那些挑战过生命极限的人,他们从生与死的边缘走了过来,更加懂得珍惜生

命和生活。如：史铁生的《我与地坛》给人一种沉重的压抑感，凄凉和沧桑。它在无形之中，浓缩了人世种种无常，有一种宿命的味道。事实上，无论上天注定了什么样的结果，无论上天给予了什么样的归宿，既然已给予了生命，就必须思索如何生存，这是无可奈何的事。人世的情，无论亲情、友情还是爱情，总染着无奈的色彩，有人老别世的，有相遇陌生的，有聚散匆匆的，等等。这或许是老天的安排，也或许人世本如是，不可言说。多少的日子里，四季的风，四季的雨，从没有停过。无论春夏秋冬，总有些凄凉之意。春夜有淅淅沥沥的小雨，夏日有黄昏入暮的斜阳，秋夜有纷纷凋零的落叶，而冬天则有漫无边际的大雪。但是无论怎样，苦也好，酸也好，只能独自慢慢地品味，慢慢地感受，人生就是这样。

生命的感恩与敬畏，是哲学给予人的最大启发。生命意识的觉醒，本质上是人性的苏醒，是对一切生命价值的最终关怀。生命在其发展过程中是会遇到许多艰难困苦的，这恰好证明着生的可贵。生命是一切上层建筑和物质世界的基础，因为有了人类生命，才有了思想，才有了希望和追求，才有了这个五彩缤纷，像万花筒一样美好的世界。生命面对时间和空间，正如古人所说"盖将自其变者而观之，则天地曾不能以一瞬；自其不变者而观之，则物与我皆无尽也"，人生是短暂的，也是永恒的。人世间的生活才是实实在在的，有天伦之趣、朋友之谊、恋人之情，有理想、有美好、有追求、有梦幻，只有在人世间才能创造真正的美好天堂。珍惜生命吧，给人生唱一首赞歌。说到底，我们的教育还缺乏对学生个性最起码的尊重和观察，用一种粗暴、简单的思维方式理解教育，从事教育。教育需要以人性驯服工具性，以尊重个性作为师德底线，以开放驱逐控制，以生长替代重复，以智慧超越简单，以思索达成深刻。

二、从人生哲理的视角探究利益的精深

有些经典文章中包含了作者对自然、人生的感悟，富含哲理。引导学生探究王羲之的个性和生活阅历，就会知道他在《兰亭集序》中，痛感"修短随化，终期于尽"之后，"固知一死生为虚诞，齐彭殇为妄作"的大胆的叛逆表白其实是对生与死的理性思考，激发我们去关心个体生命的价值，探寻生存的意义，从而思考在有限的人生中如何进行无限的价值创造。《赤壁赋》中，苏轼借助"主""客"问答，用"变与不变"的观点，巧妙地回答了"羡长江之无穷"的疑问。用这种辩证的方法看待宇宙万物，也使作者的悲愿得到了化解，思

想得到了解脱。《鸟啼》则通过描写严冬消逝、春天来临之际鸟儿的啼叫,讴歌春天的美好和小鸟顽强的生命力,表达对生与死的思考和对积极人生态度的肯定。《像山那样思考》是作者对人与自然关系处理方式的良好建议和诗意表达。一声狼嗥,让人顿悟。它从生态环境保护和生态伦理的角度告诉人们,人与自然的关系,和一座山与狼(自然)的关系一样,是相互依存,共生共长的。

因此,既立足于"语"和"文",又有理性深度的探究,才应该是高中语文课堂探究的方向。

三、注重理念的人本性

根据哲学随笔的文体特征,对照《普通高中语文课程标准》中"培养学生的应用、审美与探究能力"的目标,针对当前中学生生命意识和生命价值相对欠缺的学情,笔者将《热爱生命》的教学目标设计为:"在审美与探究的过程中,感受生命的意义,形成学生科学、高尚的生命价值观,用以指导自己的人生。"意在让学生在自主、合作、探究学习的过程中,切实感受文章思想性与艺术性的完美统一,养成应用、审美、探究相结合的阅读习惯,并且将"课标"的三维目标寓于整个课堂教学过程中,用感悟生命魅力,探究生命价值的"过程和方法",潜移默化地达成三维教学目标。

学生感悟生命的分量,懂得生命的价值,是一个由内向外逐渐唤醒自我生命意识的过程。借助《热爱生命》的文本,学生追随蒙田对生命的感悟与敬畏,逐渐地开始自我启蒙,而这一过程必须凸显语文课堂教学的独特性。也就是说,同样是"热爱生命"的主题,语文课不能等同于班会课,学生在语文课上萌生的生命意识、生命感悟,不能等同于通过班会课、心理健康课等途径得到的类似体验。这就要求,教师必须紧紧抓住文本的核心,让学生阅读文本、探究文本、升华文本、内化文本,从而树立富有思想性与审美性的生命价值观。所以,这一设计便集中呈现为学生自主、合作、探究性地阅读文本,并且调动自身的体验,比照相关的资料,内化成学生自己的生命意识、生命感悟,并由此生成对应的生命价值观。

我们在进行课堂文化建设时,必须牢记一句话:"人永远是目的。"这是全部教育活动的出发点和归宿。在任何情况下,我们都必须始终把人作为目的而非手段,这是维护人类尊严的基础。学生的发展永远是教育活动的目的,也是教师专业发展的目的;任何时候,我们都不能把学生当成手段。

　　实现学生终身的可持续发展,是现代教育确立的基本价值观,而系统教育观就是以人的终身发展为目标的。面对富有个性的生命活力的教育对象,教育者需要摒弃传统教育中的以升学为核心的价值追求,积极探索和建立有利于学生健康成长和科学发展的教育理念。功利主义的追求只重视学生眼前的和现实的利益,这对于学生而言是一种生命的摧残,对于国家和民族而言则是一种责任的失落。最终造成的是民族的精神与文化的缺失,是灵魂沙漠化的根源所在。在系统教育观的引领下,教育者眼中有孩子和生命,心中有精神和灵魂。每一个教育的内容和方式,都包含着人类精神的高贵境界和宽广视野,让每一个生命的存在时刻都体现着自我的尊严和价值。

　　总之,人生命的全过程就是由一次次的生命活动组成,一次次生命活动的质量决定人生命全过程的质量;重视每一次生命活动的质量就是重视生命全过程的质量。教育就是对学生的每次生命活动进行关怀,学习过程就是一种享受生命的过程,这种关怀是社会价值,个人价值和教育自身发展价值在"生命活动"实践中的统一,在此教育实践中教师的价值得到实现,生命质量得到提升。

　　学校生命教育的实践应真正从学生的内心世界出发,关怀他们的成长过程,培养他们正确的生命认知,积极的生命情感,顽强的生命意志和健康的生命行为,帮助学生构建一个健康、积极的精神世界,引导其最终达到对生命的珍视,为实现生命价值而努力,这应该也必定是生命教育的重要实践取向之一。

（本文获 2012 年 12 月全国教育科学规划国家级课题"青少年生命教育有效性研究"优秀科研成果一等奖）

关于高中生科学塑造体型美优化素质的探究

在"生活艺术化,艺术生活化"的现代人生意识支配下,高中生在塑造体型方面投入一定的心思和精力,这是"爱美之心人皆有之"健康心理的体现,无可厚非。只是如何在科学的体型美学原理规范下,让其在追求体型美的进程中,能够与优化素质协调起来,在健康成长的历程上赢得最佳的收效,这一课题值得我们高中生探索研究。

1. 所求体型类别比例

15% 左右的高中生追求"唯美型"、45% 左右的高中生追求"健美型"、30% 左右的高中生追求"壮美型"、10% 左右的高中生追求"随意型"。

2. 各种体型的特征

(1)唯美型的特征——男生身高不能低于 1.8 米,体重在 60 ~ 70 公斤之间,向往成为名模;女生身高不得低于 1.6 米,体重只能在 45 ~ 55 公斤之间,向往成为名模。

(2)健美型的特征——男生身高在 1.6 米以上即可,体重在 60 公斤以上就行;女生身高不低于 1.5 米,体重在 45 ~ 55 公斤之间即可。男女都希望成为健美运动员。

(3)壮美型的特征——男生对身高高低、体重都不在乎,只求健壮有力,希望成为大力士;女生对身高高低,体重漠不关心只要健康、有生机活力,希望成为女中力士。

(4)随意型的特征——男生、女生都不计较身材高低、胖瘦,希望大众化,对自己的体型没有特定向往。

3. 各种体型对优化素质的利弊

(1)唯美型对优化素质的利弊:在审美实践中形成了对体型美的过高看法和需求,构成了过高的体型审美爱好和情感要求。对于能够把获得身材美当作优化素质的核心内容,花大力气来看待和争取。有利于社会名模的成长,但刻意追求身材美会占用过多的精力,不利于全面发展,成为片面发展的受害者。

（2）健美型对优化素质的利弊：在审美实践中形成了对体型美的适宜看法和需求，构成了适宜的体型审美爱好和情感要求。把获得身材健美当作优化素质的应有内容，花适当的精力看待和争取。有利于社会健美操运动员的成长，有利于全面发展，成为全面优化素质的受益者。

（3）壮美型对优化素质的利弊：在审美实践中形成了以健壮为体型美的看法和需求，构成了以求健壮为美的爱好和情感需求。把获得身材健壮当作优化素质的应有内容，花适当的精力看待和争取。不利于社会健美操运动员的成长，不利于全面发展，成为片面优化素质的受害者。

（4）随意型对优化素质的利弊：在审美实践中未形成对体型美的适宜看法和需求，未构成了适宜体型审美的爱好和情感需求。不能把获得身材健美当作优化素质的应有内容，有害于社会健美操运动员的成长，有害于全面发展，成为不能优化素质的受害者。

4. 追求各类体型的达标方式方法

（1）追求唯美型的达标方式方法

为了求美，宁肯牺牲部分生理健康也要节食、舍得花钱积极参加健美训练、花大钱买奇装异服，容易引发造美负面影响（分散学习精力、造成家庭经济负担，干扰其他同学的健康成长）。

（2）追求健美型的达标方式方法

求美服从于生理健康，健康与美丽同求，使健与美和谐发展。不容易引发节食求美引起的影响或危害（分散学习精力、造成家庭经济负担，干扰其他同学的健康成长）。

（3）追求壮美型的达标方式方法

求壮服从于生理健康目标，使壮与美不能和谐发展。容易引发美食的成长。

（4）追求随意型的达标方式方法

不为形体美的塑造花费精力。明确高中生塑造体型美的类型与利比，为高中生形成应有的"感受美"的能力，使高中生在塑造自己的形体美的实践中，丰富鉴别形体美、体验形体美的知识和意识，形成鉴别形体美、体验形体美的敏锐感受能力，在全面优化素质方面取得应有的进步，使高中生成为"生活艺术化，艺术生活化"现代化的主人。

乱花渐欲迷人眼，浅草才能没马蹄

——喀什二中名师工程启动仪式上的演讲

尊敬的各位领导，亲爱的同仁们：

你们好！坐在主席台上，我想，此刻我所代表的五位教师都会诚惶诚恐。因为对于我们来说，这个荣誉太高了，这个担子太重了，这个责任太重大了。静下心来，我们也更能体验校党委的高瞻远瞩，良苦用心。环顾世界教育发展之格局，纵览教育发展之历程，唯有秉承并不断创新教育理念，方可使我们的教育真正让人民满意，方可使喀什二中在未来走向成熟乃至完美，不断创造新的辉煌。因此，如何使我校成为优秀教师培养的发源地，优秀青年教师的集聚地，未来名师的孵化地——这是一个迫在眉睫的问题。

对于各位培养对象，我们将郑重承诺，努力做到：

1. 定方法

做好帮扶引领，追求辐射效应；搭建交流平台，共享教育智慧；考察学习观摩，借势给力成长。

对所培养对象进行诊断性的谈话、听课，包括语言表达、教态、板书，等等。指定课文篇目，参与备课、教课过程以及作业评讲、试卷分析等整个过程，跟踪诊断，发现问题，及时纠正，旨在使培养对象的所有操作规范化、科学化。

2. 定目标

成长需要目标，成长需要动力，成长需要激情，成长需要不断反思实践。

针对各位培养对象的个性特色进行全面分析，找出优缺点，定出阶段计划并全面跟踪完成。"教而不研则浅"，我们将与培养对象共同制定相关课题，并对课题进行更深入持久地关注，以进一步提升科研水平。以科研促培养对象的教学，提升培养对象的专业能力，并争取培养对象有更多研究成果在各级各类专业刊物上发表或获奖。实现教育智慧共享，与培养对象共同成长。

3. 求超越

将自己几十年的教学经验倾心传授给培养对象，经过共同努力，使全体培养者身上既有各位导师的影子，又能形成自己独特的教学风格和教学思想，成为疆内各科各科教学的品牌人才，青出于蓝而胜于蓝。

今天，我们五位教师有一个共同的特点，就是"老"，年纪都近50岁。因此，与其说是"五"对"十二"的承诺，不如说是对新一代教师们的一个重托，一个希望。作为过来人，我想，我们有许多心里话，要向在座的年轻人倾诉：

教育是一项基于生命、为了生命、发展生命、美化生命、促进人的生命质量、生命境界不断得以提升的崇高事业，学生的人生需要我们教育工作者用自己真实的人生来辅导；优秀的教育工作者就应为学生成长而生，为教育发展而乐。教育的本质是培养学生自主选择的意识和能力。

从根本上说，从婴儿离开母体的那一刻起，父母就没有什么可以替代的了——我们给了他生命的种子，孩子们会像草一样长大。教育者和父母一样，唯一能做的是为孩子们提供生长的环境和必要的条件，而不可能代替孩子成长。教育，在理想与现实的夹缝中生存、突破、发展，没有人怀疑素质教育的理念与追求，也没有人忽视教育的现实与困境。唯其如此，我们更应：

一、做一个坚守的人

在当今这个日新月异的大变革时代，我们非常明白作为教育工作者必须与时俱进，改革创新，不断改变自身观念，走在时代前沿；我们也非常明白教师必须走出孤芳自赏、独善其身的传统的精神象牙塔，引领自己也引领学生正确面对社会的物质大潮；我们还知道许许多多的教育者应随着时代的进步而不断改变自己、发展自己的道理。但是，我们也许会忽略我们的神圣使命与内在的道德情操，坚守职业永恒的精神内核。应该说，人格坚守与仁者追求与中华文化的传统精神是一致的，跟我们教书"育人"这个终极目标是一致的。从这个意义上来说，教师，既是一种职业，更是一种人生理想，是一个需要以整个生命去拥抱的伟大事业和生命形态。于漪、魏书生等一代名师，他们之所以能在艰难的环境中，执着与坚韧，始终能够精神抖擞地做着一件事情，那不仅仅是"头悬梁、锥刺股"式的苦熬，还因为他们不断感受到付出同时的巨大获得，因付出而得到的内心安宁，无愧于己的满足与充实，是他们感受到生命价值的所在，和他们获得生命快乐的源泉。一个人对事业的追求，达到一心一意之时，思想才不再漂流，精神才不再漂泊，行动才不会迟疑。

坚守，不仅是教师精神的永恒内涵，更是构筑现代教师精神的重要基石。

二、做一个永远的读者

任小艾老师说:"待机时间最长的手机是飞利浦,但是,待机时间再长,如果不充电,它仍是一块废铁"。因此,只有学习、自学,才能自觉地学,真心地学,有效地学;只有自学才能培养其爱学之心,善学之法和终身学习之态。博览群书尤其是阅读经典,是教育工作者打好底子与学生共同成长的根本途径。教学得失不由天,腹有诗书气自华。只有这样,我们才能找回我们失去已久的尊严,我们的学生才能真正享受着诱人醉人的课堂而健康幸福地成长,我们的"立人"理想与使命才有望真正实现。

很难想象,自己不读书,只靠学别人的几节表演课、观摩课,只靠到发达地区取几次经,只靠新课程理念的集中灌输培训,就能改变学校的面貌。

三、做一个有理想的人

一步登天做不到,但一步一个脚印能做到;一鸣惊人不好做,但一股劲做好一件事可以做;一下成为天才不可能,但每天进步一点点有可能。

蜜蜂一路上忙碌,受到颂扬;蚊子不停奔波,人见人打——多忙不重要,为什么忙才是关键。

"我思故我在",人有思想,才能称其为真正意义上的人。教育工作者更加应该拥有自己的理想。但是,我们不在内功上下气力,就只能加重浮躁心理和功利心态,形成恶性循环,使自己更加干瘪。

四、做一个有特色的人

我们要想形成自己的"特色教育",就必须找出自己的"特色"在哪里,并且确定它是不是可以运用于教学实践中。其一,就是在日常工作中,要有意识地把自己的"特点"融合进去,让"特色"接受实践的考验;其二,应根据实际效果总结经验,找出其中的不足之处,并且在下次实践中加以改进;其三,在长期的实践基础上,形成一套或者一系列的"特色模式"。我们不能苛求教师做一个"没有教不会的学生"的师者。既然教育不是万能的,那么教师也不可能是全能的,但选择了做教师,你还得要"有所为"。事实上,这是能够做到的。三国时英雄辈出,却绝无雷同。你无法说赵云和诸葛亮谁更英雄,他们都是不可替代的。英雄是不可复制的,也是不需要复制的。多姿多彩的历史风云人物,成就了那个令后世敬仰的时代。如果三国只剩下诸葛亮,或只剩下曹操,又何来这样一个时代呢? 同样,教师也是如此,是不可复制的。合适的才是最好的,一味地模仿他人而不知面对现实,终究只能学得皮毛,不得精髓。教师的成长,注定是成为自己。谁孜孜不倦地模仿他人,谁就将一无所成。现实总是不断提出问题,只要你敢于接纳,敢于敞开胸怀,不被自己已经拥有的东西禁锢,你就会进步。不要奢望一劳永逸,你想与时俱进,就不能贪图安逸;你不想落伍,就不能停止前进的脚步,就不能停止突破的脚步。因为,你的教学个性成长于你的现实。

任何特色之花都是在基础的绿洲上生长的。一个人有特点,才能让人记住;一个教师教有特色,才会让学子感怀。如何做一个"特色教师"完全大权自握。

同时,我们还不得不说,教育,是一种缓慢的艺术。

教育应该如同散步,因为有时候,速度所带来的是更快的衰竭,教育尤为如此。

教师的价值和生命在课堂,因此,我们也就必须要学会不断完善和提升自我价值和生命的"场"——课堂,构建语言教学中的生命气场。课堂需要有一些留白,就像瓷砖与瓷砖之间,需要一些缝隙。这是贴瓷砖的师傅告诉我的,他说,分开的瓷砖不可能再成为一体,那你就要留有一定的空间,让填缝剂能够填充进去。我在想,课堂不也应该留有缝隙吗? 这种缝隙,应该就是学生自主的空间吧。有时候,追求极致的完美,很可能让我们丧失最基本的完整。

课堂应该是一条潺潺不断的溪流,这样,思想的活水才会源源不断地流出。因此,我们要做出色的引水人,而不是发号施令的长官。

生活是多样的,田野里也未必全是我们希望的庄稼。因此,承认学生的差异,并运用我们缓慢的教学艺术,不断发现他们的优点,让他们各自绽放光彩,是我们的光荣任务。

我们始终相信,背负重负的生命是美的,生命的线条在重负中优美地呈现出来。

2013 年,全国第一次评"教书育人楷模"就向我们展示了十位各个年代名师的风范。国家以这种方式,为教师树立了榜样。名师需要精神感召。"站上讲台就是生命在歌唱";名师需要土壤培育。二中 55 年的历史告诉我们,何淑民、徐福绵等老一代名师,他们坚忍不拔,他们仁爱厚德,他们精研专业,他们团结合作,二中这片肥沃的土壤终究会培育出代代"齐放"的"百花";名师需要理性求索。无私、坚守、专业、实践、定力、反省,这一个个关键词连接成一条通往名师的跋涉之路,每位当代教师都能在这条路上找到自己的坐标和方向——这种力量将从几个人传递到一个团队再传递到一代教师。

代有名师出,风流看今朝。朗朗白杨姿,皎皎红柳神。我有鸿鹄志,迈步踏歌行!

子女家庭素质养育论

"理子"之值≥"理财"之值

在社会主义市场经济体制建立和完善、各类竞争日益加剧、青壮年人的学习工作繁忙程度不断加大的今天，一提到子女科学养育，便有许多人说"忙得顾不上"，说穿了这种"忙着争钱，不忙子女科学养育"症状的病根，可以说出许多条。而最主要的一条便是"只看重显形财富——金钱的积累和拥有，轻视隐形财富的积累和拥有"。之所以出现其病态，缺乏"理子"之值≥"理财"之值的科学观念是关键。

抓住年富力强的时机多挣钱，为子女能过上不缺物质财富的生活提供保障并没有错。但一味地"只忙着争钱，不忙子女科学养育"，到头来，子女会素质不良，难于自立。父母岂能给子女的一生提供物质财富保障？所以作为子女的父母，在忙着挣钱的同时，合理地分出一定的精力抓子女家庭科学养育，使子女在家庭这一开发素质、优化人品魅力、发展智力、养成能力的加工车间里，不失时机地在每一个时段内，都能得到应有的科学养育。在父母提供的物质财富保障下，在肌体健康成长的同时，心理也能得到健康地发展、做人和挣钱的能力逐步形成。在成为"自食其力"的人才的进程中，不至于由于父母未尽充分开发子女"人品魅力"的主要责任，轻则使子女成为需要父母终身提供物质保障的低能儿，花光了父母所挣的金钱还无济于事、构成了家庭的最大负担；重则还将成为社会上的罪犯，让父母遗憾终身。

中国家长身上藏着十把"刀"

中国家长身上藏着十把"刀",有些家长往往在不知不觉中使用这十把"刀",使孩子天生纯真的品性一步步受到伤害。

第一刀 砍去民主,种下家长专制的种子

在传统的中国式家庭里,家长说一不二,强行决定孩子应该怎么样、不应该怎么样。现在的孩子不用下跪了,但在家庭生活中有没有最基本的民主呢? 比方说涉及孩子利益的事情,家长有没有征求过孩子的意见? 当家庭内部出现争执的时候,无论有没有道理,家长总是习惯于用简单粗暴的办法、"都是为了你好"的名义来代替孩子做出决定。而这种行为的结果就是一刀砍去孩子脑子里的民主意识,让他们觉得强权就能战胜一切。

第二刀 砍去爱心,种下自私的种子

当你为如何赡养年迈的父母与你的兄弟撕破脸皮,为分父母的那点遗产与你的姐妹大打出手的时候,你有没有注意到有双惶恐的眼睛正疑惑地看着你的表演?

当你看到小偷在撬邻居家的门,而你拉着儿子匆忙离去的时候,有没有发现儿子的另一只手握成了拳头? 当女儿告诉你小区花园的水龙头坏了,你是提上工具去修理或者立即给物业打电话,还是告诉她别多管闲事? 你假装没有看见公共汽车上站不稳的老人,当孩子想起身让座的时候,你却用眼神制止了他。你的这些行为是对孩子潜移默化的家庭教育的一部分,你的每一个举动都在以刀砍去孩子的爱心,在他幼小的心灵里种下自私的种子。

第三刀　砍去诚实,种下说谎的种子

孩子一旦明白说谎就可以不挨揍、不挨骂,或者可以让皮肉之痛迟一些来临,他就可能慢慢变成说谎专家。小孩子说谎都是被逼出来的。如果说实话可以得到实惠,那谁还愿意冒险去说谎呢?很多孩子都有一个困惑——为什么大人可以说谎,而小孩就不能呢?小孩在思考这个问题的时候说明他已经发觉了大人是经常说谎的。我们给孩子的解释往往辩解说我们的谎言是"善意"的。但对孩子来讲,善意的也好,恶意的也罢,那都是谎言!

第四刀　砍去冒险,种下平庸的种子

孩子要下河游泳,成人不是教会他怎样在水中保护自己,而是简单地拒绝。理由当然是有危险。孩子要登高也不被允许,当然也是由于安全的原因。

孩子10多岁了,还不敢一个人到门口去买东西,因为大街上是危险的;孩子不会自己削苹果,因为刀子是危险的;20岁的孩子还不会开火做饭,因为煤气是危险的。是啊,现在的社会有些乱,出门不安全,在家也有危险。但就这样一直护着,孩子又如何能长大呢?一点点危险都不能经历的孩子肯定是平庸的。危险处处存在,躲是不能解决问题的,关键是要教会孩子识别危险、化解危险。

第五刀　砍去守纪,种下违法的种子

孩子自己过马路很少会闯红灯,孩子骑车时也会规规矩矩地在自行车道上行驶。孩子在幼儿园的时候就会背"红灯停,绿灯行"的口诀。可是当他们跟父母一起上街的时候,总是被大人拉着不走人行横道,不走地下通道,也不走过街天桥,而是翻栏杆,横穿马路。大人的借口是忙,需要赶时间。殊不知这一刀让孩子体会到:规则是可以不遵守的,自己的利益大于规则的严肃性。很多人开车时带着孩子,脑子里没有交通规则,眼睛里没有交通标志,在街上横冲直撞,只有看到警察时才会收敛一些。这就教会了孩子:人治大于法治。在法规的执行者看不见的情况下,可以为了自己的利益而肆意践踏法规。

第六刀　砍去善良,种下恶行的种子

古人云:勿以恶小而为之,勿以善小而不为。我们不愿意带着孩子去为灾区捐献衣物,因为我们交过税了,那是政府的事;我们不给街角的乞丐一点施舍,因为他们肮脏。

当孩子想给交不起学费又体弱多病的同学捐款时,你问:是不是学校规定必须这样做的? 你还会问:学校规定最少捐多少? 你在一点一点砍去孩子善良的本性。买东西时别人多找了钱。你拖着孩子快速离开;同事得罪了你,你指使孩子偷偷拔掉他自行车的气门芯;家里做饭少几根大葱,你不去找邻居借,而是叫孩子到走廊里"拿"几根。你又一点点在孩子身上播种着恶行的种子。

第七刀　砍去自然,种下破坏的种子

在公园游玩时你带着孩子去攀枝摘花;离开的时候,孩子要带走垃圾,你说不用管,有清洁工收拾;为了让孩子高兴,你违反规定向笼中的猴子投喂食物;喝完饮料,你随手扔瓶子,抽完烟,你随地丢烟头。孩子的天性是热爱自然、喜欢动物的,而我们却当着孩子的面杀掉了他喜欢的鱼,杀掉了他喜欢的鸡、鸭,让伤心的孩子再也不愿意吃这些动物。

我们在劝说孩子的时候用的是"万物为我所用"的逻辑;告诉孩子的是为了人类自己的生存,可以戕害一切生灵。

第八刀　砍去创新,种下机械的种子

我们可怜的孩子在学校和家长的双重压力下,已经不懂得什么是创新了。当孩子多问几个为什么的时候,我们或许会因为自己工作劳累而懒得回答,或许因为他问的问题已经超出了我们的知识范围而敷衍。我们惯用的伎俩就是"等你长大就懂了!""这个不要求掌握,你记住就行了!""这个是不会考的! 没有为什么!"……自以为聪明的说辞。殊不知这会让孩子慢慢变成考试机器,脑子变得机械,不会思考。几十年应试教育的恶果使我们在为孩子选择学校的时候,首先考虑的就是升学率。不管学什么知识,只要能上清华、北大就好!

第九刀　砍去欣赏，种下嫉妒的种子

孩子小的时候总会毫不掩饰对一个人或者一件东西的欣赏，会毫无顾忌地表达自己的喜爱。孩子告诉家长某某同学多么优秀时，家长总是拿孩子的短处跟他崇拜的人比较，要么说，看人家多聪明，多努力啊！哪像你这么懒！要么说，要向他学习啊，给父母争光！这种批评式的比较很容易挫伤孩子的积极性，伤害孩子的自尊心。

最初，孩子会说："我要比他还棒。"可当他次次超越不了自己欣赏的对象，又被父母奚落之后，孩子那良好的欣赏的心态就会变成糟糕的嫉妒心了。嫉妒，这个人类的一大公害就被天真的孩子学会了！

第十刀　砍去竞争，种下仇恨的种子

竞争本来是社会发展的动力。一个没有竞争的社会将失去向上的动力。人都是在竞争的环境中生存的。人类本身就是在与动物的竞争中优胜出来的，所以人天生就有竞争意识，一个再正常不过的事情就是失败者要学会握着优胜者的手真心地向他表示祝贺。

我们可能会在单位被同事超越，在生意场上被对手打败。回到家里，我们不是客观地分析失败的原因，争取下次胜利，而更多的是找客观理由，辱骂竞争对手。别以为你的孩子还小，听不懂大人的事情，他已经从你的身上学会了仇恨超越自己的人。我们每个做家长的人都应该反思：在我们指责社会不公、教育失败、别人道德沦丧的时候，我们自己又在怎样培养孩子？收起你手里的刀，让我们的孩子能够健康茁壮地成长，保留他们天生的优良品质，给社会以希望！

（魏书生　本文原载于《中国青年报》，后转载于《发现》2007 年第 7 期）

怎样领会"三岁看大，七岁看老"之含义？

国外的专家在研究中得出过"人在七岁之前智力和学习能力的品质已经定型了70%"的结论。这与我国古代的哲人探究得出的"三岁看大七岁看老"的观点，有着异曲同工之妙。

"三岁看大七岁看老"当中的"看"，第一是看一个人的天赋，特别是气质（心理活动的强度与速度、稳定性与灵活性的综合必须状况）及智力（思维、记忆、理解、想象、判断能力之和状况）开发在这一最佳期间表现出来的状态优劣；第二是看一个人的学习能力在此最佳期间形成的优劣状况。况且，其中的"看"并不应该是被动地"冷眼旁观"，而是一个主动参与和解释的过程。以"孩童学步"为例。行为"抑制型气质"明显的孩子每迈出一步都小心翼翼，生怕摔跤、跌倒。然而，父母为了能够使其将来能够独立行走于世界、练就适应现实生活的行走能力，不能因噎废食，为了避免孩子尝试摔跤或跌倒的痛苦和挫败就取消孩子的学步，而应是以百倍的信心和充分的耐心，拍拍摔倒孩子，指指前方说，看那里多漂亮呀，加油走过去呀！孩子便再一次振作起来，努力向前。当孩子又遇到了新挫折在回头看父母时，便能从父母的注视及赞许的目光中汲取克服新困难的力量。因为父母都懂得：弱小的幼苗需要经历风雨后才能茁壮成长起来，而不是由父母为其遮风挡雨来确保幼苗长成参天大树。这"看"的学问和门道是：从"抑制型气质"中看出聪明、看出灵敏、看出力量，给"抑制型气质"的孩子尝试的机会和时间，有一天就会发现这些早年小心翼翼、生怕摔跤、跌倒的孩子后劲十足，他们已经在人生的历程上走出了很远很远，正在一个更大的人生舞台上努力地探索、开拓着自己的潜力。

子女"意志力"的练就

独生子女在外公外婆、爷爷奶奶、父母六位长辈的无微不至关怀下,一边是"肌体生理"健康发展,另一边却是"意志"这种心理品质的缺失。由于磨炼的缺位发展和滞后,独生子女当中往往会因"意志力"的支撑不力,而在生活中不能科学地作息、邋遢,学习、工作当中克服不了困难而落后,工作后与人交际技能也落后,在同龄人中成为弱者,影响着人生质量的保证。

一、"意志"的形式

1. 意志

(1)定义:意志是有意识地确立目的,调节和支配行动,并通过克服困难和挫折,实现预定目的的心理过程。(2)扩展:意志行动是需要意识和目的作用的行动。(3)作用:意志行动是人成才、完成学业、成就事业不可缺少的心理品质。(4)构成意志品质＝自觉性＋果断性＋坚韧性＋自制性。(5)特点:"① 目的性 ② 在克服困难中体现 ③ 以有意动作为载体"。

2. 意志力的锻炼

(1)定义:意志力是意志在人的生活、学习、工作当中体现的作用力。(2)功能:强健的意志力,一方面既有力地推动着人积极的认识客观世界,又促进着人们组织和调控着人按照科学需要和客观规律活动;另一方面制止着那些不良行动,支持着人克服各种困难和挫折为完成任务而努力。因此,意志力是人学做人、完成学业、成就事业的必备的主观条件之一。

二、怎样练就强健的"意志力"

(1)在树立"崇高的理想和志向"的进程中,逐步锻炼强健的"意志力"。从中华复兴的需要出发树立理想和志向,将个人追求进步之力与中华复兴伟业之力吻合起来,与不可抗拒的历史前进动力构成合力,走成就伟业成为伟人的科学成才之路。

（2）以抓住所有时机的严紧态度,用克服学会做人、完成学业、成就事业的所有困难的科学方法,逐步练就强健的"意志力"。

依据人在不同阶段内的成长发展特定规律,一方面以养育生活能力为着眼点,分阶段有意识地锻炼"意志力"。例如,为在婴儿期内以提供适度哭泣达到获得温饱的方法让其锻炼意志力;幼儿期内以指导完成有一定难度的游戏方式为其创造锻炼意志力的机遇。另一方面以养育学习能力为要点,分阶段有意识地锻炼"意志力"。例如,在学龄前期内以训练学习能力(观察能力、记忆能力、理解能力、想象能力、判断能力)为着力点,将其推进锻炼意志力的主体角色;在小学阶段内以保质保量完成学习任务为侧重点,让其成为锻炼意志力的主体。

（3）以持之以恒参加体育活动的方式,在练就"勇敢、坚毅、机智、果断"等意志品质的进程中,增强"意志力"。例如,让幼儿在学走路的过程中练就"勇敢";让学生在保质保量完成学习任务的进程中练就"坚毅、机智";让子女在游戏中练就"果断"。

（4）赢得家长、师长、师傅或领导的督导,逐渐优化"意志品质"、不断增强"意志力"。家长、师长、师傅或领导在"意志力"练就的科学意识支配下以生活、学习、工作为课堂,能动的指导子女及青年,及时赞扬子女及青年在"意志力"练就方面取得的进步就能收到良效。

如上所述,只要家长、师长、师傅或领导的认识到位、指导方法科学,子女及青年练就出优良的"意志力"的难题就可以迎刃而解。

（魏书生）

培养数学兴趣　提高数学成绩

数学作为用数字揭示宇宙万物的内外规律的一门学问,它在数字生活化、生活数字化的现代元素已经来临的今天,已成为我们每个公民认识自我(例如,自己拥有多少钱"小孩子也要理清自己的压岁钱已经积累了多少",成年人要通过算计在股市上尽快地赚得更多的钞票)和客观世界、掌握自我命运和客观世界的发展变化规律必不可少的钥匙之一,是需要我们务必掌握的工具课程。我国在基础教育阶段内,从学前班到高中毕业的 16 年里一直开设数学课。可是学习数学的进程中,有相当数量的中小学学生难以取得理想的成绩,这给取得化学和物理学习成绩造成了不可逾越的直接障碍。学不好数学课,数学成绩不高,家长焦急,老师痛心,学生苦恼。在此,介绍"培养数学兴趣提高数学成绩"的三条技巧。

一是"以生活为题材培养自家学生的数学敏感性和兴趣"。(1) 例如,用引导自家子女采用"设立自己存钱账本""为长辈做好事的记录""学习汉字或英语单词数目账本"等方法,使自家子女在两三岁时就能够明确自己积累了多少现金、替爸爸妈妈或爷爷奶奶做过多少件好事并获得了他们多少次赞扬而使自己快乐了多少次、学会了多少汉字或英语单词等。既使自家子女从人生的起步时就养成细心的好习惯、体验为别人做好事能够赢得快乐的心理感受,又开发了自家子女对数字的敏感性。可以为日后培养自家子女学习"数学"兴趣打下应有的基础,使其迈开培养自家学生学好"数学"兴趣的第一步。

(2) 再例如,子女在 4~7 岁时,就可以要求他们替爸爸妈妈为管理好家庭收支而记"家庭收支流水账",或记录"自己养成了多少'持之以恒''数理(数字里所含的道理'爸爸或妈妈的工资较高的原因是什么、家里收入大于支出或支出大于收入的原因是什么'……)逻辑思维'良好习惯"等方式方法,让子女在上小学之前,就既养成学好数学课必不可缺的"关注数字、细心对待数字、乐于数理逻辑思维"等习惯,又形成"数字生活化、生活数字化"或"数理思维趣味无穷"的意识,同时养成学好"数学"的应有兴趣。

二是根据"秀才的孩子先弄墨,木匠的后人早耍斧"的规律,在子女上学以后要随着子女所在年级的区位购买一定数量的趣味数学读物,在家庭业余文化生活当中有意地增加谈论趣味数学的内容,营造熏陶自家子女爱学数学的心理家庭气息氛围。既可以帮助自家子女消除学习数学遇到的枯燥感,又可以激发自家子女尽力用心学习"数学"课的热情。

三是借助课外培训帮助自家子女打掉学好数学的拦路虎,强化学习数学的信心。例如,在家长实在忙,或由于自己的数学知识、数学能力有限,不能辅导自家子女学好数学、赢得好成绩的情况下,就应该借助课外培训帮助自家学生打掉学好数学的拦路虎,从而强化自家子女学好数学的信心。

总而言之,只要把家长在子女家庭素质养育当中把可以采用的方式方法、能够走的途径、稍加努力就做到的并且可以取得良效的措施都用上,使子女有了学好数学的应有兴趣,再加上老师的科学施教,破解提高数学成绩的难题就会迎刃而解。

然而,我们对素质教育的许多知识、方法了解不足,特别是对"家庭、学校、工作岗位"这三个推进素质教育改进的责任主体各负那些责任的知识、意识和方式方法知之更少。例如,对素质教育的下列常识(表1)并不清楚。

表1 从宏观到微观怎样明确"素质的内涵外延"一览表

项目 层次	宏观层面上 的内涵外延	微观层面上的内涵外延	
素质	德才兼备	从前所谓	德、智、体全面发展
		如今所谓	人品 + 知识 + 智力 + 能力
高素质	德才皆优	从前所谓	德、智、体、美、劳全面发展
		如今所谓	人品优良 + 知识丰富 + 智力发达 + 创新能力强劲

再例如,对"家庭、学校、工作岗位"这三个推进素质教育改进责任主体各负哪些具体责任也不够清晰。

只有如上所述,科学地明确"培养高素质人才的责任主体",分配"责任",并用科学的理念划分和明确"家庭、学校、工作岗位"这三个推进素质教育改进责任主体各负哪些责任,从而形成优化公民素质的合力,才能使全社会在走出"应试教育"迷途方面迈开新步伐。例如在宏观上,首先,应跳出家长在"子女素质优化"不良时,不善于从主观方面追究尽责不足,只埋怨学校教育质量不高;社会用人单位面对员工素质欠优的现状,一味埋怨学校教育质量欠佳;学校面对家长和社会用人单位欠科学不公正的埋怨,却由于钻研缺位有口难鸣冤屈的病态。其次，面对由于"升学筛选标准及其标准方式导向分力、学生主体努力分力、家庭素质养育子女分力、学校素质教育分力、工作岗位素质管理培育分力"的到位率参差不齐、强度差别大，"家庭素质养育子女分力、工作岗位素质管理培育分力"太弱，特别是"升学筛选标准及其方式导向分力"的不明确，致使"优化公民素质的合力水平"在其三条短板作用下难以提高，使我们的素质教育改革与健全社会主义市场体制的需要差距很大的病态，医治其病症，具有制胜性作用。在微观上，以高中生的素质教育为例，便于高中生既能精心读好应读的"有字之书"，即用心学好各门功课，又能着力阅读自己最感兴趣的"无字之书"，即在研究性学习中探究自己面临的众多新鲜课题，使他们初步体验到读书学习的新乐趣。许多老师摒弃了"考考考是法宝"的教学管理模式，课堂内把学生当作"演员"，使学生不仅获得了演主角的快感，而且使其既全面开发了智力，又学习掌握了必要的书本知识。很多家长在学校指导下，也应认识到从前评价子女的优劣只依据考试分数高低为标准的片面性，即由于在"丰富知识、开发智力、练就能力"三方面的第一责任人所尽责任的能力相对而言强劲，因此迈开了可喜的前进步伐。

心理学中的两个基本概念

心理健康的五大特性：

（一）对现实的知觉力强健

能够除去个人动机对客观现实判断的影响，对现实做正确的诠释。

（二）能使自己生活在过去与未来之中

过去是一个有限的和可以评价的概念；未来是一个无限的未知数概念。

1．能从过去的经验中撷取精华并用来策划未来。

2．能平衡过去、现在、未来的比重，对自己的生命做最好的利用。

3．能从自己的错误当中学到新东西并对自己的人生确定新目标。

4．在追求未来的过程中，不牺牲享受现在与朋友或家人的相处。

（三）有意义地工作着

1．对工作的投入能使自己获得成就感，提高自我价值。

2．能选择具有持续挑战性、成就感的职业。

3．有清晰的职业生涯规划。

（1）清楚自己想从事的职业形态。

（2）与职业生涯咨询师讨论过并做过职业性向测验。

（3）至少与三位自己向往的职业领域内的人士谈过话，了解了一些情况。

（4）明白自己所向往职业的雇佣关系、所需执照等级，认可条件。

（5）估计过自己所希望的生活形态及代价，与自己所向往的职业薪资对比过。

（四）人际关系正常

1．能与别人发生亲密关系。

2．不是与每一个人成为莫逆之交。

3．与别人交往时能感到舒服自在，能建立起互惠的关系。

4．能以社会所接受的方式表达自己的情绪。

五、情绪感受正常

1．自我感觉与别人对自己的感觉接近。

2. 有控制力,对自己从事的活动是自愿的,并非责任、义务所迫。

3. 自主感使自己勇于追求令自己感到有回馈、满足的事,而非处在对未知的恐惧之中,而不敢去追求自己想要的目标。

成功所需的个性品质:

（一）自信

没有自信的人,不可能面对现实,不可能抓住机遇,更不用说充分展示自己的聪明才智。

（二）进取

不安于现状,时刻追求发展,不断地在现实中总结经验、教训,从现在做起,脚踏实地,永不松懈。

（三）乐业

对自己的学习、工作有兴趣,能从其中找到乐趣,即使遇到困难,也乐于去克服,这样就不会有沉重的心理负担。

（四）专注

能不受外界干扰,精力集中,不见异思迁,有恒心。

（五）洞察力

对事物的观察能看到其本质,能洞察先机,发现价值,果断行动。

（六）坚毅

人生难免有挫折,要有坚强的意志,不怕失败,坚持前行。

（七）大局观

视野开阔,不囿于小圈子,不钻牛角尖儿,能为大局利益放弃局部利益,拿得起放得下。

（八）开拓创新

要灵活善变,不囿于成规,勇闯禁区,敢走前人未走过的路。

健全家校配合长效机制　增强推行素质教育的合力
——班主任工作体会

　　2009 年 9 月,是笔者拥有第 21 年教龄的起步之时,又是笔者在喀什市第二十八中任教第二个学年的第一学期。校党政领导班子决定要笔者在搞好中学部的音乐教学工作的同时,再担起八(2)班的班主任工作重担。近些年来,虽然除了自己在音乐教学当中感到学生的教育教学管理难度越来越大之外,还时不时地从年轻班主任那儿听着关于班主任工作难做的抱怨声。但凭着自己从前当班主任为时不短、有一定实践经验的自信,还是欣然服从了学校的决定走上了八(2)班班主任工作岗位。经过了两个月的工作,在与全班55 名学生的密切接触中发现,先用 2004 年全国人才工作会议上界定的素质内涵外延——素质＝人品＋知识＋智力＋能力,即高素质人才＝人品优良＋知识丰富＋智力发达＋创新能力强劲的标准来衡量,素质水平能够达到八年级程度的不到五分之一,分别用"人品优秀＝生理健康体力充沛＋心理健康适应能力强＋'三德(家庭美德、中学生道德、社会公德)'修养好自律力强＋'三观(世界观、人生观、价值观)'科学态度端正＋民俗文化现代化＋依法意识强＋理想导向力强劲"的标准来衡量,合格率更低。例如,用"心理健康适应能力强＝健康的爱心(热爱人生、热爱父母、热爱老师、热爱中华民族,热爱家庭、热爱学校、热爱班集体、热爱喀什、热爱新疆、热爱祖国,热爱学习、热爱劳动、热爱科学……)＋健康的同情心(同情老弱病残……)＋健康的爱美之心(热爱环境美、崇尚形象美……)＋应有的感恩之心(敬爱父母、尊敬老师、尊重领导……)＋健康的责任心(对自己负责,懂得优化素质、丰富知识、开发智力、练就能力自己负第一责任的道理)＋强烈的上进心(在优化自身素质的各方面力争上游)＋……"的标准来衡量,不但学生茫然无知、家长也是知之甚少。用"知识丰富＝做人的知识(打算做高素质的党政人才、高素质专业人才、高素质企业家人才或高素质家长、高素质教师的基础知识,职业道德修养知识;该类人才当中的"榜样";参加培训的渠道)＋处世的知识(社会历史知识、行业发展历史知识、家庭美德知识、社会公德知识)＋做事的知识(任职岗

位的专业基础知识、行业技艺知识,成功榜样知识)学生、家长、任课老师也并
不明确。至于用"智力＝思维能力＋记忆能力＋理解能力＋想象能力＋判断能
力""创新能力强劲＝①学习和竞争能力在同龄人当中最强＋②决策和管理能
力在同龄人当中最强＋③口头和书面表达能力在同龄人当中最强＋④应变和
抗挫能力在同龄人当中最强＋⑤协调和整合能力在同龄人当中最强＋⑥钻研
和发现能力在同龄人当中最强＋⑦总结和推广能力在同龄人当中最强"的标准
来衡量,能够说出一两点的人更是少得可怜。实施子女素质养育的家长、推行
素质教育的教师、接受素质养育和素质教育的学生,都对 2004 年全国人才改造
会议上界定的"素质内涵外延"并不清楚,怎么能够搞好素质教育呢?

再用"公民素质优化合力＝家庭素质养育分力＋学校素质教育分力＋岗
位素质管理培育分力"的原理来测量,有关方面更是没有此意识。

后用"公民素质优化的主客观责任划分及合力形成表"(表 1)来度量,就
发现家长在子女"人品优化"方面的"第一责任"缺位程度十分严重。首先是
"第一责任"人的意识缺位;其次是尽"第一责任"的方法缺位。最为突出的是
在 95% 的家长头脑里没有"心理"及"心理健康——完整的生理、心理状态和
社会适应能力"概念。心理健康的人有理想但不沉溺于空想;认识周围的事
物比较客观;能比较客观地认识与评价自己;高兴、喜悦等积极的情绪状态多
于愤怒、恐惧、焦虑等消极情绪状态;能与多数人保持良好的人际关系;喜欢
学习,努力学习;做事情目的正确率高。"七情六欲"(喜之情、怒之情、忧之
情、思之情、悲之情、恐之情、惊之情;生之欲、死之欲、耳之欲、目之欲、口之
欲、鼻之欲)当中的每种情欲成分比例协调。青少年心理健康＝①爱心(热爱
人生、热爱人民、热爱共产党、热爱祖国、热爱科学、热爱学习及劳动、热爱文
明、爱岗敬业、热爱真善美)＋憎心(憎恨假恶丑)＋②自信心＋③同情心＋
④感恩之心＋⑤爱美之心＋⑥责任心＋⑦上进心(在力所能及的领域力争上
游的积极心态)＋⑧好奇心＋……几乎成了对牛弹琴。

表 1　公民素质优化的主客观责任划分及合力形成一览表

		优化人品	丰富知识	开发智力	练就能力
主观	本人	第一责任人	第一责任人	第一责任人	第一责任人
客观	家长	第一责任人	第二责任人	第二责任人	第二责任人
	老师	第二责任人	第一责任人	第一责任人	第二责任人
	上司	第二责任人	第二责任人	第二责任人	第一责任人

不少家长认为子女"上进心"不强,加上"青春期逆反心理"突显,子女便

患起了"厌学拒教症——在家长的驱使和同龄人驱同下,不得不上学。可是到学校却无心进课堂,勉强地坐在课堂里也是听不进老师的讲课,便与同学聊天干扰其他同学的学习;当老师管教时,不但不服从管理还找老师的茬哄乱课堂,甚至还把任课老师气哭或把任课老师气得离开课堂,干扰得教学难以正常推进"。但询问家长在家里怎样尽养育责任时,家长们又是不知所措。

面对上述既缺乏"素质养育子女知识、素质教育知识、素质自我优化知识",又缺乏"学生优化自我素质方式方法、家长实施素质养育子女技艺、教师推行素质教育技艺",更没有"公民素质优化合力 = 家庭素质养育分力 + 学校素质教育分力 + 岗位素质管理培育分力"之意识的现状,笔者做出了如下工作计划:

在 10 月 24 日 10 时 30 分 – 13 时 30 分,召开第一次家长会议。① 向家长汇报两个月来每个学生的表现情况;② 家长汇报自家学生在家里的表现情况;③ 小结,提出加强配合的要求,以求形成家校配合的合力,医治其学生所患的"厌学拒教症",确保推行素质改革质量。

可是在预定的 10 月 24 日 10 时 30 分开家长会时,仅来了 19 名学生的家长。笔者按预定的议程:① 班主任向家长汇报两个月来每个学生的表现情况;② 家长汇报自家学生在家里的表现情况;③ 小结,提出加强配合的要求。会议进行完之后,到场的家长才认为会议开得及时、重要。鉴于其良好的反响收效笔者决定在 10 月 31 日 10 时 30 分再给未到会的 36 名学生的家长补开其会议。可这次仅来了 13 名学生的家长。为了不负到场的家长只好又按事先的预定开了第二个分会。为达到总目的,只好决定在 11 月 7 日 4 时 30 分 – 5 时 30 分再开第三个分会,结果到会的是 15 名学生的家长。55 名学生的一次家长会,开成了三个分会。还仅有 47 名学生的家长出席,仍有 8 名学生的家长缺席。

面对缺乏"家校配合长效机制",难以保证推行"素质教育改革质量"的难题。笔者又策划成立"成立家长委员会"健全家校配合长效机制的预案(如下)。

通 知

八(2)班学生_____的家长_____:

经过 10 月 24 日下午、10 月 31 日上午、11 月 7 日下午三次班内家长会议酿就:成立"喀什市第二十八中八(2)班家长委员会",用意如后附《简章》。现在书面正式通知给您,请您认真阅读,签名表示同意(理事会成员:王洪泳任会长、刘燕人任副会长、杨云波任副会长、艾斯卡尔任秘书长、张林生任副秘书长、童建英为教育政策法规顾问、田万全为技术顾问)。

(童建英)

与孩子一起成长

我叫郑瑜,是新疆喀什二中中学语文高级教师,今年39岁。我有两个孩子:女儿叫王淼,今年15岁,初中毕业;儿子叫王晶,今年13岁,上初中一年级。回顾孩子成长的历程,有许多问题需要我们做家长的共同关注,细细回味:

首先,父母要以身作则,身教重于言教。

我的丈夫在喀什教委工作,由于工作性质不同,经常出差不在家,我本人又常年带高中毕业班并任班主任,工作很繁忙,但无论工作多么紧张,身体多么不适,工作20多年来,我们从未因此而请过一天病假,总是坚守在自己的工作岗位上。

我们常对孩子说:一个人可以没有文凭,但不可以没有知识;可以不进大学殿堂,但不可以不学习;只有知识才能改变命运,只有勤奋学习才能铸就未来。我和孩子父亲的文凭都是参加自学考试取得的,"挑灯夜战"的情景,孩子看在眼里,记在心中,姐弟俩也常表示要向爸爸妈妈那样能吃苦,永不满足,自我加压。

凡是要求孩子做到的,我首先做到。比如要求孩子跑步,我第一个起床;要求孩子守时,我自己从不迟到,这样对孩子天长日久地潜移默化,他们心目中的父母的形象就会不严自威。

看着父母这么敬业,孩子们也竞相效仿。他们身上没有任何优越感,两个孩子学习也很自觉,都是靠自己的努力拼搏考入本年级的实验班的。

父母的一举手、一投足,对于孩子来说都是教科书,因此,父母只有自己具备了高尚的人格,才可能培养出孩子的高尚人格,可以说,父母就是用自己的人格为孩子树立了一个学得来的榜样。我常想,必须要让孩子知道:人与人之间是有差异的,人与人要在求同存异的过程中学会理解、学会仁爱,让孩子懂得宽容与友善,懂得体验和照顾别人,要有同情心,学会严格要求自己,要有责任心。

仁爱产生仁爱,在日常生活中,我和孩子们的父亲很注意处理好邻里关系,热心助人。邻居朋友有困难,我们总是第一个伸出援手,住校生患病我经常在医院守护到天亮,这些对孩子也都起了潜移默化的作用。平日里若遇到刮风下雨天,他们总是快速跑到家中拿出衣物和雨伞借给同学。我记得在女儿很小的时候,有一天天快黑了还没有回家,我与她爸爸到处寻找,最后在学校找到了她。只见她在教室门口冻得缩成一团,原来她班里的锁坏了,因找不到老师,她害怕班里的桌子、板凳和炉子丢了,就守在教室门口。我们又好气又好笑又心疼,赶紧到商店买了一把锁,替她把门锁好,她才放心地跟我们回家。路上我们表扬她关心班集体的做法,同时又婉转地给她讲了一些处理突发事件的方法,现在她处理事情已经很老练。如果一个作家留给后代的应该是他呕心沥血激人向上的不朽的作品的话,那么我说:父母留给孩子的则应该是使孩子在有益有趣中奋进的品行。

儿子在一次放学途中,与小伙伴们捡到一只受伤的小鸟,便赶紧把鸟带回家中敷药包扎。在包扎过程中他们发现这只鸟的外貌形状与众不同,马上到生物组请教老师,后来,他们又把这只鸟送到了林业局野生保护动物协会。经过专家鉴定,确认这种鸟已濒临灭绝,属于国家二级保护动物。野生动物保护协会的工作人员被他们的爱心和探索精神所感动,还专门写了一封表扬信送到了孩子的母校——喀什十小。

平时在街上看到沿街乞讨的人,孩子们肯定会倾其所能,帮助他们,觉得他们很可怜,自己很幸福。有时,我说这可能是骗子,白天乞讨,晚上出入歌舞厅,他俩就很不满意,说妈妈怎么把人想得这么坏,在孩子清纯的心灵面前我无言以对。

我曾经在《莫愁》杂志上看到这样一个真实的故事:北京一所小学为了培养孩子爱的意识,让孩子从小懂得爱,并学会给予爱,要求每个学生回家对妈妈说一声"我爱你"。

结果三位妈妈有三种反应:

第一种:你不爱我还爱谁呀！潜台词是,我为你付出那么多,你怎能不爱我,而去爱别人呢?

第二种:眉头一皱,"告诉我,你在哪儿学坏了"。这位妈妈的潜台词是:小小年纪就"爱"呀"爱"的成何体统。

还有一个孩子妈妈的脑筋真是"急转弯":"说吧,你要多少钱?"她的潜台词是:花言巧语你爱我,还不是骗我开心吗? 还不是想要点吃的、要些花的吗? ——我们的母亲,几十年如一日把无穷无尽的爱都倾注给了孩子,母亲面对子女爱意的表达心理的反映为什么会变得如此功利世俗呢? 我不能更多地了解那些母亲的真实心态,但我知道,她们错过了一次极好的爱的教育的机会。孩子们在爱的表白惨遭误会之后,他们还会对父母真诚地将"我爱你"说出来吗?

有人说,人类的爱是下倾的。确实,长辈们对下一代的关心总是无微不至的,爱总是无处不在。然而人类对爱的需求却是平等的。子女对父母长辈的爱心其实应当从小慢慢培养,也许就是从孩子在校园说出那声"我爱你"开始。年轻的父母现在也许还不需要子女承诺这些,可是当孩子说出那句"我爱你"时,为何不给孩子一个会心的微笑,一个热情的拥抱呢?

其次,教会孩子选择书和读好书的方法。孩子一旦进入了学校,伴随他们的就是书,就是读书,读有益的书。我的两个孩子很爱看书,几乎是来者不拒。常有人问我是如何指导孩子读书的,这确实是个问题。如今的书不是少,而是多得几近泛滥,鱼龙混杂,而孩子的时间是有限的,大多数时间又被无奈的学习、考试所牵走(孩子一般比我们大人都忙),为孩子选择有用又有益的书来读,是每个家长都应重视的事情。并非开卷都有益,我同意这样的说法,还要将这话告诉我们的孩子听。我认为,中学生读书可以遵循三项规则:太老的不读,太长的不读,太时髦的不读。另外,或许是我自己教语文的缘故,我对孩子作文辅导类的书很有偏见,这类书或许也有极个别不错的,但总体质量不高。它们最为泛滥而且随便编纂不负责任。它们东拉来一篇,西扯过一篇,极尽分门别类之能事,将作文如屠宰牲畜般大卸八块,将活生生的生命变成机械式的批量生产,它们瞄准的是孩子和家长的钱包。大量的这类辅导书,会让孩子无所适从。孩子如果长期照它的模式写作文,很容易千篇一律、公式化、模式化,标准的学生腔,将孩子本来的天真天性磨蚀殆尽,将孩子的想象空间萎缩蚕食。

另外,卡通这种书自有其娱乐和游戏的意义,但终不入流。孩子偶尔翻翻,也无妨大局,要是真的痴迷下去则不是什么好事。游戏本是孩子的天性,书中增加点游戏的色彩是应该的,但这种从国外来的卡通书,实在是商业社会的一种产品,是影响文化的一个变种,长期读它,对文字的消解,对阅读的剥离,只会让孩子随之变得越来越懒惰,越来越不懂得读书。我常想,让孩子从小就要渐渐地懂得,读书的苦与乐是相辅相成的,从本质上讲,读书的乐趣在于读书的艰苦之中。读书并不是都如夏天吃冰淇淋一样美滋滋的痛快,有时读书就是一种苦差事。作为孩子,读书是本分,是天职,不是玩,要付出这种代价,才能将读书化为自己的知识、血液和生命。我还总觉得孩子读书的天籁情境很重要,有些时效性的东西很容易让孩子的心不那么单纯,容易随风转,随着流行时髦转,虽然水至清则无鱼,但水至浑则不仅无鱼,而且连孩子都会没有了。

再次,尊重孩子的人格,让孩子充满自尊和自信,充分发挥孩子的潜能,发展其个性。

和谐的亲子关系,为孩子的智力、个性、人格、社会化等方面的发展创造了优良的环境,为人生的进步奠定了基础,亲子关系的和谐程度依赖父母、子女共同的努力。我们做家长的一定要重视与孩子的情感交流,培养其良好的生活方式和生活态度。要教育孩子学习不够好,你可以不做院士,但你应该有面对挫折的勇气和乐观向上的态度,要对生活、对人类充满热爱,要有科学严谨的实事求是的作风。正如可口可乐公司前任总裁所说:"你可以不是什么重要的人物,但是你一定要饱含激情,这样你的生活才会充满色彩。"我们面对的是具有强烈热情需求而又十分敏感、稚嫩的心灵,通过情感的纽带,架起心灵的桥梁,让孩子知晓做人的基本道理,认识自我,发现自我,发展自我,成为能够挺起胸膛、昂首阔步的人。这种带有圣洁光环的教育行为,能引起孩子长时间乃至一生的回味与思考。

教育孩子的前提是了解孩子、尊重孩子,孩子需要认同与欣赏。

人的潜能是不可估量的,很多时候,人都是受自己思想的束缚而影响了潜能的发挥。当父母的就应该帮助孩子去认识并发掘他们的潜力。

我的一双儿女从小就对什么都感兴趣,真可谓爱好广泛。对此我们予以充分肯定,并告诫他们,父母尊重他们的爱好,但一经选择,一定要坚持到底,决不能半途而废。姐弟俩都报名参加了少儿剑桥英语学习班,现在姐姐已过了英语三级,获新疆地区学生英语能力竞赛三等奖,弟弟已过了英语二级。儿子喜欢书法绘画,我们也把他送入了辅导班,作为小学生,他曾荣获第三届新疆中小学生书法作品比赛中学组优秀奖,在教育部举办的第七届全国中小学生绘画书法作品比赛中荣获绘画类二等奖,并获得少儿美术六级证书。女儿能歌善舞,她弹奏的古筝《渔舟唱晚》成为学校文艺演出的保留节目。这也使孩子变得更加自信。亚里士多德说过:"我们反复做怎样的事,就会变成怎样的人。'卓尔不群'指的不是一次表现,而是一种习惯。"可见孩子举手投足的每一种举止都是其良好品格的展现,毫不夸张地说成功是一种习惯!

我认为,真正的教育,是培养孩子的兴趣,挖掘孩子自由天性的潜力,引导孩子幸福而健康地成长,是快乐教育,赏识教育,自主教育,情景教育,思维方式训练,生命观引导,世界观培养,是美德教育,智慧教育,更是人性教育。因为孩子首先必须是一个"完整的人"然后才可赋予他们其他属性。

看过一本书,作者叫李跃儿,书名是《谁拿走了孩子的幸福》。作者在书中提出了一个很新颖的观点,他把中国的家长分为三类:第一类家长既懂教育又有责任心,他们的孩子最容易成为人才;第三类家长既不懂教育又没有责任心,他们的孩子也比较容易成为人才;最可悲的是第二类家长,他们不懂教育但有责任心,他们占据绝大多数,失败的孩子大都由这类家长制造。看到这个论断,一定会有很多家长倒吸一口冷气,"我不就是第二类家长吗"?是啊!往往是我们对教育的无知和自以为是的责任心,正在磨灭孩子的个性,忽视孩子的人性,给孩子带来了不幸。自以为在给孩子创造无限幸福的我们竟然正是拿走孩子幸福的人……用一位教育界人士的话说,我们在对教育作"减法":减掉了孩子对社会的认识,减掉了孩子对知识、对自然探求的兴趣,减掉了基本的道德行为规范的养成……减到最后,教育只剩下文化知识的灌输;家长的职责也被简化为灌输的执行者。在原本应该生机勃勃的花季年华,感受到的却是压抑和痛苦,这是孩子们的悲哀还是教育的悲哀呢?

最后,采取民主的家教方式,为孩子提供全面发展、个性发展的空间。

我们家的环境很宽松,很民主。每天中午、晚上的饭桌上就是每日"新闻"播放时间,大到国家,小到学校、班级每人都畅所欲言,说出自己心里所想。每天,我家的孩子总有无数个"为什么"等着我们,这也促进我们做父母的更加努力学习、探索,以满足孩子的好奇心和求知欲。

孩子们也可以对父母的做法提出批评,我的性子很急,有时恼了,就会抬起手使用武力,孩子就会"义正词严"地告诉我这叫违法,违反了《未成年人保护法》,让我啼笑皆非。

我认为,我们现在的教育,过分地注意强调社会理性,社会需要什么,设计好以后通过教育灌输给学生,忽略了每一个孩子、每一个个体的自身体验。要知道孩子们不是一生下来就懂得这些规则的,他们要凭自己的体验成长,凭实践来理解,不是说成人已经思考过了,孩子们就不用思考了。每一个孩子都应当思考为什么这样做是对的,那样做就错了;为什么一定要遵守纪律、遵守规范,制定规范的理由是什么。每个孩子都应有追问的权利和独立思考的能力,道德不能只让孩子知道结果而不让孩子知道理由,没有个人理性的道德不是现在的德育。道德教育应该直向现实,直抵心灵,走进孩子的内心世界。我们教育工作者和天下父母一样,总是以灌输、宣传的口吻出现,苦口婆心,忽略了孩子成长认知的规律,只是过分地对孩子的意志和行为限制与防范,纸上谈兵式的教育居多,这在某种程度上不能不说是教育的失败。

《中共中央国务院关于进一步加强和改进未成年人思想道德建设的若干

意见》正式出台后,在社会上引起了强烈反响,德育再次成为教育界内外关注的焦点。我们应该看到未成年人的道德问题很大程度上是成人社会的映照。

我经常扪心自问:诚实是德育的基础,德育如何更诚实? 成人容易把硬性规则强加给学生,德育如何更真实? 德育如何更踏实? 德育用"教"的办法通常不见效,没有孩子真正听得进大道理,打动他们的往往是细节,德育必须是踏实的,要一步步慢慢来,急功近利,只会遭遇失败。

我女儿刚参加完初中毕业考试,我和她父亲就让她到"百富汉堡"去自我锻炼,体验生活,有意识地培养她吃苦耐劳的精神。她去了两天就开始打退堂鼓,因为一天 8 小时的站立脚都磨出了泡。更让她想不通的是:每天都能遇上 10 多个同学去吃汉堡,而自己却要在汉堡店笑迎宾客,严格遵守店规。心里很憋屈,毕竟她还是未吃过苦的孩子啊,心里能平衡吗? 这时我和她的父亲就给她倒热水泡脚、搓脚,鼓励她,引导她,让她坚持,最终她顺利地度过了试用期的考验。人的一生,对于浩瀚的宇宙是弹指一瞬,但对于我们每个人来说,却是一个漫长的历程。不管处在一个怎样的人生阶段,都会不同程度地遭遇到一些挫折,因此,教育孩子正确面对挫折,承受挫折是我们每一位家长应该思考的问题。

孩子的良好品质,不是单靠理论说教就可以养成的。吃苦能造就一个人的刚毅。在艰苦的环境中,在陌生的"世界"里,引导孩子体验生活,体验成功,使他们具有迎接未来,勇于接近挑战,谋求生存发展的心理准备和本领。有恒心,有坚忍不拔的顽强意志,是学生受益终生的精神财富。

近年来学生自杀、轻生的事件实为不少。我认为,其中一个原因就是孩子承受能力太弱。学校家庭都必须重视孩子承受挫折的心理素质训练,对孩子进行心理方面的抗挫折教育,有了健康的心态,才能正确地对待人生挫折。对一个刚刚开始用自己的眼睛认识世界,认识人生,对许多事物都似懂非懂的孩子来说,能够正确地认识挫折是非常重要的。

现在的孩子生活太顺了,情感太脆弱了,因此,让孩子多承受一些挫折非常重要,必要的时候,甚至需要学会委屈自己。因为孩子未来的路太长了,不愿面对的事情还会遇到很多,有些甚至是非常大的打击,面对这些挫折,如果心态不能摆平,做出一些错误的反应,后果将是可怕的。这一点,我想在现实生活中一点也不夸张。

学会战胜自己,学会在这样的磨炼中慢慢地理解承受,体会承受,学会承受,这就是我的目的,一个母亲对孩子最朴实的希望。

一般来说,想用家长的成人思想去要求未成年人,往往容易产生矛盾,最好的办法是给孩子发展的自由和空间,让他们发自内心地进行自我体验和感悟,这对他们的一生都是宝贵的财富。

我的两个孩子现在都正处于人们常说的"危险年龄段",面临着脱离家庭、父母,又依赖家庭、父母的困惑和矛盾,在生理上有种成熟感,而在心理上并未成熟,因缺乏相关性的科学知识而产生不同程度的焦虑、紧张。作为家长就要使孩子懂得男女之间正常交往与性开放的界限,遵纪守法,既能够自尊自爱,又能够讲文明礼貌,互相友爱,从而培养其坚强的意志和健康的心理。

在尊重他们的同时,我也时常翻一些心理书籍,找些文章摆在他们床头,对他们的交友、人际关系的处理提出自己的忠告,让他们摆正自己的位置。我想,怎样顺利渡过这段"青春萌动期"是孩子人生道路的一个转折点,家长引导的好、教育的好,孩子一生都会受益无穷。

人类正在走向网络世界,如何使网上信息组织化、有序化,减少信息堆积和信息垃圾;如何防止孩子对网络的过分依赖,以致成为"电子海洛因"的"吸食者";怎样才能减少网络给孩子心理的负面影响;怎样使网络真正成为提高孩子学习效率,丰富他们精神生活的有益媒介? 这是一个令无数家长感到非常苦恼和焦虑的问题。网上世界浩瀚无际,由于孩子好奇心强、自控能力差,往往将网络当作游戏人生、虚度年华的工具,聊天、谈恋爱、欣赏淫秽图片等,这些毒害并不亚于海洛因。作为家长,我们必须使孩子认识到网络成瘾是一种"精神疾病",认识到"迷恋"网络的危害性。上网时必须明白:网络信息有的是有价值的,但有的是有毒信息。当你被那些虚假信息误导后果严重时,是不会有人对你负责的。当发现自己被互联网"俘虏"时,应及时意识到问题的严重性,想办法尽快摆脱。因此,上网要有安全意识,心理要设防,要学会自我保护。当然,网络信息更新周期短,开放程度高,有利于培养孩子的现代观念。但对尚缺乏自控能力、有强烈好奇心的孩子来说,应该控制其上网时间。我想,鼓励孩子多与同学、家长进行交流,多结交生活中的朋友,减少对网络的依赖是完全必要的。

5月10日是女儿15周岁的生日,临近中考,我给她写了一封短信:

亲爱的女儿:

今天是你15岁的生日,本想按惯例给你一些钱,让你和同学快乐一下就行了,但今天,我觉得还应送给你一件更特殊的礼物——这封信,让我们用心灵的沟通和交流来祝贺你的生日。

我和爸爸爱你,因为你是我们生命中不能割舍的一部分。作为父亲,他是一家的支柱,必须为一家人的生活而奔波,因此不能和你经常在一起(今年她爸爸正在阿克苏出差),你能理解他,我很高兴,我也同样为你能理解妈妈为了学生而让你和弟弟无数次泡方便面的做法而感到欣慰。你长大了,但我却不能以此为理由而疏忽与你的沟通和交流。今后,我们要多抽出时间和你在一起运动,一起畅谈美好的生活,我们要在做父母的同时,做你的好朋友,用我们共同的爱筑起温馨的家,为你的健康成长点燃长明的心灯。

面临初中毕业和中考的重负,我知道你一定很辛苦,但我更知道要你懂得珍惜机会、珍惜时间。在激烈的竞争中没有汗水的付出,就不可能有收获。我们希望你努力再努力,在奋斗中体验成功的喜悦。我们把千言万语汇成一句话送给你——我们爱你,愿快乐相伴你一生。

永远爱你的爸爸妈妈

巍巍新法笃擎教育晴空,杲杲暖阳蔚兴树人伟业。

任重而道远,我们做父母的将挑起两副重担:一是打好孩子终身学习的底子;二是打好孩子精神发展的底子,与孩子一起成长。

谢谢大家。

(此文为喀什地区组织部、宣传部组织的"未成年人保护法"讲师团宣讲稿)

赢得幸福务必杜绝的8种陋习

1. 长期饱食：现代营养学研究发现，进食过饱后，大脑中被称为"纤维芽细胞生长因子"的物质会明显增多。这些纤维芽细胞生长因子能使毛细血管内皮细胞和脂肪增多，促使动脉粥样硬化发生。如果长期饱食的话，势必导致脑动脉硬化，出现大脑早衰和智力减退等现象。

2. 轻视早餐：不吃早餐使人的血糖低于正常供给，对大脑的营养供应不足，久之对大脑有害。此外，早餐质量与智力发展也有密切联系。据研究，一般吃高蛋白早餐的儿童在课堂上的最佳思维普遍相对延长，而食素的儿童情绪和精力下降相对较快。

3. 甜食过量：甜食过量的儿童往往智商较低。这是因为儿童脑部的发育离不开食物中充足的蛋白质和维生素，而甜食会损害胃口，降低食欲，减少对高蛋白和多种维生素的摄入，导致机体营养不良，从而影响大脑发育。

4. 睡眠不足：大脑消除疲劳的主要方式是睡眠。长期睡眠不足或质量太差，只会加速脑细胞的衰退，聪明的人也会变得糊涂起来。

5. 少言寡语：大脑中有专司语言的叶区，经常说话也会促进大脑的发育和锻炼大脑的功能。应该多说一些内容丰富、有较强哲理性或逻辑性的话。整日沉默寡言、不苟言笑的人并不一定就聪明。

6. 空气污浊：大脑是全身耗氧量最大的器官，平均每分钟消耗氧气500～600升。只有充足的氧气供应才能提高大脑的工作效率。用脑时，特别需要讲究学习环境的空气卫生。

7. 不愿动脑：思考是锻炼大脑的最佳方法。只有多动脑筋，勤于思考，人才会变聪明。反之，不愿动脑的情况只能加速大脑的退化，聪明人也会变得愚笨。

8. 带病用脑：在身体不适或患疾病时，勉强坚持学习或工作，不仅效率低下，而且容易造成大脑损害。

第一读者感言

　　既面对"一边是成千上万名大专院校毕业生就业为难,另一边又是众多企事业单位由于招不到素质理想人才而兴业艰难"的国家突出社会难题;又面临"素质教育取代应试教育的人才资源开发体制改革,为什么未能像社会主义市场体制取代社会主义计划经济体制改革的力度之大收效显著"的公民疑问,两位作者以党员应有的使命感,立足岗位在工作中探索研究多年之后,又合作进一步探究"破解国家突出难题路径、回答公民疑问,来圆中华民族复兴美梦"的重大课题之思路。我俩以第一位普通读者的视角赏阅书稿,其中首先被"怎样创新构建中国特色人力人才资源高素质化开发观——对于怎样抓住人力人才资源开发转型制胜要点的套路探究"一文,对人才资源素质化开发"一要'系统合力制胜论';二要'标准素质论';三要'体制机制法治论';四要'激励系统有效论'"的钻研见解所感动。我国搞素质教育改革之所以未能像推动社会主义市场体制取代社会主义计划经济体制改革的力度之大、收效之显著,就是认知缺位,导向不力所造成的不良状态。其主要病态就在于未能与时俱进地创新人才资源高素质开发新标准,未能相应地认知到人才资源素质化开发需要"系统合力制胜论""标准素质论""体制机制法治论""激励系统有效论"相互协调才能达到理想目标的全面深入认知。却一提到"破解'一边是成千上万名大专院校毕业生就业为难,另一边又是众多企事业单位由于招不到素质理想人才而兴业艰难'突出难题",便片面地责怪"教育界"领导和管理不力。如果能用"怎样创新构建中国特色人力人才资源高素质化开发观——对于怎样抓住人力人才资源开发转型制胜要点的套路探究"一文为尺子,来衡量我国陷于人才资源开发小国弱国的窘境的主要病因在哪儿,不是就一目了然了! 其次被书稿当中"从'党政人才资源素质化开发论''中小学生素质化教育论''子女家庭素质养育论'三方面探索破解我国难题路径,解答公民疑问"。第一,有了"人才资源素质化开发合力 = 党政人才资源素质化开发导向力 + 学生素质化教育支撑力 + 子女家庭素质化养育 + ……N"所指的方向;第二,对解答疑问做出了"多视角释疑"所感动! 所以《人才资源素质化开发论》的面世,必将为我国"从'人口大国却陷于人才资源开发小国'向'人才资源开发大国强国跨越,圆满中华民族复兴美梦"探清迷津发挥一定的积极作用!

(陈萍　叶城县委党校理论教师)

(胡振莉　莎车县二中教师,国家二级心理咨询师)

2004 年 1 月

附录

党政人才资源开发当中卷面考试利弊及兴利除弊思路探究

党政人才资源开发当中卷面考试利弊及兴利除弊思路详见表1：

表1　党政人才资源开发中考试利弊及兴利除弊思想探究结论一览表

利弊方面		利好面	弊端面	兴利除弊思路
学生在校	基础教育中	当卷面考试成绩高低成为决定升学的唯一手段时，能够促使学生将心思及精力投向扎扎实实掌握所学课程基础知识方面，同时在其进程中练就智力（使思维、记忆、理解、想象、判断能力发展起来）。	卷面考试，在"高素质＝人品优良＋知识丰富＋智力发达＋创新能力＋……N"理念还没有占据"人才资源开发的各个责任主体（教育行政领导管理部门、家庭子女养育、学校教育、工作岗位选人、学生自我努力）之前"，就会首先酿出应试教育泛滥，其次招致削弱公民个性发展及创新能力练就的恶果，直至延误中华民族复兴的进程。	本阶段内具有教学单元、期中、期末、升学考试，是利大于弊的、必要的人力人才资源开发的工序之一。但必须用"高素质＝人品优良十知识丰富十智力发达十创新能力＋……N"理念来主导人才资源开发的各个责任主体（教育行政领导管理部门、家庭子女养育、学校教育工作岗位选人、学生自我努力）基础教育，坚决取消超出其规定的过量考试。引导学生把部分心思及精力投向个性化爱好养成方面。
学习传本知识中	专业院校教育中	当卷面考试成绩高低成为决定能否进一步升学深造的唯一指标时，能够促使学生将全部心思及精力投向学好所开课程的知识方面，同时在其进程中训练智力（使思维、记忆、理解、想象、判断能力发展起来）。	卷面考试，在"高素质＝人品优良＋知识丰富＋智力发达＋创新能力＋……N"理念还没有占据"人才资源开发的各个责任主体（教育行政领导管理部门、家庭子女养育、学校教育、工作岗位选人、学生自我努力）之前"，会将大专院校的学生误导到"两耳不闻窗外事，一心只读专业书，培养出只有'蚀本知识丰富和解题智能'的畸形儿，造成'一边是社会上各行各业由于技能职员缺乏其业难兴，另一边又是大专校毕业生就业门路狭窄'的失败残局"上。	用"高素质＝人品优良＋知识丰富＋智力发达＋创新能力＋……N"理念主导"人才资源开发的各个责任主体（教育行政领导管理部门、家庭子女养育、学校教育、工作岗位选人、学生自我努力），在大专院校教育阶段内，只允许举行专业课程的结业考试，取消教学单元、期中、期末、升学考试。让施教与受教者的一定心思及精力投向'专业技能'及创新能力＝①学习和竞争能力在同龄人当中最强＋②决策和管理能力在同龄人当中最强＋③口头和书面表达能力在同龄人当中最强＋④应变和抗挫能力在同龄人当中最强＋⑤协调和整合能力在同龄人当中最强＋⑥钻研和发现能力存同龄人当中最强＋⑦总结和推广能力在同龄人当中最强＋⑧崇尚高素质人才和善于培育高素质人才的能力在同龄人当中最强＋⑨专业能力与专业技艺在同龄人中最强＋……N"的训练方面。克服或预防"将大专院校的学生误导到两耳不闻窗外事，一心只读专业书，培养出只具备'书本知识、解题智能'而'人品不良、专业技能、创新能力缺乏'的畸形儿，造成'一边是社会上各行各业由于能职员缺乏其业难兴，另一边又是大专院校毕业生就业路窄'失败残局"的蔓延。

续表

利弊 方面		利好面	弊端面	兴利除弊思路
职员在岗作学习技能中	40岁之前	举行闭卷考试,并且以其考试分数为依据之一,选拔使用公务员。其他行业也效法着选拔配置职员。考试从表面看可以促使或有利于调动成年公民在未就业之前不断地学习专业书本知识的积极性。	就业、改行或职位晋升时,既不以"高素质 = 人品优良 + 知识丰富 + 智力发达 + 创新能力 + 工作实绩 + ……N"理念为主导,又不以其在校经过艰辛努力所得文凭为依据,却搞逢进、晋升必以闭卷考试成绩为依据的人力人才资源开发。这在微观层面上:首先,无意中贬低了学生在校艰辛努力所得文凭含金量,势必给学校教育教学造成人为难度;其次,必然在岗职员的心思和精力误导到不钻研怎样破解工作难题,却将心思和精力投向准备卷面考试方面。在宏观层面上:给我国的人力人才资源推行素质化开发和实现中华民族复兴造成不顾"人品优良与否、创新能力强弱"的误导。	在人力人才资源素质化开发责任合力体系①当中,"用人单位负'工作技能与创新能力练就'第一责任"的理念为主导,面向社会公开选拔职员时,应该以"法治化人力人才资源开发体制"②当中所定的工艺为准,进行人力人才选拔。只在职员管理、培养的受训中有适宜考试,而不应随意地在人力人才资源开发工艺中滥用考试手段,酿出由于考风难以优良而屡屡丧失"公开、公平、公正"原则,招致"事不得其人、人不得其位的人事匹配最差、人力人才资源开发腐败泛滥"的恶果。这不仅在宏观层面上招致"人口大国,人力人才资源开发弱国""直接危害现代化建设及中华民族复兴大业"的多重负面效应;在微观层面上也招致诸如"一边是社会上各行各业由于技能职员缺乏其业难兴,另一边又是大专院校毕业生就业路窄的残局"延续不断。
	40岁之后	依然采用闭卷考试决定40岁以上职员晋升或改行就业的资格。	依然用闭卷考试成绩决定40岁以上职员晋升或改行从业资格,势必抑制其利用丰富的经验、创新性地解决工作实践难题之长,而扬其不再善于死记硬背地答考卷之短。招致使其心灰意冷于运用丰富经验破解工作难题、为国家推进"四化"及实现民族复兴做更大贡献的损失。	预防或克服采用闭卷考试手段来捅其不善于死记硬背地答考卷之短而抑制其能够利用丰富经验破解工作难题之长,将其推入心灰意冷于充分运用丰富经验破解工作难题窘境的弊端。以"工作实绩 + 工作理论建树 = 素质水平"理念为主导,制定其晋升或改行从业的依据标准。将40岁以上职员的全部心思及精力能够调动到"利用丰富经验破解"四化"建设及民族复兴难题的利国利民双赢良效"的科学轨道上来。
结论		考试在公民一生的不同阶段内利弊大小是不同的,绝对地取消考试不利于提高人力人才资源开发质量。相反,无休止地滥用考试手段,也会酿出要么"一边是社会上各行各业由于技能职员缺乏其业难兴,另一边又是大专院校毕业生就业路窄残局",要么"一方面无意中贬低学校所发文凭含金量给学校教育教学增加管理难度,另一方面将在岗职员的心思和精力误导到不能钻研怎样破解工作难题、却将心思和精力投向准备卷面考试的双重负面效应"。因此,在科学的素质化人力人才资源开发中,既不能没有考试,又不能无休止滥搞考试,祸国殃族!		

注:

①人力人才资源素质化开发责任合力体系。②法治化人力人才资源开发体制——"人品优劣"由同事鉴定(优 10 分,良 8 分,中 6 分),领导认定(优 5 分,良 4 分,中 3 分);"知识丰富 + 智力发达"依据所获得的文凭(初中 5 分,高中 7 分,中专 9 分,大专 11 分,本科 13 分,研究生 15 分,博士 20 分);"创新能力"由专家鉴定(优 30 分,良 25 分,中 20 分);"业绩"在同行中(居上 45 分,居中 35 分,居下 25 分),合计得 89 ~ 100 分的为优;得 84 ~ 88 分的为良;得 58 ~ 83 分的为中。

公民"学习能力"形成和强化的合力体系

公民"学习能力"形成和强化的合力体系详见表1:

表1　公民"学习能力"形成和强化的合力体系一览表

责任主体		形成和强化的场所及指导责任人	
		在家庭生活中由 家长指导形成强化	在同龄人的集体活动中由 专业人员指导形成强化
婴幼期0~3岁	父母保姆	父母在科学喂养中,促进其"聪明、活泼、健康"成长,形成和强化"视力、听力、说力、感受能力、情欲能力、喜怒哀乐能力"等本能,为"学习能力=观察能力+注意能力+记忆能力+理解能力+想象能力+判断能力"形成和发展奠定基础。	保姆在婴幼儿科学养育的系统知识和技艺规范下,为婴幼儿的身心健康成长尽职尽责。保证婴幼儿的"视力、听力、说力、感受能力、情欲能力、喜怒哀乐能力"正常形成和强化,促进"学习能力"形成。
学龄4~7岁	父母幼师	父母在科学养育幼儿的系统知识和技艺规范下,在引导幼儿形成"生活能力"的过程中形成应有的"健康心理=活泼或木呆的个性显形+敏捷或迟缓感觉知觉能力显形+勤于动脑想象的心理",促使幼儿的"学习能力"在进一步强化中,为"智力=思维能力+记忆能力+理解能力+想象能力+判断能力"形成和发展奠定基础。	幼儿教师在幼儿科学教育系统知识和技艺规范下,在指导幼儿游戏活动和传授一定知识的过程中,为其身心健康成长尽职尽责,保证幼儿的"学习能力=观察能力+记忆能力+理解能力+想象能力+判断能力"形成和发展。
小学8~12岁	父母老师	父母在科学养育小学生的系统知识和技艺规范下,在促使小学生形成"生活能力"过程中强化前面形成的心理的同时,还使其"爱心+责任心+爱好心"等心理得到发展,养育出强健的"学习能力",保证其"智力"的发展。	老师在小学生科学教育系统知识和技艺规范下,在教给规定的科学知识的进程中,循序渐进地促使小学生强化"学习能力=观察能力+记忆能力+理解能力+想象能力+判断能力"。开发其"智力=思维能力+记忆能力+理解能力+想象能力+判断能力"。
初中13~15岁	父母老师	父母在科学养育初中生的系统知识和技艺规范下,以教会家庭生活的方式,促使初中生形成"健康心理=端正的自我心理+乐于改错上进的心理+适应竞争加剧的心理承受能力+表现兴趣的心理显形"的过程中,促使其"学习能力"迈上新台阶,保证其"智力"的进一步发展。	老师在初中生的科学教育系统知识和技艺规范下,在教给规定的科学知识的进程中,循序渐进地促进初中生强化"学习能力",促使其发展"健康心理",在更深的层次内开发其"智力"。

责任主体	形成和强化的场所及指导责任人		
		在家庭生活中由 家长指导形成强化	在同龄人的集体活动中由 专业人员指导形成强化
高中 16～ 18岁	父母 老师	父母在科学养育高中生的系统知识和技艺规范下，以教会社会生活的方式，促使高中生在强化前面形成"健康心理"的同时，使其"健康的择友心理＋爱美心理＋自尊心理＋适应更加激烈的竞争的心理"得到发展；促使高中生的"学习能力"迈上新台阶，保证其"智力"的进一步发展。	老师在高中生科学教育系统知识和技艺规范下，在教给规定的科学知识的进程中，在关心其"健康的择友心理＋爱美心理＋自尊心理＋适应更加激烈的竞争的心理"得到发展的过程中促使其人品优化，保证进一步强化其"学习能力"，在更深的层次内开发其"智力"。
大学 19～ 22岁	父母 导师	父母在科学养育大生的系统知识和技艺规范下，以培养子女健康交友为主促使其社交能力为主渠道。促使大生在强化前面形成"健康心理"的同时：一促使大生的"自学能力"迈上新台阶；二促其"创新能力＝自学争先的能力＋总结推广的能力＋协调整合的能力＋应变抗挫的能力＋口头书面表达力＋决策管理的能力＋钻研发现的能力"尽快形成。	导师在大学生科学教育系统知识和技艺规范下，在传授规定的科学知识的进程中，在指导其心理健康发展、教导其增强"自学能力"的同时，着力培养其练就"创新能力＝自学争先的能力＋总结推广的能力＋协调整合的能力＋应变抗挫的能力＋口头书面表达力＋决策管理的能力＋钻研发现的能力"的意识、自觉性。
就业 23岁 之后	自己 领导	自己在科学地成为人才、成就事业的知识和技能规范下，凭着应有的"自学能力"尽快地自学并掌握"做人处世成事"所缺的知识，在工作当中以"以岗位为课堂，以履行好职责为教材，以上司或同事为老师，以业绩为答卷"练就"创新能力"。	师长在大学生科学成为人才、成就事业的知识和技能规范下，多为新上岗的大学生提供增强"创新能力＝自学争先的能力＋总结推广的能力＋协调整合的能力＋应变抗挫的能力＋口头书面表达力＋决策管理的能力＋钻研发现的能力"的机遇。

党政人才素质内涵外延界定

党政人才素质内涵外延的界定详见表1：

表1　党政人才素质内涵外延界定一览表

		党政人才素质标准
素质的外延	人品优良	"①体质优良程度＋②心理健康程度＋③科学社会主义'四德'修养水平＋④马列主义'五观'素养水平＋⑤先进文化素养水平＋⑥现代法治素养水平＋⑦科学的理想导向力强劲＋⑧审美修养健康＋⑨成就事业的专业知识素养水平＋⑩崇尚高素质人才和善于培育高素质人才修养水平"在同龄人中居于中上游。
	知识丰富	"①做人的知识既有广度又有深度＋②处社会的知识既有广度又有深度＋③完成学业的知识既有广度又有深度＋④成就事业的知识既有广度又有深度"在同龄人中居于中上游。
	智力发达	"①思维能力＋②记忆能力＋③理解能力＋④想象能力＋⑤判断能力"在同龄人当中处于中上游。
	能力强劲	"①学习和竞争能力＋②决策和管理能力＋③口头和书面表达能力＋④应变和抗挫能力＋⑤协调和整合能力＋⑥钻研和发现能力＋⑦总结和推广能力＋⑧崇尚高素质人才和善于培育高素质人才的能力＋⑨专业能力与专业技艺"在同龄人中处于中上水平。
素质的内涵	人品优良	"①体质优良程度＝生理健康、体力充沛;②心理健康程度＝有'爱心、上进心、责任心、事业心、同情心、感恩心、自尊心……';③科学社会主义'四德'修养水平＝科学社会主义的家庭美德、个人道德、社会公德、职业道德修养水平;④马列主义'五观'素养水平＝马列主义的国家观、民族观、人生观、价值观、世界观素养水平;⑤先进文化素养水平＝先进的物质文明与精神文明化合力素养水平;⑥现代法治素养水平＝依法为人处世办事的素养水平;⑦科学的理想导向力强劲＝科学理想产生的为人、处世、求学、做事的正确导向力强盛不衰;⑧审美修养＝现代化水平合乎民族情趣;⑨成就事业的专业知识素养＝最低具备中专专业知识素养;⑩崇尚高素质人才和善于培育高素质人才修养水平＝不但自己争做高素质人才而且推崇高素质人才"的品质和格调在同龄人当中处于中上游。
	知识丰富	① 做人的知识既有广度又有深度＝全面深入地掌握"高素质人才的内涵外延";② 处社会的知识既有广度又有深度＝全面深入地掌握"人文与社会科学知识";③ 完成学业的专业知识既有广度又有深度＝掌握为什么学习、学什么、怎么学的知识;④ 成就事业的专业知识既有广度又有深度＝拥有中专以上的专业知识。以上知识都在同龄人中居于中上游。

续表

		党政人才素质标准
素质的外延	智力发达	"① 思维能力=思考各类问题全面、深刻、先进、敏捷的心理条件;② 记忆能力=对信息全面、透彻、迅速记住并在运用时能够准确提取出来的心理条件;③ 理解能力=学习活动中能够跟上作者、授课人或实践进程掌握新知识的心理条件;④ 想象能力=学习活动中能够由表及里、由此及彼的心理条件;⑤ 判断能力=在人品支配下,运用所掌握的知识辨别是非、择优弃劣的心理条件"都在同龄人当中处于中上游。
	创新能力	"① 学习和竞争能力=能够完成信息任务、赢得竞争胜利的主观心理条件;② 决策和管理能力=选族做人、处世、求学、做事准确方式方法,能够将精力投向实现理想的主观心理条件;③ 口头和书面表达能力=能够将意图准确、简要表述出来的主观心理条件;④ 抗挫和应变能力=不被挫折所困、与时俱进的主观心理条件;⑤ 协调和整合能力=能够说服各方、形成达标合力的心理条件;⑥ 钻研和发现能力=能够在实践中透过表面现象看到本质的主观心理条件;⑦ 总结和推广能力=能够将实践中赢得成就的体验概括提炼出来、加以推广争取全面胜利的主观心理条件;⑧ 健康审美能力=现代化程度合乎民族心理;⑨ 专业能力与专业技艺=运用专业知识成就事业的主观心理条件达到最高层次的主观心理条件;⑩ 崇尚高素质人才和善于培育高素质人才的能力=自己心悦诚服地向高素质人才学习力争成为高素质人才、尽心竭力将后代培养为高素质人才的心主观理条件"都在同龄人中处于中上水平。

中学素质教育内涵外延一览表

中学素质教育内涵外延详见表1：

表1　中学素质教育内涵外延一览表

素质本指人脑解剖特征。				
人品优良 情商高	知识丰富智力 发达智商高	创新能力强劲		业绩突出	……N
①体质优良；②心理健康；③科学社会主义"四德"修养好；④马列主义"五观"素养好；⑤民族先进文化素养高；⑥现代法治观念强；⑦科学的理想导向力强劲；⑧具备崇尚高素质人才和善于培育高素质人才的修养；⑨具备专业能力与专业技艺素养；……N。	①做人的知识既有广度又有深度；②处社会的知识既有广度又有深度；③完成学业的知识既有广度又有深度；④成就事业的知识既有广度又有深度；……N。	①思维能力在同龄人当中最强；②记忆能力在同龄人当中最强；③理解能力在同龄人当中最强；④想象能力在同龄人当中最强；⑤判断能力在同龄人当中最强；……N。	①学习和竞争能力在同龄人当中最强；②决策和管理能力在同龄人当中最强；③口头和书面表达能力在同龄人当中最强；④应变和抗挫能力在同龄人当中最强；⑤协调和整合能力在同龄人当中最强；⑥钻研和发现能力在同龄人当中最强；⑦总结和推广能力在同龄人当中最强；⑧崇尚高素质人才和善于培育高素质人才的能力在同龄人当中最强；⑨专业能力与专业技艺在同龄人中最强；……N。	精神财富创造业绩在同龄人中突出；物质财富创造业绩在同龄人中突出。	
体质优良＝生理健康、精力充沛；心理健康＝①上进心强＋②有爱心＋③有事业心＋④有责任心＋⑤有同情心＋⑥爱美之心＋⑦荣辱之心＋⑧有孝心＋⑨有合群之心＋……N；四德＝社会公德＋职业道德＋家庭美德＋个人品德；五观＝唯物主义世界观＋马列主义人生观＋科学价值观＋国家观＋民族观……N。心理健	做人的知识——适应社会主义市场竞争的现代化人力人才素质化开发、法治化开发体制、系统化激励机制知识；适应走传统中庸之道的德才兼备开发标准、民主推荐、领导认可的人治化开发知识。笔者认	智商是智力商数的简称，计算方法：智商＝智龄÷实龄×100。在团体中，智商在100的是中等，在100以下为落后，超过100为优异。国外的专家研究中得出了智商在成才成事中仅发挥着20%的作用。笔	学习能力＝注意力＋观察力＋思维力＋记忆力＋理解力＋想象力＋判断力；竞争能力＝聚精会神的心态＋全力以赴的心态＋……N；竞争能力＝决策能力＋管理能力＋整合能力＋协调能力＋抗挫能力＋总结能力＋推广能力＋钻研能力＋发现能力。笔者认为"创新能力"的强弱在素质高低的衡量中可以起30%左右的权重作用。	物质财富创造业绩在同龄人中突出＝经济效益在同行中居于上游；精神财富创造业绩在同龄人中突出＝社会效益在同行中居于上游。	

公民高素质内涵外延

续表

		人品优良 情商高	知识丰富智力 发达智商高	创新能力强劲	业绩突出	……N
		素质本指人脑解剖特征。				
公民高素质的内涵外延		康水平决定着"情商"的高低。国外的专家研究中得出了情商在成才成事中发挥着80%的制胜作用。笔者认为"情商"在衡量人的素质高低时起30%左右的权重作用。	为"知识丰富"度在衡量人的素质高低时起着15%左右的权重作用。	者认为"智力发达"度的高低在衡量素质时起15%左右的权重作用。		笔者认为"业绩显著"的程度在人成才成事的衡量中起10%左右的权重作用。
初中生的素质低中高域值	低	仅能接受家长、社工、老师用其二分之一左右的内涵外延来规范他的人品发展。	在家庭生活、社区活动、学校学习中仅以其二分之一左右的内涵外延为规范。例如有严重的偏科行为。	二分之一地接受家长、社工、老师用其测评的结论。	仅能在二分之一的内涵外延范围中接受家长、社工、老师为其选定的创新能力开发方式方法。	学业成绩在同学中间处于下游。
	中	能接受家长、社工、老师以其三分之一左右的内涵外延来规范他的人品发展。	在家庭生活、社区活动、学校学习中以其三分之一左右的内涵外延为规范。例如有不学个别课程的偏科行为。	三分之一接受家长、社工、老师用其测评的结论。	能在三分之一的内涵外延范围中接受家长、社工、老师为其选定的创新能力开发方式方法。	学业成绩在同学中间处于中游。
	高	能全面接受家长、社工、老师以其内涵外延来规范他的人品发展。	在家庭生活、社区活动、学校学习中全面以其为规范。例如无偏科行为。	全面接受家长、社工、老师用其测评的结论。	全面接受家长、社工、老师为其选定的创新能力开发方式方法，并有特长能力显示。	学业成绩在同学中间处于上游。
高中生的素质低中高区域值	低	仅能主动接受家长、社工、老师用其二分之一左右的内涵外延规范他的人品发展。	在家庭生活、社区活动、学校学习中仅主动以其二分之一左右的内涵外延为规范。例如仅对二分之一的功课都有兴趣。	二分之一地主动接受家长、社工、老师用其测评的结论。	仅能在二分之一的内涵外延范围中主动接受家长、社工、老师为其选定的创新能力开发方式方法。	学业成绩在同学中间处于下游。

		人品优良 情商高	知识丰富智力 发达智商高		创新能力强劲	业绩突出	……N
高中生的素质低中高区域值	中	能主动接受家长、社工、老师以其三分之一左右的内涵外延规范他的人品发展。	在家庭生活、社区活动、学校学习中主动以其三分之二左右的内涵外延为规范。例如对三分之二的功课都有兴趣。	三分之一地主动接受家长、社工、老师用其测评的结论。	能在三分之一的内涵外延范围中主动接受家长、社工、老师为其选定的创新能力开发方式方法。	学业成绩在同学中间处于中游。	
	高	能够主动地全面接受家长、社工、老师以其内涵外延规范他的人品发展。	在家庭生活、社区活动、学校学习中主动全面以其为规范。例如对各门功课都有兴趣。	全面主动接受家长、社工、老师用其测评的结论。	全面主动接受家长、社工、老师为其选定的创新能力开发方式方法,并有特长能力显示。	学业成绩在同学中间处于上游。	

素质本指人脑解剖特征。

"伸手动作形状"与"人的心理状态"的对应关系

"伸手动作形状"与"人的心理状态"的对应关系详见表1：

表1 "伸手动作形状"与"人的心理状态"对应关系一览表

说明	序号	伸手动作形状	人的心理状态
细心观察就能发现,在正常情况下,人的手指动作形状与心理状态之间存在着相映成趣的对应关系。	1	摊开手掌伸手的人	心态要么诚恳、顺从;要么无辜、诚实。
	2	把手放在背后的人	此时心理状态往往不好,想隐瞒事实状况。
	3	只握别人手指尖的人	不是与别人有心理隔阂;就是缺乏自信;待人冷淡。
	4	握手时出汗的人	心理紧张或惶恐。
	5	手掌向着你伸手的人	具有平等带你之心,可成平等的朋友。
	6	用双手握人之手的人	心理上想留给对方热情好客的印象。
	7	五指并拢着伸手的人	心细,做事条理性强、谨慎、计划性强;对人要求高;易自寻烦恼。
	8	整只手缩卷着伸手的人	做事小心、生活俭朴、精打细算、总怕吃亏或被人算计自己。
	9	五指全分开伸手的人	心情愉悦、快乐轻松,长此以往不易患"七情"内伤病症。
	10	不自主地分开拇指伸手的人	总以"小人之心度君子之腹",性格倔强、小气。
	11	不自觉地叉开食指伸手的人	无依赖心、喜欢独立行动,不易与人相处。
	12	不自觉地打开无名指身手的人	主导心理是外松内紧的。待人常是"对外人和蔼可亲,对家人缺乏体谅"。
	13	小拇指常分开伸手的人	常认为别人与自己不太相关,不太合群,喜欢独来独往。
	14	常伸拳头轻敲别人肩头的人	是进攻心理极强的人、做人做事总爱占上风。
	15	见了熟人喜欢拍其肩膀的人	是好为人师的狂徒。

考试解题出错的主要病根

考试解题出错的主要病根详见表 1：

表 1　考试解题出错的主要病根一览表

	解题步骤	每步出错的病根
1	审题 了解题意，弄清题中给了几个条件、要求解决几个问题。	一是不重视审题，马马虎虎一看：(1) 觉得"会做"，便拿起来笔就写，结果不合题意；(2) 觉得"不会做"，便不能静下心来对待，却慌了神，影响本科考试成绩；(3) 由于审题疏忽，不能全面将所给的条件用到解题中来，结果造成无法解题。 二是不审题、就急于解题，未充分了解题意，便盲目尝试，越试越急，一急错误百出。
2	联想 由问题引起有关知识技能再现的思维过程。由具体问题联系到涉及的知识技能、调动其知识技能（含两种状态：一是调动已经浮现出来的知识及方法；二是经过思索调动出积压在脑库深处的知识及方法），破解其问题。	在调动其知识及方法破解问题时，一接触问题就浮现出来的知识及方法，往往是新知识及新方法、常常具有不熟练、可靠性不高的缺陷；经过思索调动出积压在脑库深处的知识及方法，往往具有熟练、可靠性高的优点。到底选用哪一种方法，是个关键。混用新旧知识及方法是出错的常见病态。
3	归类 把面对的问题纳入到已有知识及方法体系中，从中寻找到解题的思路（即知识及方法）。简单的可以直接归类；复杂的综合题就要经过分析、逐层纳入到已有多个知识及方法体系中，才能把解题的多个思路（即知识及方法）联合起来，达到归类解题的目标。	一是归类受阻，找不到解题思路； 二是归类时出错，找到的解题思路不对。

《高素质子女家庭养育概论》大钢

第一章　绪论

一、高素质子女科学养育的重要性——"理子"与"理财"同值

二、高素质子女科学养育技艺学的使命

第二章　高素质子女科学养育技艺学的质量观

第一节　高素质子女科学养育技艺学的宏观质量标准

第二节　高素质子女科学养育技艺学的微观质量标准

第三节　高素质子女科学养育技艺学宏观质量标准与微观质量标准之间的关系

第三章　高素质子女科学养育的原则

第一节　跨出传统龙凤标准越入高素质标准原则

第二节　节弱化"说教化思路"遵守"示范性原则"

第三节　淡化"理论化方式"遵守"生活化原则"

第四节　克服"各行其事的养育方法"严守"合力化原则"

第五节　防止"惩罚泛滥"遵守"赏识性原则"

第六节　克服"溺爱"坚持"励练化原则"

第七节　杜绝"拔苗助长"严守"循序渐进性原则"

第八节　消除成人化尺度遵循年龄段尺度原则

第四章　高素质子女科学养育的合力体系

第一节　高素质子女科学养育促进力

1. 广泛爱好（爱心'热爱人生、热爱人民、热爱共产党、热爱祖国、热爱科学、热爱学习及劳动、热爱文明、爱岗敬业、热爱真善美'）养育

2. 浓厚兴趣养育

3. 优良习惯（108 种优良习惯）养成

4. 坚强意志养育

5. 责任心养育

6. 上进心（在力所能及的领域力争上游的积极心态）养育

7. 学习能力（观察能力、理解能力、记忆能力、表达能力、想象能力、判断

能力)的养育

8．智力(思维能力、理解能力、记忆能力、想象能力、判断能力)开发意识养育

第二节　高素质学生学校教育推动力

第三节　高素质职员岗位管理培育导向力

第五章　高素质子女科学养育的任务

第一节　高素质子女生理健康科学养育

一、在成年人的休闲时间充分的状态下按生物钟安排子女的作息

二、在电灯、电视普及的状态下谨防子女过度用眼造成视力低下

三、在物质丰富的状态下杜绝营养过剩酿成肥胖泛滥

第二节　高素质子女心理健康科学养育

一、在精神营养多元化的状态下谨防消极文化污染子女心灵

二、用健康的心理行为感染子女

(一)用健康的七情六欲感染子女

1．用爱憎分明的言行感染子女使其形成分明的爱憎意识提高其"情商"

2．用科学地对待竞争得失的言行感染子女形成胜不骄败不馁的心理品质

3．用坚持科学荣辱观的言行感染子女形成健康的荣辱观

(二)用健康的喜怒哀乐感染子女

(三)酿就现代化家庭文化氛围熏陶子女

第三节　高素质子女人品魅力优良养育

第四节　高素质子女科学养育家长应该具备的人才常识和养育人才的技艺修养

第五节　高素质子女成就学业家长应该具备的科学认知和引导技艺修养

第六节　高素质子女成就事业家长应该具备的科学认知和支持技艺修养

第六章　高素质子女科学养育要点

第一节　高素质孕育的要点——"三钟(生物钟——时间最佳；心理钟——心情最好；生理钟——肌体健康水平最高)"最佳。

第二节　高素质胎育的要点——"父爱"不可缺少。

第三节　高素质育婴的要点——"心理"发展、"智力"开发第一高峰不可忽视。

第四节　高素质幼育的要点——"学习能力"培养的最佳期。

第五节　学前高素质科学养育的要点——"注意、意志"心理品质优化。

第六节　小学生的高素质科学养育的要点——良好学习习惯和方法的形成。

第七节　初中生的高素质科学养育的要点——"逆反心理"的疏导。

第八节　高中生的高素质科学养育的要点——自学习惯和能力的强化。

第九节　大中专生的高素质科学养育的要点——"四观(人生观、世界观、价值观、爱情观)"科学化、人性化。

第十节　待业生的高素质科学养育的要点——"创业成业观"的科学强化。

第七章　高素质子女科学养育的常见方法

（一）正确的表扬法

（二）正确的批评法

（三）正确的对比法(以人之长补己之短)

（四）正面榜样激励法

（五）强化感恩心理

第八章　高素质子女科学养育技艺妙用范例

《与孩子一起成长》……

（此文 2013 年 11 月发表于《教育文摘》）

后 记

　　要实现"两个 100 年目标",人才资源开发能否匹配性地为其提供支撑;要圆中华民族复兴美梦,人才资源开发能否创新"素质化开发质量观",能否由"人才资源素质化开发观"做主导开发出匹配性更强的正能量予以支撑,事关成败。回顾人类从农业经济文明、工业经济文明、市场经济文明中的发展,先后由我国的孔子创新提出了"理想社会教育观",由中亚、西亚的柏拉图及亚里士多德提出了"人文主义教育观",由美国的杜威及苏联的凯洛夫提出了"科学教育观",都先后匹配性地为其新兴的经济文明发展提供了"人才资源与时俱进地开发所释放的制胜性能量支撑"。而在"知识经济文明""智慧经济文明""创新经济文明"正在成为潮流的今天,为什么世界经济陷入危机之后复苏艰难? 我们中国共产党人面临"一边是成千上万名大专院校毕业生就业困难,另一边又是众多企事业单位由于招不到素质理想人才而兴业艰难"的国家突出社会难题;面对"素质教育取代应试教育的人才资源开发体制改革,为什么未能像社会主义市场体制取代社会主义计划经济体制改革的力度之大收效显著"的疑问。久久未能找到最佳解答之际,我们在立足工作岗位深入钻研多年之后,为进一步探究其解答,编写了《人才资源素质化开发论》一书。期间得到了众多方面的支持。例如,收编了中共叶城县委党校教师赵燕的《人才资源素质化开发以人为本的科学执政理念的制胜要点》、国家级驰名校长魏书生的《中国家长身上藏着十把刀》、喀什市 28 中教师董建英的《健全家校配合长效机制增强推行素质教育的合力》的高见来补我所缺。结成书稿后,得到了中共叶城县委常委兼组织部长魏永清同志的作序鼓励与支持;终审书稿形成之后还得到了叶城县委党校理论教师陈萍,莎车县二中教师、国家二级心理咨询师胡振莉欣阅并发表《第一读者感言》的激励。在此一并表示衷心的致谢!

　　然而由于只能利用业余时间钻研如此重大和众多难题及疑问的解答,难免存在力不从心的现实困难,所以文集当中不可避免地存在着这样那样的失误,恳望读者予以批评指正,也算是为破解"人才资源素质化开发观能够得以确认,并赢得其释放正能量"难题做出共同努力吧!

郑瑜　田万全

2014 年 1 月